最新

最新中华人民共和国法律配套解读与实例系列

8

中华人民共和国

社会保险法

配套解读与实例

李志明 编著

法律出版社
LAW PRESS·CHINA

出 版 说 明

“最新中华人民共和国法律配套解读与实例系列”丛书由相关领域法律专家编写，收录法律标准文本，解读法律重点条文，并对与法律条文相配套的法律、法规、司法解释、审判政策和典型案例予以精要分析。丛书自2014年出版以来，得到了广大读者的关注与厚爱，读者对丛书的内容、编排体例给予了高度评价。2017年丛书全面修订，至今已经两年有余。两年来，随着我国立法的完善与发展，国家出台或者修改了与丛书各个领域联系紧密的法律法规、部门规章及司法解释，如《社会保险法》《公司法》《劳动法》《刑事诉讼法》《民事诉讼法》《公安机关办理行政案件程序规定》《最高人民法院关于适用〈中华人民共和国公司法〉若干问题的规定（五）》《最高人民法院关于适用〈中华人民共和国行政诉讼法〉的解释》等，为了进一步适应新的形势需要，编者再次对本丛书进行了较为系统的修改和完善。

丛书此次修订，重点吸纳最新的配套规定，精选近五年来最高人民法院公报案例、最高人民法院和最高人民检察院指导案例及典型案例，旨在提高案例的典型性和代表性，增强案例的针对性。同时，根据读者需求，增加了保险、监察、安全生产等领域的分册。

丛书编写以实用、易用为原则，汇编体例如下：

1. 法律适用提要。分册皆由该领域法律专家撰写适用提要，帮助读者对每一个立法背景、主要内容、注意事项有更全面深入的理解。

2. 重点法条注释。对重点法条进行条文解读，且每个条文都提炼条文主旨，帮助读者准确理解法条内容。

3. 配套法规解读。对与主体法重点条文配套的其他法律、法规、司法解释、审判政策进行解读，使观点更为鲜明、准确，语言更为通俗、精练，更便于读者理解和适用。

4. 关联法规索引。详细列出与主体法条文相关联的法规的名目，方便读者查询使用。

5. 典型案例精选。选取贴近日常生活的典型纠纷，以案说法、以案析法。

6. 附录相关法规。书末收录一些与本领域相关的法律、法规和司法解释，增强了法律法规的相关性和实效性。

需要说明的是,本丛书“适用提要”“条文主旨”“条文解读”“法规解读”等内容皆是编者为方便读者阅读、理解而编写,非国家正式颁布的法律文本,不具有法律效力。

总之,我们所有的付出都旨在提高本书的实用性,以满足广大读者更高的需求。书中不足之处还望读者在使用过程中不吝赐教,提出您的宝贵意见,以便本书继续修订完善。

法律出版社法规中心

2019 年 9 月

修订说明

本次修订结合立法特别是社会保险领域有关法律法规修订以及立改废等实际情况,对本书内容作了如下修改:

一是着重细审了主体法和配套法规的条文解读,修改了原版中有关文字错误,增加新的解读内容。

二是审核配套法规的立改废情况,适当增加新法规中的相关内容,帮助读者更好地理解《社会保险法》在法律适用中的关注重点。

三是精选紧贴社会保险法律实务的典型案例,并对个别案例作了调整。

我们所有的付出都旨在提高本书的编写水平,以满足广大读者更高的要求。由于水平有限,书中不足之处还望读者在使用过程中不吝赐教,提出您的宝贵意见,以便本书继续修订完善。

目　录

配 套 法 规

《中华人民共和国社会保险法》适用提要

《中华人民共和国社会保险法》(以下简称《社会保险法》)由全国人民代表大会常务委员会经四次审议后于2010年10月28日通过,这是最高国家立法机关首次就社会保险制度进行立法。2018年12月29日第十三届全国人民代表大会常务委员会第七次会议结合制度建设实践发展,对个别条款进行了修正。

社会保险是为丧失劳动能力、暂时失去劳动岗位或因健康原因造成损失的人口提供收入或补偿的一种社会和经济制度。社会保险计划由政府举办,强制特定群体将其收入的一部分作为社会保险税(费)形成社会保险基金,在满足法定条件的情况下,被保险人可从基金中获得相应的收入或损失补偿。它的目标是解除被保险人发生特定风险的后顾之忧,保证劳动力的再生产和社会稳定。社会保险制度是具有政治经济意义的社会制度,对于完善社会主义市场经济体制、构建社会主义和谐社会和全面建成小康社会意义重大。

在《社会保险法》制定之前,我国社会保险体系虽已初步建立,但各项社会保险项目是通过单项法规或规范性文件进行规范,缺乏综合性统一法律;社会保险制度强制性偏弱,一些用人单位拒不参加法定社会保险,或长期拖欠保费;城乡之间、地区之间、机关事业单位与企业之间的社会保险制度缺乏衔接,社会保险资源分配存在不公;社会保险资金管理较为混乱,未能完全专款专用;参保人知情权不足,无法有效参与监督社会保险制度运行,权益受到侵害时救济不足。

《社会保险法》在全面性、公平性、安全性、效率性、可操作性和可持续性六大基础原则上,遵循“广覆盖、保基本、多层次、可持续”的十二字方针,针对现存弊病,从法律角度系统性规定了国家建立基本养老保险、基本医疗保险、工伤保险、失业保险、生育保险等社会保险制度,保障公民在年老、疾病、工伤、失业、生育等情况下依法从国家和社会获得物质帮助的权利。

根据《社会保险法》规定,我国社会保险制度主要包括以下五项:

1. 基本养老保险制度。基本养老保险制度是指缴费达到法定年限并且个人达到法定退休年龄后,国家和社会提供物质帮助以保证年老者稳定、可靠的生活来源的社会保险制度。基本养老保险制度由三项制度组成:职工基本养老保险制度、新型农村社会养老保险制度、城镇居民社会养老保险制度。2014 年 10 月 1 日开始实施机关事业单位工作人员养老保险制度后，基本养老保险制度初步实现了“覆盖城乡居民”“老有所养”的目标。

2. 基本医疗保险制度。基本医疗保险制度是指按照国家规定缴纳一定比例的医疗保险费，在参保人因患病和意外伤害而发生医疗费用后，由医疗保险基金支付其医疗费用的社会保险制度。基本医疗保险制度由三项制度组成：职工基本医疗保险制度、新型农村合作医疗制度、城镇居民基本医疗保险制度。基本医疗保险制度实现了“覆盖城乡居民”，使全体公民初步实现“病有所医”。

3. 工伤保险制度。工伤保险制度是指由用人单位缴纳工伤保险费，对劳动者因工作原因遭受意外伤害或者罹患职业病，从而造成死亡、暂时或者永久丧失劳动能力时，给予职工及其相关人员工伤保险待遇的一项社会保险制度。

4. 失业保险制度。失业保险制度是指国家为失业而暂时失去工资收入的社会成员提供物质帮助，以保障失业人员的基本生活，维持劳动力的再生产，为失业人员重新就业创造条件的一项社会保险制度。

5. 生育保险制度。生育保险制度是指由用人单位缴纳保险费，其职工或者职工未就业配偶按照国家规定享受生育保险待遇的一项社会保险制度。生育保险具体的待遇包括生育医疗费用和生育津贴。

与《社会保险法》相关的法规有：《社会保险费征缴暂行条例》《工伤保险条例》《失业保险条例》等。2011 年《社会保险法》施行以后，对于改革和完善我国社会保险制度发挥了重要作用，特别是有力地促进了城镇和农村居民社会养老保险以及基本医疗保险实现全民覆盖。在这个过程中，我国围绕着基本养老保险和基本医疗保险出台了不少改革方案，例如，国务院印发了《关于建立统一的城乡居民基本养老保险制度的意见》，决定将现行新型农村社会养老保险制度与城镇居民社会养老保险制度合并实施，建立全国统一的城乡居民基本养老保险制度；公布了《关于机关事业单位工作人员养老保险制度改革的决定》；发布了《关于整合城乡居民基本医疗保险制度的意见》；制定了正式的《企业年金办法》，等等。这些新近的变化在本书中都得到了必要的体现。

中华人民共和国社会保险法

（2010 年 10 月 28 日第十一届全国人民代表大会常务委员会第十七次会议通过
根据 2018 年 12 月 29 日第十三届全国人民代表大会常务委员会第七次会议
《关于修改〈中华人民共和国社会保险法〉的决定》修正）

第一章　总　　则

本章介绍

《社会保险法》是中华人民共和国成立以来第一部规范社会保险制度的综合性法律，是中国特色社会主义法律体系中起着支架作用的重要法律。本法以落实宪法层面的社会保险权为旨归。这在“总则”部分第一条、第二条、第四条、第九条以及其他部分中得到淋漓尽致的体现。总则规定了社会保险权利主体以劳动者为主而不限于劳动者，已经扩充到全体国民；总则规定了参加社会保险的程序性权利和享受社会保险待遇的实体性权利（第一条），以及社会保险方面的知情权利和服务请求权利（第四条第一款），救济权利、赔偿权利和监督权利（第四条第二款、第九条）等；总则还要求通过纳入国民经济和社会发展规划，多渠道筹集社会保险资金、经费支持，税收优惠等多种手段提供社会保险制度运行的财政保障（第五条），通过社会保险基金监督制度的建立和完善保障社会保险基金的安全、有效运行（第六条），保障社会保险权利的最终实现。

第一条　【立法目的与宗旨】〔1〕为了规范社会保险关系，维护公民参加社会保险和享受社会保险待遇的合法权益，使公民共享发展成果，促进社会和谐稳定，根据宪法，制定本法。

〔1〕 条文主旨为编者所加，下同。

条文解读

本条是关于《社会保险法》立法目的与宗旨的规定。

本法是根据宪法制定的，是宪法有关社会保险事项规定的落实和具体化，因此，《社会保险法》所有规范均要符合宪法的基本精神和原则，不得违背宪法的规定。

配套法规及解读

《宪法》(2018 年 3 月 11 日修正)

第十四条第四款 国家建立健全同经济发展水平相适应的社会保障制度。

第四十五条第一款 中华人民共和国公民在年老、疾病或者丧失劳动能力的情况下，有从国家和社会获得物质帮助的权利。国家发展为公民享受这些权利所需要的社会保险、社会救济和医疗卫生事业。

※法规解读：与 1978 年《宪法》及之前历部宪法相比，1982 年《宪法》将保障对象从劳动者扩展到了全体公民，这是一项非常大的进步。为落实《宪法》第十四条第四款关于建立健全同经济发展水平相适应的社会保障制度的要求，以及第四十五条第一款关于公民从国家和社会获得物质帮助的权利与发展社会保险等事业的要求，制定出台《社会保险法》。

第二条 【建立社会保险制度】 国家建立基本养老保险、基本医疗保险、工伤保险、失业保险、生育保险等社会保险制度，保障公民在年老、疾病、工伤、失业、生育等情况下依法从国家和社会获得物质帮助的权利。

条文解读

本条是关于国家建立社会保险制度的规定。

本条规定了两个方面的内容：一方面是国家有建立社会保险制度的义务，另一方面是公民在年老、疾病、工伤、失业、生育等情况下有依法从国家和社会获得物质帮助的权利。公民获得社会保险待遇是从国家和社会获得物质帮助最主要的一种途径。在中国，社会保险制度主要包括基本养老保险、基本医疗保险、工伤保险、失业保险、生育保险五个项目，使公民在年老、疾病、工伤、失业、生育等方面无后顾之忧。

其中，生育保险项目已经正式与职工基本医疗保险合并实施。从 2016 年开始，中国已经在部分地区开展长期护理保险制度试点，探索建立以社会互助共济方式筹集资金，为长期失能人员的基本生活照料和与基本生活密切相关的医疗护理提供资金或服务保障的社会保险制度。本条中的“等”字为今后设立其他社会保险项目预留了空间。

配套法规及解读

《宪法》(2018年3月11日修正)

第四十五条第一款　中华人民共和国公民在年老、疾病或者丧失劳动能力的情况下，有从国家和社会获得物质帮助的权利。国家发展为公民享受这些权利所需要的社会保险、社会救济和医疗卫生事业。

※法规解读：《社会保险法》第二条相比《宪法》第四十五条第一款，将社会保险所预防风险中的丧失劳动能力的情形具体化为工伤和生育两种情况，并且还增加了失业这种并非丧失劳动能力而是失去就业机会的情形。

典型案例

※案情简介：蔡某2010年8月不幸突发脑出血，治疗半个多月共花去医疗费50,000多元。经市社会医疗保险中心核实药费单据，确定应报销医疗费为近40,000元，但因蔡某所在单位2010年10月才为其参保，市社会医疗保险中心对此不予报销。经蔡某多次向单位催要，单位仅付4000元。蔡某无奈，向人民法院提起诉讼。

※裁判要旨：本案中，由于用人单位未在事故发生前为蔡某办理医疗保险致使蔡某治疗后无法享受医疗保险待遇，蔡某因此产生的经济损失应由用人单位负担。根据本法规定，职工应当依法参加社会保险，由用人单位和职工共同缴纳社会保险费；用人单位应当自用工之日起30日内为其职工向社会保险经办机构申请办理社会保险登记。

第三条　【制度方针和水平】　社会保险制度坚持广覆盖、保基本、多层次、可持续的方针，社会保险水平应当与经济社会发展水平相适应。

条文解读

本条是关于社会保险制度方针和水平的规定。

社会保险制度坚持广覆盖、保基本、多层次、可持续的方针，社会保险水平应当与经济社会发展水平相适应。

其中，广覆盖，是指要不断扩大社会保险的覆盖范围，全面实施全民参保计划，尽最大可能为城乡全体居民提供保障服务。保基本，是指要使社会保险水平与中国现阶段的经济社会发展水平相适应，实行以保障基本生活和需要为主的社会保险制度。多层次，就是说国家在建立基本社会保险项目为公民提供基本保障的基础上，还鼓励用人单位或公民个人通过设立或参加补充保险、商业保险等形式建立多层次的生活保障体系。可持续，就是要建立社会保险可持续发展的长效机制，实现社会保险制度长期稳定运行。

发展社会保险，需要根据经济社会发展水平和各方面的承受能力，恰当地确定社会保险项目和水平。社会保险水平过高，政府尤其是用人单位在经济上难以承受，将影响用人单位的投资和生产经营的积极性，反而会导致失业率的上升和职工实际享受到的总体社会保险待遇降低；社会保险水平过低，职工的基本生活难以保证，将导致消费市场萧条乃至社会不稳定，最终也会影响社会保险制度的可持续发展。

配套法规及解读

《宪法》(2018年3月11日修正)

第十四条第四款 国家建立健全同经济发展水平相适应的社会保障制度。

《劳动法》(2018年12月29日修正)

第七十一条 社会保险水平应当与社会经济发展水平和社会承受能力相适应。

※法规解读：《社会保险法》第三条是对《宪法》第十四条第四款规定的具体落实，还吸收了《劳动法》的相关规定，并将“社会保险水平应当与经济社会发展水平相适应”在总则部分当中加以规定，使其上升为法律原则。

第四条 【用人单位和个人的权利义务】 中华人民共和国境内的用人单位和个人依法缴纳社会保险费，有权查询缴费记录、个人权益记录，要求社会保险经办机构提供社会保险咨询等相关服务。

个人依法享受社会保险待遇，有权监督本单位为其缴费情况。

条文解读

本条是关于用人单位和个人的权利义务的规定。

用人单位和个人在社会保险制度中应当承担的义务首先是依法缴纳社会保险费。其中，用人单位需要为其职工缴纳“五险”，即基本养老保险费、基本医疗保险费、失业保险费、工伤保险费以及生育保险费；而职工个人则只需缴纳前三项保险费，即基本养老保险费、基本医疗保险费、失业保险费。

用人单位和个人依法缴纳社会保险费之后，享有查询缴费记录、个人权益记录，要求社会保险经办机构提供社会保险咨询等相关服务的权利。

虽然用人单位和个人都是社会保险费的缴纳义务主体，但是，享受社会保险待遇的只能是职工个人（在个别情况下职工家属也能享受社会保险待遇）。针对现实生活中用人单位未依法为其职工缴纳社会保险费的情况比较严重的现象，本条还规定，职工个人有权监督本单位为其缴费。

配套法规及解读

《劳动合同法》（2012年12月28日修正）

第三十八条第（三）项　用人单位有下列情形之一的，劳动者可以解除劳动合同：

（三）未依法为劳动者缴纳社会保险费的；

第七十四条第（六）项　县级以上地方人民政府劳动行政部门依法对下列实施劳动合同制度的情况进行监督检查：

（六）用人单位参加各项社会保险和缴纳社会保险费的情况；

※法规解读：不管是劳动者，还是人力资源和社会保障行政部门，都有权对用人单位缴纳社会保险费的情况进行监督。其中，劳动者的监督既可以通过要求社会保险行政部门或者社会保险费征收机构依法处理来实现，也可以直接“用脚投票”，单方解除劳动合同。

典型案例

※案情简介：自1996年起，王某开始在S市A公司工作，双方未签订劳动合同。2008年5月，王某离开A公司。同年6月，王某向S市劳动争议仲裁委员会提出申诉，要求A公司为其补缴1996年1月至2008年5月的社会保险费。

※裁判要旨：本案中，王某在与A公司建立事实劳动关系后，A公司即有义务为其缴纳社会保险费。在A公司未依法为其缴费时，王某有权通过调解、仲裁乃至司法诉讼等途径寻求救济，监督用人单位缴费。

第五条 【社会保险财政保障】 县级以上人民政府将社会保险事业纳入国民经济和社会发展规划。

国家多渠道筹集社会保险资金。县级以上人民政府对社会保险事业给予必要的经费支持。

国家通过税收优惠政策支持社会保险事业。

条文解读

本条是关于社会保险财政保障的规定。

社会保险事业具有公共物品的属性,政府对其负有不可推卸的责任。本条要求县级以上人民政府将社会保险事业纳入国民经济和社会发展规划。同时,国家还应多渠道筹集社会保险资金,并通过税收优惠政策支持社会保险事业。县级以上人民政府对社会保险事业给予必要的经费支持。

具体而言,国家对社会保险的财政保障责任主要体现在以下两个方面:一方面,对于国家公职人员,国家承担雇主应当履行的各种缴费责任;另一方面,国家作为最终担保人,对社会保险制度承担起公共财政责任,包括承担社会保险经办机构的人员、运行和管理经费,补贴基金收支缺口等。对于社会保险基金的投资收益以及社会保险待遇,国家应通过免征税收的形式给予优惠待遇。此外,对于用人单位和个人缴纳的社会保险费须在应税额中扣除。

配套法规及解读

《个人所得税法》(2018 年 8 月 31 日修正)

第六条第四款 本条第一款第一项规定的专项扣除,包括居民个人按照国家规定的范围和标准缴纳的基本养老保险、基本医疗保险、失业保险等社会保险费和住房公积金等;专项附加扣除,包括子女教育、继续教育、大病医疗、住房贷款利息或者住房租金、赡养老人等支出,具体范围、标准和实施步骤由国务院确定,并报全国人民代表大会常务委员会备案。

《企业所得税法实施条例》(2019 年 4 月 23 日修正)

第三十五条 企业依照国务院有关主管部门或者省级人民政府规定的范围和标准为职工缴纳的基本养老保险费、基本医疗保险费、失业保险费、工伤保险费、生育保险费等基本社会保险费和住房公积金,准予扣除。

企业为投资者或者职工支付的补充养老保险费、补充医疗保险费,在国务院财政、税务主管部门规定的范围和标准内，准予扣除。

《社会保险费征缴暂行条例》（2019 年 3 月 24 日修正）

第十四条第三款　社会保险基金不计征税、费。

※法规解读：国家可以通过将个人和企业所缴纳的基本养老保险费、基本医疗保险费、失业保险费、工伤保险费、生育保险费和住房公积金在税前列支，免征所得税；还可以通过对社会保险基金投资收益不计税、费等方式对社会保险事业予以支持。

第六条　【社会保险基金监管】　国家对社会保险基金实行严格监管。

国务院和省、自治区、直辖市人民政府建立健全社会保险基金监督管理制度，保障社会保险基金安全、有效运行。

县级以上人民政府采取措施，鼓励和支持社会各方面参与社会保险基金的监督。

条文解读

本条是关于社会保险基金监管的规定。

社会保险基金主要来源于用人单位和个人缴费以及国家财政资助。它是社会保险事业的生命线，是人们的“养命钱”“活命钱”，是社会保险制度运行的物质基础。本条规定了县级以上各级人民政府和社会各方面对社会保险基金的监督。

对于社会保险基金进行监管，目的是确保基金安全、有效运行。具体监管方式是依法多元监督，鼓励社会参与。对社会保险基金的收支、管理、投资运营情况的监督涵盖了社会保险基金事前、事中、事后的全方位运作。本条第二款确立的是国务院以及省、自治区、直辖市人民政府对社会保险基金的行政监督，第三款则将社会参与引入社会保险基金监督中，如工会、雇主组织、媒体和其他社会组织、个人均可以参与监督基金的收支、管理、投资运营。

第七条　【社会保险行政管理职责分工】　国务院社会保险行政部门负责全国的社会保险管理工作，国务院其他有关部门在各自的职责范围内负责有关的社会保险工作。

县级以上地方人民政府社会保险行政部门负责本行政区域的社会保险管理工作，县级以上地方人民政府其他有关部门在各自的职责范围内负责有关的社会保险工作。

条文解读

本条是关于社会保险行政管理职责分工的规定。

本条明确了社会保险的行政管理及其分工问题。在中国,社会保险工作由社会保险行政部门主管,具体包括人力资源和社会保障部门、医疗保障部门。这里的其他相关部门主要是指财政、审计、卫生健康行政部门等。

不同层级人民政府在社会保险行政管理上也存在分工:人力资源和社会保障部、国家医疗保障局作为国务院社会保险行政部门负责全国的社会保险管理工作;县级以上人民政府设立的人力资源和社会保障厅(局)、医疗保障局负责本行政区域内的社会保险行政管理工作;县级以上人民政府直至国务院设立的财政、审计、卫生健康行政部门负责在各自行政区域以及职责范围内的社会保险工作。

县级以上地方各级政府各相关部门在社会保险制度中所属的具体职责由本级政府在“定职责、定机构、定编制”的“三定方案”中划定。

关联法规索引

《社会保险费征缴暂行条例》第 5 条;《失业保险条例》第 3 条;《工伤保险条例》第 5 条;《社会保险个人权益记录管理办法》第 3 条

第八条　【社会保险经办机构职责】　社会保险经办机构提供社会保险服务,负责社会保险登记、个人权益记录、社会保险待遇支付等工作。

条文解读

本条是关于社会保险经办机构职责的规定。

社会保险经办机构是社会保险业务的具体承担者,直接面对广大参保人员。因此,社会保险经办机构应当提高服务意识,做好社会保险登记、参保人员权益记录、社会保险待遇支付等各种工作,具体包括社会保险登记、建档、个人权益记录、咨询服务、社会保险待遇支付、公布和汇报社会保险基金情况、社会保险稽核、受理举报和投诉、加强内部管理等。社会保险经办机构必须依法履行职责,否则要承担相应的法律责任。

配套法规及解读

《社会保险个人权益记录管理办法》(2011 年 6 月 29 日)

第二条 本办法所称社会保险个人权益记录,是指以纸质材料和电子数据等载体记录的反映参保人员及其用人单位履行社会保险义务、享受社会保险权益状况的信息,包括下列内容:

(一)参保人员及其用人单位社会保险登记信息;

(二)参保人员及其用人单位缴纳社会保险费、获得相关补贴的信息;

(三)参保人员享受社会保险待遇资格及领取待遇的信息;

(四)参保人员缴费年限和个人账户信息;

(五)其他反映社会保险个人权益的信息。

第三条第一款 社会保险经办机构负责社会保险个人权益记录管理,提供与社会保险个人权益记录相关的服务。

※法规解读:社会保险个人权益记录是个人享受社会保险待遇的正式凭据,参保人员有权了解自己的社会保险个人权益记录,社会保险经办机构应提供服务、予以配合。

第九条 【工会的职责】 工会依法维护职工的合法权益,有权参与社会保险重大事项的研究,参加社会保险监督委员会,对与职工社会保险权益有关的事项进行监督。

条文解读

本条是关于工会在社会保险中职责的规定。

工会是职工自愿结合的工人阶级的群众组织。中华全国总工会及其各工会组织代表职工的利益,依法维护职工的合法权益。工会作为职工利益的代表,在事关职工切身利益的社会保险重大事项的决策中,有权代表劳动者发出他们的声音,从源头上维护劳动者的合法权益。因此,本法规定,工会有权参与社会保险重大事项的研究。

工会可以通过多种形式,对与职工社会保险权益有关的事项进行监督。具体而言,这些监督方式包括:通过职工代表大会或者其他形式进行监督,监督劳动合同的订立和履行,对侵犯职工社会保险权的问题进行调查,参加社会保险监督委员会,为职工提供法律援助等。

配套法规及解读

《工会法》(2009 年 8 月 27 日修正)

第六条第三款 工会依照法律规定通过职工代表大会或者其他形式,组织职工参与本单位的民主决策、民主管理和民主监督。

第二十五条 工会有权对企业、事业单位侵犯职工合法权益的问题进行调查,有关单位应当予以协助。

第二十六条 职工因工伤亡事故和其他严重危害职工健康问题的调查处理,必须有工会参加。工会应当向有关部门提出处理意见,并有权要求追究直接负责的主管人员和有关责任人员的责任。对工会提出的意见,应当及时研究,给予答复。

第三十八条第一款 企业、事业单位研究经营管理和发展的重大问题应当听取工会的意见;召开讨论有关工资、福利、劳动安全卫生、社会保险等涉及职工切身利益的会议,必须有工会代表参加。

※法规解读:工会是职工自愿结合的工人阶级的群众组织。中华全国总工会及其各工会组织代表职工的利益,依法维护职工的合法权益。依据《劳动合同法》的规定,社会保险是劳动合同的必备条款。工会依法维护劳动者的合法权利,对用人单位订立和履行劳动合同、集体合同的情况进行监督。

关联法规索引

《劳动合同法》第 4 ~ 6、56、73、78 条

第二章　基本养老保险

本章介绍

基本养老保险是由国家通过立法强制实施的，在劳动者因年老丧失劳动能力后给予基本生活保障的社会保险制度，是社会保险制度中最为重要的制度安排之一。本章对基本养老保险的覆盖范围与缴费模式、制度模式和基金筹资方式、缴费基数和比例、财政补贴责任、个人账户基金管理、基本养老金的构成及确定因素、基本养老保险待遇给付条件、参保个人因病或者非因工致残或者死亡待遇、基本养老金调整机制、基本养老保险关系转移接续制度等作了规定。

第十条　【覆盖范围与缴费模式】　职工应当参加基本养老保险，由用人单位和职工共同缴纳基本养老保险费。

无雇工的个体工商户、未在用人单位参加基本养老保险的非全日制从业人员以及其他灵活就业人员可以参加基本养老保险，由个人缴纳基本养老保险费。

公务员和参照公务员法管理的工作人员养老保险的办法由国务院规定。

条文解读

本条是关于基本养老保险的覆盖范围与缴费模式的规定。

职工是与用人单位相对应的概念，应该是除公务员和参照《公务员法》管理的工作人员以外的所有与用人单位建立劳动关系的劳动者，包括企业、民办非企业单位（现已称“社会服务机构”）、有雇工的个体工商户的职工，也包括机关、团体、事业单位中签订劳动合同或聘用合同的人员。按照本条规定，职工必须参加基本养老保险，这是强制性的，由用人单位和职工共同缴纳基本养老保险费。

无雇工的个体工商户、未在用人单位参加基本养老保险的非全日制从业人员以及其他灵活就业人员也是就业人群，但是，由于其收入不固定，可以根据其收入状况和能力，自愿参加职工基本养老保险，由个人缴纳基本养老保险费。

此前，我国公务员和参照《公务员法》管理的工作人员实行的是退休养老制度，费用由国家财政负担，个人不缴费，养老金标准以本人退休前工资为基数、按工龄长短计发。2015 年 1 月 3 日，国务院发布《关于机关事业单位工作人员养老保险制度改革的决定》（国发〔2015〕2 号），决定从 2014 年 10 月 1 日开始为机关事业单位工作人员逐步建立独立于机关事业单位之外、资金来源多渠道、保障方式多层次、管理服务社会化的养老保险体系。基本养老保险费由单位和个人共同负担。单位缴纳基本养老保险费的比例为本单位工资总额的 20%，个人缴纳基本养老保险费的比例为本人缴费工资的 8%，由单位代扣。按本人缴费工资 8% 的数额建立基本养老保险个人账户，全部由个人缴费形成。个人工资超过当地上年度在岗职工平均工资 300% 以上的部分，不计入个人缴费工资基数；低于当地上年度在岗职工平均工资 60% 的，按当地在岗职工平均工资的 60% 计算个人缴费工资基数。

配套法规及解读

《劳动合同法》（2012 年 12 月 28 日修正）

第六十八条 非全日制用工，是指以小时计酬为主，劳动者在同一用人单位一般平均每日工作时间不超过四小时，每周工作时间累计不超过二十四小时的用工形式。

《关于非全日制用工若干问题的意见》（2003 年 5 月 30 日）

（十）从事非全日制工作的劳动者应当参加基本养老保险，原则上参照个体工商户的参保办法执行。对于已参加过基本养老保险和建立个人账户的人员，前后缴费年限合并计算，跨统筹地区转移的，应办理基本养老保险关系和个人账户的转移、接续手续。符合退休条件时，按国家规定计发基本养老金。

※法规解读：近年来，以小时工为主要形式的非全日制用工发展较快。非全日制用工突破了传统的全日制用工模式，适应了用人单位灵活用工和劳动者自主择业的需要，已成为促进就业的重要途径。但是，由于就业时间和收入来源稳定性方面与全日制用工形式存在很大区别，因此，非全日制用工的社会保险具有其特殊性。

关联法规索引

《国务院关于企业职工养老保险制度改革的决定》；《国务院关于深化企业职工养老保险制度改革的通知》；《国务院关于建立统一的企业职工基本养老保险制度的决定》；《国务院关于完善企业职工基本养老保险制度的决定》；《国务院关于机关事业单位工作人员养老保险制度改革的决定》；《社会保险费征缴暂行条例》

典型案例

※案情简介：北京市某中外合作企业在与职工江某签订劳动合同的同时，签订了一份《社会保险确认书》。确认书约定，江某同意企业不为其缴纳养老保险等社会保险费用，企业为江某每月加付工资800元。江某工作2年后被公司辞退从而引发劳动争议。江某向劳动争议仲裁委员会申请仲裁，要求所在企业为其补缴养老保险等社会保险费用。

※裁判要旨：由于社会保险是国家通过立法强制实施的一种社会保障制度，凡属于法律规定范围的用人单位和职工都必须参加，并依法缴纳社会保险费。因此，任何关于放弃缴纳社会保险费的约定、合同都因违反法律的强制性规定而无效。

第十一条　【制度模式和基金筹资方式】　基本养老保险实行社会统筹与个人账户相结合。

基本养老保险基金由用人单位和个人缴费以及政府补贴等组成。

条文解读

本条是关于基本养老保险的制度模式和基金筹资方式的规定。

我国从1993年首次提出并于1997年确立社会统筹与个人账户相结合的基本养老保险制度模式。社会统筹与个人账户相结合是指将用人单位和参保个人的养老保险缴费，一部分记入社会统筹账户，实现社会互济；另一部分记入个人账户，实现多缴多得，激励劳动者退休之前努力工作。

在实行缴费制的国家中，基本养老保险基金主要来源于用人单位和个人的缴费，国家财政预算资金的补贴也占一定比例。此外，政府财政在基本养老保险出现收不抵支时承担最后的兜底责任。

第十二条　【缴费基数和比例】　用人单位应当按照国家规定的本单位职工工资总额的比例缴纳基本养老保险费，记入基本养老保险统筹基金。

职工应当按照国家规定的本人工资的比例缴纳基本养老保险费，记入个人账户。

无雇工的个体工商户、未在用人单位参加基本养老保险的非全日制从业人员以及其他灵活就业人员参加基本养老保险的，应当按照国家规定缴纳基本养老保险费，分别记入基本养老保险统筹基金和个人账户。

条文解读

本条是关于基本养老保险费缴费基数和比例的规定。

这里的“本单位职工工资总额”，是指用人单位在一定时期内直接支付给本单位全部职工的劳动报酬总额。工资总额由以下六个部分组成：(1)计时工资；(2)计件工资；(3)奖金；(4)津贴和补贴；(5)加班加点工资；(6)特殊情况下支付的工资。

这里的“本人工资”，也即缴费工资，是指职工本人上年度月平均工资。月平均工资按照国家统计局规定列入工资总额统计的项目计算，包括工资、奖金、津贴、补贴等收入。

目前，我国正在阶段性降低城镇企业职工基本养老保险用人单位缴费比例。

配套法规及解读

《国务院关于建立统一的企业职工基本养老保险制度的决定》(1997 年 7 月 16 日)

三、企业缴纳基本养老保险费(以下简称企业缴费)的比例，一般不得超过企业工资总额的 20%(包括划入个人账户的部分)，具体比例由省、自治区、直辖市人民政府确定。

《国务院关于完善企业职工基本养老保险制度的决定》(2005 年 12 月 3 日)

三、……城镇个体工商户和灵活就业人员参加基本养老保险的缴费基数为当地上年度在岗职工平均工资，缴费比例为 20%，其中 8% 记入个人账户，退休后按企业职工基本养老金计发办法计发基本养老金。

六、……为与做实个人账户相衔接，从 2006 年 1 月 1 日起，个人账户的规模统一由本人缴费工资的 11% 调整为 8%，全部由个人缴费形成，单位缴费不再划入个人账户。

※法规解读：一般而言，基本养老保险费的缴纳比例要求是：

企业按照核定的企业职工工资总额的 20% 缴纳养老保险费。

职工个人按照本人核定缴费工资基数(包括工资、奖金、津贴、补贴等收入)的 8% 缴费，全部记入个人账户。月平均工资超过当地职工平均工资 300% 以上的部分，不记入个人缴费工资基数；低于当地职工平均工资 60% 的，按 60% 计算缴费工资基数。

灵活就业人员所需缴纳的基本养老保险费按照当地上年度在岗职工平均工资的 20% 缴纳。

关联法规索引

《国务院关于建立统一的企业职工基本养老保险制度的决定》；《国务院关于完善企业职工基本养老保险制度的决定》；《国务院关于机关事业单位工作人员养老保险制

度改革的决定》;《职工基本养老保险个人账户管理暂行办法》

第十三条 【财政补贴责任】 国有企业、事业单位职工参加基本养老保险前,视同缴费年限期间应当缴纳的基本养老保险费由政府承担。

基本养老保险基金出现支付不足时,政府给予补贴。

条文解读

本条是关于政府对基本养老保险基金承担财政补贴责任的规定。

这里的"视同缴费年限"是相对于实际缴费年限而言的。实际缴费年限是指职工参加基本养老保险后,按规定按时足额缴纳基本养老保险费的年限。而视同缴费年限是把没有实行个人缴纳养老保险费政策之前的工作年限也视同缴费年限。

机关事业单位工作人员于2014年10月1日起建立基本养老保险制度,在此之前未缴费的工作年限计入视同缴费年限。

第十四条 【个人账户基金管理】 个人账户不得提前支取,记账利率不得低于银行定期存款利率,免征利息税。个人死亡的,个人账户余额可以继承。

条文解读

本条是关于个人账户基金管理的规定。

作为国家强制提取的、用于补充基础养老金的个人账户资金只能等到参保人退休后才能发放,而不能在此之前提前支取,否则就违背了制度设计的初衷。

目前,个人账户资金记账利率主要考虑职工工资增长和基金平衡状况等因素研究确定,并通过合理的系数进行调整,每年6月由人力资源和社会保障部与财政部公布,不得低于银行定期存款利率,并且免征利息税,体现了国家对社会保险事业的支持。

个人账户资金是个人工作期间为退休后养老积蓄的资金,带有强制储蓄特征,属于个人所有财产。参保人死亡后(包括退休前和退休后),个人账户余额可以继承。

配套法规及解读

《国务院关于建立统一的企业职工基本养老保险制度的决定》(1997年7月16日)

四、……职工或退休人员死亡,个人账户中的个人缴费部分可以继承。

《国务院关于完善企业职工基本养老保险制度的决定》(2005年12月3日)

六、……从2006年1月1日起,个人账户的规模统一由本人缴费工资的11%调整为8%,全部由个人缴费形成,单位缴费不再划入个人账户……

《国务院关于机关事业单位工作人员养老保险制度改革的决定》(2015年1月3日)

三、……个人账户储存额只用于工作人员养老,不得提前支取,每年按照国家统一公布的记账利率计算利息,免征利息税。参保人员死亡的,个人账户余额可以依法继承。

《统一和规范职工养老保险个人账户记账利率办法》(2017年4月13日)

二、统一职工基本养老保险个人账户记账利率。统一机关事业单位和企业职工基本养老保险个人账户记账利率,每年由国家统一公布。记账利率应主要考虑职工工资增长和基金平衡状况等因素研究确定,并通过合理的系数进行调整。记账利率不得低于银行定期存款利率。

四、规范职工个人账户记账利率公布时间。职工基本养老保险个人账户记账利率每年6月由人力资源和社会保障部和财政部公布。职业年金个人账户记账利率由人力资源和社会保障部和财政部根据各省(区、市)职业年金实账积累部分投资收益情况,每年公布一次。

※法规解读:根据上述规定,参保人死亡后,在2006年1月1日之前从用人单位缴费中划入个人账户的资金(约为个人缴费工资基数的3%)不能继承,并入社会统筹基金;2006年1月1日以后,个人账户资金全部由缴费形成,个人账户养老金余额可以继承,继承的数额为其死亡时个人账户全部储存额的本息。继承额一次性支付给亡者生前指定的受益人或法定继承人。

关联法规索引

《国务院关于建立统一的企业职工基本养老保险制度的决定》;《国务院关于完善企业职工基本养老保险制度的决定》;《国务院关于机关事业单位工作人员养老保险制度改革的决定》;《职工基本养老保险个人账户管理暂行办法》;《统一和规范职工养老保险个人账户记账利率办法》

第十五条 【基本养老金的构成及确定因素】 基本养老金由统筹养老金和个人账户养老金组成。

基本养老金根据个人累计缴费年限、缴费工资、当地职工平均工资、个人账户金额、城镇人口平均预期寿命等因素确定。

条文解读

本条是关于基本养老金构成及确定因素的规定。

基本养老金由统筹养老金和个人账户养老金组成。其中,统筹养老金来源于社会统筹基金,个人账户养老金则来源于职工的个人账户储存额。

统筹养老金月标准以退休时当地上年度在岗职工月平均工资和本人指数化月平均缴费工资的平均值为基数,缴费每满1年发给1%。个人账户养老金月标准为职工退休时本人个人账户累计储存额除以计发月数。计发月数根据职工退休时城镇人口平均预期寿命、本人退休年龄、利息等因素确定。

配套法规及解读

《国务院关于完善企业职工基本养老保险制度的决定》(2005年12月3日)

六、……基本养老金由基础养老金和个人账户养老金组成。退休时的基础养老金月标准以当地上年度在岗职工月平均工资和本人指数化月平均缴费工资的平均值为基数,缴费每满1年发给1%。

《国务院关于机关事业单位工作人员养老保险制度改革的决定》(2015年1月3日)

四、……基本养老金由基础养老金和个人账户养老金组成。退休时的基础养老金月标准以当地上年度在岗职工月平均工资和本人指数化月平均缴费工资的平均值为基数,缴费每满1年发给1%。

※**法规解读:**统筹养老金(也称基础养老金)的计算公式为:

统筹养老金=(参保人员退休时当地上年度在岗职工月平均工资+本人指数化月平均缴费工资)/2×缴费年限×1%。

新计发办法将缴费时间长短和数额多少与待遇水平挂钩,参保人员每多缴1年增发1%,上不封顶,有利于形成“多工作、多缴费、多得养老金”的激励约束机制,也与退休人员的平均预期寿命情况相符合。

关联法规索引

《国务院关于完善企业职工基本养老保险制度的决定》;《国务院关于机关事业单位工作人员养老保险制度改革的决定》;《职工基本养老保险个人账户管理暂行办法》

第十六条 【基本养老保险待遇给付条件】 参加基本养老保险的个人，达到法定退休年龄时累计缴费满十五年的，按月领取基本养老金。

参加基本养老保险的个人，达到法定退休年龄时累计缴费不足十五年的，可以缴费至满十五年，按月领取基本养老金；也可以转入新型农村社会养老保险或者城镇居民社会养老保险，按照国务院规定享受相应的养老保险待遇。

条文解读

本条是关于基本养老保险待遇给付条件的规定。

根据本条规定，参加基本养老保险的个人，按月领取基本养老金需要满足两个条件：(1)达到法定退休年龄；(2)累计缴费满15年。

在本法出台之前，参加基本养老保险的个人，达到法定退休年龄时累计缴费不足15年的，不发给统筹养老金；个人账户储存额一次性支付给本人，终止基本养老保险关系。本法实施之后，参加基本养老保险的个人，达到法定退休年龄时累计缴费不足15年的，可以缴费至满15年；也可以转入新型农村社会养老保险或者城镇居民社会养老保险，按照国务院规定享受相应的养老保险待遇。

2014年2月24日，人力资源社会保障部、财政部印发《城乡养老保险制度衔接暂行办法》(人社部发〔2014〕17号)。办法规定，城镇职工养老保险缴费年限不足15年的，可以申请从城镇职工养老保险转入城乡居民养老保险，待达到城乡居民养老保险规定的领取条件时，按照城乡居民养老保险办法计发相应待遇。

配套法规及解读

《实施〈中华人民共和国社会保险法〉若干规定》(2011年6月29日)

第二条 参加职工基本养老保险的个人达到法定退休年龄时，累计缴费不足十五年的，可以延长缴费至满十五年。社会保险法实施前参保、延长缴费五年后仍不足十五年的，可以一次性缴费至满十五年。

第三条第二款 参加职工基本养老保险的个人达到法定退休年龄后，累计缴费不足十五年(含依照第二条规定延长缴费)，且未转入新型农村社会养老保险或者城镇居民社会养老保险的，个人可以书面申请终止职工基本养老保险关系。社会保险经办机构收到申请后，应当书面告知其转入新型农村社会养老保险或者城镇居民社会养老保险的权利以及终止职工基本养老保险关系的后果，经本人书面确认后，终止其职工基本养老保险关系，并将个人账户储存额一次性支付给本人。

第四条　参加职工基本养老保险的个人跨省流动就业，达到法定退休年龄时累计缴费不足十五年的，按照《国务院办公厅关于转发人力资源社会保障部财政部城镇企业职工基本养老保险关系转移接续暂行办法的通知》（国办发〔2009〕66号）有关待遇领取地的规定确定继续缴费地后，按照本规定第二条办理。

※法规解读：根据《国务院关于建立统一的企业职工基本养老保险制度的决定》的规定，个人缴费年限累计不满15年的，退休后不享受基础养老金待遇，其个人账户储存额一次性支付给本人。这样的设计不仅不合理，也不利于职工特别是跨统筹地区就业职工的基本养老保险权益的保障。《实施〈中华人民共和国社会保险法〉若干规定》配合《社会保险法》第十六条规定，将各种可能解决途径都考虑进来，赋予职工个人充分的选择权。

《国务院关于机关事业单位工作人员养老保险制度改革的决定》中也规定，本决定实施后达到退休年龄但个人缴费年限累计不满15年的人员，其基本养老保险关系处理和基本养老金计发比照《实施〈中华人民共和国社会保险法〉若干规定》执行。

关联法规索引

《城乡养老保险制度衔接暂行办法》

典型案例

※案情简介：小王1998年硕士毕业后到某中外合资企业工作，企业为她缴纳了基本养老保险费。2000年，她辞职后去了一家民营企业工作，企业没有为她登记参保并接续基本养老保险关系。2002年，她又应聘到一家外资企业，企业为她办理接续了基本养老保险关系。2004年，她为了照顾小孩，辞职在家做了全职太太。2009年，小王又应聘到了一家国有企业工作。眼看人到中年，小王开始考虑将来的养老问题。现在，她担心的问题是：由于自己的工作岗位频繁变动，基本养老保险缴费多次中断，将来是否能够按月享受养老金待遇。

※裁判要旨：根据本条规定，基本养老保险缴费年限采取累计办法，而不是要求连续缴费满15年。因此，小王只要今后继续缴费，达到法定退休年龄时累计缴费满15年，将来就能够按月领取养老金。

第十七条 【参保个人因病或者非因工致残、死亡待遇】 参加基本养老保险的个人，因病或者非因工死亡的，其遗属可以领取丧葬补助金和抚恤金；在未达到法定退休年龄时因病或者非因工致残完全丧失劳动能力的，可以领取病残津贴。所需资金从基本养老保险基金中支付。

条文解读

本条是关于参保个人因病或非因工致残、死亡时待遇的规定。

本条实际上是在基本养老保险制度中规定了遗属待遇和残疾待遇，使得基本养老保险集老年、遗属、残疾三种待遇于一身，类似于美国、德国的养老保险制度。

其中，遗属津贴包括丧葬补助金和抚恤金，具体标准国家没有统一规定，取决于当地的具体政策。残疾津贴从基本养老保险基金中支付，待遇标准目前没有统一的规定，但是应该主要是按月发给相当于本人退职前基本工资一定比例的生活费，待遇水平低于正常的退休待遇，也应低于工伤保险基金支付的伤残津贴，但是不应低于国家规定的最低生活保障标准。对于因工致残或死亡的情形，则应该由工伤保险基金按照因工致残、因工死亡的规定发放相关待遇。

第十八条 【基本养老金调整机制】 国家建立基本养老金正常调整机制。根据职工平均工资增长、物价上涨情况，适时提高基本养老保险待遇水平。

条文解读

本条是关于基本养老金调整机制的规定。

目前，我国正在加快研究制定基本养老金正常调整机制，从 2005 年开始国家已经连续十几年提高企业退休人员基本养老金水平，有效发挥了养老保险制度“减震器”和“安全网”的重要作用。2018 年，人力资源和社会保障部、财政部已经就建立城乡居民基础养老金正常调整机制制定了指导意见。

配套法规及解读

《国务院关于完善企业职工基本养老保险制度的决定》（2005 年 12 月 3 日）

七、建立基本养老金正常调整机制。根据职工工资和物价变动等情况，国务院适时调整企业退休人员基本养老金水平，调整幅度为省、自治区、直辖市当地企业在岗职工平均工资年增长率的一定比例。

《国务院关于机关事业单位工作人员养老保险制度改革的决定》(2015年1月3日)

五、建立基本养老金正常调整机制。根据职工工资增长和物价变动等情况,统筹安排机关事业单位和企业退休人员的基本养老金调整,逐步建立兼顾各类人员的养老保险待遇正常调整机制,分享经济社会发展成果,保障退休人员基本生活。

《人力资源社会保障部 财政部关于建立城乡居民基本养老保险待遇确定和基础养老金正常调整机制的指导意见》(2018年3月26日)

二、主要任务

……

(二)建立基础养老金正常调整机制。人力资源社会保障部会同财政部,统筹考虑城乡居民收入增长、物价变动和职工基本养老保险等其他社会保障标准调整情况,适时提出城乡居民全国基础养老金最低标准调整方案,报请党中央和国务院确定。地方基础养老金的调整,应由当地人力资源社会保障部门会同财政部门提出方案,报请同级党委和政府确定。

※法规解读:基本养老金由国务院适时进行调整。自2005年起,我国已连续十多年提高企业退休人员基本养老金,企业退休人员的总体待遇水平得到较大程度的提高。自2018年1月1日起,全国城乡居民基本养老保险基础养老金最低标准提高至每人每月88元,即在原每人每月70元的基础上增加18元。

关联法规索引

《国务院关于完善企业职工基本养老保险制度的决定》;《国务院关于机关事业单位工作人员养老保险制度改革的决定》;《人力资源社会保障部 财政部关于建立城乡居民基本养老保险待遇确定和基础养老金正常调整机制的指导意见》

第十九条 【基本养老保险关系转移接续制度】 个人跨统筹地区就业的,其基本养老保险关系随本人转移,缴费年限累计计算。个人达到法定退休年龄时,基本养老金分段计算、统一支付。具体办法由国务院规定。

条文解读

本条是关于基本养老保险关系转移接续制度的规定。

基本养老保险实行属地管理,在基本养老保险基金没有实现全国统筹的情况下,用人单位和职工参加所在地的养老保险基金统筹。市场经济条件下，职工的工作具有较大流动性，经常会出现职工因工作岗位的变动而导致个人社会保险关系需要转移的情形。基本养老保险关系转移包括统筹地区内的关系转移和跨统筹地区的关系转移。对于统筹地区内的基本养老保险关系转移，原则上“只转关系、不转移基金”，即职工以及转出单位向所在地社会保险经办机构办理相关的转出手续，再由职工或转入单位到其所在地的社会保险经办机构办理转入手续即可，不涉及养老保险基金的转移。对于跨统筹地区的基本养老保险关系转移，则不仅涉及关系转移，还涉及养老保险基金的转移。

“个人达到法定退休年龄时，基本养老金分段计算、统一支付”的规定中的“分段计算”是指参保人员达到退休条件并确定待遇领取地后，核定其基本养老待遇时将其不同地区、不同阶段各年度的缴费工资和缴费年限，与待遇领取地对应的各年度在岗职工平均工资进行分段计算，之后确定其基本养老金领取标准；“统一支付”是指参保人员无论曾在多少地方就业参保缴费，在达到退休年龄后，将确定一个唯一的待遇领取地，并由其统一支付基本养老金。

配套法规及解读

《城镇企业职工基本养老保险关系转移接续暂行办法》（2009 年 12 月 28 日）

第四条 参保人员跨省流动就业转移基本养老保险关系时，按下列方法计算转移资金：

（一）个人账户储存额：1998 年 1 月 1 日之前按个人缴费累计本息计算转移，1998 年 1 月 1 日后按计入个人账户的全部储存额计算转移。

（二）统筹基金（单位缴费）：以本人 1998 年 1 月 1 日后各年度实际缴费工资为基数，按 12% 的总和转移，参保缴费不足 1 年的，按实际缴费月数计算转移。

第六条 跨省流动就业的参保人员达到待遇领取条件时，按下列规定确定其待遇领取地：

（一）基本养老保险关系在户籍所在地的，由户籍所在地负责办理待遇领取手续，享受基本养老保险待遇。

（二）基本养老保险关系不在户籍所在地，而在其基本养老保险关系所在地累计缴费年限满 10 年的，在该地办理待遇领取手续，享受当地基本养老保险待遇。

（三）基本养老保险关系不在户籍所在地，且在其基本养老保险关系所在地累计缴费年限不满 10 年的，将其基本养老保险关系转回上一个缴费年限满 10 年的原参保地办理待遇领取手续，享受基本养老保险待遇。

（四）基本养老保险关系不在户籍所在地，且在每个参保地的累计缴费年限均不满

10 年的,将其基本养老保险关系及相应资金归集到户籍所在地,由户籍所在地按规定办理待遇领取手续,享受基本养老保险待遇。

《实施〈中华人民共和国社会保险法〉若干规定》(2011 年 6 月 29 日)

第五条 参加职工基本养老保险的个人跨省流动就业,符合按月领取基本养老金条件时,基本养老金分段计算、统一支付的具体办法,按照《国务院办公厅关于转发人力资源社会保障部财政部城镇企业职工基本养老保险关系转移接续暂行办法的通知》(国办发〔2009〕66 号)执行。

※法规解读:当劳动者达到基本养老待遇领取条件时,首先依据户籍所在地确定待遇领取地;当基本养老保险关系所在地与户籍所在地不一致时,按照“从长”(缴费满 10 年的参保地)和“从后”(有几个参保地缴费都满 10 年则按最后的参保地)的原则确定待遇领取地;如果没有超过 10 年缴费的参保地,则转回其户籍所在地。依据《城镇企业职工基本养老保险关系转移接续暂行办法》的规定,参保人员转移接续基本养老保险后,符合待遇领取条件的,其个人账户养老金,应将在各地参保缴费的储存额本息累加计算;对其基础养老金的核定,以本人各年度缴费工资、缴费年限和待遇领取地对应的各年度在岗职工平均工资计算其基础养老金。

关联法规索引

《城镇企业职工基本养老保险关系转移接续暂行办法》

典型案例

※案情简介:蒋某是江苏南京人,高级工程师。自 1962 年 10 月至 1989 年 4 月系南京汽车制造厂(以下简称南汽)全民固定工。南京市自 1987 年起实施企业养老费统筹时,南汽同步加入,并按规定缴纳养老保险费。1992 年,50 岁的蒋某从南汽办理离职手续,南下深圳,应聘于一家外企。同时,他的档案也从南汽调入南京市人事局人才服务中心。按照深圳有关地方法规的规定,蒋某从 1995 年 6 月开始在深圳参加社会保险并缴纳社保费,直至 2002 年 4 月 7 日年满 60 周岁正式办理退休手续。但是,深圳和南京两地的社保局拒绝向蒋某支付养老金。深圳市社保局的依据是《深圳经济特区企业员工社会养老保险条例》有关规定,即非深圳户籍员工必须实际缴费年限累计满 15 年,才能享受按月领取养老金的待遇。而蒋某在深圳的实际缴费年限只有 7 年。南京市社保局的理由是:按照国务院 1997 年 26 号文件的规定,在哪里缴纳社保金就应该在哪里领取养老金。所以,蒋某应该在深圳领取养老金,因为蒋某辞职多年,南京已经没有他的社保账号,而且已经过了退休年龄,无法办理退休手续。这样一来,一个为国家

工作了近40年的总工程师面临着无处领取养老金的窘境。

※**裁判要旨**:对于类似于蒋某的问题,从理论上来说,有两个解决途径:一是将基本养老保险统筹层次上升到全国统筹,这样,劳动者就可以在全国范围内自由流动,其养老保险权益不会因工作地点变动而受到损害;二是如果不能将基本养老保险上升到全国统筹,则应当确定可以分段计算劳动者养老金权益的政策办法,以确保劳动者在为当地做出贡献的同时也积累相应的养老金权益并能够在退休后分别计算和领取。目前,在基本养老保险基金尚未实现全国统筹的情况下,本条规定的“基本养老金分段计算、统一支付”就是保障像蒋某这样的退休人员养老金权益的好办法。

第二十条 【新型农村社会养老保险及其筹资方式】 国家建立和完善新型农村社会养老保险制度。

新型农村社会养老保险实行个人缴费、集体补助和政府补贴相结合。

条文解读

本条是关于新型农村社会养老保险及其筹资方式的规定。

新型农村社会养老保险是指以农村非城镇户籍的居民为参保人的基本养老保险制度,目前已经与城镇居民社会养老保险合并成为统一的城乡居民基本养老保险。

第二十一条 【新型农村社会养老保险待遇和领取条件】 新型农村社会养老保险待遇由基础养老金和个人账户养老金组成。

参加新型农村社会养老保险的农村居民,符合国家规定条件的,按月领取新型农村社会养老保险待遇。

条文解读

本条是关于新型农村社会养老保险待遇和领取条件的规定。

新型农村社会养老金待遇由基础养老金和个人账户养老金组成,支付终身。

其中,基础养老金标准由中央确定,目前为每人每月88元。地方政府可以根据实际情况提高基础养老金标准,对于长期缴费的农村居民,可适当加发基础养老金,提高和加发部分的资金由地方政府支出。国家根据经济发展和物价变动等情况,适时调整全国新型农村社会养老保险基础养老金的最低标准。

国家为每个新型农村社会养老保险参保人建立终身记录的养老保险个人账户。

个人缴费，集体补助及其他经济组织、社会公益组织、个人对参保人缴费的资助，地方政府对参保人的缴费补贴，全部记入个人账户。个人账户储存额目前每年参考中国人民银行公布的金融机构人民币 1 年期存款利率计息。个人账户养老金的月计发标准为个人账户全部储存额除以 139（与现行城镇职工基本养老保险个人账户养老金计发系数相同）。参保人死亡，个人账户中的资金余额，除政府补贴外，可以依法继承；政府补贴余额用于继续支付其他参保人的养老金。

新型农村社会养老保险待遇的领取条件为：年满 60 周岁、未享受城镇职工基本养老保险待遇的农村有户籍的老年人。新型农村社会养老保险制度实施时，已年满 60 周岁、未享受城镇职工基本养老保险待遇的，不用缴费，可以按月领取基础养老金，但其符合参保条件的子女应当参保缴费；距领取年龄不足 15 年的，应按年缴费，也允许补缴，累计缴费不超过 15 年；距领取年龄超过 15 年的，应按年缴费，累计缴费不少于 15 年。

关联法规索引

《国务院关于开展新型农村社会养老保险试点的指导意见》

第二十二条 【城镇居民社会养老保险】 国家建立和完善城镇居民社会养老保险制度。

省、自治区、直辖市人民政府根据实际情况，可以将城镇居民社会养老保险和新型农村社会养老保险合并实施。

条文解读

本条是关于城镇居民社会养老保险的规定。

城镇居民社会养老保险制度是指由城镇非就业居民参加的一项社会保险制度，是针对没有参加基本养老保险的老年人及大量处于劳动年龄但没有被纳入职工基本养老保险制度的城镇居民的社会养老保险制度，目前已经与新型农村社会养老保险合并成为统一的城乡居民基本养老保险。

城镇居民社会养老保险和新型农村社会养老保险在筹资方式、待遇发放、基金管理等方面很类似，一些省市在统筹城乡社会发展过程中，将城镇居民社会养老保险和新型农村社会养老保险作统一安排，建立城乡居民社会养老保险制度。因此，本条授权省、自治区、直辖市人民政府根据实际情况，将城镇居民社会养老保险和新型农村社会养老保险合并实施。

2014 年 2 月 21 日,国务院发布《关于建立统一的城乡居民基本养老保险制度的意见》,正式将新型农村社会养老保险和城镇居民社会养老保险两项制度合并实施,在全国范围内建立统一的城乡居民基本养老保险制度。此外,根据 2014 年 2 月 24 日人力资源社会保障部、财政部联合印发的《城乡养老保险制度衔接暂行办法》规定,参加城镇职工养老保险和城乡居民养老保险人员,达到城镇职工养老保险法定退休年龄后,城镇职工养老保险缴费年限满 15 年(含延长缴费至 15 年)的,可以申请从城乡居民养老保险转入城镇职工养老保险,按照城镇职工养老保险办法计发相应待遇。

关联法规索引

《国务院关于开展城镇居民社会养老保险试点的指导意见》;《国务院关于建立统一的城乡居民基本养老保险制度的意见》;《城乡养老保险制度衔接暂行办法》

第三章　基本医疗保险

本章介绍

基本医疗保险，是为了补偿参保人因疾病风险造成的经济损失而建立的一项社会保险制度。本章规定了基本医疗保险的相关问题，共 10 条，主要涉及了职工基本医疗保险覆盖范围和缴费模式、新型农村合作医疗制度、城镇居民基本医疗保险制度、基本医疗保险待遇标准、退休时享受基本医疗保险待遇、基本医疗保险基金支付制度、基本医疗保险费用结算制度、不纳入基本医疗保险基金支付范围的医疗费用、服务协议、基本医疗保险关系转移接续制度等问题。其中，对异地就医费用结算的规定，体现了立法者对社会公众诉求强烈的问题的积极回应。

第二十三条　【职工基本医疗保险覆盖范围和缴费模式】　职工应当参加职工基本医疗保险，由用人单位和职工按照国家规定共同缴纳基本医疗保险费。

无雇工的个体工商户、未在用人单位参加职工基本医疗保险的非全日制从业人员以及其他灵活就业人员可以参加职工基本医疗保险，由个人按照国家规定缴纳基本医疗保险费。

条文解读

本条是关于职工基本医疗保险覆盖范围和缴费模式的规定。

本条规定职工应当参加职工基本医疗保险，带有强制性；其他灵活就业人员可以参加，是非强制性的。这意味着企业（国有企业、集体企业、外商投资企业、私营企业等）、机关、事业单位、社会团体、民办非企业单位（现已称“社会服务机构”）及其职工，都要参加基本医疗保险。而无雇工的个体工商户、未在用人单位参加职工基本医疗保险的非全日制从业人员以及其他灵活就业人员可以根据个人意愿决定是否参加职工基本医疗保险。

职工参加基本医疗保险后，基本医疗保险费由用人单位和职工双方共同负担。无雇工的个体工商户、未在用人单位参加职工基本医疗保险的非全日制从业人员以及其他灵活就业人员自愿参加基本医疗保险后，由个人按照国家规定缴纳基本医疗保险费。

配套法规及解读

《国务院关于建立城镇职工基本医疗保险制度的决定》(1998年12月14日)

二、覆盖范围和缴费办法

城镇所有用人单位,包括企业(国有企业、集体企业、外商投资企业、私营企业等)、机关、事业单位、社会团体、民办非企业单位及其职工,都要参加基本医疗保险。乡镇企业及其职工、城镇个体经济组织业主及其从业人员是否参加基本医疗保险,由省、自治区、直辖市人民政府决定。

……

……用人单位缴费率应控制在职工工资总额的6%左右,职工缴费率一般为本人工资收入的2%。随着经济发展,用人单位和职工缴费率可作相应调整。

《劳动和社会保障部关于城镇灵活就业人员参加基本医疗保险的指导意见》(2003年5月26日)

(四)已与用人单位建立明确劳动关系的灵活就业人员,要按照用人单位参加基本医疗保险的方法缴费参保。其他灵活就业人员,要以个人身份缴费参保。

……

(六)……缴费基数可参照当地上一年职工年平均工资核定。

……

(九)……鼓励灵活就业人员通过劳动保障事务代理机构或社区劳动保障服务机构等实现整体参保。

※法规解读:按照上述规定,用人单位缴纳基本医疗保险费一般为职工工资总额的6%左右,职工缴费率一般为本人工资收入的2%;灵活就业人员的参保缴费率一般为统筹地区上年度职工平均工资的8%。

关联法规索引

《国务院关于建立城镇职工基本医疗保险制度的决定》;《劳动和社会保障部关于城镇灵活就业人员参加基本医疗保险的指导意见》

典型案例

※案情简介:张某在北京市某通信技术公司(以下简称技术公司)工作,月工资为8000元。当初签订合同时,技术公司对张某说,可以给你较高的工资,但是,除了工资以外,公司不再提供任何福利待遇。以后若有医疗、养老、失业等问题,应由自己解决,

公司不再承担任何责任。由于张某对社会保险不太了解,也就同意了单位提出的条件,与技术公司签订了为期3年的劳动合同。合同明确约定,公司不为张某缴纳社会保险费。工作以后,张某为解决自己的后顾之忧,每月从工资中拿出一部分钱,向保险公司投保了一份商业保险。后来,张某通过咨询才知道,企业为职工缴纳各项社会保险费是企业的法定义务,因此,张某要求技术公司为他缴纳社会保险。技术公司以劳动合同有约定、张某已经向保险公司投保了商业保险为由,拒绝了张某的请求,张某遂向劳动争议仲裁委员会申请仲裁。

※**裁判要旨:**在本案中,技术公司和张某双方约定的以多发工资来取代缴纳社会保险费的协议违反了《社会保险法》关于职工参加社会保险的强制性规定,不仅损害了职工的合法权益,而且损害了社会保险制度的利益。

第二十四条 【新型农村合作医疗制度】 国家建立和完善新型农村合作医疗制度。

新型农村合作医疗的管理办法,由国务院规定。

条文解读

本条是关于建立和完善新型农村合作医疗制度的规定。

新型农村合作医疗制度是由政府组织、引导、支持,农民自愿参加,个人、集体和政府多方筹资,以大病统筹为主的农民医疗互助共济制度,是与改革前传统的农村合作医疗制度相对而言的。新型农村合作医疗制度作为解决广大农民医疗保障权益的主体制度,是中国基本医疗保险体系的三大组成部分之一。目前,该制度已经与城镇居民基本医疗保险制度合并实施。

关联法规索引

《国务院关于整合城乡居民基本医疗保险制度的意见》

第二十五条 【城镇居民基本医疗保险制度】 国家建立和完善城镇居民基本医疗保险制度。

城镇居民基本医疗保险实行个人缴费和政府补贴相结合。

享受最低生活保障的人、丧失劳动能力的残疾人、低收入家庭六十周岁以上的老年人和未成年人等所需个人缴费部分,由政府给予补贴。

条文解读

本条是关于城镇居民基本医疗保险制度的规定。

与新型农村合作医疗制度相类似,城镇居民基本医疗保险制度是以大病统筹为主,针对城镇非就业居民的一项基本医疗保险制度,现已与新型农村合作医疗制度合并实施。

城镇居民基本医疗保险以个人缴费为主,政府给予适当补助。参保居民按规定缴纳基本医疗保险费,享受相应的医疗保险待遇,有条件的用人单位可以对职工家属参保缴费给予补助。国家对个人缴费和单位补助资金制定税收鼓励政策。

在上述一般政府补助的基础上,对享受最低生活保障者、丧失劳动能力的残疾者、低收入家庭中的老年人和未成年人参保所需个人缴费部分,由政府给予补贴。

配套法规及解读

《国务院关于整合城乡居民基本医疗保险制度的意见》(2016年1月12日)

二、整合基本制度政策

(一)统一覆盖范围。

城乡居民医保制度覆盖范围包括现有城镇居民医保和新农合所有应参保(合)人员,即覆盖除职工基本医疗保险应参保人员以外的其他所有城乡居民。农民工和灵活就业人员依法参加职工基本医疗保险,有困难的可按照当地规定参加城乡居民医保。各地要完善参保方式,促进应保尽保,避免重复参保。

(二)统一筹资政策。

坚持多渠道筹资,继续实行个人缴费与政府补助相结合为主的筹资方式,鼓励集体、单位或其他社会经济组织给予扶持或资助。各地要统筹考虑城乡居民医保与大病保险保障需求,按照基金收支平衡的原则,合理确定城乡统一的筹资标准。现有城镇居民医保和新农合个人缴费标准差距较大的地区,可采取差别缴费的办法,利用2—3年时间逐步过渡。整合后的实际人均筹资和个人缴费不得低于现有水平。

完善筹资动态调整机制。在精算平衡的基础上,逐步建立与经济社会发展水平、各方承受能力相适应的稳定筹资机制。逐步建立个人缴费标准与城乡居民人均可支配收入相衔接的机制。合理划分政府与个人的筹资责任,在提高政府补助标准的同时,适当提高个人缴费比重。

(三)统一保障待遇。

遵循保障适度、收支平衡的原则,均衡城乡保障待遇,逐步统一保障范围和支付标准,为参保人员提供公平的基本医疗保障。妥善处理整合前的特殊保障政策,做好过渡与衔接。

城乡居民医保基金主要用于支付参保人员发生的住院和门诊医药费用。稳定住院保障水平,政策范围内住院费用支付比例保持在75%左右。进一步完善门诊统筹,逐步提高门诊保障水平。逐步缩小政策范围内支付比例与实际支付比例间的差距。

(四)统一医保目录。

统一城乡居民医保药品目录和医疗服务项目目录,明确药品和医疗服务支付范围。各省(区、市)要按照国家基本医保用药管理和基本药物制度有关规定,遵循临床必需、安全有效、价格合理、技术适宜、基金可承受的原则,在现有城镇居民医保和新农合目录的基础上,适当考虑参保人员需求变化进行调整,有增有减、有控有扩,做到种类基本齐全、结构总体合理。完善医保目录管理办法,实行分级管理、动态调整。

(五)统一定点管理。

统一城乡居民医保定点机构管理办法,强化定点服务协议管理,建立健全考核评价机制和动态的准入退出机制。对非公立医疗机构与公立医疗机构实行同等的定点管理政策。原则上由统筹地区管理机构负责定点机构的准入、退出和监管,省级管理机构负责制订定点机构的准入原则和管理办法,并重点加强对统筹区域外的省、市级定点医疗机构的指导与监督。

(六)统一基金管理。

城乡居民医保执行国家统一的基金财务制度、会计制度和基金预决算管理制度。城乡居民医保基金纳入财政专户,实行"收支两条线"管理。基金独立核算、专户管理,任何单位和个人不得挤占挪用。

结合基金预算管理全面推进付费总额控制。基金使用遵循以收定支、收支平衡、略有结余的原则,确保应支付费用及时足额拨付,合理控制基金当年结余率和累计结余率。建立健全基金运行风险预警机制,防范基金风险,提高使用效率。

强化基金内部审计和外部监督,坚持基金收支运行情况信息公开和参保人员就医结算信息公示制度,加强社会监督、民主监督和舆论监督。

※法规解读:目前,城镇居民基本医疗保险制度已经与新型农村合作医疗制度实现覆盖范围、筹资政策、保障待遇、医保目录、定点管理、基金管理等"六统一",下一步建立统一的城乡居民基本医疗保险制度将随着两项制度划归国家医疗保障部门统一管理而逐步实现。

第二十六条 【基本医疗保险待遇标准】 职工基本医疗保险、新型农村合作医疗和城镇居民基本医疗保险的待遇标准按照国家规定执行。

条文解读

本条是关于各类基本医疗保险制度待遇标准的规定。

一般而言，基本医疗保险待遇主要包括以下几个方面：一是医疗期内的待遇；二是致残待遇；三是死亡待遇；四是非医疗期间看病的待遇等。

配套法规及解读

《国务院关于建立城镇职工基本医疗保险制度的决定》(1998年12月14日)

三、建立基本医疗保险统筹基金和个人帐户

……

统筹基金和个人账户要划定各自的支付范围，分别核算，不得互相挤占。要确定统筹基金的起付标准和最高支付限额，起付标准原则上控制在当地职工年平均工资的10%左右，最高支付限额原则上控制在当地职工年平均工资的4倍左右。起付标准以下的医疗费用，从个人账户中支付或由个人自付。起付标准以上、最高支付限额以下的医疗费用，主要从统筹基金中支付，个人也要负担一定比例。超过最高支付限额的医疗费用，可以通过商业医疗保险等途径解决。统筹基金的具体起付标准、最高支付限额以及在起付标准以上和最高支付限额以下医疗费用的个人负担比例，由统筹地区根据以收定支、收支平衡的原则确定。

《卫生部、财政部、农业部关于建立新型农村合作医疗制度的意见》(2003年1月16日)

四、资金管理

……

(三)农村合作医疗基金主要补助参加新型农村合作医疗农民的大病医疗费用或住院医疗费用。有条件的地方，可实行大额医疗费用补助与小额医疗费用补助结合的办法，既提高抗风险能力又兼顾农民受益面。对参加新型农村合作医疗的农民，年内没有动用农村合作医疗基金的，要安排进行一次常规性体检。各省、自治区、直辖市要制订农村合作医疗报销基本药物目录。各县(市)要根据筹资总额，结合当地实际，科学合理地确定农村合作医疗基金的支付范围、支付标准和额度，确定常规性体检的具体检查项目和方式，防止农村合作医疗基金超支或过多结余。

《国务院关于开展城镇居民基本医疗保险试点的指导意见》(2007年7月10日)

(六)费用支付。城镇居民基本医疗保险基金重点用于参保居民的住院和门诊大病医疗支出，有条件的地区可以逐步试行门诊医疗费用统筹。

……

《国务院关于整合城乡居民基本医疗保险制度的意见》(2016年1月12日)

二、整合基本制度政策

……

(三)统一保障待遇。

遵循保障适度、收支平衡的原则,均衡城乡保障待遇,逐步统一保障范围和支付标准,为参保人员提供公平的基本医疗保障。妥善处理整合前的特殊保障政策,做好过渡与衔接。

城乡居民医保基金主要用于支付参保人员发生的住院和门诊医药费用。稳定住院保障水平,政策范围内住院费用支付比例保持在75%左右。进一步完善门诊统筹,逐步提高门诊保障水平。逐步缩小政策范围内支付比例与实际支付比例间的差距。

※法规解读:从待遇水平上来看,企业职工从城镇职工基本医疗保险中享受到的待遇要好于城镇居民和农村居民分别从城镇居民基本医疗保险、新型农村合作医疗中享受到的待遇。此外,城镇居民基本医疗保险制度与新型农村合作医疗制度在筹资模式、待遇重点方面都具有很高的相似度,可以进一步合并成城乡居民基本医疗保险制度或者将这两项制度合并经办。为此,国务院于2016年1月3日发布了《关于整合城乡居民基本医疗保险制度的意见》,加快推进城乡居民基本医疗保险制度整合工作,逐步建立统一的城乡居民基本医疗保险制度。

关联法规索引

《国务院关于建立城镇职工基本医疗保险制度的决定》;《卫生部、财政部、农业部关于建立新型农村合作医疗制度的意见》;《国务院关于开展城镇居民基本医疗保险试点的指导意见》;《国务院关于整合城乡居民基本医疗保险制度的意见》

典型案例

※案情简介:李某1995年7月大学毕业后到国有企业性质的A公司工作。A公司经济效益很好,员工工资水平较高,1999年又参加了城镇职工基本医疗保险,为所有员工按时足额缴纳了医疗保险费,因此,李某对自己的工作一直比较满意。但是,天有不测风云,2000年3月初,李某因患上了一场大病住院治疗。住院期间,A公司以已为李某按时足额缴纳了医疗保险费为理由,停发了李某的工资,要求李某到医疗保险经办机构申请有关医疗待遇。6月中旬,A公司决定发给尚在住院的李某相当于5个月工资的经济补偿金并与李某立即解除劳动关系。李某认为公司侵害了其合法权益,委托代理人向劳动争议仲裁机构提出申请,请求仲裁机构责令公司补发住院期间的病假

工资、撤销解除劳动关系的决定。劳动争议仲裁机构受案后经查，裁决A公司补发李某住院期间的病假工资，并撤销解除劳动关系的决定。

※**裁判要旨**：关于职工患病或非因工负伤医疗期内的生活补助标准问题，1951年政务院颁布的《劳动保险条例》和1953年劳动部发布的《劳动保险条例实施细则修正草案》规定，职工疾病或非因工负伤停止工作连续医疗期间在6个月以内的，企业应该向其支付病假工资；医疗期限超过6个月时，病假工资停发，改由企业按月付给疾病或非因工负伤救济费。病假工资的支付标准是：本企业工龄不满2年者，为本工人工资60%；已满2年不满4年者，为本人工资70%；已满4年不满6年者，为本人工资80%。《劳动部关于贯彻执行〈中华人民共和国劳动法〉若干问题的意见》（劳部发〔1995〕309号）进一步规定，病假工资或疾病救济费按有关规定支付，但不能低于最低工资标准的80%。根据以上规定，李某的医疗费用由医疗保险基金按规定支付，但其病假工资应由A公司按有关规定支付。因此，劳动争议仲裁机构作出的要求A公司补发李某住院期间病假工资的裁决是完全合理合法的。

第二十七条　【退休时享受基本医疗保险待遇】　参加职工基本医疗保险的个人，达到法定退休年龄时累计缴费达到国家规定年限的，退休后不再缴纳基本医疗保险费，按照国家规定享受基本医疗保险待遇；未达到国家规定年限的，可以缴费至国家规定年限。

条文解读

本条是关于参加职工基本医疗保险的个人退休后基本医疗保险权利与义务的规定。

职工在年轻、健康时参加基本医疗保险，由个人和所在单位共同缴纳基本医疗保险费，一方面是承担了社会责任，为医疗保险基金能够发挥统筹调剂、均衡医疗费用负担、分散医疗风险的功能做出了贡献；另一方面也为自己在年老、疾病时积累了医疗保险基金，其退休后有权享受相应的医疗保险待遇，不需要再尽缴费义务。

配套法规及解读

《实施〈中华人民共和国社会保险法〉若干规定》（2011年6月29日）

第七条　社会保险法第二十七条规定的退休人员享受基本医疗保险待遇的缴费年限按照各地规定执行。

参加职工基本医疗保险的个人，基本医疗保险关系转移接续时，基本医疗保险缴费年限累计计算。

※法规解读：目前，对于职工退休后继续享受医疗保险待遇，不需要再缴纳基本医疗保险费的最低缴费年限没有全国统一的规定，由各统筹地区根据本地情况来确定。从各个地方规定的情况看，一般为男职工30年，女职工25年，但也有一些经济条件比较好的地方规定的年限门槛比较低。

值得注意的是，近年来，我国有关部门也正在研究实行职工退休人员医保缴费参保政策。但是，该项政策进入立法还有待时日，尚需逐层推进。

第二十八条　【基本医疗保险基金支付制度】　符合基本医疗保险药品目录、诊疗项目、医疗服务设施标准以及急诊、抢救的医疗费用，按照国家规定从基本医疗保险基金中支付。

条文解读

本条是关于基本医疗保险基金支付制度的规定。

基本医疗保险基金支付的范围包括参保人员治病所需要的基本用药、基本诊疗项目、医疗服务设施以及急诊、抢救的医疗费用，这些费用只有符合国家相关规定才能由统筹基金予以支付。

配套法规及解读

《实施〈中华人民共和国社会保险法〉若干规定》(2011年6月29日)

第八条　参保人员在协议医疗机构发生的医疗费用，符合基本医疗保险药品目录、诊疗项目、医疗服务设施标准的，按照国家规定从基本医疗保险基金中支付。

参保人员确需急诊、抢救的，可以在非协议医疗机构就医；因抢救必须使用的药品可以适当放宽范围。参保人员急诊、抢救的医疗服务具体管理办法由统筹地区根据当地实际情况制定。

《城镇职工基本医疗保险定点医疗机构管理暂行办法》(1999年5月11日)

第十二条　参保人员应在选定的定点医疗机构就医，并可自主决定在定点医疗机构购药或持处方到定点零售药店购药。

除急诊和急救外，参保人员在非选定的定点医疗机构就医发生的费用，不得由基本医疗保险基金支付。

《关于城镇职工基本医疗保险诊疗项目管理的意见》(1999年6月30日)

一、基本医疗保险诊疗项目是指符合以下条件的各种医疗技术劳务项目和采用医疗仪器、设备与医用材料进行的诊断、治疗项目:

(一)临床诊疗必需、安全有效、费用适宜的诊疗项目;

(二)由物价部门制定了收费标准的诊疗项目;

(三)由定点医疗机构为参保人员提供的定点医疗服务范围内的诊疗项目。

《关于确定城镇职工基本医疗保险医疗服务设施范围和支付标准的意见》(1999年6月30日)

三、基本医疗保险基金不予支付的生活服务项目和服务设施费用,主要包括:

(一)就(转)诊交通费、急救车费;

(二)空调费、电视费、电话费、婴儿保温箱费、食品保温箱费、电炉费、电冰箱费及损坏公物赔偿费;

(三)陪护费、护工费、洗理费、门诊煎药费;

(四)膳食费;

(五)文娱活动费以及其他特需生活服务费用。

……

※法规解读:我国基本医疗保险用药范围,通过制定《基本医疗保险药品目录》进行管理。2017年2月21日,人力资源和社会保障部发布了《关于印发国家基本医疗保险、工伤保险和生育保险药品目录(2017年版)的通知》。该2017年版的药品目录分凡例、西药部分、中成药部分和中药饮片部分等四个部分。

基本医疗保险诊疗项目具体范围由《关于城镇职工基本医疗保险诊疗项目管理的意见》《国家基本医疗保险诊疗项目范围》等相关文件来明确。

基本医疗保险的医疗服务设施是指由定点医院提供的,参保人员在接受诊断、治疗和护理过程中必需的生活服务设施。《关于确定城镇职工基本医疗保险医疗服务设施范围和支付标准的意见》对不予支付的生活服务项目和服务设施费用进行了排除规定,对其他医疗服务设施项目是否纳入基本医疗保险基金支付范围,由各省(自治区、直辖市)劳动保障行政部门规定。

除了上述的用药费用、诊疗费用、医疗服务设施费用外,急诊、抢救的医疗费用也按照国家规定从基本医疗保险基金中支付。相比前述费用,急诊、抢救的医疗费用支付要求较为宽松。

关联法规索引

《关于印发国家基本医疗保险、工伤保险和生育保险药品目录(2017年版)的通知》;《关于城镇职工基本医疗保险诊疗项目管理的意见》;《国家基本医疗保险诊疗项目范围》;《关于确定城镇职工基本医疗保险医疗服务设施范围和支付标准的意见》;《城镇职工基本医疗保险定点医疗机构管理暂行办法》

典型案例

※案情简介:潘某原系某市龙腾医药制造公司(以下简称医药公司)销售部门的工作人员。2010年4月2日潘某下班后,在家做饭时不幸因突发心脏病导致休克被妻儿紧急送进了离家最近的一家医院,住院治疗7天后出院,其间总共花去医疗费用2万元人民币。在住院治疗交费时,潘某的妻子认为相当比例的医疗费用应当由该医院和当地社会保险经办机构之间进行结算,而自己只需要为丈夫潘某缴纳少量的费用即可。但是,医院却以潘某看病住院并非在定点医院,无法和社会保险经办机构进行结算为由,拒绝了潘某妻子的要求,并强调如果不交费则不治病救人。无奈之下,潘某的妻子交了2万元医疗费用。出院后,潘某持医疗费发票、病例复印件等要求社会保险经办机构支付亦被以其是在非定点医疗机构看病住院为由拒绝。双方遂发生争议。

※裁判要旨:在本案中,潘某在家做饭时不幸因突发心脏病导致休克,就近治疗是符合情理的事情,因所患疾病的特殊性,基本医疗保险基金按规定应为其支付一定比例的医疗费。

第二十九条 【基本医疗保险费用结算制度】 参保人员医疗费用中应当由基本医疗保险基金支付的部分,由社会保险经办机构与医疗机构、药品经营单位直接结算。

社会保险行政部门和卫生行政部门应当建立异地就医医疗费用结算制度,方便参保人员享受基本医疗保险待遇。

条文解读

本条是关于基本医疗保险费用结算制度的规定。

为了缓解参保个人垫付大量医疗费的问题,本条规定在参保人员医疗费用中应当由基本医疗保险基金支付的部分,由社会保险经办机构与医疗机构、药品经营单位直接结算。这一结算制度的确立,改变了过去那种参保人员“先由本人支付全部医疗费用,然后再就其中应当由医疗保险基金支付的部分去社会保险经办机构报销”的做法。

随着中国经济社会的快速发展,各地区之间人员往来日益频繁,发生异地就医的情况比较普遍。目前,社会公众普遍反映异地就医难,其中一个主要原因是异地就医报销医疗费困难,影响了参保人员享受基本医疗保险待遇。为了解决这一问题,本条明确要求社会保险行政部门和卫生行政部门应当建立异地就医医疗费用结算制度,方便参保人员享受基本医疗保险待遇。

配套法规及解读

《关于进一步做好基本医疗保险异地就医医疗费用结算工作的指导意见》(2014年11月18日)

二、完善市级统筹,实现市域范围内就医直接结算

以全面实现市域范围内医疗费用直接结算为目标,推进和完善基本医疗保险市级统筹。首先做到基本医疗保险基金预算和筹资待遇政策、就医管理的统一和信息系统的一体化衔接,逐步提升基本医疗保险服务便利性。实现城乡基本医疗保险制度整合的地区,要同步推动城乡居民医保实现市级统筹。

已经实行市级统筹的地区要进一步提高市级统筹质量。采取统收统支模式的,要明确地市和区县级社会保险经办机构(以下简称经办机构)职责,落实分级管理责任;采取调剂金模式的,要规范调剂金的收取和调剂管理办法,以逐步实现制度政策、基金管理、就医结算、经办服务、信息系统方面的统一。有条件的地方要加快推进省级统筹。

三、规范省内异地就医直接结算

各省要按照国家统一规范,建立完善省级异地就医结算平台,支持省内统筹地区之间就医人员信息、医疗服务数据以及费用结算数据等信息的交换,并通过平台开展省内异地就医直接结算工作。

各省人力资源社会保障部门要加强对各统筹地区医疗保险政策的指导,按照国家要求建立统一的药品目录、诊疗项目和医疗服务设施信息标准库,完善与异地就医相关的结算办法和经办流程。要完善定点医疗机构管理,建立并维护支持异地就医直接结算的定点医疗机构数据库。定点医疗机构名单应向社会公布。

异地就医人员的医疗保险待遇执行参保地政策。各统筹地区要建立规范的异地就医报送办法。符合条件的参保人员经同意异地就医后,参保地经办机构应将人员信息通过省级平台传送给就医地经办机构。就医地经办机构负责为异地就医人员提供经办服务,对相关医疗服务行为进行监管,并将相关信息及时如实传送给参保地经办机构。

四、完善跨省异地就医人员政策

加强跨省异地就医的顶层设计,统筹考虑各类跨省异地就医人员需求,逐步推进跨省异地就医直接结算。当前重点解决跨省异地安置退休人员的住院费用,有条件的

地方可以在总结经验的基础上，结合本地户籍和居住证制度改革，探索将其他长期跨省异地居住人员纳入住院医疗费用直接结算范围。

跨省异地安置退休人员是指离开参保统筹地区长期跨省异地居住，并根据户籍管理规定已取得居住地户籍的参保退休人员。这部分人员可自愿向参保地经办机构提出异地医疗费用直接结算申请，经审核同意并由居住地经办机构登记备案后，其住院医疗费用可以在居住地实行直接结算。

跨省异地安置退休人员在居住地发生的住院医疗费用，原则上执行居住地规定的支付范围（包括药品目录、诊疗项目和医疗服务设施标准）。医疗保险统筹基金的起付标准、支付比例和支付限额原则上执行参保地规定的本地就医时的标准，不按照转外就医支付比例执行。经本人申请，可以将个人账户资金划转给个人，供门诊就医、购药时使用。

五、做好异地就医人员管理服务

各统筹地区经办机构应当根据跨省异地安置退休人员、异地转诊人员、异地急诊人员等不同人群的特点，落实管理责任，加强医疗服务监管，做好服务。

对经登记备案的跨省异地安置退休人员，居住地的经办机构应一视同仁地将其纳入管理，在定点医疗机构和零售药店确定、医疗信息记录、医疗行为监控等方面提供与本地参保人相同的服务和管理。跨省异地安置退休人员发生的应由统筹基金支付的住院医疗费用，通过各省级异地就医结算平台实行跨省直接结算。

对于异地转诊的参保人员，经办机构要适应分级诊疗模式和转诊转院制度，建立参保地与就医地之间的协作机制，引导形成合理的就医秩序。就医地经办机构应协助参保地经办机构进行医疗票据核查等工作，保证费用的真实性，防范和打击伪造医疗票据和文书等欺诈行为。

对于异地急诊的参保人员，原则上在参保地按规定进行报销；需要通过医疗机构对费用真实性进行核查的，就医地经办机构应予以协助。

参保人员异地就医费用按规定实行直接结算的，应由医疗保险基金支付的部分，原则上先由就医地医疗保险基金垫付，再由参保地经办机构与就医地经办机构按月结算。

对异地就医造成的就医地经办机构增加的必要工作经费，由就医地经办机构同级财政统筹安排。鼓励各地探索委托商业保险机构经办等购买服务的方式，提高异地就医结算管理和服务水平。

※法规解读：目前，在全国所有省级平台、所有统筹地区均已实现与国家异地就医结算系统对接的基础上，跨省异地就医定点医疗机构数量继续增加，备案人数和直接结算量持续快速增长。

关联法规索引

《关于进一步做好基本医疗保险异地就医医疗费用结算工作的指导意见》

第三十条 【不纳入基本医疗保险基金支付范围的医疗费用】 下列医疗费用不纳入基本医疗保险基金支付范围：

(一)应当从工伤保险基金中支付的；

(二)应当由第三人负担的；

(三)应当由公共卫生负担的；

(四)在境外就医的。

医疗费用依法应当由第三人负担，第三人不支付或者无法确定第三人的，由基本医疗保险基金先行支付。基本医疗保险基金先行支付后，有权向第三人追偿。

条文解读

本条是关于不纳入基本医疗保险基金支付范围的情形以及先行支付与追偿的规定。

本法第二十八条规定了基本医疗保险基金支付的范围：符合基本医疗保险药品目录、诊疗项目、医疗服务设施标准以及急诊、抢救的医疗费用，按照国家规定从基本医疗保险基金中支付。但是，这并不意味着上述范围内发生的所有医疗费用均由基本医疗保险基金支付，一些应当由或者已经由其他方面支付的医疗费用不再纳入基本医疗保险基金的支付范围。

本条还规定了基本医疗保险基金先行支付、后续追偿的相关情形。

配套法规及解读

《社会保险基金先行支付暂行办法》(2018年12月14日修订)

第二条 参加基本医疗保险的职工或者居民(以下简称个人)由于第三人的侵权行为造成伤病的，其医疗费用应当由第三人按照确定的责任大小依法承担。超过第三人责任部分的医疗费用，由基本医疗保险基金按照国家规定支付。

前款规定中应当由第三人支付的医疗费用，第三人不支付或者无法确定第三人的，在医疗费用结算时，个人可以向参保地社会保险经办机构书面申请基本医疗保险基金先行支付，并告知造成其伤病的原因和第三人不支付医疗费用或者无法确定第三人的情况。

※法规解读：相比《社会保险法》第三十条的规定，《社会保险基金先行支付暂行办法》第二条的规定显得更为详细，可操作性更强。

第三十一条　【服务协议】　社会保险经办机构根据管理服务的需要，可以与医疗机构、药品经营单位签订服务协议，规范医疗服务行为。

医疗机构应当为参保人员提供合理、必要的医疗服务。

条文解读

本条是关于经办机构对医疗服务进行合同管理以及医疗机构义务的规定。

医疗服务协议是指社会保险经办机构与医疗机构、药品经营单位签订有关医疗服务、购买药品、给付费用等权利义务内容的协议。这种协议在性质上构成行政法上的"行政合同"，也被称为"行政契约"，其作用在于将社会保险经办机构与医疗机构、药品经营单位之间的权利义务关系明确化，简化患者购买服务付费的环节，还可以促进医、患、保三方的相互制约制衡。与社会保险经办机构签订服务协议的医疗机构、药品经营单位，称为定点医疗机构和定点药店。

关联法规索引

《城镇职工基本医疗保险定点医疗机构管理暂行办法》；《城镇职工基本医疗保险定点零售药店管理暂行办法》

典型案例

※案情简介：小王因普通感冒引发头疼发烧而到定点医院治疗。给他检查的医生先给他做了脑 CT，又做了核磁共振，还进行了 X 光、化验、彩超等检查，最终得出结论，小王得的是感冒。随后，医生给他开了感冒药。在小王支付了 63 元的药费后，医院还要求他支付高达 1000 多元的检查费。就检查费，小王提出异议，觉得医生给自己做的检查不是必须检查，不应该由自己支付检查费。为此，双方产生纠纷。

※裁判要旨：本案中的医生违背职业伦理和诊疗规范，为患了感冒的小王实施脑 CT、核磁共振、X 光、化验、彩超等多项不必要的检查，显然是既属于医疗侵权行为，又违背了医疗机构与社会保险经办机构之间签订的医疗服务协议。对此，一方面，小王可以根据《侵权责任法》要求该医院承担民事侵权赔偿责任，具体可通过双方协商、调

解直至民事诉讼的方式实现；另一方面，社会保险行政部门应当责令医院退回相应社会保险金，必要时依法对该医院进行行政处罚，甚至解除服务协议。

第三十二条 【基本医疗保险关系转移接续制度】 个人跨统筹地区就业的，其基本医疗保险关系随本人转移，缴费年限累计计算。

条文解读

本条是关于基本医疗保险关系转移接续制度的规定。

本条强调了基本医疗保险“缴费年限累计计算”，是为了与本法第二十七条关于个人“达到法定退休年龄时累计缴费达到国家规定年限的，退休后不再缴纳基本医疗保险费，按照国家规定享受基本医疗保险待遇”之规定相衔接，确保参保人员不因跨统筹地区工作而影响其退休后的基本医疗保险待遇。

配套法规及解读

《流动就业人员基本医疗保障关系转移接续暂行办法》(2009年12月31日)

第六条 城镇基本医疗保险参保人员跨统筹地区流动就业，新就业地有接收单位的，由单位按照《社会保险登记管理暂行办法》的规定办理登记手续，参加新就业地城镇职工基本医疗保险；无接收单位的，个人应在中止原基本医疗保险关系后的3个月内到新就业地社会(医疗)保险经办机构办理登记手续，按当地规定参加城镇职工基本医疗保险或城镇居民基本医疗保险。

第七条 城镇基本医疗保险参保人员跨统筹地区流动就业并参加新就业地城镇基本医疗保险的，由新就业地社会(医疗)保险经办机构通知原就业地社会(医疗)保险经办机构办理转移手续，不再享受原就业地城镇基本医疗保险待遇……

《关于做好进城落户农民参加基本医疗保险和关系转移接续工作的办法》(2015年8月27日)

二、规范医疗保障关系转移接续手续

进城落户农民和流动就业人员等参加转入地基本医疗保险后，转入地社会(医疗)保险经办机构应依据参保人申请，通知转出地经办机构办理医疗保障关系转移手续，确保管理服务顺畅衔接，避免待遇重复享受。

转出地社会(医疗)保险或新农合经办机构应在参保人办理中止参保(合)手续时为其开具参保(合)凭证。参保(合)凭证是参保人员的重要权益记录，由参保人妥善保管,用于转入地受理医疗保障关系转移申请时,核实参保人身份和转出地社会(医疗)保险经办机构记录的相关信息。

三、妥善处理医疗保障关系转移接续中的有关权益

进城落户农民和流动就业人员等办理基本医疗保险关系转移接续前后,基本医疗保险参保缴费中断不超过3个月且补缴中断期间医疗保险费的,不受待遇享受等待期限制,按参保地规定继续参保缴费并享受相应的待遇。

进城落户农民在农村参加新农合等基本医疗保险的参保缴费和权益享受信息等连续记入新参保地业务档案,保证参保记录的完整性和连续性。流动就业人员参加职工医疗保障的缴费年限各地互认,参保人在转出地职工医疗保障记录的缴费年限累计计入转入地职工医疗保障缴费年限记录。

参保人转移基本医疗保险关系时,建立个人账号的,个人账号随本人基本医疗保险关系一同转移。个人账号资金原则上通过经办机构进行划转。

※法规解读:《流动就业人员基本医疗保障关系转移接续暂行办法》和《关于做好进城落户农民参加基本医疗保险和关系转移接续工作的办法》对流动就业人员基本医疗保障关系转移接续实施办法进行了具体规范,使之更具可操作性。

关联法规索引

《流动就业人员基本医疗保障关系转移接续暂行办法》;《关于做好进城落户农民参加基本医疗保险和关系转移接续工作的办法》

第四章　工 伤 保 险

本章介绍

工伤保险是指劳动者在工作中或在规定的某些特殊情况下，因遭受意外伤害或罹患职业病，暂时或永久地丧失劳动能力以及死亡时，劳动者或其遗属从国家和社会获得物质帮助的一种社会保险制度。

本章规定了工伤保险，共11条，主要涉及了工伤保险的参保范围和缴费主体、费率的确定、工伤保险费缴纳数额、享受工伤保险待遇的条件、不认定为工伤的情形、工伤保险基金负担的工伤保险待遇、用人单位负担的工伤保险待遇、伤残津贴和基本养老保险待遇的衔接、未参保单位职工发生工伤时的待遇、民事侵权责任和工伤保险责任竞合、停止享受工伤保险待遇的情形等问题。其中，本章规定的“工伤职工可获先行支付，未缴费单位不能免责”对保障工伤劳动者的意义重大。

第三十三条　【参保范围和缴费主体】　职工应当参加工伤保险，由用人单位缴纳工伤保险费，职工不缴纳工伤保险费。

条文解读

本条是关于工伤保险参保范围和缴费主体的规定。

修订后的《工伤保险条例》，将工伤保险的适用范围扩大到了不参照《公务员法》管理的各类事业单位、社会团体以及民办非企业单位（现已称“社会服务机构”）、基金会、律师事务所、会计师事务所等组织。

一般来说，社会保险基金通常是由用人单位与职工个人共同缴纳保险费而构成，基金不敷使用时，由政府适当地予以补贴；与其他社会保险项目不同的是，工伤保险则仅由用人单位负担缴纳社会保险费的义务，职工不负担此项义务，政府仅对部分职工（如公职人员）提供补贴。

配套法规及解读

《工伤保险条例》(2010 年 12 月 20 日修订)

第二条 中华人民共和国境内的企业、事业单位、社会团体、民办非企业单位、基金会、律师事务所、会计师事务所等组织和有雇工的个体工商户(以下称用人单位)应当依照本条例规定参加工伤保险,为本单位全部职工或者雇工(以下称职工)缴纳工伤保险费。

中华人民共和国境内的企业、事业单位、社会团体、民办非企业单位、基金会、律师事务所、会计师事务所等组织的职工和个体工商户的雇工,均有依照本条例的规定享受工伤保险待遇的权利。

《实施〈中华人民共和国社会保险法〉若干规定》(2011 年 6 月 29 日)

第九条 职工(包括非全日制从业人员)在两个或者两个以上用人单位同时就业的,各用人单位应当分别为职工缴纳工伤保险费。职工发生工伤,由职工受到伤害时工作的单位依法承担工伤保险责任。

※法规解读: 由于工伤事故责任推定实行的是雇主无过错责任原则,因此,工伤保险费只需由用人单位来负担。《实施〈中华人民共和国社会保险法〉若干规定》第九条对在多处同时实现就业的职工的缴费责任以及因工负伤时工伤保险责任的归属问题进行了规定。

第三十四条 【费率确定】 国家根据不同行业的工伤风险程度确定行业的差别费率,并根据使用工伤保险基金、工伤发生率等情况在每个行业内确定费率档次。行业差别费率和行业内费率档次由国务院社会保险行政部门制定,报国务院批准后公布施行。

社会保险经办机构根据用人单位使用工伤保险基金、工伤发生率和所属行业费率档次等情况,确定用人单位缴费费率。

条文解读

本条是关于工伤保险费费率确定的规定。

差别费率制,即根据各行业或企业在一定时期内的工伤发生情况和职业病统计以及工伤费用的预测,对某一行业或单个企业单独确定工伤保险的缴费比率。差别费率制,体现了在工伤保险基金的分担上,不同工伤事故发生率的企业、行业负担的差别性,有利于促进用人单位改善劳动条件,促进安全生产,减少工伤事故。

为了促进安全生产,调动用人单位工伤预防的主动性和积极性,我国在行业差别费率的基础上,还实行了浮动费率制,即在确定了行业差别费率和行业内差别费率的基础上,再根据用人单位的具体情况来确定其每年度适用哪一档次的费率。

目前,我国正在阶段性降低工伤保险费率。

配套法规及解读

《关于工伤保险费率问题的通知》(2003 年 10 月 29 日)

一、关于行业划分

根据不同行业的工伤风险程度,参照《国民经济行业分类》(GB/T4754—2002),将行业划分为三个类别:一类为风险较小行业,二类为中等风险行业,三类为风险较大行业。三类行业分别实行三种不同的工伤保险缴费率……

二、关于费率确定

各省、自治区、直辖市工伤保险费平均缴费率原则上要控制在职工工资总额的1.0%左右。在这一总体水平下,各统筹地区三类行业的基准费率要分别控制在用人单位职工工资总额的0.5%左右、1.0%左右、2.0%左右……

《工伤保险条例》(2010 年 12 月 20 日修订)

第八条第三款 统筹地区经办机构根据用人单位工伤保险费使用、工伤发生率等情况,适用所属行业内相应的费率档次确定单位缴费费率。

第九条 国务院社会保险行政部门应当定期了解全国各统筹地区工伤保险基金收支情况,及时提出调整行业差别费率及行业内费率档次的方案,报国务院批准后公布施行。

※法规解读:行业差别费率是一个基准的费率,在行业差别费率的基础上根据工伤保险基金、工伤发生率等情况在每个行业内确定若干个费率档次。例如,商业的基准费率为0.3%,该行业内的费率档次可以以0.3%为基准,设计0.25%、0.3%、0.35%三个档次。由于行业差别费率和行业内费率档次的确定需要考虑工伤保险费的使用、事故发生率和职业病的发病率等因素,并且与行业、企业的利益密切相关,需要由权威部门统一确定。因此,本法规定,行业差别费率和行业内费率档次由国务院社会保险行政部门制定,报国务院批准后公布施行。

关联法规索引

《关于工伤保险费率问题的通知》

第三十五条　【工伤保险费缴纳数额】　用人单位应当按照本单位职工工资总额，根据社会保险经办机构确定的费率缴纳工伤保险费。

条文解读

本条是关于工伤保险费缴纳数额的规定。

用人单位缴纳工伤保险费的数额取决于两个因素：缴费基数和费率。两者的乘积即为用人单位应当缴纳工伤保险费数额。依据本条规定，用人单位缴纳工伤保险费的缴费基数为本单位的职工工资总额。

本条所规定的“费率”，是指社会保险经办机构根据用人单位使用工伤保险费基金、工伤发生率和所属行业费率档次等情况确定的用人单位缴费费率。目前，各省、自治区、直辖市工伤保险费平均缴费率原则上要控制在职工工资总额的1%左右。

配套法规及解读

《工伤保险条例》(2010年12月20日修订)

第十条第二款　用人单位缴纳工伤保险费的数额为本单位职工工资总额乘以单位缴费费率之积。

※法规解读：这里的工资总额是指用人单位直接支付给本单位全部职工的劳动报酬总额，由下列六个部分组成：(1)计时工资；(2)计件工资；(3)奖金；(4)津贴和补贴；(5)加班加点工资；(6)特殊情况下支付的工资。

第三十六条　【享受工伤保险待遇的条件】　职工因工作原因受到事故伤害或者患职业病，且经工伤认定的，享受工伤保险待遇；其中，经劳动能力鉴定丧失劳动能力的，享受伤残待遇。

工伤认定和劳动能力鉴定应当简捷、方便。

条文解读

本条是关于享受工伤保险待遇条件的规定。

工伤认定是劳动行政部门按照法定的程序，依据法律法规及相关政策的规定，确定职工受到的伤害或者罹患职业病的情形是否属于工伤或者应视同工伤给予定性的行政确权行为。

劳动能力鉴定即通常所说的“评残”，是指劳动者因工负伤或者罹患职业病，导致本人劳动和生活能力受到影响，由劳动能力鉴定机构组织专家，根据国家评残标准，运用医学科学技术的方法和手段，确定劳动者劳动功能障碍程度和生活自理障碍程度的一种综合评定制度。

配套法规

一、工伤认定

根据《工伤保险条例》(2010 年 12 月 20 日修订)、《工伤认定办法》(2010 年 12 月 31 日修订)的规定，工伤认定程序包括申请、受理、核实、决定等环节。具体规则如下：

1. 工伤认定的申请程序

《工伤保险条例》(2010 年 12 月 20 日修订)

第十七条 职工发生事故伤害或者按照职业病防治法规定被诊断、鉴定为职业病，所在单位应当自事故伤害发生之日或者被诊断、鉴定为职业病之日起 30 日内，向统筹地区社会保险行政部门提出工伤认定申请。遇有特殊情况，经报社会保险行政部门同意，申请时限可以适当延长。

用人单位未按前款规定提出工伤认定申请的，工伤职工或者其近亲属、工会组织在事故伤害发生之日或者被诊断、鉴定为职业病之日起 1 年内，可以直接向用人单位所在地统筹地区社会保险行政部门提出工伤认定申请。

按照本条第一款规定应当由省级社会保险行政部门进行工伤认定的事项，根据属地原则由用人单位所在地的设区的市级社会保险行政部门办理。

用人单位未在本条第一款规定的时限内提交工伤认定申请，在此期间发生符合本条例规定的工伤待遇等有关费用由该用人单位负担。

第十八条第一款 提出工伤认定申请应当提交下列材料：

(一)工伤认定申请表；

(二)与用人单位存在劳动关系(包括事实劳动关系)的证明材料；

(三)医疗诊断证明或者职业病诊断证明书(或者职业病诊断鉴定书)。

2. 工伤认定申请的受理程序

《工伤认定办法》(2010 年 12 月 31 日修订)

第七条 工伤认定申请人提交的申请材料符合要求，属于社会保险行政部门管辖范围且在受理时限内的，社会保险行政部门应当受理。

第八条 社会保险行政部门收到工伤认定申请后，应当在 15 日内对申请人提交的材料进行审核，材料完整的，作出受理或者不予受理的决定；材料不完整的，应当以书面形式一次性告知申请人需要补正的全部材料。社会保险行政部门收到申请人提交的全部补正材料后,应当在15日内作出受理或者不予受理的决定。

社会保险行政部门决定受理的,应当出具《工伤认定申请受理决定书》;决定不予受理的,应当出具《工伤认定申请不予受理决定书》。

3. 调查核实程序

《工伤认定办法》(2010年12月31日修订)

第九条 社会保险行政部门受理工伤认定申请后,可以根据需要对申请人提供的证据进行调查核实。

第十条 社会保险行政部门进行调查核实,应当由两名以上工作人员共同进行,并出示执行公务的证件。

第十一条 社会保险行政部门工作人员在工伤认定中,可以进行以下调查核实工作:

(一)根据工作需要,进入有关单位和事故现场;

(二)依法查阅与工伤认定有关的资料,询问有关人员并作出调查笔录;

(三)记录、录音、录像和复制与工伤认定有关的资料。调查核实工作的证据收集参照行政诉讼证据收集的有关规定执行。

第十二条 社会保险行政部门工作人员进行调查核实时,有关单位和个人应当予以协助。用人单位、工会组织、医疗机构以及有关部门应当负责安排相关人员配合工作,据实提供情况和证明材料。

第二十五条 用人单位拒不协助社会保险行政部门对事故伤害进行调查核实的,由社会保险行政部门责令改正,处2000元以上2万元以下的罚款。

4. 工伤认定调查的证据文书认定和举证责任分配

《工伤认定办法》(2010年12月31日修订)

第十三条 社会保险行政部门在进行工伤认定时,对申请人提供的符合国家有关规定的职业病诊断证明书或者职业病诊断鉴定书,不再进行调查核实。职业病诊断证明书或者职业病诊断鉴定书不符合国家规定的要求和格式的,社会保险行政部门可以要求出具证据部门重新提供。

第十四条 社会保险行政部门受理工伤认定申请后,可以根据工作需要,委托其他统筹地区的社会保险行政部门或者相关部门进行调查核实。

第十七条 职工或者其近亲属认为是工伤,用人单位不认为是工伤的,由该用人单位承担举证责任。用人单位拒不举证的,社会保险行政部门可以根据受伤害职工提供的证据或者调查取得的证据,依法作出工伤认定决定。

5. 决定程序

《工伤保险条例》(2010 年 12 月 20 日修订)

第十九条第一款 ……职业病诊断和诊断争议的鉴定,依照职业病防治法的有关规定执行。对依法取得职业病诊断证明书或者职业病诊断鉴定书的,社会保险行政部门不再进行调查核实。

《工伤认定办法》(2010 年 12 月 31 日修订)

第十八条 社会保险行政部门应当自受理工伤认定申请之日起60 日内作出工伤认定决定,出具《认定工伤决定书》或者《不予认定工伤决定书》。

第二十条 社会保险行政部门受理工伤认定申请后,作出工伤认定决定需要以司法机关或者有关行政主管部门的结论为依据的,在司法机关或者有关行政主管部门尚未作出结论期间,作出工伤认定决定的时限中止,并书面通知申请人。

第二十一条 社会保险行政部门对于事实清楚、权利义务明确的工伤认定申请,应当自受理工伤认定申请之日起 15 日内作出工伤认定决定。

6. 决定的送达程序

《工伤认定办法》(2010 年 12 月 31 日修订)

第二十二条 社会保险行政部门应当自工伤认定决定作出之日起 20 日内,将《认定工伤决定书》或者《不予认定工伤决定书》送达受伤害职工(或者其近亲属)和用人单位,并抄送社会保险经办机构。

《认定工伤决定书》和《不予认定工伤决定书》的送达参照民事法律有关送达的规定执行。

二、劳动能力鉴定

《工伤保险条例》(2010 年 12 月 20 日修订)

第二十三条 劳动能力鉴定由用人单位、工伤职工或者其近亲属向设区的市级劳动能力鉴定委员会提出申请,并提供工伤认定决定和职工工伤医疗的有关资料。

第二十四条 省、自治区、直辖市劳动能力鉴定委员会和设区的市级劳动能力鉴定委员会分别由省、自治区、直辖市和设区的市级社会保险行政部门、卫生行政部门、工会组织、经办机构代表以及用人单位代表组成。

劳动能力鉴定委员会建立医疗卫生专家库。列入专家库的医疗卫生专业技术人员应当具备下列条件:

(一)具有医疗卫生高级专业技术职务任职资格;

(二)掌握劳动能力鉴定的相关知识;

(三)具有良好的职业品德。

第二十五条 设区的市级劳动能力鉴定委员会收到劳动能力鉴定申请后,应当从其建立的医疗卫生专家库中随机抽取 3 名或者 5 名相关专家组成专家组，由专家组提出鉴定意见。设区的市级劳动能力鉴定委员会根据专家组的鉴定意见作出工伤职工劳动能力鉴定结论；必要时，可以委托具备资格的医疗机构协助进行有关的诊断。

设区的市级劳动能力鉴定委员会应当自收到劳动能力鉴定申请之日起 60 日内作出劳动能力鉴定结论，必要时，作出劳动能力鉴定结论的期限可以延长 30 日。劳动能力鉴定结论应当及时送达申请鉴定的单位和个人。

第二十六条　申请鉴定的单位或者个人对设区的市级劳动能力鉴定委员会作出的鉴定结论不服的，可以在收到该鉴定结论之日起 15 日内向省、自治区、直辖市劳动能力鉴定委员会提出再次鉴定申请。省、自治区、直辖市劳动能力鉴定委员会作出的劳动能力鉴定结论为最终结论。

第二十七条　劳动能力鉴定工作应当客观、公正。劳动能力鉴定委员会组成人员或者参加鉴定的专家与当事人有利害关系的，应当回避。

第二十八条　自劳动能力鉴定结论作出之日起 1 年后，工伤职工或者其近亲属、所在单位或者经办机构认为伤残情况发生变化的，可以申请劳动能力复查鉴定。

第三十七条　【不认定为工伤的情形】　职工因下列情形之一导致本人在工作中伤亡的，不认定为工伤：

（一）故意犯罪；

（二）醉酒或者吸毒；

（三）自残或者自杀；

（四）法律、行政法规规定的其他情形。

条文解读

本条是关于不认定为工伤情形的规定。

职工因故意犯罪遭受事故伤害，是指因职工本人实施故意犯罪导致的伤害，不包括侵权第三人实施故意犯罪导致职工受到伤害的情形，也不包括过失犯罪以及违反治安管理行为（吸毒除外）的情形。

醉酒导致行为失去控制而引发的各种事故不能作为工伤处理。这主要是考虑到国家的一些法律规定明确禁止醉酒后工作、醉酒后驾车等，也为了在一定程度上控制职工酒后工作，减少工伤事故的发生。吸毒不仅导致吸毒者对毒品产生依赖，还将严重损害吸毒者的身心健康；如果允许吸毒导致伤亡的认定为工伤，就会纵容吸毒行为的发生，起不到工伤预防的作用，更无法降低因吸毒作业而发生事故的风险。

自残或者自杀与工作没有必然的因果联系，职工本人对自己的伤亡存在主观故意，应当对伤亡自行承担后果。如将这种情形认定为工伤，工伤保险的赔付就会存在较高的道德风险，也有悖于工伤保险制度的初衷。

法律、行政法规规定的其他情形是对不认定为工伤情形的兜底性规定。为了保证工伤保险制度的统一性和严肃性，避免随意扩大排除范围，损害参保职工的合法权益，《社会保险法》将规定排除工伤认定范围的权力限于法律和行政法规，地方性法规无权对此作出规定。

关联法规索引

《工伤保险条例》第16条

典型案例

※案情简介：2006年12月15日凌晨，北京铁路局职工杨某在自己家中久久不能入睡，突然，他起身从厨房拿来菜刀，挥刀砍向熟睡中的妻儿。将妻子和儿子砍伤后，他又举刀自杀，割腕而亡。案发后，警方委托精神疾病司法鉴定中心对这起少见的案件进行司法精神医学鉴定。鉴定结论指出，杨某作案时存在严重的抑郁情绪，他的作案动机受情绪障碍的影响，在抑郁下发生扩大性自杀。杨某死后不久，他的妻子向海淀区劳动和社会保障局提出申请，认为杨某是在单位施工中因头部受伤造成的外伤性精神病，并最终导致其扩大性自杀的严重后果，要求将杨某的自杀死亡认定为因工死亡。原来，案发前半个月，杨某在参加单位组织的更换混凝土轨枕施工过程中，被一根10多公斤的铁撬棍击中头部，经卫生站诊断为头顶部3厘米皮裂伤。12月14日，回到家中休养的杨某曾前往卫生院就诊，没想到当天夜里就发生了杨某砍伤妻儿后自杀的惨剧。但是，海淀区劳动和社会保障局根据原《工伤保险条例》第十六条第三项的规定，认定杨某“自杀”不属于因工死亡。杨妻不服，提起行政复议与行政诉讼。结合多份司法鉴定，法院在判决中指出，现既无证据证明杨某在头部受伤后还受过其他伤害，也无证据证明杨某受伤前有精神病，应认定杨某自杀时的精神状态是由于他的头部受伤引起的；在该精神状态下杨某的自杀行为与他在工作中受到的头部伤害存在因果关系，应认定为工伤。最后，法院认定杨某自杀属于因工死亡，判决海淀区劳动和社会保障局对此案重新处理。

※裁判要旨：因工作遭受事故伤害而直接导致精神疾病，严重影响意志自由并在此精神障碍状态下结束自己生命的情形，应当与《工伤保险条例》及本法中的“自杀”不属于同一性质。根据倾斜保护劳动者的原则，不能简单地以《工伤保险条例》第十六条

的规定及本法第三十七条的规定来处理此案。在本案中，工伤与死亡之间有了精神障碍自杀这一中介行为，精神障碍是工伤的直接后果，而精神障碍下的自杀不能归责于行为人。因此，工伤与死亡之间具有法律上的因果关系，杨某的自杀应该认定为工伤。法院的判决体现了“工作原因是认定工伤的核心要素”这个工伤认定的基本精神，是智慧而正确的判决。

第三十八条 【工伤保险基金负担的工伤保险待遇】 因工伤发生的下列费用，按照国家规定从工伤保险基金中支付：

（一）治疗工伤的医疗费用和康复费用；

（二）住院伙食补助费；

（三）到统筹地区以外就医的交通食宿费；

（四）安装配置伤残辅助器具所需费用；

（五）生活不能自理的，经劳动能力鉴定委员会确认的生活护理费；

（六）一次性伤残补助金和一至四级伤残职工按月领取的伤残津贴；

（七）终止或者解除劳动合同时，应当享受的一次性医疗补助金；

（八）因工死亡的，其遗属领取的丧葬补助金、供养亲属抚恤金和因工死亡补助金；

（九）劳动能力鉴定费。

条文解读

本条是关于工伤保险基金负担的工伤保险待遇的规定。

根据本条规定，工伤保险待遇可以分为医疗待遇、工资待遇、伤残待遇、死亡待遇、就业补助待遇。

职工因工作原因遭受事故伤害或者罹患职业病进行治疗，享受以下工伤医疗待遇：一是工伤医疗费用，包括治疗工伤所需费用符合工伤保险诊疗项目目录、工伤保险药品目录、工伤保险住院服务标准的，从工伤保险基金支付。二是康复性治疗费用，即工伤职工到签订服务协议的医疗机构进行康复性治疗的费用，符合规定的，从工伤保险基金支付。三是辅助器具安装配置费用，即工伤职工因日常生活或者就业需要，经劳动能力鉴定委员会确认，可以安装假肢、矫形器、假眼、假牙和配置轮椅等辅助器具，所需费用按照国家规定的标准从工伤保险基金支付。四是住院伙食补助费，职工住院治疗工伤的，由所在单位按照本单位因公出差伙食补助标准的70%发给住院伙食补助费。五是转外地治疗的交通、食宿费，经医疗机构出具证明，报社会保险经办机构同意,工伤职工转到统筹地区以外就医的,所需交通、食宿费用由所在单位按照本单位职工因公出差标准报销。工伤职工治疗非工伤引发的疾病,不享受工伤医疗待遇,按照基本医疗保险办法处理。

职工因工作原因遭受事故伤害或者罹患职业病需要暂停工作接受工伤医疗的,在停工留薪期内,原工资福利待遇不变,由所在单位按月支付。停工留薪期一般不超过12个月。伤情严重或者情况特殊,经设区的市级劳动能力鉴定委员会确认,可以适当延长,但是,延长不得超过12个月。工伤职工评定伤残等级后,停发原待遇,按照《工伤保险条例》的有关规定享受伤残待遇。工伤职工在停工留薪期满后仍需治疗的,继续享受工伤医疗待遇。

伤残待遇包括以下三个部分:(1)一次性伤残补助金。职工因工致残被鉴定为一级至十级伤残的,由工伤保险基金支付伤残职工本人7~27个月工资的一次性伤残补助。具体标准为:一级伤残为27个月的本人工资,二级伤残为25个月的本人工资,三级伤残为23个月的本人工资,四级伤残为21个月的本人工资,五级伤残为18个月的本人工资,六级伤残为16个月的本人工资,七级伤残为13个月的本人工资,八级伤残为11个月的本人工资,九级伤残为9个月的本人工资,十级伤残为7个月的本人工资。(2)伤残津贴。职工因工致残被鉴定为一级至四级伤残的,从工伤保险基金按月支付伤残津贴,标准为:一级伤残为本人工资的90%;二级伤残为本人工资的85%;三级伤残为本人工资的80%;四级伤残为本人工资的75%。伤残津贴实际金额低于当地最低工资标准的,由工伤保险基金补足差额。职工因工致残被鉴定为五级、六级伤残,保留与用人单位的劳动关系,但难以安排工作的,由用人单位按月发给伤残津贴,标准为:五级伤残为本人工资的70%;六级伤残为本人工资的60%。伤残津贴实际金额低于当地最低工资标准的,由用人单位补足差额。(3)生活护理费。工伤职工已经评定伤残等级并经劳动能力鉴定委员会确认需要生活护理的,从工伤保险基金按月支付生活护理费。生活护理费按照生活完全不能自理、生活大部分不能自理或者生活部分不能自理三个不同等级支付,其标准分别为统筹地区上年度职工月平均工资的50%、40%或者30%。

职工因工死亡待遇包括丧葬补助金、供养亲属抚恤金和一次性工亡补助金等三个部分,由其直系亲属按照下列规定从工伤保险基金领取:(1)丧葬补助金。标准为:6个月的统筹地区上年度职工月平均工资。(2)供养亲属抚恤金。按照职工本人工资的一定比例发给由因工死亡职工生前提供主要生活来源、无劳动能力的亲属,标准为:配偶每月40%,其他亲属每人每月30%,孤寡老人或者孤儿每人每月在上述标准的基础上增加10%。核定的各供养亲属的抚恤金之和不应高于因工死亡职工生前的工资。(3)一次性工亡补助金。标准为:一次性工亡补助金标准为上一年度全国城镇居民人均可支配收入的20倍。

终止或者解除劳动合同时，工伤职工按照规定应当享受一次性伤残就业补助金。职工因工致残被鉴定为五级、六级伤残的，经工伤职工本人提出，该职工可以与用人单位解除或者终止劳动关系，由用人单位支付一次性伤残就业补助金；职工因工致残被鉴定为七至十级伤残的，劳动合同期满终止，或者职工本人提出解除劳动合同的，由用人单位支付一次性伤残就业补助金。

关联法规索引

《工伤保险条例》第11、12、30、32～40条；《劳动合同法实施条例》第23条；《实施〈中华人民共和国社会保险法〉若干规定》第11条

第三十九条　【用人单位负担的工伤保险待遇】　因工伤发生的下列费用，按照国家规定由用人单位支付：

（一）治疗工伤期间的工资福利；

（二）五级、六级伤残职工按月领取的伤残津贴；

（三）终止或者解除劳动合同时，应当享受的一次性伤残就业补助金。

条文解读

本条是关于由用人单位负担的工伤费用的规定。

（1）治疗工伤期间的工资福利，即职工享受停工留薪待遇。职工因工作遭受事故伤害或者患职业病需要暂停工作接受工伤医疗的，在停工留薪期内，除享受工伤医疗待遇外，原工资福利待遇不变，由所在用人单位按月支付。《工伤保险条例》对停工留薪的期限作了限定，工伤停工留薪期应当根据伤情的具体情况来确定，一般不超过12个月，伤情严重或者情况特殊需要延长治疗期限的，经设区的市级劳动能力鉴定委员会确认，可以适当延长，但延长不得超过12个月。

（2）五级、六级伤残职工按月领取的伤残津贴。五级、六级伤残，一般称为大部分丧失劳动能力。具体标准为五级伤残为本人工资的70%，六级伤残为本人工资的60%，并由用人单位按照规定为其缴纳应缴纳的各项社会保险费。伤残津贴实际金额低于当地最低工资标准的，由用单位补足差额。

（3）终止或者解除劳动合同时，按照规定应当享受的一次性伤残就业补助金。职工因工致残被鉴定为五级、六级伤残的，经工伤职工本人提出，或职工因工致残被鉴定

为七至十级伤残的，劳动合同期满终止，或者职工本人提出解除劳动合同的，由用人单位支付一次性伤残就业补助金。一次性伤残就业补助金的具体标准由省、自治区、直辖市人民政府规定。

关联法规索引

《工伤保险条例》第33、36、37条；《劳动合同法实施条例》第23条；《实施〈中华人民共和国社会保险法〉若干规定》第12条

典型案例

※案情简介：李某于2005年9月入职某公司，其工作内容是安装调试和维修机器。李某与该公司签订了4年期劳动合同，约定工资为每月3000元。2009年5月，李某在单位工作时发生了工伤事故，经劳动能力鉴定委员会鉴定为八级伤残。2009年9月，公司通知李某劳动合同到期不再续签。李某同意了，但要求公司向其支付一次性伤残就业补助金以及终止劳动合同的经济补偿金。公司认为，李某因工负伤，公司愿意在劳动合同终止时按照法律规定给予其一次性伤残就业补助金。但是，李某获得了这项补偿后，不应当重复获取终止劳动合同的经济补偿金。双方就此问题发生纠纷，李某向劳动争议仲裁委员申请仲裁。

※裁判要旨：依据《工伤保险条例》第三十七条的规定，职工因工致残被鉴定为七级至十级伤残的，劳动、聘用合同期满终止，或者职工本人提出解除劳动、聘用合同的，由工伤保险基金支付一次性工伤医疗补助金，由用人单位支付一次性伤残就业补助金。而经济补偿金的支付主体是用人单位，只要符合法定的情形，用人单位就应当在劳动合同解除或终止时向劳动者支付相应的经济补偿金。因此，本案工伤职工李某在依法享受一次性伤残就业补助金等工伤待遇后，仍有权按照劳动法律的相关规定享受经济补偿金。

第四十条　【伤残津贴和基本养老保险待遇的衔接】　工伤职工符合领取基本养老金条件的，停发伤残津贴，享受基本养老保险待遇。基本养老保险待遇低于伤残津贴的，从工伤保险基金中补足差额。

条文解读

本条是关于伤残津贴和基本养老保险待遇的衔接的规定。

伤残津贴与基本养老保险待遇的衔接,是针对伤残等级为一至四级的工伤职工和五级、六级伤残职工中用人单位难以为其安排工作的工伤职工而言的。这部分职工,或是已经完全丧失了劳动能力,或是难以找到合适的工作岗位、丧失了就业的条件,其基本生活依靠伤残津贴而非工资予以保障,因而产生了在达到退休条件后是继续享受伤残津贴,还是转而享受基本养老金的问题。

配套法规及解读

《工伤保险条例》(2010 年 12 月 20 日修订)

第三十五条　职工因工致残被鉴定为一级至四级伤残的,保留劳动关系,退出工作岗位,享受以下待遇:

……

(三)工伤职工达到退休年龄并办理退休手续后,停发伤残津贴,按照国家有关规定享受基本养老保险待遇。基本养老保险待遇低于伤残津贴的,由工伤保险基金补足差额。

……

第三十六条　职工因工致残被鉴定为五级、六级伤残,享受以下待遇:

……

(二)保留与用人单位的劳动关系,由用人单位安排适当工作。难以安排工作的,由用人单位按月发给伤残津贴,标准为:五级伤残为本人工资的 70%,六级伤残为本人工资的 60%,并由用人单位按照规定为其缴纳应缴纳的各项社会保险费。伤残津贴实际金额低于当地最低工资标准的,由用人单位补足差额。

……

※法规解读:由上述规定可以看出,《社会保险法》第四十条对于伤残津贴和基本养老保险待遇衔接处理主要适用于一级至六级伤残的情形。职工因工致残被鉴定为七级至十级伤残的,只是从工伤保险基金按伤残等级支付一次性伤残补助金,而无法享受伤残津贴,因而不涉及伤残津贴和基本养老保险待遇关系衔接的问题。

第四十一条　【未参保单位职工发生工伤时的待遇】　职工所在用人单位未依法缴纳工伤保险费,发生工伤事故的,由用人单位支付工伤保险待遇。用人单位不支付的,从工伤保险基金中先行支付。

从工伤保险基金中先行支付的工伤保险待遇应当由用人单位偿还。用人单位不偿还的,社会保险经办机构可以依照本法第六十三条的规定追偿。

条文解读

本条是关于未缴纳工伤保险费用人单位的职工工伤保险待遇的保障与追偿的规定。

工伤保险的制度目标是用人单位通过缴费建立工伤保险基金，分散用人单位在其职工发生工伤事故后面临的风险。用人单位应当参保而未参保，其后果是使其发生的工伤风险不能分散，仍应当由该用人单位负担。这样规定，既是对未参加工伤保险的用人单位的一种惩罚，也是为了使职工不因用人单位的违法行为而影响其享受工伤保险待遇。

工伤事故发生后，用人单位不支付（包括无力支付和拒绝支付）未参保职工的工伤保险待遇时，由工伤保险基金先行支付，再由社会保险经办机构向用人单位追偿。

配套法规及解读

《工伤保险条例》（2010 年 12 月 20 日修订）

第六十二条 用人单位依照本条例规定应当参加工伤保险而未参加的，由社会保险行政部门责令限期参加，补缴应当缴纳的工伤保险费，并自欠缴之日起，按日加收万分之五的滞纳金；逾期仍不缴纳的，处欠缴数额 1 倍以上 3 倍以下的罚款。

依照规定应当参加工伤保险而未参加工伤保险的用人单位职工发生工伤的，由该用人单位按照本条例规定的工伤保险待遇项目和标准支付费用。

用人单位参加工伤保险并补缴应当缴纳的工伤保险费、滞纳金后，由工伤保险基金和用人单位依照本条例的规定支付新发生的费用。

※法规解读：本条规定旨在明确用人单位对于职工工伤风险的完全责任，督促用人单位参加工伤保险并缴纳工伤保险费，有利于保障职工的切身利益。

关联法规索引

《社会保险费征缴暂行条例》第 23 ~ 28 条；《社会保险基金先行支付暂行办法》第 6 ~ 14 条

典型案例

※案情简介：刘某于 2008 年 6 月到某机械工程公司上班，工种为装卸工，双方没有签订劳动合同，机械公司也没有为刘某缴纳社会保险费。2008 年 10 月，刘某因工受伤，被医院诊断为颌面部外伤、下颌骨骨折。2008 年 12 月，当地劳动和社会保障局认定刘某此次受伤为工伤。12 月 26 日，当地劳动能力鉴定委员会评定刘某为伤残九级。

刘某要求机械工程公司支付他停工留薪期工资、生活补贴、一次性工伤医疗补助金等共计4万余元。但是,机械工程公司不同意支付这些费用,双方发生纠纷。后来,刘某向当地劳动争议仲裁委员会提出申诉。该劳动争议仲裁委员会支持了刘某的请求。

※裁判要旨:在本案中,刘某所在的用人单位未履行为其职工缴纳社会保险费的义务,导致其工伤职工不能申请享受工伤保险待遇,用人单位理应承担责任。

第四十二条　【民事侵权责任和工伤保险责任竞合】　由于第三人的原因造成工伤,第三人不支付工伤医疗费用或者无法确定第三人的,由工伤保险基金先行支付。工伤保险基金先行支付后,有权向第三人追偿。

条文解读

本条是关于民事侵权责任和工伤保险责任竞合的规定。

由于第三人侵权导致职工工伤的,同时违反了《侵权责任法》和《社会保险法》。根据这两部法律的规定,工伤职工可以向侵权的第三人要求民事侵权损害赔偿,也可以向工伤保险基金主张享受工伤保险待遇,出现了民事侵权损害赔偿责任和工伤保险补偿责任的竞合。

此处的"第三人"是指用人单位以外的第三人或受雇于同一用人单位的劳动者以外的第三人,可以是自然人,也可以是法人或其他组织。

"第三人不支付"既包括拒不支付的情形,也包括不能支付的情形。也就是说,《社会保险法》否定了工伤事故中的第三人赔偿和工伤保险基金支付的"双重赔偿"。由于是第三人的原因造成工伤的,最终责任人在于该第三人,最终的赔偿义务落脚点也在该第三人身上。

关联法规索引

《最高人民法院关于审理人身损害赔偿案件适用法律若干问题的解释》第12条;《社会保险基金先行支付暂行办法》第4~13条

典型案例

※案情简介:2005年5月13日,张某与某贸易公司签订劳动合同,约定合同期限为4年。该贸易公司按照规定参加工伤保险并为本单位全部职工或者雇工缴纳工伤保险费。2008年3月2日,张某因公出差途中,所乘客车与某运输公司的一辆大货车相撞,张某因

此受伤,经抢救无效于次日死亡。张某死亡后,张某之妻王某从运输公司获得20万元民事赔偿。经王某申请,张某被认定为因工死亡。据此,王某向社会保险经办机构申请工伤赔偿。社会保险经办机构以王某已经获得民事赔偿为由,拒绝给付。王某遂申请劳动仲裁。

※**裁判要旨**:《社会保险法》对因第三人侵权行为受伤的劳动者可否获得民事侵权损害赔偿和工伤保险补偿的"双赔问题"并没有作出明确的规定。但是,根据本条规定,由于第三人的原因造成工伤,工伤保险基金只有在第三人不支付工伤医疗费用或者无法确定第三人的时候才先行支付。这意味着,遭受第三人侵权造成工伤的劳动者在获得第三人的民事赔偿后,不可以从工伤保险基金中获得工伤医疗费用待遇,也即工伤医疗费用不得双重受偿。

第四十三条 【停止享受工伤保险待遇的情形】 工伤职工有下列情形之一的,停止享受工伤保险待遇:

(一)丧失享受待遇条件的;

(二)拒不接受劳动能力鉴定的;

(三)拒绝治疗的。

条文解读

本条是关于停止享受工伤保险待遇的情形的规定。

工伤职工或其供养亲属享受工伤保险待遇需要具备一定的条件,当条件不具备或者丧失了享受待遇的条件时,工伤职工或其供养的亲属将停止享受工伤保险待遇。

如果工伤职工在享受工伤保险待遇期间情况发生变化,如工伤职工一旦能够恢复劳动能力而无须工伤保险制度提供保障时,则停止享受工伤保险待遇。工伤职工供养的亲属,在某些情况下,也不得继续享受有关待遇。例如,工亡职工享受抚恤金的子女达到了一定的年龄或就业后,不得继续享受供养亲属抚恤金的待遇。

工伤职工无正当理由拒不接受劳动能力鉴定,工伤保险待遇就无法最终确定,也就不能享受工伤保险待遇;如果工伤职工无正当理由拒绝治疗,将影响其劳动能力的恢复,有悖工伤保险关于促进职业康复的宗旨,无法实现工伤保险制度的目的,因此也就不能享受工伤保险待遇。

关联法规索引

《工伤保险条例》第42条

第五章　失业保险

本章介绍

失业保险是国家通过立法强制实行，主要由用人单位及其职工缴费建立失业保险基金，对因中断就业而暂时失去生活来源的劳动者提供一定时期的基本生活保障和再就业相关服务的一项社会保险制度。本章规定的失业保险有关事项，共9条，主要涉及失业保险的参保范围和缴费主体、领取失业保险金的条件和期限、失业保险金标准、失业期间的医疗保险待遇、失业期间的丧葬补助金和抚恤金、领取失业保险金的程序、停止领取失业保险待遇的情形、失业保险关系的转移接续等问题。

第四十四条　【参保范围和缴费主体】　职工应当参加失业保险，由用人单位和职工按照国家规定共同缴纳失业保险费。

条文解读

本条是关于失业保险参保范围和缴费主体的规定。

失业保险的保障对象是劳动者。当依法参加失业保险的劳动者因失业而失去收入来源时，失业保险机构将根据规定向其提供物质帮助，以保障失业者及其家属的基本生活。

用人单位和职工缴纳失业保险费后，连同其他相关收入，形成用来支付失业保险待遇的基金，即失业保险基金。1999年1月22日发布的《失业保险条例》规定，失业保险基金由下列各项构成：(1)城镇企事业单位及其职工缴纳的失业保险费；(2)失业保险基金的利息；(3)财政补贴；(4)依法纳入失业保险基金的其他资金。

用人单位和职工缴纳失业保险费的数额，由国务院根据收支平衡原则予以确定。目前，根据《失业保险条例》的规定，城镇企事业单位按照本单位工资总额的2%缴纳失业保险费，职工按照本人工资的1%缴纳失业保险费。目前，我国正在阶段性降低失业保险费率。

关联法规索引

《失业保险条例》第2、6条

第四十五条 【领取失业保险金的条件】 失业人员符合下列条件的,从失业保险基金中领取失业保险金:

(一)失业前用人单位和本人已经缴纳失业保险费满一年的;

(二)非因本人意愿中断就业的;

(三)已经进行失业登记,并有求职要求的。

条文解读

本条是关于领取失业保险金的条件的规定。

参加失业保险的职工失业后要想领取失业保险金,必须符合一定的条件:(1)失业前用人单位和本人已经按照《失业保险条例》的规定缴纳失业保险费满1年。这是最重要的条件。参加失业保险,必须按规定履行缴费义务,即按规定的缴费基数、费率和缴费时间要求缴纳失业保险费。(2)非因本人意愿中断就业。一般来讲,中断就业的原因分为两种:非自愿中断就业,即失业人员不愿意中断就业,但因本人无法控制的原因而被迫中断就业。自愿中断就业,即失业人员因自愿离职而导致失业,责任完全在就业者本人,或者出于获取更体面工作岗位和更优厚工资待遇的考虑,或者是出自其他的个人考虑而离开原工作岗位而暂时失业。自愿中断就业理应责任自负,国家和社会都没有义务给他们提供物质帮助,因此,他们没有权利获得失业保险待遇。国际上的一般做法是将自愿中断就业的人员排除在享受失业保险待遇的范围之外。借鉴国际经验,《社会保险法》也将自愿离职而失业的人员排除在享受失业保险待遇的范围之外。在实践中,非因本人意愿中断就业的一般是指终止劳动合同的,被用人单位解除劳动合同的,被用人单位开除、除名和辞退的,以及因用人单位用工不当而依法与用人单位解除劳动合同的。(3)已进行失业登记,并有求职要求。办理失业登记是失业人员领取失业保险金的必经程序,目的是让失业保险经办机构掌握失业人员的基本情况,确认其资格。除了进行失业登记,有求职要求也是享受失业保险待遇的一项前提,也是失业人员应尽的义务。要求申领失业保险金的失业人员积极寻找工作,可以使其在得到基本生活保障的同时,积极获取必要的就业服务,争取尽快实现再就业,以便从根本上解决失业问题。

配套法规及解读

《实施〈中华人民共和国社会保险法〉若干规定》(2011 年 6 月 29 日)

第十三条 失业人员符合社会保险法第四十五条规定条件的,可以申请领取失业保险金并享受其他失业保险待遇。其中,非因本人意愿中断就业包括下列情形:

(一)依照劳动合同法第四十四条第一项、第四项、第五项规定终止劳动合同的;

(二)由用人单位依照劳动合同法第三十九条、第四十条、第四十一条规定解除劳动合同的;

(三)用人单位依照劳动合同法第三十六条规定向劳动者提出解除劳动合同并与劳动者协商一致解除劳动合同的;

(四)由用人单位提出解除聘用合同或者被用人单位辞退、除名、开除的;

(五)劳动者本人依照劳动合同法第三十八条规定解除劳动合同的;

(六)法律、法规、规章规定的其他情形。

※法规解读:非因本人意愿中断就业才能称之为真正意义上的失业,上述六种情形实质上都是在描述个人之前有工作但是由于非本人主观原因而失去工作机会的情形。

关联法规索引

《失业保险条例》第 14 条

第四十六条 【领取失业保险金的期限】 失业人员失业前用人单位和本人累计缴费满一年不足五年的,领取失业保险金的期限最长为十二个月;累计缴费满五年不足十年的,领取失业保险金的期限最长为十八个月;累计缴费十年以上的,领取失业保险金的期限最长为二十四个月。重新就业后,再次失业的,缴费时间重新计算,领取失业保险金的期限与前次失业应当领取而尚未领取的失业保险金的期限合并计算,最长不超过二十四个月。

条文解读

本条是关于领取失业保险金期限的规定。

职工失业后在领取失业保险金期间,如果重新就业,则应该停止领取失业保险金。这样一来,就会出现部分应领而未领的失业保险金,也即可能出现失业人员实际领取失业保险金的期限短于可以领取的最长期限的情形。如果职工重新就业后再次失业,可以根据重新计算的缴费时间领取失业保险金。此外，如果再次就业人员前次失业还剩余一定的失业保险金领取期限，则其领取失业保险金的期限与前次剩余的失业保险金领取期限合并计算，但是合并计算后的期限最长不得超过24个月。

配套法规及解读

《实施〈中华人民共和国社会保险法〉若干规定》(2011年6月29日)

第十四条 失业人员领取失业保险金后重新就业的，再次失业时，缴费时间重新计算。失业人员因当期不符合失业保险金领取条件的，原有缴费时间予以保留，重新就业并参保的，缴费时间累计计算。

※法规解读：本条涉及失业保险缴费时间在领取失业保险金后重新计算以及在未领取失业保险金后原有缴费时间记录保留并累计计算的规定，能够在最大限度上保障参保职工的权益。

关联法规索引

《失业保险条例》第17条

第四十七条 【失业保险金标准】 失业保险金的标准，由省、自治区、直辖市人民政府确定，不得低于城市居民最低生活保障标准。

条文解读

本条是关于失业保险金标准的规定。

国际劳工组织曾先后提出过三项建议：一是失业保险金以失业前的工资为依据或者以缴费工资为依据；二是失业保险金不低于原工资的60%；三是失业保险金既要规定最高限额，也应规定最低限额。由于我国各地经济社会发展不平衡，地区间经济社会发展水平差别较大，失业保险金的发放标准需要根据当地的经济社会发展水平来确定和调整，不可能是一个绝对的数字，其具体标准授权省、自治区、直辖市人民政府确定。

目前，各省级人民政府大多以当地最低工资标准的一定比例来确定失业保险金的具体数额。例如，黑龙江省规定，失业保险金的标准为当地同期最低工资标准的70%。

配套法规及解读

《失业保险条例》(1999 年 1 月 22 日)

第十八条　失业保险金的标准,按照低于当地最低工资标准、高于城市居民最低生活保障标准的水平,由省、自治区、直辖市人民政府确定。

※**法规解读:**根据《失业保险条例》的规定,失业保险金的发放标准,应当低于当地最低工资标准、高于城市居民最低生活保障标准的水平。这主要考虑到失业保险具有保障失业人员在失业期间的基本生活和促进失业人员再就业的两大功能。其中,“高于城市居民最低生活保障标准的水平”体现了失业保险的生存保障功能;“低于当地最低工资标准”体现了实现失业保险抑制失业者福利依赖以及鼓励其自立自足的功能,因为较低水平的失业保险金更能够促使失业者尽快返回劳动力市场。如果失业保险金标准高于当地最低工资标准,就会变相鼓励失业、放任失业,不利于失业人员积极寻找工作实现再就业;如果失业保险金标准低于城市居民最低生活标准,不但难以保障失业人员的基本生活,也不利于失业保险制度的实施。

关联法规索引

《城市居民最低生活保障条例》第 6 条

第四十八条　【失业期间的医疗保险待遇】　失业人员在领取失业保险金期间,参加职工基本医疗保险,享受基本医疗保险待遇。

失业人员应当缴纳的基本医疗保险费从失业保险基金中支付,个人不缴纳基本医疗保险费。

条文解读

本条是关于失业人员基本医疗保险待遇的规定。

1999 年颁布的《失业保险条例》第十九条规定:“失业人员在领取失业保险期间患病就医的,可以按照规定向社会保险经办机构申请领取医疗补助金。医疗补助金的标准由省、自治区、直辖市人民政府规定。”依据该规定,失业人员在失业期间患病的,只能通过向社会保险经办机构领取医疗补助金的办法来解决医疗保障问题。医疗补助金数额较低且和医疗费用没有关系,因此,很难解决失业人员在失业期间患病的医疗保障需求,与我国基本医疗保险制度的发展方向也不相适应。

本法实施后,失业人员在领取失业保险金期间被纳入了职工基本医疗保险体系,其失业期间患病的医疗保障问题通过基本医疗保险来解决:失业人员不需要缴纳基本医疗保险费,而从失业保险基金中支付。失业保险基金所支付的基本医疗保险费应该包括个人应当缴纳部分和用人单位应当缴纳部分。

关联法规索引

《失业保险条例》第19条

第四十九条 【失业期间的丧葬补助金和抚恤金】 失业人员在领取失业保险金期间死亡的,参照当地对在职职工死亡的规定,向其遗属发给一次性丧葬补助金和抚恤金。所需资金从失业保险基金中支付。

个人死亡同时符合领取基本养老保险丧葬补助金、工伤保险丧葬补助金和失业保险丧葬补助金条件的,其遗属只能选择领取其中的一项。

条文解读

本条是关于失业人员在领取失业保险金期间死亡后保险待遇的规定。

失业人员在失业前作为劳动者应该参加基本养老保险和工伤保险。依据本法第十七条的规定,参加基本养老保险的个人,因病或者非因工死亡的,其遗属可以领取丧葬补助金和抚恤金;本法第三十八条规定,因工死亡的,其遗属可以按照国家规定从工伤保险基金中领取丧葬补助金、供养亲属抚恤金和因工死亡补助金。这样,就可能出现个人死亡同时符合领取基本养老保险丧葬补助金、工伤保险丧葬补助金和失业保险丧葬补助金条件的情形,并导致是否可以同时领取基本养老保险丧葬补助金、工伤保险丧葬补助金和失业保险丧葬补助金亦即丧葬补助费待遇的竞合问题。由于丧葬补助金用于工亡职工的丧葬支出,其费用的发生具有一次性,不可兼得。因此,本法规定,个人死亡同时符合领取基本养老保险丧葬补助金、工伤保险丧葬补助金和失业保险丧葬补助金条件的,其遗属只能选择领取其中的一项。

关联法规索引

《失业保险条例》第20条

第五十条 【领取失业保险金的程序】 用人单位应当及时为失业人员出具终止或者解除劳动关系的证明,并将失业人员的名单自终止或者解除劳动关系

之日起十五日内告知社会保险经办机构。

失业人员应当持本单位为其出具的终止或者解除劳动关系的证明，及时到指定的公共就业服务机构办理失业登记。

失业人员凭失业登记证明和个人身份证明，到社会保险经办机构办理领取失业保险金的手续。失业保险金领取期限自办理失业登记之日起计算。

条文解读

本条是关于领取失业保险金程序的规定。

在失业保险金申领程序中有以下几点值得注意：一是用人单位及时为失业人员出具终止或者解除劳动关系的证明是失业人员证明自己失业人员身份的前提。二是办理失业登记是领取失业保险金的重要条件。三是一定要去社会保险经办机构办理领取失业保险金的手续。

关于失业保险金的领取，在实践中需要注意以下问题：第一，失业保险金不是从失业的当日开始计算，而是从进行失业登记的时间算起。也就是说，从实际失业之日到失业登记之日，失业者既得不到原单位的工资，也得不到失业保险金。第二，失业者在失业后应尽快进行失业登记，以便早日领取失业保险金，避免因工资收入中断而给个人及其家庭造成生活困难。

关联法规索引

《失业保险条例》第16条；《失业保险金申领发放办法》第5、7、8、14条

典型案例

※案情简介：陈某是某公司的一名水暖工。2008年1月，陈某与公司之间的劳动合同到期。公司决定不再与陈某续签合同，于是双方终止了劳动合同关系。工作交接完毕后，陈某离开了该公司。2008年3月4日，陈某因失业没有生活来源，在向当地劳动部门咨询办理失业保险金的相关事宜时才得知，领取该保险金的前提是，原公司为其出具终止劳动合同的证明，并应当将陈某的个人档案转至其户籍所在街道。第二天，陈某找到公司人事部，请求公司尽快为自己出具终止劳动合同的证明，并将个人档案转至户籍所在街道。此事被人事部工作人员搪塞推掉了。后来，由于该公司没有及时为陈某出具终止劳动合同的证明并转移档案，使陈某错过了办理失业登记的时间。为了尽快获得收入，维持基本生活，陈某不得不临时找一些零工活做，生活十分窘迫。

陈某为维护自己的合法权益，在经过劳动争议仲裁程序后，向法院提起诉讼。法院经审理认为，该公司的行为明显违反了《劳动合同法》的规定，判决公司立即为陈某出具终止劳动合同的证明书，并将陈某的个人档案立即转移到其户籍所在街道，对由此给陈某造成的损失承担赔偿责任。

※**裁判要旨**：本案的焦点问题是用人单位未及时出具终止劳动关系的证明而导致劳动者无法享受失业保险待遇的，可否要求用人单位赔偿损失。在本案中，由于公司没有及时为陈某出具终止劳动合同的证明并转移档案，使陈某错过了办理失业登记的时间、在生活困难的情况下享受不到失业保险待遇，导致其社会保险权益受损。这种做法违反了《劳动合同法》及本法规定。法院应该判决公司为陈某出具终止劳动合同的证明书并赔偿由此造成的陈某无法享受失业保险待遇的损失。

第五十一条 【停止领取失业保险待遇的情形】 失业人员在领取失业保险金期间有下列情形之一的，停止领取失业保险金，并同时停止享受其他失业保险待遇：

（一）重新就业的；

（二）应征服兵役的；

（三）移居境外的；

（四）享受基本养老保险待遇的；

（五）无正当理由，拒不接受当地人民政府指定部门或者机构介绍的适当工作或者提供的培训的。

条文解读

本条是关于停止领取失业保险待遇的情形的规定。

职工失业后享受失业保险待遇的一个重要条件就是有求职要求而找不到工作。在失业期间，失业人员通过加强学习、接受就业培训、接受就业服务机构的职业介绍等，大多会重新就业。个人重新就业后，其身份就转变为从业人员，就不能再继续享受失业保险待遇。但是，对于如何认定重新就业在操作上有很大难度，《社会保险法》和《失业保险条例》均未明确解释重新就业的认定标准。

在我国，公民不分民族、种族、职业、家庭出身、宗教信仰和教育程度，都有服兵役义务。失业人员按照《兵役法》规定的条件和程序应征入伍，将根据《兵役法》和军事条令的规定享受权利、承担义务，其生活将得到充分保障。因此，失业人员应征入伍后，不再享受失业人员的待遇。

随着全球化时代的到来和国际交往日益密切，我国公民移居境外的数量逐年增多。失业人员移居境外，表明其在境内没有就业意愿，不符合领取失业保险待遇条件，而且其在境外的就业、生活等情况国内的社会保险经办机构也难以掌握。因此，不再享受失业保险待遇。

失业人员在失业期间达到国家法定的退休年龄，并且按规定办理了退休手续后可以享受基本养老保险待遇，这就从享受失业保险待遇直接过渡到享受基本养老保险待遇，基本生活由基本养老保险待遇予以保障，因此，不再享受失业保险待遇。

建立失业保险制度的目的是保障失业人员的基本生活，促进失业人员再就业。在保障失业人员基本生活的同时，政府和社会还应根据失业人员自身特点、求职意愿和市场需求，为其提供就业服务，创造就业条件。在这种情况下，失业人员没有正当理由，拒不接受提供的就业岗位和培训，表明这些失业人员在有就业机会的情况下放弃了就业，属于自愿失业。为了鼓励失业人员尽快实现再就业，对无正当理由、拒不接受当地人民政府指定部门或者机构介绍的适当工作或者提供的培训的，停止其享受失业保险待遇。把握此项规定，关键是要明确什么情况属于无正当理由。一般来讲，无正当理由不能拒绝介绍的工作应当为与失业人员的年龄、身体状况、受教育程度、工作经历、工作能力及求职意愿基本相符的工作。

配套法规及解读

《就业促进法》(2015 年 4 月 24 日修正)

第十六条　国家建立健全失业保险制度，依法确保失业人员的基本生活，并促进其实现就业。

第二十四条　地方各级人民政府和有关部门应当加强对失业人员从事个体经营的指导，提供政策咨询、就业培训和开业指导等服务。

※法规解读：在我国，各级人民政府在促进就业方面负有重要的责任和义务。目前，指导失业人员从事个体经营是解决失业人员再就业的常见途径。

第五十二条　【失业保险关系的转移接续】　职工跨统筹地区就业的，其失业保险关系随本人转移，缴费年限累计计算。

条文解读

本条是关于职工跨统筹地区就业时失业保险关系转移接续的规定。

目前,我国有关失业保险关系转移接续的规定都比较原则。《失业保险条例》第二十二条规定,城镇企业事业单位成建制跨统筹地区转移,失业人员跨统筹地区流动的,失业保险关系随之转迁。2002 年,原劳动和社会保障部办公厅发布《关于单位成建制跨统筹地区转移和职工在职期间跨统筹地区转换工作单位时失业保险关系转迁有关问题的通知》,规定城镇企业事业单位成建制跨统筹地区转移或职工在职期间跨统筹地区转换工作单位的,失业保险关系应随之转迁。其中,跨省、自治区、直辖市的,其在转出前单位和职工个人缴纳的失业保险费不转移;在省、自治区内跨统筹地区的,是否转移失业保险费由省劳动保障部门确定。转出地失业保险经办机构应为转出单位或职工开具失业保险关系转迁证明。转出单位或职工应在开具证明后 60 日内到转入地经办机构办理失业保险关系接续手续,并自在转出地停止缴纳失业保险费的当月起,按转入地经办机构核定的缴费基数缴纳失业保险费。转出前后的缴费时间合并计算。转入地经办机构应及时办理有关手续,并提供相应服务。

具体而言,办理失业保险关系转移接续应当遵循以下程序:

在职职工在本省内或向外省迁移,应到受理其原单位失业保险业务的经办机构办理失业保险关系转移手续。由经办机构出具职工参保及缴费情况证明,职工凭此证明到迁入地失业保险经办机构接续失业保险关系。

失业人员领取失业保险期间在本省内跨统筹地区转移的,由迁出地经办机构出具证明,失业人员凭证明和《职工失业保险手册》到迁入地经办机构接续失业保险关系,并按迁入地标准领取失业保险金。

失业人员跨省转移的,由迁出地经办机构出具证明,并划转所需资金,失业人员凭证明和资金划转手续到迁入地经办机构接续失业保险关系。

失业保险关系转移的办理时限应限于受理当日内办结。

第六章　生 育 保 险

本章介绍

生育保险是国家通过强制方式筹集生育保险基金，在妇女因生育而暂时中断劳动时，向其提供物质帮助和医疗保障服务的一项社会保险制度。本章条文较少，主要涉及参保范围和缴费主体、生育保险待遇、生育医疗费用的项目、享受生育津贴的情形等问题。

第五十三条　【参保范围和缴费主体】　职工应当参加生育保险，由用人单位按照国家规定缴纳生育保险费，职工不缴纳生育保险费。

条文解读

本条是关于生育保险参保范围与缴费主体的规定。

“用人单位按照国家规定缴纳生育保险费”是指用人单位依据国家规定履行缴费义务，职工个人不需要缴纳生育保险费。依据目前的制度，由企业按照其工资总额的一定比例向社会保险经办机构缴纳生育保险费，建立生育保险基金。生育保险费的提取比例由当地人民政府根据计划内生育人数和生育津贴、生育费用等各项费用确定，并可根据费用支出情况适时调整，但最高不得超过工资总额的1%。目前，各地缴费标准并不统一，从0.4%到1%不等。当前，我国正在适当阶段性降低生育保险费率，并遵循保留险种、保障待遇、统一管理、降低成本的总体思路，推进生育保险、医疗保险合并实施，实现参保同步登记、基金合并运行、征缴管理一致、监督管理统一、经办服务一体化。

关联法规索引

《企业职工生育保险试行办法》

典型案例

※案情简介：某纺织公司按照规定自2008年参加了生育保险，并按照当地政府出台的职工生育保险办法的要求以公司职工工资总额0.8%的比例按月向社会保险机构缴纳生育保险费。由于公司女职工较多，为减轻企业负担，该公司自行规定每个女职工负担一部分保险费，按女职工月工资0.4%的比例向女职工征收生育保险费，这笔费用被用来冲抵由公司缴纳的生育保险费。后来，女职工得知依据国家相关规定，职工个人不需缴纳生育保险费用，遂向劳动行政部门反映此情况。劳动行政部门经过核实，职工反映的情况属实，于是责令公司撤销向职工征收生育保险费的决定并退还企业向职工征收的生育保险费。

※裁判要旨：职工个人不需缴纳生育保险费，其费用主要来自于用人单位的缴费，这是生育保险不同于需要个人承担缴费责任的基本养老保险、基本医疗保险和失业保险的地方。该企业向职工个人征收生育保险费显然违反了《社会保险法》和《企业职工生育保险试行办法》。劳动行政部门经过核实后，作出责令某纺织公司撤销向职工征收生育保险费并退还企业向职工征收的生育保险费的行政决定，符合法律规定，是正确的。

第五十四条　【生育保险待遇】　用人单位已经缴纳生育保险费的，其职工享受生育保险待遇；职工未就业配偶按照国家规定享受生育医疗费用待遇。所需资金从生育保险基金中支付。

生育保险待遇包括生育医疗费用和生育津贴。

条文解读

本条是关于生育保险待遇的规定。

生育保险待遇不仅参保职工可以享受，职工未就业的配偶也可以享受。当然，本着权利义务相对应的原则，参保职工可以享受生育医疗费用补偿和生育津贴，而职工未就业的配偶则只能享受生育医疗费用补偿。

传统的生育保险属于与职业相关的社会保险计划，依据我国《企业职工生育保险试行办法》，我国生育保险的对象是城镇从业人员，并不覆盖未就业配偶。

本条把“未就业配偶”纳入生育保险保障对象，实际上是对新中国成立之初生育保险制度覆盖职工家属规定的回归，同时也符合生育保险覆盖家属的国际惯例。生育保险惠及参保职工未就业配偶，可以使没有工作经历的“全职太太”或工作后又失业的女工能够以“配偶”的身份获得生育保险待遇，有助于扩大生育保险的覆盖面，逐步实现人人享有基本卫生医疗服务的目标。同时，还有利于鼓励男职工多的企业参加生育保险。

关联法规索引

《企业职工生育保险试行办法》

第五十五条　【生育医疗费用的项目】　生育医疗费用包括下列各项：

（一）生育的医疗费用；

（二）计划生育的医疗费用；

（三）法律、法规规定的其他项目费用。

条文解读

本条是关于生育医疗费用项目的规定。

生育医疗费用具有鲜明的特点。首先，生育保险待遇贯穿着事前保障和事后保障，它从生育之前15天开始支付，一直持续到产后75天。而其他保险项目的待遇，都是在风险事故发生之后予以支付的。其次，生育医疗费用的服务范围具有相对确定性。生育保险的检查项目、治疗手段属于基础性服务项目，项目相对固定，数量可控，费用相对低廉。这与一般的医疗保险费用具有显著区别，用于大病统筹的医疗保险服务项目往往是不可控的。最后，生育保险医疗服务保障水平高于基本医疗保险。考虑到孕产妇及下一代的身体健康和安全，在生育保险制度设计上，医疗费用报销比例一般高于基本医疗保险。只要是在医疗保险药品目录、诊疗项目目录等规定的范围内，基本可以全部报销，没有规定起付线和封顶线。待遇享受者在门诊进行的产前检查、住院分娩或者出现高危情况下的医疗费用都可以由生育保险基金支付。

具体而言，生育医疗费用包括女职工在妊娠期、分娩期、产褥期内，因生育所发生的检查费、接生费、手术费、住院费、药费等医疗费用。对此，1994年《企业职工生育保险试行办法》规定，女职工生育的检查费、接生费、手术费、住院费和药费由生育保险基金支付。超出规定的医疗服务费和药费（含自费药品和营养药品的药费）由职工个人负担。女职工生育出院后，因生育引起疾病的医疗费，由生育保险基金支付；其他疾病的医疗费，按照医疗保险待遇的规定办理。女职工产假期满后，因病需要休息治疗的，按照有关病假待遇和医疗保险待遇规定办理。

职工计划生育手术费用是指职工因实行计划生育需要,实施放置(取出)宫内节育器、流产术、引产术、绝育及复通手术所发生的医疗费用。只要参保职工在基本医疗保险定点医疗机构和经计划生育行政管理部门、劳动保障部门认可的计划生育服务机构实施计划生育手术,其费用可以由相应的生育保险基金支付。

法律、法规规定的其他项目费用是对政府兜底责任的明确。目前,各地根据自己的具体情况,规定了不同的医疗费用支出项目。例如,《吉林省城镇职工生育保险办法》规定,所在单位参加生育保险并连续缴纳生育保险费的独生子女父母退休后应享受的一次性2000元的奖励费,从生育保险基金中支付500元。

关联法规索引

《企业职工生育保险试行办法》

第五十六条 【享受生育津贴的情形及标准】 职工有下列情形之一的,可以按照国家规定享受生育津贴:

(一)女职工生育享受产假;

(二)享受计划生育手术休假;

(三)法律、法规规定的其他情形。

生育津贴按照职工所在用人单位上年度职工月平均工资计发。

条文解读

本条是关于职工享受生育津贴的情形及标准的规定。

生育津贴是对职业妇女因生育而离开工作岗位期间,给予的生活费用,是对女职工收入损失的现金补偿,目的在于保障女职工产假期间的基本生活需要。

1. 女职工生育享受产假

产假是指在职妇女产期前后的休假待遇,一般从分娩前半个月至产后两个半月,晚婚晚育者可前后长至4个月。《劳动法》第六十二条规定,女职工生育享受不少于90天的产假。产假的主要作用是使女职工在生育时期得到适当的休息,使其逐步恢复体力,并使婴儿得到母亲的精心照顾和哺育。根据2012年4月28日国务院发布的《女职工劳动保护特别规定》,女职工生育享受98天产假,其中产前可以休假15天;难产的,增加产假15天;生育多胞胎的,每多生育1个婴儿,可增加产假15天。现在很多地方还采取了对晚婚、晚育的职工给予奖励的政策。

2. 享受计划生育手术休假

根据新修正的《人口与计划生育法》第二十六条第二款，公民实行计划生育手术，享受国家规定的休假；地方人民政府可以给予奖励。

3. 法律、法规规定的其他津贴

因为各地对生育保险都出台了相应的管理规定，津贴的发放项目和发放范围有所差异。一些地方允许在女职工生育后，给予男职工一定假期，以照顾生育后的妻子，假期工资照发。比如，《广东省职工生育保险规定》就规定已参保的男职工按规定享受的看护假假期津贴，以所属统筹地区上年度在岗职工月平均工资为基数，按规定的假期时间计发。

配套法规及解读

《女职工劳动保护特别规定》(2012 年 4 月 28 日)

第七条 女职工生育享受 98 天产假，其中产前可以休假 15 天；难产的，增加产假 15 天；生育多胞胎的，每多生育 1 个婴儿，增加产假 15 天。

女职工怀孕未满 4 个月流产的，享受 15 天产假；怀孕满 4 个月流产的，享受 42 天产假。

《人口与计划生育法》(2015 年 12 月 27 日修正)

第二十五条 符合法律、法规规定生育子女的夫妻，可以获得延长生育假的奖励或者其他福利待遇。

第二十六条 妇女怀孕、生育和哺乳期间，按照国家有关规定享受特殊劳动保护并可以获得帮助和补偿。

公民实行计划生育手术，享受国家规定的休假；地方人民政府可以给予奖励。

※法规解读：2012 年公布的《女职工劳动保护特别规定》增加了女职工的常规产假。流产产假以怀孕 4 个月划界：女职工怀孕不满 4 个月流产的，给予 15 天的产假；怀孕满 4 个月及以上流产的，产假为 42 天。

此外，根据修改后的《人口与计划生育法》，延长产假奖励不再是晚婚晚育的专享待遇，依法生育二孩的夫妻也可以享受延长产假的福利待遇。

关联法规索引

《劳动法》第 62 条；《女职工劳动保护特别规定》；《人口与计划生育法》

典型案例

※案情简介：女职工王某被深圳的一家公司录用后，双方签订劳动合同的有效期限为6年。合同履行到第3年时，王某因分娩需要休产假。根据王某与公司签订的劳动合同和公司的劳动规章制度的规定，女职工符合计划生育规定生育的，产假为60天。但是，王某没有按照公司的劳动规章休产假，而是按照国家规定休息了90天。因此，在王某恢复上班后，公司根据内部规定，认定王某超过60天的假期为旷工，并给予解除劳动合同的处理。王某不服公司的处理，认为公司认定自己旷工是违反了国家关于妇女生育产假的规定，向劳动监察部门提出申诉。

※裁判要旨：我国《劳动法》《女职工劳动保护特别规定》都规定了女职工生育享受不少于90天的产假。王某工作的公司与其签订的劳动合同以及公司的企业规章规定关于女职工产假为60天的规定，违反了《劳动法》和《女职工劳动保护特别规定》，致使该企业规章规定的内容和劳动合同约定因为违法而无效。王某应当有享受90天产假的权利，公司不应视其休假行为为旷工。因此，劳动监察机构应该要求公司撤销该公司对王某单方面解除劳动合同的决定并使其依法享受生育保险待遇。

第七章　社会保险费征缴

本章介绍

社会保险费征缴是由专门机构向用人单位和参保人筹集社会保险基金的制度。社会保险费征缴是社会保险筹资的重要途径，因而构成社会保险制度的重要组成部分。本章主要对社会保险费征缴过程中相关主体的义务及其法律责任进行了规定，涉及用人单位社会保险登记、个人社会保险登记、社会保险费征收、社会保险费的缴纳、社会保险费征收机构的义务、用人单位未按规定申报应缴数额的处理、用人单位未按时足额缴费的处理等问题。

第五十七条　【用人单位社会保险登记】 用人单位应当自成立之日起三十日内凭营业执照、登记证书或者单位印章，向当地社会保险经办机构申请办理社会保险登记。社会保险经办机构应当自收到申请之日起十五日内予以审核，发给社会保险登记证件。

用人单位的社会保险登记事项发生变更或者用人单位依法终止的，应当自变更或者终止之日起三十日内，到社会保险经办机构办理变更或者注销社会保险登记。

市场监督管理部门、民政部门和机构编制管理机关应当及时向社会保险经办机构通报用人单位的成立、终止情况，公安机关应当及时向社会保险经办机构通报个人的出生、死亡以及户口登记、迁移、注销等情况。

关联法规索引

《社会保险费征缴暂行条例》第 7 条

第五十八条　【个人社会保险登记制度】 用人单位应当自用工之日起三十日内为其职工向社会保险经办机构申请办理社会保险登记。未办理社会保险登记的，由社会保险经办机构核定其应当缴纳的社会保险费。

自愿参加社会保险的无雇工的个体工商户、未在用人单位参加社会保险的非全日制从业人员以及其他灵活就业人员，应当向社会保险经办机构申请办理社会保险登记。

国家建立全国统一的个人社会保障号码。个人社会保障号码为公民身份号码。

条文解读

本条是关于个人社会保险登记制度的相关规定。

社会保险登记对象分为两种基本类型：强制性的适用对象和自愿参加的适用对象。强制性适用对象为用人单位的职工；自愿参加社会保险的群体包括以下情形：自愿参加社会保险的无雇工的个体工商户、未在用人单位参加社会保险的非全日制从业人员以及其他灵活就业人员。职工由用人单位为其办理社会保险登记，自愿参加社会保险的无雇工的个体工商户、未在用人单位参加社会保险的非全日制从业人员以及其他灵活就业人员，自行向社会保险经办机构办理社会保险登记。

配套法规及解读

《关于在劳动和社会保险管理信息系统中使用公民身份号码的通知》（1999 年 6 月 24 日）

一、一律使用“公民身份号码”作为劳动保障部门各类信息系统中全国统一标识的、唯一的个人编码名称，不再使用“社会保障号码”和“居民身份编号”等名称。

※法规解读：此条规定是 2000 年为了贯彻执行国家标准 BGII643－1999《公民身份号码》，消除使用原 15 位社会保障号码可能遇到的问题时出台的，《社会保险法》则通过法律形式赋予个人社会保障号码制度以强制效力。

关联法规索引

《失业保险条例》第 32 条；《工伤保险条例》第 2 条；《关于在劳动和社会保险管理信息系统中使用公民身份号码的通知》

第五十九条 【社会保险费征收】 县级以上人民政府加强社会保险费的征收工作。

社会保险费实行统一征收，实施步骤和具体办法由国务院规定。

条文解读

本条是关于社会保险费统一征收的相关规定。

本条包含三个方面的内容:(1)县级以上各级政府对社会保险费征收制度的领导职责;(2)社会保险费的统一征收制度,明确了今后社会保险费用征收改革的方向;(3)国务院的细则设定权限,实施步骤和具体办法待国务院规定。

2018 年 7 月,中共中央办公厅、国务院办公厅印发《国税地税征管体制改革方案》,明确从 2019 年 1 月 1 日起,将基本养老保险费、基本医疗保险费、失业保险费、工伤保险费、生育保险费等各项社会保险费交由税务部门统一征收。

关联法规索引

《劳动法》第 72 条;《社会保险费征缴暂行条例》第 6 条;《工伤保险条例》第 3 条;《失业保险条例》第 4 条

第六十条　【社会保险费的缴纳】　用人单位应当自行申报、按时足额缴纳社会保险费,非因不可抗力等法定事由不得缓缴、减免。职工应当缴纳的社会保险费由用人单位代扣代缴,用人单位应当按月将缴纳社会保险费的明细情况告知本人。

无雇工的个体工商户、未在用人单位参加社会保险的非全日制从业人员以及其他灵活就业人员,可以直接向社会保险费征收机构缴纳社会保险费。

条文解读

本条是关于社会保险费的缴纳的相关规定。

用人单位应当每月在规定的时间内,自行向社会保险费征收机构申报本单位当月应当缴纳的社会保险费,由社会保险费征收机构予以审核。所谓“不可抗力”是指不能预见、不能避免且不能克服的客观情况。比如,发生台风、地震等自然灾害导致用人单位无法按时足额缴纳的,应当允许缓缴。除不可抗力之外,发生其他法定事由也可能构成缓缴、减免的条件。其他法定事由的项目、内容和要件等具体规则还有待国务院、社会保险行政主管部门、最高人民法院的司法解释加以明确。

代扣代缴是用人单位的法定义务,用人单位不得拒绝代扣代缴,也不得要求职工自行申报缴纳其社会保险费。

关联法规索引

《社会保险费征缴暂行条例》第4、10、12、16、17条;《工伤保险条例》第10条;《失业保险条例》第4、6条;《政府信息公开条例》第25条;《实施〈中华人民共和国社会保险法〉若干规定》第21、23条

第六十一条 【社会保险费征收机构的义务】 社会保险费征收机构应当依法按时足额征收社会保险费,并将缴费情况定期告知用人单位和个人。

条文解读

本条是关于社会保险费征收机构的义务的规定。

社会保险费征收机构应当定期将缴费情况告知用人单位和个人,具体可以采取"个人账户通知单"或"个人缴费信息对账单"等形式来实施。

配套法规及解读

《社会保险费征缴暂行条例》(1999年1月22日)

第十二条 缴费单位和缴费个人应当以货币形式全额缴纳社会保险费。

缴费个人应当缴纳的社会保险费,由所在单位从其本人工资中代扣代缴。

社会保险费不得减免。

※法规解读:本条对社会保险费的形式以及用人单位代扣代缴个人缴费义务进行了规定,并且规定社会保险费不得进行减免。

关联法规索引

《社会保险费征缴暂行条例》第6、11、12条

第六十二条 【用人单位未按规定申报应缴数额的处理】 用人单位未按规定申报应当缴纳的社会保险费数额的,按照该单位上月缴费额的百分之一百一十确定应当缴纳数额;缴费单位补办申报手续后,由社会保险费征收机构按照规定结算。

条文解读

本条是关于用人单位未按规定申报应缴数额的处理的规定。

用人单位未按规定申报应当缴纳的社会保险费数额的，社会保险经办机构先暂时按该单位上月缴费数额的110%推定应缴数额；在用人单位补办申报手续之后，社会保险费征收机构依据相关法律、法规、部门规章和国家有关规定进行结算。

第六十三条　【用人单位未按时足额缴费的处理】　用人单位未按时足额缴纳社会保险费的，由社会保险费征收机构责令其限期缴纳或者补足。

用人单位逾期仍未缴纳或者补足社会保险费的，社会保险费征收机构可以向银行和其他金融机构查询其存款账户；并可以申请县级以上有关行政部门作出划拨社会保险费的决定，书面通知其开户银行或者其他金融机构划拨社会保险费。用人单位账户余额少于应当缴纳的社会保险费的，社会保险费征收机构可以要求该用人单位提供担保，签订延期缴费协议。

用人单位未足额缴纳社会保险费且未提供担保的，社会保险费征收机构可以申请人民法院扣押、查封、拍卖其价值相当于应当缴纳社会保险费的财产，以拍卖所得抵缴社会保险费。

条文解读

本条是关于用人单位未按时足额缴费的处理的规定。

对于用人单位未按时足额缴纳社会保险费的行为，本条特别规定了逐步递进的制度保障措施，依次采纳的措施有：(1)社会保险费征收机构责令限期缴纳或补足；(2)查询存款账户，申请县级以上有关行政部门从账户中划拨社会保险费；(3)要求提供担保，签订延期缴费协议；(4)申请法院强制执行。

配套法规及解读

《实施〈中华人民共和国社会保险法〉若干规定》(2011年6月29日)

第二十二条　用人单位按照社会保险法第六十三条的规定，提供担保并与社会保险费征收机构签订缓缴协议的，免收缓缴期间的滞纳金。

第二十三条　用人单位按照本规定第二十一条、第二十二条缓缴社会保险费期间，不影响其职工依法享受社会保险待遇。

※法规解读：《实施〈中华人民共和国社会保险法〉若干规定》第二十二、二十三条

规定给予了用人单位在发生财务困难时通过提供担保并与社会保险费征收机构签订缓缴协议得以缓缴社会保险费的权利。缓缴期间，社会保险费征收机构不对用人单位处以滞纳金的惩罚，也不影响参保职工依法享受社会保险待遇。

关联法规索引

《社会保险费征缴暂行条例》第13条；《实施〈中华人民共和国社会保险法〉若干规定》第28条

典型案例

※案情简介：重庆某公司拖欠2003年7月至2006年7月三年期间应缴纳的社会养老保险费17,443.81元，经主管税务所多次催收，并下达《缴纳社会保险费处理决定书》后，该公司仍拒不缴纳。根据《社会保险费征缴暂行条例》第二十六条，该地区地税局于2010年1月5日依法向当地人民法院申请强制执行。随后，强制执行申请被法院准予，该公司长期拖欠的17,443.81元社会养老保险费将由长寿区人民法院强制执行入库。

此举在当地企业界引起了极大震动，有力地震慑了长期拖欠税款、社保费的单位和个人，有助于增强企业、个人的社会保险缴费意识，提高缴费遵从度；同时，也有效地提高了社会保险征缴机构的征缴效率，降低了征缴成本。

※裁判要旨：本案情形下，用人单位未按时足额缴纳社会保险费，经责令期限缴纳后仍拒不执行。《社会保险法》生效后，对这种常见情况的处理相比以往略有不同。本案中的地区税务局所能采取的措施将更加多样化、多层次化。表现在：

(1)下发催缴通知书后，该公司逾期仍不缴纳的，地区税务局可以向银行或其他金融机构查询其存款账户。银行和其他金融机构负有予以配合、协助的义务。

(2)地区税务局还有权申请县级以上有关行政部门作出划拨社会保险费的决定，书面通知该金融机构划拨社会保险费。该金融机构应当遵循该决定予以划拨。

(3)该公司账户余额不足，少于应当缴纳的社会保险费的，地区税务局还有权要求该公司提供担保，签订延期缴费协议。

(4)当该公司未提供担保时，地区税务局可以申请法院查封、扣押、拍卖该公司价值相当于应缴纳社会保险费的财产，以拍卖所得抵缴社会保险费。

第八章　社会保险基金

本章介绍

社会保险基金是指为了保障保险对象的社会保险待遇，按照我国相关法律法规及相关规定，由用人单位和职工个人分别按缴费基数的一定比例缴纳社会保险费以及通过其他合法方式筹集的专项资金。本章主要涉及社会保险基金类别、管理原则和统筹层次，社会保险基金的收支平衡和政府补贴责任，社会保险基金按照统筹层级设立预算，社会保险基金预算和决算制定程序、社会保险基金财政专户，社会保险基金的保值增值，社会保险基金信息公开，全国社会保障基金等问题。

第六十四条　【社会保险基金类别、管理原则和统筹层次】 社会保险基金包括基本养老保险基金、基本医疗保险基金、工伤保险基金、失业保险基金和生育保险基金。除基本医疗保险基金与生育保险基金合并建账及核算外，其他各项社会保险基金按照社会保险险种分别建账，分账核算。社会保险基金执行国家统一的会计制度。

社会保险基金专款专用，任何组织和个人不得侵占或者挪用。

基本养老保险基金逐步实行全国统筹，其他社会保险基金逐步实行省级统筹，具体时间、步骤由国务院规定。

条文解读

本条是关于社会保险基金类别、管理原则和统筹层次的规定。

社会保险经办机构对已经征收的社会保险费，根据缴费单位的实际缴纳额、代扣代缴明细表和有关规定，按以下程序进行记账：(1)个人缴纳的基本养老保险费计入基本养老保险个人账户，个人缴纳的基本医疗保险费计入基本医疗保险个人账户，个人缴纳的失业保险费计入失业保险基金；(2)单位缴纳的各种社会保险费按照规定分别记入基本养老保险基金、基本医疗保险基金和基本医疗保险个人账户、工伤保险基金、失业保险基金。其中，根据《国务院办公厅关于全面推进生育保险和职工基本医疗保险合并实施的意见》相关规定，生育保险基金并入职工基本医疗保险基金，统一征缴，统筹层次一致。职工基本医疗保险基金严格执行社会保险基金财务制度,不再单列生育保险基金收入,在职工基本医疗保险统筹基金待遇支出中设置生育待遇支出项目。

这里的"专款专用"是指社会保险基金只能依法按照特定的范围、特定的标准用于支付参保人的养老、工伤、医疗、失业、生育等社会保险待遇,除了国家规定的支出项目外,一律不得支出。"任何组织和个人不得侵占或者挪用",是指无论是社会保险经办机构、社会保险行政主管部门的工作人员,还是各级人民政府及其工作人员都不得违反社会保险基金专款专用的原则。对于违反这一禁止性规定的人员,无论职务高低都要承担法律责任,接受法律制裁。

社会保险基金的统筹层次关系到在多大范围内调剂使用社会保险基金。统筹层次越高,参加社会保险的人数越多、保障效率越高、分散基金风险的能力越强。统筹层次的提高有利于发挥社会保险的互济和调剂功能,有利于促进劳动力市场的统一和劳动力的合理流动,有利于提高公民社会保险权利的公平性。其中,基本养老保险基金明确了逐步实现全国统筹和其他社会保险基金逐步实行省级统筹,这些都是《社会保险法》的重要立法成就之一。

配套法规及解读

《社会保险基金财务制度》(2017 年 8 月 22 日)

第二条 本制度适用于中华人民共和国境内依据《社会保险法》建立的企业职工基本养老保险基金、城乡居民基本养老保险基金、机关事业单位基本养老保险基金、职工基本医疗保险基金、城乡居民基本医疗保险基金(包括城镇居民基本医疗保险基金、新型农村合作医疗基金、合并实施的城乡居民基本医疗保险基金)、工伤保险基金、失业保险基金、生育保险基金等基金的财务活动。

生育保险与职工基本医疗保险合并实施的统筹地区,不再单列生育保险基金。

第六条 基金纳入社会保障基金财政专户(以下简称财政专户),实行"收支两条线"管理。基金按照险种及不同制度分别建账、分账核算、分别计息、专款专用。基金之间不得相互挤占和调剂,不得违规投资运营,不得用于平衡一般公共预算。

第三十九条 基金账户分为财政专户、收入户和支出户。

第四十条 实行经办机构征收社会保险费的地区,经办机构可以设立社会保险基金收入户。

收入户的主要用途是:暂存由经办机构征收的社会保险费收入;暂存上级经办机构下拨或下级经办机构上解的基金收入;暂存该账户利息收入;暂存社会保险基金转移收入以及其他收入等。收入户除向财政专户划转基金、向上级经办机构缴拨基金、原渠道退回保险费收入、退回转移收入等情形外不得发生其他支付业务。

实行税务机关征收社会保险费的地区税务机关不设收入户,基金及时划入财政专户。

收入户原则上月末无余额。

第四十一条 经办机构设立社会保险基金支出户。

支出户的主要用途是:接受财政专户拨入基金;暂存社会保险支付费用及该账户利息收入;支付基金支出款项;向财政专户缴入该账户利息收入;上解上级经办机构基金或下拨下级经办机构基金。

支出户除接受财政专户拨入的基金、上级经办机构拨付基金、暂存该账户利息收入、原渠道退回支付资金外,不得发生其他收入业务。

第四十二条 财政部门按照国家有关财政专户管理的规定设立财政专户。财政专户的主要用途是:接收税务机关或经办机构缴入的社会保险费收入;接收税务机关或收入户缴入的利息收入及其他收入;根据委托投资合同或有关计划接收和拨付投资运营基金;接收基金投资收益及支出户缴入的利息收入等;接收财政补贴收入;接收转移收入;接收上级财政专户划拨或下级财政专户上解基金;向上级或下级财政专户上缴或划拨基金;根据经办机构用款计划和预算向支出户拨付基金或按国家规定直接与有关机构办理基金结算;办理跨省异地就医结算业务;国家规定的其他用途。各级财政部门国库管理机构应当按月提供对账凭证,与社会保险经办机构核对账目。

※法规解读:为规范社会保险经办机构经办社会保险基金的财务行为,加强社会保险基金管理,《社会保险基金财务制度》规定将社会保险基金纳入财政专户,实行收支两条线管理。制度规定,社保经办机构开设收入户、支出户,财政部门开设财政专户:社保经办机构征集的社会保险费收入存入收入户,定期转入财政专户;财政专户向支出户拨付基金,支出户向参保对象支付社会保险待遇支出。其中,收入户财政专户划转基金、向上级经办机构缴拨基金、原渠道退回保险费收入、退回转移收入等情形外不得发生其他支付业务;支出户财政专户划转基金、向上级经办机构缴拨基金、原渠道退回保险费收入、退回转移收入等情形外不得发生其他支付业务。

根据2018年《深化党和国家机构改革方案》,将基本养老保险费、基本医疗保险费、失业保险费等各项社会保险费交由税务部门统一征收。因此,上述条款已经有部分不适用,经办机构将不得设立社会保险基金收入户,税务机关也将不设收入户,基金及时划入财政专户。

《企业职工基本养老保险省级统筹标准》(2007年1月18日)

一、基本养老保险制度。全省执行统一的企业职工基本养老保险制度和政策。基本养老保险省级统筹办法由省级人民政府下发文件实施。

二、基本养老保险缴费。全省统一企业和职工缴纳基本养老保险费的比例,缴费基数全省统一规定。城镇个体工商户和灵活就业人员缴纳基本养老保险费的比例和基数全省统一规定。

三、基本养老保险待遇。基本养老金计发办法和统筹项目全省统一,基本养老金调整由省级人民政府按照国家规定部署实施,全省统一调整办法。

四、基本养老保险基金使用。基本养老保险基金由省级统一调度使用,实行统收统支,由省级直接管理。现阶段,也可采取省级统一核算、省和地(市)两级调剂,结余基金由省级授权地(市)、县管理的方式,其中,中央财政、省级财政补助资金和上解的调剂金由省级统一调剂使用。省级统一按国家规定组织实施基本养老保险基金投资运营。

五、省级基金预算。全省统一编制和实施基本养老保险基金预算,明确省、地(市)、县各级政府的责任。各地(市)、县严格按照批准的基金收支预算执行。预算调整按规定的程序进行。

六、基本养老保险业务规程。基本养老保险业务经办规程和管理制度全省统一;全省执行统一的数据标准、使用统一的应用系统。

※法规解读:该通知制定了企业职工基本养老保险基金省级统筹标准。实践中,全国所有省份已经制定建立省级统筹制度,但多数实行的是地市级统筹加省级调剂金制度,并未实现统收统支意义上的省级统筹。

《国务院办公厅关于全面推进生育保险和职工基本医疗保险合并实施的意见》(2019年3月25日)

二、主要政策

(一)统一参保登记。参加职工基本医疗保险的在职职工同步参加生育保险。实施过程中要完善参保范围,结合全民参保登记计划摸清底数,促进实现应保尽保。

(二)统一基金征缴和管理。生育保险基金并入职工基本医疗保险基金,统一征缴,统筹层次一致。按照用人单位参加生育保险和职工基本医疗保险的缴费比例之和确定新的用人单位职工基本医疗保险费率,个人不缴纳生育保险费。同时,根据职工基本医疗保险基金支出情况和生育待遇的需求,按照收支平衡的原则,建立费率确定和调整机制。

职工基本医疗保险基金严格执行社会保险基金财务制度,不再单列生育保险基金收入,在职工基本医疗保险统筹基金待遇支出中设置生育待遇支出项目。探索建立健全基金风险预警机制,坚持基金运行情况公开,加强内部控制,强化基金行政监督和社会监督,确保基金安全运行。

(三)统一医疗服务管理。两项保险合并实施后实行统一定点医疗服务管理。医疗保险经办机构与定点医疗机构签订相关医疗服务协议时,要将生育医疗服务有关要求和指标增加到协议内容中,并充分利用协议管理,强化对生育医疗服务的监控。执行基本医疗保险、工伤保险、生育保险药品目录以及基本医疗保险诊疗项目和医疗服务设施范围。

促进生育医疗服务行为规范。将生育医疗费用纳入医保支付方式改革范围,推动住院分娩等医疗费用按病种、产前检查按人头等方式付费。生育医疗费用原则上实行医疗保险经办机构与定点医疗机构直接结算。充分利用医保智能监控系统,强化监控和审核,控制生育医疗费用不合理增长。

(四)统一经办和信息服务。两项保险合并实施后,要统一经办管理,规范经办流程。经办管理统一由基本医疗保险经办机构负责,经费列入同级财政预算。充分利用医疗保险信息系统平台,实行信息系统一体化运行。原有生育保险医疗费用结算平台可暂时保留,待条件成熟后并入医疗保险结算平台。完善统计信息系统,确保及时全面准确反映生育保险基金运行、待遇享受人员、待遇支付等方面情况。

(五)确保职工生育期间的生育保险待遇不变。生育保险待遇包括《中华人民共和国社会保险法》规定的生育医疗费用和生育津贴,所需资金从职工基本医疗保险基金中支付。生育津贴支付期限按照《女职工劳动保护特别规定》等法律法规规定的产假期限执行。

(六)确保制度可持续。各地要通过整合两项保险基金增强基金统筹共济能力;研判当前和今后人口形势对生育保险支出的影响,增强风险防范意识和制度保障能力;按照“尽力而为、量力而行”的原则,坚持从实际出发,从保障基本权益做起,合理引导预期;跟踪分析合并实施后基金运行情况和支出结构,完善生育保险监测指标;根据生育保险支出需求,建立费率动态调整机制,防范风险转嫁,实现制度可持续发展。

※法规解读:全面推进生育保险和职工基本医疗保险合并实施,是保障职工社会保险待遇、增强基金共济能力、提升经办服务水平的重要举措。目前,推进两项保险合并实施,遵循保留险种、保障待遇、统一管理、降低成本的总体思路,实现参保同步登记、基金合并运行、征缴管理一致、监督管理统一、经办服务一体化。

关联法规索引

《社会保险费征缴条例》第4、14条;《失业保险条例》第7条;《工伤保险条例》第11条;《国务院关于完善企业职工基本养老保险制度的决定》;《关于推进企业职工基本养老保险省级统筹有关问题的通知》

第六十五条 【社会保险基金的收支平衡和政府补贴责任】 社会保险基金通过预算实现收支平衡。

县级以上人民政府在社会保险基金出现支付不足时，给予补贴。

条文解读

本条是关于社会保险基金的收支平衡和政府补贴责任的规定。

社会保险基金作为一种专项基金，具有相对独立性，既不同于用人单位和参保职工的财产，也不同于财政资金和其他财政性基金。社会保险基金实现收支平衡是社会保险制度良性运行和可持续发展的基础。

社会保险基金的收入包括：用人单位和参保人缴纳的社会保险费、基金收益和国家财政补助。社会保险基金的支出主要是社会保险待遇支出。社会保险经办机构的运行成本、管理成本由财政负担，不属于社会保险基金支出范围。

我国实行的是缴费型社会保险制度，社会保险基金主要由用人单位和参保人缴纳的费用及其收益构成，同时财政也承担兜底责任。

配套法规及解读

《实施〈中华人民共和国社会保险法〉若干规定》（2011 年 6 月 29 日）

第十六条 社会保险基金预算、决算草案的编制、审核和批准，依照《国务院关于试行社会保险基金预算的意见》（国发〔2010〕2 号）的规定执行。

※法规解读：具体而言，统筹地区社会保险基金预算草案由社会保险经办机构编制，经本级人力资源社会保障部门审核汇总、财政部门审核后，由财政和人力资源社会保障部门联合报本级人民政府审批。社会保险费由税务机关征收的，社会保险基金收入预算草案由社会保险经办机构会同税务机关编制。统筹地区财政和人力资源社会保障部门将社会保险基金预算草案报本级人民政府审批后，报上一级财政和人力资源社会保障部门。省级财政和人力资源社会保障部门将本省（区、市）社会保险基金预算草案报本级人民政府后，报财政部和人力资源社会保障部。全国社会保险基金预算草案由人力资源社会保障部汇总编制、财政部审核后，由财政部和人力资源社会保障部联合向国务院报告。待条件成熟时，由国务院适时向全国人大报告。社会保险基金决算草案的编制、审核和批准与预算草案程序相同。

关联法规索引

《国务院关于完善企业职工基本养老保险制度的决定》第5条;《国务院关于建立城镇职工基本医疗保险制度的决定》第4条;《国务院关于试行社会保险基金预算的意见》

第六十六条　【社会保险基金预算设立和编制管理】　社会保险基金按照统筹层次设立预算。除基本医疗保险基金与生育保险基金预算合并编制外,其他社会保险基金预算按照社会保险项目分别编制。

条文解读

本条是关于社会保险基金预算设立和编制管理的规定。

目前,我国所有省份都已经建立基本养老保险基金省级统筹制度。基本医疗保险原则上以地级以上行政区为统筹单位,也可以以县(市)为统筹单位,北京、天津、上海等三个直辖市原则上在全市范围内实行统筹。工伤保险基金在直辖市和设区的市实行全市统筹,其他地区的统筹层次由省、自治区人民政府确定。失业保险基金在直辖市和设区的市实行全市统筹,其他地区的统筹层次由省、自治区人民政府规定。生育保险基金并入职工基本医疗保险基金,统一征缴,统筹层次一致。可见,我国各项社会保险基金的统筹层次并不是统一的,有省级统筹,有地市统筹,还有县级统筹的。确定统筹层次的意义在于基金统筹到哪一级就由相应层级人民政府对基金承担财政兜底责任。

配套法规及解读

《国务院关于试行社会保险基金预算的意见》(2010年1月2日)

一、社会保险基金预算的指导思想和原则

社会保险基金预算是根据国家社会保险和预算管理法律法规建立、反映各项社会保险基金收支的年度计划。社会保险基金预算坚持以科学发展观为指导,通过对社会保险基金筹集和使用实行预算管理,增强政府宏观调控能力,强化社会保险基金的管理和监督,保证社会保险基金安全完整,提高社会保险基金运行效益,促进社会保险制度可持续发展。社会保险基金预算应遵循以下基本原则:

依法建立,规范统一。依据国家法律法规建立,严格执行国家社会保险政策,按照规定范围、程序、方法和内容编制。

统筹编制,明确责任。社会保险基金预算按统筹地区编制执行,统筹地区根据预算管理方式,明确本地区各级人民政府及相关部门责任。

专项基金,专款专用。社会保险各项基金预算严格按照有关法律法规规范收支内容、标准和范围,专款专用,不得挤占或挪作他用。

相对独立,有机衔接。在预算体系中,社会保险基金预算单独编报,与公共财政预算和国有资本经营预算相对独立、有机衔接。社会保险基金不能用于平衡公共财政预算,公共财政预算可补助社会保险基金。

收支平衡,留有结余。社会保险基金预算坚持收支平衡,适当留有结余。

二、社会保险基金预算编制范围

社会保险基金预算按险种分别编制,包括企业职工基本养老保险基金、失业保险基金、城镇职工基本医疗保险基金、工伤保险基金、生育保险基金等内容。根据国家法律法规建立的其他社会保险基金,条件成熟时,也应尽快纳入社会保险基金预算管理。

……

※法规解读:《国务院关于试行社会保险基金预算的意见》规定了社会保险基金预算的编制范围以及指导思想和原则。其中提出的生育保险基金目前已经不再单列,而是已经并入职工基本医疗保险基金。

关联法规索引

《预算法》第 76 条;《国务院关于试行社会保险基金预算的意见》

第六十七条 【社会保险基金预算和决算制定程序】 社会保险基金预算、决算草案的编制、审核和批准,依照法律和国务院规定执行。

条文解读

本条是关于社会保险基金预算和决算制定程序的规定。

当然,本法只是对社会保险基金预算、决算制定程序作了原则性规定,即社会保险基金预算、决算草案的编制、审核和批准,依照法律和国务院规定执行。

配套法规及解读

《预算法》(2018 年 12 月 29 日修正)

第十一条 社会保险基金预算是对社会保险缴款、一般公共预算安排和其他方式筹集的资金,专项用于社会保险的收支预算。

社会保险基金预算应当按照统筹层次和社会保险项目分别编制，做到收支平衡。

《国务院关于试行社会保险基金预算的意见》(2010年1月2日)

三、社会保险基金预算编制方法

社会保险基金预算编制采用科学、规范的方法，提高预算编制的预见性、准确性、完整性和科学性。

社会保险基金收入预算的编制应综合考虑统筹地区上年度基金预算执行情况、本年度经济社会发展水平预测以及社会保险工作计划等因素，包括社会保险参保人数、缴费人数、缴费工资基数等。统筹地区人民政府应根据社会保险基金收支、财政收支等情况，合理安排本级财政对社会保险基金的补助支出。

社会保险基金支出预算的编制应综合考虑统筹地区本年度享受社会保险待遇人数变动、经济社会发展状况、社会保险政策调整及社会保险待遇标准变动等因素。社会保险待遇支出预算应根据上年度享受社会保险待遇对象存量、上年度人均享受社会保险待遇水平等因素确定，同时考虑本年度变动情况；社会保险非待遇性支出预算要严格执行社会保险政策和管理制度规定。

四、社会保险基金预算编制和审批

统筹地区社会保险基金预算草案由社会保险经办机构编制，经本级人力资源社会保障部门审核汇总，财政部门审核后，由财政和人力资源社会保障部门联合报本级人民政府审批。社会保险费由税务机关征收的，社会保险基金收入预算草案由社会保险经办机构会同税务机关编制。

统筹地区财政和人力资源社会保障部门将社会保险基金预算草案报本级人民政府审批后，报上一级财政和人力资源社会保障部门。省级财政和人力资源社会保障部门将本省(区、市)社会保险基金预算草案报本级人民政府后，报财政部和人力资源社会保障部。

全国社会保险基金预算草案由人力资源社会保障部汇总编制，财政部审核后，由财政部和人力资源社会保障部联合向国务院报告。待条件成熟时，由国务院适时向全国人大报告。

五、社会保险基金预算执行和调整

社会保险基金预算草案经统筹地区人民政府批准后，由财政和人力资源社会保障部门批复，社会保险经办机构具体执行。社会保险经办机构应严格按照批准的预算和规定的程序执行，并定期向本级人力资源社会保障和财政部门报告。社会保险费由税务机关征收的，社会保险基金收入预算批复税务机关和社会保险经办机构，税务机关应严格按照批准的预算和规定的程序执行，并定期向本级财政和人力资源社会保障部门报告。

社会保险基金预算不得随意调整。在执行中因特殊情况需要增加支出或减少收入,应当编制社会保险基金预算调整方案。社会保险基金预算调整由统筹地区社会保险经办机构提出调整方案,经人力资源社会保障部门审核汇总,财政部门审核后,由财政和人力资源社会保障部门联合报本级人民政府批准。社会保险费由税务机关征收的,社会保险费收入预算调整方案由社会保险经办机构会同税务机关提出。

六、社会保险基金决算

年度终了,统筹地区社会保险经办机构应按有关规定编制年度社会保险基金决算草案,经人力资源社会保障部门审核汇总,财政部门审核后,由财政和人力资源社会保障部门联合报本级人民政府审批。

统筹地区财政和人力资源社会保障部门将社会保险基金决算草案报本级人民政府审批后,报上一级财政和人力资源社会保障部门。省级财政和人力资源社会保障部门将本省(区、市)社会保险基金决算草案报本级人民政府后,报财政部和人力资源社会保障部。

全国社会保险基金决算草案由人力资源社会保障部汇总编制,财政部审核后,由财政部和人力资源社会保障部联合向国务院报告。

※法规解读:《预算法》第十一条指出了社会保险基金预算的特殊之处,即为社会保险基金预算应当按照统筹层次和社会保险项目分别编制。值得指出的是,目前基本医疗保险基金与生育保险基金预算要求合并编制。《国务院关于试行社会保险基金预算的意见》的上述条文对社会保险基金预算、决算草案的编制、审核和批准进行了详细的规定。

关联法规索引

《预算法》;《国务院关于试行社会保险基金预算的意见》;《社会保险基金财务制度》

第六十八条 【社会保险基金财政专户】 社会保险基金存入财政专户,具体管理办法由国务院规定。

条文解读

本条是关于社会保险基金财政专户的规定。

社会保险基金的财政专户是财政部门按照国务院有关规定设立的社会保险基金专用计息账户。财政专户的主要用途是：接收税务机关转入的社会保险费收入；接收税务机关或收入户暂存的利息收入及其他收入；接收基金购买国家债券兑付的本息收入、该账户资金形成的利息收入以及支出户转入的利息收入等；接收财政补贴收入；接收上级财政专户划拨或下级财政专户上解的基金；根据经办机构的用款计划，向支出户拨付基金；购买国家债券；向上级或下级财政专户划拨基金。

关联法规索引

《社会保险费征缴暂行条例》；《社会保险基金财务制度》；《社会保险基金行政监督办法》；《国务院关于加强预算外资金管理的决定》

第六十九条　【社会保险基金的保值增值】　社会保险基金在保证安全的前提下，按照国务院规定投资运营实现保值增值。

社会保险基金不得违规投资运营，不得用于平衡其他政府预算，不得用于兴建、改建办公场所和支付人员经费、运行费用、管理费用，或者违反法律、行政法规规定挪作其他用途。

条文解读

本条是关于社会保险基金的保值增值的规定。

社会保险基金可以分为现收现付型和积累型两种主要类型。现收现付型基金是指政府从当年的现实保障需求出发进行预算，以支定收，将其分摊给缴费的单位和个人，用当年收取的社会保险费支付当年的社会保险待遇。我国社会保险基金中的工伤保险基金和失业保险基金属于此类型。由于现收现付型社会保险基金的分配原则是“以支定收”，理论上不存在社会保险基金的储存问题，也谈不上基金的保值增值问题。积累型基金是指参保职工在工作期间的缴费积累形成的相对长期稳定的储备基金。在我国各项社会保险中，职工基本养老保险、职工基本医疗保险、机关事业单位工作人员养老保险以及城乡居民社会养老保险中都有个人账户，属于部分积累型基金，存在投资运营实现保值增值的需求。

为了加强对社会保险基金的监管，本法对社会保险基金的投资运行作了三项禁止性规定：(1)不得违规投资运营。(2)不得用于平衡其他政府预算。(3)不得用于兴建办公场所和支付经办机构运营费用等。

配套法规及解读

《企业职工养老保险基金管理规定》(1993年7月2日)

第二十一条 基金保值、增值的方式:

(一)购买国库券以及国家银行发行的债券;

(二)委托国家银行、国家信托投资公司放款。

第二十二条 各级社会保险管理机构不得经办放款业务,不得经商、办企业和购买各种股票,也不得为各类经济活动作经济担保。

《国务院关于建立统一的企业职工基本养老保险制度的决定》(1997年7月16日)

……基本养老保险基金实行收支两条线管理,要保证专款专用,全部用于职工养老保险,严禁挤占挪用和挥霍浪费。基金结余额,除预留相当于2个月的支付费用外,应全部购买国家债券和存入专户,严格禁止投入其他金融和经营性事业……

《做实企业职工基本养老保险个人账户中央补助资金投资管理暂行办法》(2007年2月1日)

第四条 中央补助资金由做实个人账户的省级政府(以下简称省级政府)委托全国社会保障基金理事会(以下简称社保基金会)投资运营。

《基本养老保险基金投资管理办法》(2015年8月17日)

第四条 养老基金投资应当坚持市场化、多元化、专业化的原则,确保资产安全,实现保值增值。

第三十四条 养老基金限于境内投资。投资范围包括:银行存款,中央银行票据,同业存单;国债,政策性、开发性银行债券,信用等级在投资级以上的金融债、企业(公司)债、地方政府债券、可转换债(含分离交易可转换债)、短期融资券、中期票据、资产支持证券,债券回购;养老金产品,上市流通的证券投资基金,股票,股权,股指期货,国债期货。

第三十五条 国家重大工程和重大项目建设,养老基金可以通过适当方式参与投资。

第三十六条 国有重点企业改制、上市,养老基金可以进行股权投资。范围限定为中央企业及其一级子公司,以及地方具有核心竞争力的行业龙头企业,包括省级财政部门、国有资产管理部门出资的国有或国有控股企业。

第三十七条 养老基金投资比例,按照公允价值计算应当符合下列规定:

(一)投资银行活期存款,一年期以内(含一年)的定期存款,中央银行票据,剩余期限在一年期以内(含一年)的国债,债券回购,货币型养老金产品,货币市场基金的比例,合计不得低于养老基金资产净值的5%。清算备付金、证券清算款以及一级市场证券申购资金视为流动性资产。

(二)投资一年期以上的银行定期存款、协议存款、同业存单,剩余期限在一年期以上的国债，政策性、开发性银行债券，金融债，企业（公司）债，地方政府债券，可转换债（含分离交易可转换债），短期融资券，中期票据，资产支持证券，固定收益型养老金产品，混合型养老金产品，债券基金的比例，合计不得高于养老基金资产净值的135%。其中，债券正回购的资金余额在每个交易日均不得高于养老基金资产净值的40%。

（三）投资股票、股票基金、混合基金、股票型养老金产品的比例，合计不得高于养老基金资产净值的30%。

养老基金不得用于向他人贷款和提供担保，不得直接投资于权证，但因投资股票、分离交易可转换债等投资品种而衍生获得的权证，应当在权证上市交易之日起10个交易日内卖出。

（四）投资国家重大项目和重点企业股权的比例，合计不得高于养老基金资产净值的20%。

由于市场涨跌、资金划拨等原因出现被动投资比例超标的，养老基金投资比例调整应当在合同规定的交易日内完成。

第三十八条　养老基金资产参与股指期货、国债期货交易，只能以套期保值为目的，并按照中国金融期货交易所套期保值管理的有关规定执行；在任何交易日日终，所持有的卖出股指期货、国债期货合约价值，不得超过其对冲标的的账面价值。

第三十九条　根据金融市场变化和投资运营情况，国务院有关主管部门适时报请国务院对养老基金投资范围和比例进行调整。

※法规解读：我国社会保险基金投资运营是一个从严格限制到逐渐放宽的过程。自2001年辽宁省开展做实个人账户试点后，我国社会保险基金积累额逐渐达到相当规模。对社会保险基金投资运营方式的严格限定，虽然可以保障基金的稳定，但是投资回报率较低。随着社会保险基金规模的不断扩大，基金保值增值的压力越来越大，国家对社会保险基金的投资运营政策开始松动。《基本养老保险基金投资管理办法》则更是在保证资金安全的基础上扩大了基本养老保险基金的投资范围，还允许通过适当方式参与投资国家重大工程和重大项目建设以及进行国有重点企业的股权投资。

关联法规索引

《国务院关于建立统一的企业职工基本养老保险制度的决定》；《社会保险基金财务制度》；《做实企业职工基本养老保险个人账户中央补助资金投资管理暂行办法》；《基本养老保险基金投资管理办法》

第七十条 【社会保险基金信息公开】 社会保险经办机构应当定期向社会公布参加社会保险情况以及社会保险基金的收入、支出、结余和收益情况。

条文解读

本条是关于社会保险基金信息公开的规定。

社会保险基金信息公开包括以下几个方面：(1)社会保险基金信息公开的主体是社会保险经办机构；(2)社会保险基金信息公开的内容包括参加社会保险情况以及社会保险基金的收入、支出、结余和收益情况；(3)社会保险基金信息公开的时间和方式是定期公开。

关联法规索引

《社会保险费征缴暂行条例》第17条；《关于建立社会保险信息披露制度的指导意见》

第七十一条 【全国社会保障基金】 国家设立全国社会保障基金，由中央财政预算拨款以及国务院批准的其他方式筹集的资金构成，用于社会保障支出的补充、调剂。全国社会保障基金由全国社会保障基金管理运营机构负责管理运营，在保证安全的前提下实现保值增值。

全国社会保障基金应当定期向社会公布收支、管理和投资运营的情况。国务院财政部门、社会保险行政部门、审计机关对全国社会保障基金的收支、管理和投资运营情况实施监督。

条文解读

本条是关于全国社会保障基金的规定。

全国社会保障基金是指全国社会保障基金理事会负责管理的由国有股减持划入资金及股权资产、中央财政拨入资金、经国务院批准以其他方式筹集的资金及其投资收益形成的由中央政府集中的社会保障基金。

由于全国社会保障基金一般被简称为“全国社保基金”，而社会保险基金也往往被习惯称为“社保基金”，人们经常把社会保障基金与社会保险基金混为一谈。其实，社会保障基金与社会保险基金虽然只有一字之差，但是却存在显著区别：(1)两者的资金来源与设立层次不同。社会保险基金来自企业和个人缴费、财政补贴，以统筹地区为设立单位；社会保障基金主要来源于中央财政预算拨款、国有资产的划入以及经国务院批准的以其他方式筹集的资金，在国家层面设立。(2)两者的资金性质和用途不同。社会保险基金是劳动者和城乡居民的“保命钱”，用于社会保险待遇开支，必须专款专用；社会保障基金是中央政府集中的战略储备基金，用于我国未来人口老龄化时期养老保障的部分资金需要和偿付部分转制成本。(3)两者的管理机构不同。社会保险基金由社会保险经办机构直接管理运营或委托给养老基金投资受托机构负责投资；社会保障基金由全国社会保障基金理事会管理实行市场化、专业化运营。(4)两者的管理规则不同。社会保险基金除了职工基本医疗保险基金和生育保险基金外基本分险种分账管理，自求平衡，不得相互调剂；社会保障基金统一账户管理，统一调配使用。

配套法规及解读

《全国社会保障基金条例》(2016年3月10日)

第二条 国家设立全国社会保障基金。

全国社会保障基金由中央财政预算拨款、国有资本划转、基金投资收益和以国务院批准的其他方式筹集的资金构成。

第三条 全国社会保障基金是国家社会保障储备基金，用于人口老龄化高峰时期的养老保险等社会保障支出的补充、调剂。

第五条 国务院财政部门、国务院社会保险行政部门负责拟订全国社会保障基金的管理运营办法，报国务院批准后施行。

全国社会保障基金理事会负责全国社会保障基金的管理运营。

第六条 全国社会保障基金理事会应当审慎、稳健管理运营全国社会保障基金，按照国务院批准的比例在境内外市场投资运营全国社会保障基金。

全国社会保障基金理事会投资运营全国社会保障基金，应当坚持安全性、收益性和长期性原则，在国务院批准的固定收益类、股票类和未上市股权类等资产种类及其比例幅度内合理配置资产。

第十九条 国务院财政部门、国务院社会保险行政部门按照各自职责对全国社会保障基金的收支、管理和投资运营情况实施监督；发现存在问题的，应当依法处理；不属于本部门职责范围的，应当依法移送国务院外汇管理部门、国务院证券监督管理机构、国务院银行业监督管理机构等有关部门处理。

第二十条 国务院外汇管理部门、国务院证券监督管理机构、国务院银行业监督管理机构按照各自职责对投资管理人投资、托管人保管全国社会保障基金情况实施监督；发现违法违规行为的，应当依法处理，并及时通知国务院财政部门、国务院社会保险行政部门。

第二十一条 对全国社会保障基金境外投资管理人、托管人的监督，由国务院证券监督管理机构、国务院银行业监督管理机构按照与投资管理人、托管人所在国家或者地区有关监督管理机构签署的合作文件的规定执行。

第二十二条 审计署应当对全国社会保障基金每年至少进行一次审计。审计结果应当向社会公布。

第二十三条 全国社会保障基金理事会应当通过公开招标的方式选聘会计师事务所，对全国社会保障基金进行审计。

第二十四条 全国社会保障基金理事会应当通过其官方网站、全国范围内发行的报纸每年向社会公布全国社会保障基金的收支、管理和投资运营情况，接受社会监督。

《全国社会保障基金投资管理暂行办法》(2001 年 12 月 13 日)

第三条 社保基金投资运作的基本原则是，在保证基金资产安全性、流动性的前提下，实现基金资产的增值。

第二十五条第一款 社保基金投资的范围限于银行存款、买卖国债和其他具有良好流动性的金融工具，包括上市流通的证券投资基金、股票、信用等级在投资级以上的企业债、金融债等有价证券。

第二十八条 划入社保基金的货币资产的投资，按成本计算，应符合下列规定：

(一)银行存款和国债投资的比例不得低于 50%。其中，银行存款的比例不得低于 10%。在一家银行的存款不得高于社保基金银行存款总额的 50%。

(二)企业债、金融债投资的比例不得高于 10%。

(三)证券投资基金、股票投资的比例不得高于 40%。

第二十九条 单个投资管理人管理的社保基金资产投资于 1 家企业所发行的证券或单只证券投资基金，不得超过该企业所发行证券或该基金份额的 5%；按成本计算，不得超过其管理的社保基金资产总值的 10%。

投资管理人管理的社保基金资产投资于自己管理的基金须经理事会认可。

第三十条 委托单个社保基金投资管理人进行管理的资产，不得超过年度社保基金委托资产总值的 20%。

第四十五条 理事会、社保基金投资管理人、社保基金托管人应当按照本办法的要求报告社保基金投资运作的情况，保证报告内容没有虚假、误导性陈述或者重大遗漏，并对所报告内容的真实性、完整性负责。

第四十六条 理事会的信息披露和报告应符合以下要求：

(一)每年一次向社会公布社保基金资产、收益、现金流量等财务状况。

(二)每季度一次向财政部、劳动和社会保障部提交社保基金财务会计报告、投资管理报告。

（三）单个社保基金委托资产管理合同到期后，向财政部、劳动和社会保障部提交经具备证券从业资格的会计师事务所审计的报告，对社保基金委托资产的投资情况作出说明。

（四）社保基金发生重大事件，立即报告财政部、劳动和社会保障部，并编制临时报告书，经核准后予以公告。

《全国社会保障基金境外投资管理暂行规定》（2009 年 3 月 14 日）

第十五条　全国社保基金境外投资限于下列投资品种或者工具：

（一）银行存款；

（二）外国政府债券、国际金融组织债券、外国机构债券和外国公司债券；

（三）中国政府或者企业在境外发行的债券；

（四）银行票据、大额可转让存单等货币市场产品；

（五）股票；

（六）基金；

（七）掉期、远期等衍生金融工具；

（八）财政部会同劳动保障部批准的其他投资品种或工具。

……

第十六条　单个全国社保基金境外投资管理人管理的全国社保基金委托资产投资于一家机构发行的单只证券和基金不得超过该证券和基金份额的 10%，按成本计算，不得超过其管理的全国社保基金境外委托资产总值的 20%。

下列情形，不受前款规定比例的限制：

（一）社保基金会委托全国社保基金境外投资管理人以机构投资者身份参与境外上市配售以及定向配售的；

（二）社保基金会将其持有股票委托给全国社保基金境外投资管理人投资运作的。

※法规解读：《全国社会保障基金条例》是为了规范全国社会保障基金的管理运营，加强对全国社会保障基金的监督，在保证安全的前提下实现保值增值而制定的，是目前为止国家出台的、唯一的有关全国社会保障基金管理和监督的专门法规，对本法的相关规定进行了细化。《全国社会保障基金投资管理暂行办法》明确了社保基金投资的基本原则、投资范围、投资比例、投资方式等，建立了社保基金的监督、报告和财务制度。《全国社会保障基金境外投资管理暂行规定》则对全国社会保障基金投资于境外的行为进行了规范，旨在防范和化解全国社会保障基金投资风险。

关联法规索引

《全国社会保障基金条例》;《全国社会保障基金投资管理暂行办法》;《全国社会保障基金境外投资管理暂行规定》;《全国社会保障基金理事会章程》

第九章　社会保险经办

本章介绍

社会保险经办，简单来讲，就是社会保险经办机构对社会保险基金筹集、支付和管理所开展的一系列工作和业务。本章规定了社会保险经办，共4条，主要涉及社会保险经办机构的设立和经费保障、经办机构的管理制度和职责、经办机构权利义务、社会保险信息系统的规划与建设等问题。

第七十二条　【经办机构的设立和经费保障】　统筹地区设立社会保险经办机构。社会保险经办机构根据工作需要，经所在地的社会保险行政部门和机构编制管理机关批准，可以在本统筹地区设立分支机构和服务网点。

社会保险经办机构的人员经费和经办社会保险发生的基本运行费用、管理费用，由同级财政按照国家规定予以保障。

条文解读

本条是关于社会保险经办机构的设立和经费保障的规定。

中国的社会保险经办机构，是人力资源社会保障部门、医疗保障部门所属的全额拨款事业单位，分为中央、省、市、县四级。社会保险经办机构的工作职责是：(1)提供社会保险服务，负责社会保险登记、个人权益记录、支付社会保险待遇等；(2)根据管理服务的需要，与医疗机构、药品经营单位签订服务协议，规范医疗服务行为；(3)根据用人单位使用工伤保险基金、工伤发生率和所属行业费率档次等情况，确定用人单位缴费率；(4)提供和社会保险咨询等相关服务等。

从1999年起，中国社会保险经办机构所需经费改由财政来承担，而不再从社会保险基金中提取或列支。各级政府财政按照分级负责的原则予以保障，体现了财政对社会保险事业的支持，也是防止经办机构乱支基金收入，保证社会保险基金安全的重要举措。

配套法规及解读

《财政部、劳动和社会保障部关于社会保险经办机构经费保障等问题的通知》(1999年10月29日)

根据国务院发布的《社会保险费征缴暂行条例》等社会保险制度规定,社会保险基金实行收支两条线管理,各级劳动保障部门所属社会保险经办机构(以下简称经办机构)不得从社会保险基金中提取任何费用,所需经费列入财政预算拨付。现就经办机构经费保障等问题通知如下:

一、从1999年1月起,经办机构经费,包括人员经费、公用经费和专项经费,由同级财政部门根据人事(机构编制)部门核定的编制人数核拨。其中:人员经费原则上参照现行事业单位工资制度等有关规定并考虑经办机构的实际情况核定;公用经费和专项经费根据经办机构工作需要,分别按定额和定项办法核定预算。

二、经办机构经费原则上由同级财政安排。实行社会保险省级或地级统筹的地区,可以由省级或地级财政统一安排统筹区域内各级经办机构经费,也可以由省级或地级财政安排适当的专项经费,对下级财政予以补助,专项用于经办机构开展业务工作。具体办法由省级财政部门会同劳动保障部门制定。

……

关联法规索引

《财政部、劳动和社会保障部关于社会保险经办机构经费保障等问题的通知》

第七十三条 【经办机构的管理制度和职责】 社会保险经办机构应当建立健全业务、财务、安全和风险管理制度。

社会保险经办机构应当按时足额支付社会保险待遇。

条文解读

本条是关于社会保险经办机构管理制度和支付社会保险待遇职责的规定。

社会保险经办机构建立健全业务管理制度、提供社会保险服务遵守一定的规程,对于提高工作效率和服务质量具有重要意义。截至目前,为建立健全社会保险业务管理制度、规范全国各级社会保险经办机构业务工作程序,1997年劳动部印发了《社会保险业务管理程序》,2000年劳动和社会保障部印发了《城镇职工基本医疗保险业务管理规定》,2003年印发了《基本养老保险经办业务规程(试行)》,2004年印发了《工伤保险经办业务管理规程(试行)》,2007 年又颁布了《关于城镇居民基本医疗保险经办管理服务工作的意见》,2009 年还颁布了《新型农村社会养老保险经办规程(试行)》,2014 年颁布《城乡居民基本养老保险经办规程》。建立健全业务管理制度还包括为适应社会保险事业发展的需要,提高社会保险经办机构的管理水平和队伍的政治、业务素质。为此,劳动和社会保障部办公厅于 2001 年发布了《社会保险经办机构业务素质考核工作意见》。

除了业务管理制度,财政部与劳动和社会保障部还联合下发了《社会保险基金财务制度》,用来规范社会保险经办机构经办社会保险基金的财务行为,依法筹集和使用基金,做好基金的计划、控制、核算、分析和考核工作,并如实反映基金收支状况,确保基金的安全。《社会保险基金财务制度》第六条规定,基金纳入社会保障基金财政专户(以下简称财政专户),实行“收支两条线”管理。基金按照险种及不同制度分别建账、分账核算、分别计息、专款专用。基金之间不得相互挤占和调剂,不得违规投资运营,不得用于平衡一般公共预算。此外,为了规范社会保险经办机构经办的社会保险基金的会计核算,2017 年财政部还颁布了《社会保险基金会计制度》。

社会保险基金的安全与否,关系到社会保险事业的发展和社会保险经办机构基金管理的主体地位,关系到广大参保人员的切身利益和生活,关系到社会和谐与稳定。为加强社会保险经办机构内部管理与监督,防范和化解运行风险,规范社会保险管理服务工作,确保基金安全,2007 年劳动和社会保障部颁布了《社会保险经办机构内部控制暂行办法》,对各级社会保险经办机构系统内部职能部门及其工作人员从事社会保险管理服务工作及业务行为进行规范、监控和评价。

“按时”就是按照相关法律规定的时间,及时支付养老保险、工伤保险、失业保险、生育保险等保险待遇,不得无故拖延,如果拖延就要承担相应的法律责任;“足额”就是按照相关法律规定的数额,足额支付社会保险待遇,不得私自调整社会保险待遇水平,否则应承担相应的法律责任。

配套法规及解读

《社会保险基金财务制度》(2017 年 8 月 22 日)

第五十五条　经办机构应当建立健全业务、财务、安全和风险管理制度,定期向社会公告基金收支、结余和收益情况,接受社会监督。

财政部门应当建立健全财政专户风险管理制度,定期向社会公告管理、存储结构、收益等情况,接受社会监督。

第五十六条　社会保险行政部门对社会保险基金的收支、管理和投资运营情况进行监督检查,发现存在问题的,应当提出整改建议,依法作出处理决定或者向有关行政部门提出处理建议。

财政部门、审计机关按照各自职责,对社会保险基金的收支、管理和运营情况实施监督。

第五十七条 社会保险行政部门、财政部门、审计部门应依法依规及时纠正社会保险基金管理中的违法违规行为,并采取以下措施:

(一)追回被截留、挤占、挪用、贪污的基金。

(二)退还多提、补足减免的基金。

(三)足额补发或追回违规支付的社会保险待遇支出。

(四)及时足额将收入户应缴未缴基金缴入财政专户。

(五)及时足额将财政专户基金拨付到支出户。

(六)及时足额将财政补助资金划入财政专户。

(七)停止违规投资运营行为,形成运营亏损的应向责任方追偿损失。

(八)国家法律法规和国务院社会保险行政部门、财政部门规定的其他处理办法。

第五十八条 对社会保险基金管理中的违法行为,按照《社会保险法》、《预算法》、《财政违法行为处罚处分条例》等法律法规追究法律责任。涉嫌犯罪的,依法移送司法机关处理。

※法规解读:《社会保险基金财务制度》强化了社会保险基金财务管理的监督检查,特别是强化了社会保险主管及相关部门的监督职责。还对对社会保险基金管理中的违法行为规定了相应的处理处罚原则。

关联法规索引

《社会保险业务管理程序》;《城镇职工基本医疗保险业务管理规定》;《基本养老保险经办业务规程(试行)》;《人力资源和社会保障部关于印发工伤保险经办规程的通知(2012 修订)(一)》;《关于城镇居民基本医疗保险经办管理服务工作的意见》;《新型农村社会养老保险经办规程(试行)》;《城乡居民基本养老保险经办规程》;《社会保险经办机构业务素质考核工作意见》;《社会保险基金财务制度》;《社会保险基金会计制度》;《社会保险经办机构内部控制暂行办法》

第七十四条 【经办机构权利义务】 社会保险经办机构通过业务经办、统计、调查获取社会保险工作所需的数据,有关单位和个人应当及时、如实提供。

社会保险经办机构应当及时为用人单位建立档案,完整、准确地记录参加社会保险的人员、缴费等社会保险数据,妥善保管登记、申报的原始凭证和支付结

算的会计凭证。

社会保险经办机构应当及时、完整、准确地记录参加社会保险的个人缴费和用人单位为其缴费，以及享受社会保险待遇等个人权益记录，定期将个人权益记录单免费寄送本人。

用人单位和个人可以免费向社会保险经办机构查询、核对其缴费和享受社会保险待遇记录，要求社会保险经办机构提供社会保险咨询等相关服务。

条文解读

本条是关于社会保险经办机构与用人单位、个人之间权利义务关系的规定。

社会保险经办机构与用人单位、个人之间的权利义务关系，主要包括以下情形：(1)社会保险经办机构获取社会保险所需数据的权利与相关用人单位和个人的配合义务；(2)社会保险经办机构及时为用人单位建立社会保险档案的职责；(3)社会保险经办机构为个人建立社会保险个人权益记录的职责；(4)用人单位和个人查询、核对社会保险信息的权利。

关联法规索引

《实施〈中华人民共和国社会保险法〉若干规定》第17条；《社会保险个人权益记录管理办法》第3、5、8、11、14～16条；《社会保险经办机构内部控制暂行办法》；《社会保险业务档案管理规定(试行)》；《关于开展社会保险业务档案管理达标验收工作的通知》

第七十五条　【社会保险信息系统的规划与建设】 全国社会保险信息系统按照国家统一规划，由县级以上人民政府按照分级负责的原则共同建设。

条文解读

本条是关于全国社会保险信息系统规划与建设的规定。

全国社会保险信息系统建设的目标是完成城市社会保险信息系统建设，推进社会保险全国联网。根据2002年劳动和社会保障部发布的《关于进一步加快劳动保障信息系统建设的通知》中的相关规定，城市社会保险信息系统建设的具体任务是：(1)城市网建设。地级市建成统一的社会保险数据中心，建立标准统一的覆盖全部参保人员和参保单位的集中式资源数据库，网络终端延伸到各个经办窗口和定点医疗机构、定点药店等相关服务机构，实现养老、医疗等各项社会保险主要业务的全程信息化。（2）省级社会保险数据中心建设。建立覆盖全省的养老保险资源数据库、各类社会保险统计监测数据库和各项社会保险基金管理数据库，对跨统筹地区领取社会保险待遇的人员要建立社会保险省内异地交换数据库。省级数据中心要下联各城市数据中心，实现养老保险业务数据、各类社会保险统计监测数据的网上传输，支持社会保险异地信息交换，对全省社会保险基金进行监控。（3）全国社会保险数据中心建设。建立覆盖全国的统计监测数据库、社会保险跨省异地交换数据库，网络下联各省级数据中心，对各地社会保险基金进行监控，为宏观决策和异地信息交换提供支持。

全国社会保险信息系统的规划建设，应当充分考虑信息系统的安全性。对此，《社会保险个人权益记录管理办法》第二十五条要求，信息机构和社会保险经办机构应当建立健全社会保险信息系统安全防护体系和安全管理制度，加强应急预案管理和灾难恢复演练，确保社会保险个人权益数据的安全。

关联法规索引

《中共中央办公厅、国务院办公厅关于转发〈国家信息化领导小组关于我国电子政务建设指导意见〉的通知》；《社会保险个人权益记录管理办法》第25条；《关于进一步加快劳动保障信息系统建设的通知》

第十章 社会保险监督

本章介绍

本章规定了社会保险监督,共8条,主要涉及人大常委会监督,社会保险行政部门监督,财政监督、审计监督,社会保险行政部门对基金的监督,社会保险监督委员会的监督,信息保密责任,对违法行为的举报和投诉,社会保险权利救济途径等问题。

第七十六条 【人大常委会监督】 各级人民代表大会常务委员会听取和审议本级人民政府对社会保险基金的收支、管理、投资运营以及监督检查情况的专项工作报告,组织对本法实施情况的执法检查等,依法行使监督职权。

条文解读

本条是关于各级人大常委会对社会保险基金监督职权及其实施的规定。

各级人民代表大会常务委员会作为国家权力机关的常设机构,监督政府工作是其重要职责。因此,本条明确规定各级人大常委会依法对社会保险基金以及《社会保险法》的实施情况进行监督。具体方式如下:

(1)听取和审议本级人民政府对社会保险基金的收支、管理、投资运营以及监督检查情况的专项工作报告。根据2006年8月27日公布的《各级人民代表大会常务委员会监督法》的相关规定,社会保险基金的收支、管理、投资运营以及监督检查情况的专项工作报告由人民政府的负责人向本级人民代表大会常务委员会报告,也可以委托有关部门如社会保险行政部门负责人向本级人民代表大会常务委员会报告。各级人民代表大会常务委员会的这一监督职责属于非现场监督,基于立法机关、权力机关对行政机关的监督,各级人民代表大会常务委员会定期听取人民政府对社会保险基金的收支、管理、投资运营以及监督检查情况的专项工作报告,进行书面监督。

(2)组织对《社会保险法》实施情况的监督检查。对法律的实施情况进行监督检查是人大常委会的一项法定职权。根据《各级人民代表大会常务委员会监督法》的规定,各级人民代表大会常务委员会每年选择若干关系改革发展稳定大局和群众切身利益、社会普遍关注的重大问题,有计划地对有关法律、法规实施情况组织执法检查。执法检查结束后，执法检查组应当及时提出执法检查报告，对《社会保险法》实施情况进行评价，提出执法中存在的问题和改进执法工作、修改完善《社会保险法》的建议，由委员长会议或者主任会议决定提请常务委员会审议。各级人民代表大会常务委员会组织对《社会保险法》实施情况进行执法检查，有利于各级政府机关、各用人单位、个人以及相关单位和机构切实遵守《社会保险法》，确保《社会保险法》得到切实实施，确保社会保险制度的良好运营和社会保险基金的安全，保护广大参保人的利益。

关联法规索引

《宪法》；《地方各级人民代表大会和地方各级人民政府组织法》；《各级人民代表大会常务委员会监督法》；《全国人民代表大会和地方各级人民代表大会代表法》

第七十七条 【社会保险行政部门监督】 县级以上人民政府社会保险行政部门应当加强对用人单位和个人遵守社会保险法律、法规情况的监督检查。

社会保险行政部门实施监督检查时，被检查的用人单位和个人应当如实提供与社会保险有关的资料，不得拒绝检查或者谎报、瞒报。

条文解读

本条是关于社会保险行政部门对用人单位和个人监督检查职责的规定。

县级以上人民政府社会保险行政部门对用人单位和个人遵守社会保险法律、法规情况进行监督检查，属于行政监督和日常监督，既不同于人大监督，也不同于社会监督。它不仅可以及时预防和纠正行政相对人的违法行为，保障法律法规得以顺利实施，还可以及时反映出法律法规的实施情况，为法律法规的制定、修改、废除提供依据。其中，国务院社会保险行政部门即人力资源和社会保障部、国家医疗保障局对全国范围内用人单位和个人遵守社会保险法律、法规的情况进行监督检查。县级以上地方人民政府社会保险行政部门对本行政区域内用人单位和个人遵守社会保险法律、法规的情况进行监督检查。这里的社会保险法律、法规，除了《社会保险法》外，还包括《工伤保险条例》《失业保险条例》《社会保险费征缴暂行条例》等行政法规。用人单位和个人遵守社会保险法律、法规的情况主要包括以下几个方面：(1)职工是否依法参加社会保险；(2)用人单位是否依法缴纳社会保险费；(3)个人是否依法享受社会保险待遇等。

社会保险行政部门实施监督检查是行政执法行为，代表国家行使权力，被检查的用人单位和个人应当予以配合；不得以任何理由拒绝检查，应当按照要求如实提供与社会保险相关的材料，不得提供虚假资料，谎报或者隐瞒情况。

配套法规及解读

《社会保险基金行政监督办法》(2001年5月18日)

第三条　劳动保障部主管全国社会保险基金监督工作。县级以上地方各级人民政府劳动保障行政部门主管本行政区域内的社会保险基金监督工作。

劳动保障行政部门负责社会保险基金监督的机构(以下简称监督机构)具体实施社会保险基金监督工作。

第六条　监督机构及其监督人员在履行职责时，享有下列权利：

(一)要求被监督单位提供或报送社会保险基金预算或财务收支计划、预算执行情况、决算、财务报告，以及其他与社会保险基金管理有关的资料；

(二)查阅被监督单位与社会保险基金有关的会计凭证、会计账簿、会计报表，以及其他与社会保险基金管理有关的资料；

(三)就监督事项向有关单位和个人进行调查，并取得有关证明材料；

(四)对被监督单位隐匿、伪造、变造会计凭证、会计账簿、会计报表以及其他与社会保险基金管理有关的资料的行为予以纠正或制止；

(五)对被监督单位转移、隐匿社会保险基金资产的行为予以纠正或制止；

(六)对被监督单位违反社会保险基金管理法律、法规的其他行为予以纠正或制止。

※法规解读：社会保险行政部门实施社会保险基金监督时，有权采取以上六项措施，包括取得与社会保险相关的材料。

关联法规索引

《社会保险费征缴暂行条例》第19条；《工伤保险条例》第51条第1款；《劳动保障监察条例》第11条第7项；《社会保险基金行政监督办法》

第七十八条　【财政监督、审计监督】　财政部门、审计机关按照各自职责，对社会保险基金的收支、管理和投资运营情况实施监督。

条文解读

本条是关于财政部门、审计机关对社会保险基金监督职责的规定。

财政部门对社会保险基金收支、管理和投资运营情况实施监督，主要是指财政部门负责拟定社会保险基金的财务管理制度，组织实施对社会保险基金收支、管理和投资运营的财政监督。具体工作包括：

（1）通过将社会保险基金纳入财政专户，专款专用。任何地区、部门、单位和个人均不得挤占、挪用，也不得用于平衡财政预算，加强部门监督。《社会保险费征缴暂行条例》第二十二条第一款规定，社会保险基金实行收支两条线管理，由财政部门依法进行监督。

（2）通过制定财务制度，规范财务管理行为。财政部、劳动和社会保障部制定的《社会保险基金财务制度》规定，基金财务管理的任务是：贯彻执行国家法律法规和方针政策，依法筹集和使用基金，确保各项基金应收尽收和社会保险待遇按时足额发放；合理编制基金预算，强化收支预算执行，严格编制基金决算，真实准确反映基金预算执行情况；健全财务管理制度，加强基金核算分析，积极稳妥开展基本养老保险基金投资运营，实现基金保值增值；加强基金财务监督和内部控制，确保基金运行安全、完整、可持续。

（3）审核基金预算和决算等，进行财务监督。统筹地区社会保险基金预算草案由社会保险经办机构会同社会保险费征收机构编制，经本级人力资源和社会保障部门、医疗保障部门审核汇总、财政部门审核后，由财政、人力资源社会保障部门、医疗保障部门将社会保险基金预算草案报本级人民政府审批。依照《预算法》的规定，社会保险基金决算草案，由社会保险经办机构编制并经人力资源社会保障部门、医疗保障部门审核并汇总，在规定的期限内报本级政府财政部门审核。各级政府财政部门对本级各部门决算草案审核后发现有不符合法律、行政法规规定的，有权予以纠正。

审计监督对社会保险基金的财务收支进行审计监督，即按照国家财务会计制度的规定，对社会保险基金实行会计核算，对各项收入和支出进行审计。审计机关依法进行审计监督时，被审计单位应当按照《审计法》的规定，向审计机关提供与社会保险基金财政收支、财务收支有关的资料。审计机关可以就有关审计事项向政府有关部门通报或者向社会公布对社会保险基金收支、管理和投资运营的审计调查结果。

配套法规及解读

《社会保险费征缴暂行条例》（2019 年 3 月 24 日）

第二十二条　社会保险基金实行收支两条线管理，由财政部门依法进行监督。

审计部门依法对社会保险基金的收支情况进行监督。

《审计法》（2006 年 2 月 28 日修正）

第二十三条　审计机关对政府部门管理的和其他单位受政府委托管理的社会保

障基金、社会捐赠资金以及其他有关基金、资金的财务收支,进行审计监督。

《审计法实施条例》(2010 年 2 月 11 日)

第二十一条　审计法第二十三条所称社会保障基金,包括社会保险、社会救助、社会福利基金以及发展社会保障事业的其他专项基金;所称社会捐赠资金,包括来源于境内外的货币、有价证券和实物等各种形式的捐赠。

※法规解读:上述配套法规是关于财政部门、审计机关加强对社会保险基金特别是收支进行严格监督的专门规定。

关联法规索引

《失业保险条例》第 26 条;《工伤保险条例》第 49 条第 2 款;《审计署关于加强地方审计机关社会保险基金审计监督工作的意见》

相关资料

景德镇市审计局《关于景德镇市 2008 年度五项社会保险基金专项审计综合报告》

根据国家审计署继续坚持对社会保险基金实施经常性审计的精神和江西省审计厅《关于印发 2009 年社会保险基金审计工作方案的通知》(赣审社发〔2009〕1 号)要求,为全面掌握我市企业职工基本养老保险基金、城镇职工基本医疗保险基金、失业保险基金、工伤保险基金、生育保险基金(以下简称五项社保基金)的收支规模、基金结余的分布以及基金管理运行情况,揭露资金筹集、管理、使用中存在突出问题,促进有关部门加强资金管理,严格执行国家各项政策和制度,保证五项社会保险基金的安全和完整,维护人民群众的切身利益,根据《审计法》第二十三条的规定,我局派出审计组于 2009 年 5 月 25 日至 7 月 31 日对全市各级社保机构 2008 年度五项社会保险基金收支规模、基金结余的分布以及基金管理运行情况进行了就地审计。

审计过程中,我们着重检查五项社保基金收入的真实性,是否存在调剂征收进度而不计或缓计当期收入问题;财政专户管理和实行收支两条线管理情况;重点检查以前年度挤占挪用五项社保基金回收情况和往来账长期挂账清理情况,有无新的挤占挪用问题;同时重点检查各级财政部门规定在各级国库设立"财政社会保障补助资金专户"管理情况。注重分析五项社保基金的支撑能力和抗风险能力。通过审计力图揭示五项社会保险基金制度存在的主要问题,促进五项社会保险基金制度的不断完善。全市各级社会保险事业管理局和劳动就业局对所提供的会计资料、电子数据、其他证明材料的真实性和完整性负责。审计局的责任是对所提供的资料进行专项审计,并出具审计报告。审计期间得到全市各级社保局、就业局领导和财务人员的支持和配合,审计工作进展顺利，现将审计情况报告如下：

一、基本情况及总体评价

社会保险基金是指为了保障社会保险对象的社会保险待遇，按照国家法律、法规有关规定，由缴费单位和缴费个人分别按缴费基数的一定比例缴纳以及通过其他合法方式筹集的专项资金。

我市五项社会保险基金的筹集、管理和使用主要由社保局、就业局和财政局负责。经对我市各级政府管理五项社会保险基金的审计，2008 年度收入、支出及结余情况如下表：

单位：万元

款项名称	基金收入	基金支出	当年结余	累计结余
养老保险基金	70,010	73,509	-3499	233
医疗保险基金	17,703	12,325	5377	15,175
工伤保险基金	1015	754	261	4294
失业保险基金	3348	843	2506	8248
生育保险基金	58	14	44	252

其中：企业职工基本养老保险收入中含财政补助收入 25,547 万元。

截止到 2008 年年底，全市参加基本养老保险人数 19.5 万人，实际缴费人数 12.8 万人，本年度欠缴基本养老保险费 3192 万元，累计欠缴基本养老保险费 23,354 万元；参加基本医疗保险人数 20.1 万人，实际缴费人数 18.2 万人，本年度欠缴基本医疗保险费 282.1 万元，累计欠缴基本医疗保险费 360.7 万元；参加失业保险人数 12.62 万人，实际缴费人数 6.83 万人，本年度欠缴失业保险费 577 万元，累计欠缴失业保险费 3586.77 万元；参加工伤保险人数 16.7 万人，实际缴费人数 15.7 万人，累计欠缴工伤保险费 2694.2 万元；参加生育保险人数 0.6 万人，实际缴费人数 0.6 万人，当年欠缴生育保险费 8 万元，累计欠缴生育保险费 383 万元。

审计情况表明，全市各级五项社会保险基金的筹集、管理和使用比较规范，按险种分别建账、分账核算、账目清楚、资料较齐全。各级政府及劳动部门和经办机构为保护广大人民群众的切身利益，保障社会保险基金的安全和完整，先后都出台了相关政策和办法，保证以参保人员“老有所养、老有所乐、病有所医”为己任，紧扣“民生工程”和省局《2008 年全省社会保险工作目标管理任务指标》来谋划并开展好 2008 年度的社会保险扩面、征缴、待遇落实、社会化服务及金保工程建设等工作。较好地完成了年初制订的各项任务，为景德镇市的长治久安、社会保险事业健康、持续发展做出了积极的贡献。

但是从审计的情况来看，还存在各项基金欠缴情况严重、人为调剂征收进度而不计当期收入、部分五项社保基金未纳入财政专户管理、养老保险金的收支缺口居高不下、财政配套资金缺乏、财政监管缺位等问题。

二、审计查出的情况和问题

（一）预收企业改制的社会保险基金未计入当期社会保险基金收入，挂暂收款，基金收入反映不真实

全市各级社保局都存在收改制企业养老保险金、医疗保险金预缴款均未及时反映基金收入，而是按上级下达的当年征缴任务结合当年实际征缴情况人为调节基金收入，造成不能真实、完整反映基金收入。

1. 市社保局截止到2008年年底在养老保险基金暂收款中有预收企业改制缴纳的基本养老保险金2422.57万元；基本医疗保险基金暂收款中有预收企业改制缴纳的医疗保险基金694.38万元，共计3116.95万元。

2. 乐平市社保局截止到2008年年底在养老保险基金暂收款中1184.68万元，在基本医疗保险基金暂收款中2394.96万元，在其他医疗保险基金中81万元，合计3660.64万元均未计入当期社保基金收入。

3. 浮梁县社保局在2008年年底养老保险基金暂收款中891.44万元，在医疗保险基金暂收款中180.93万元，预收乐矿养老基金3.5万元，合计1075.87万元均未计入当期社保基金收入。

4. 珠山区社保局在2008年年底有养老保险基金1006.31万元（2009年6月已作收入）、基本医疗保险基金328.09万元，城镇居民基本医保金104.66万元，在经费账——暂存款中，有宏图瓷厂3.14万元、刘姜莲等四人交来的养老保险基金9.58万元，合计1451.78万元均未计入当期社保基金收入。

5. 昌江区社保局在2008年基金暂收款中，有养老保险基金2971.88万元，基本医疗保险基金1043万元，预收景波医保金58.33万元，合计4073.21万元均未计入当期社保基金收入。

6. 市就业局2008年失业基金暂收款中有56.38万元，未计入当期失业基金收入（在2009年3月转作收入）。

7. 浮梁县就业局在失业基金暂收款中有企业交来的失业基金3.08万元，未计入当年失业基金收入反映（2009年1月转作收入）。

以上全市社保机构截止到2008年年底共有13,437.91万元未计入当期收入反映，造成收入不真实、不完整。

以上不符合《财政部关于印发〈社会保险基金会计核算若干问题补充规定〉的通

知》(财会〔2003〕19号)第三条关于预收社会保险费的会计处理"因特殊情况预收的基本养老、失业、基本医疗、工伤、生育等社会保险费,如企业破产时用货币资金预缴保险费、因缴费单位欠费法院强制执行预缴的保险费、季节性生产企业预缴的保险费等,应作为当期社会保险费收入处理"的规定以及财政部、劳动和社会保障部《社会保险基金财务制度》(财社〔1999〕60号)第六条"基金纳入单独的社会保障基金财政专户"的规定。

根据以上规定,对预收资金应按如下方法处理:凡是企业缴纳的预缴资金,全部进入基金收入,并纳入财政专户管理;凡是个人用经济补偿金或生活补助费缴纳的资金,由财政部门开设预缴专户进行管理。原社会保险经办机构预缴专户中未到期的定期存单一并转给当地财政部门管理,待到期后转入财政预缴专户,社会保险经办机构应同时撤销原预缴专户。

(二)挪用医疗保险基金和工伤保险基金弥补养老保险基金缺口

市社保局2008年度由于养老保险基金缺口较大,不能按期发放职工的养老保险金,因而挪用医疗基金6500万元,当年归还医保基金3000万元,尚有3500万元当年未及时归还。

珠山区社保局在2008年挪用医保基金1414万元、工伤基金826万元,合计2240万元用于养老基金发放,当年归还医保基金884万元、工伤基金426万元,现尚有930万元未及时归还(其中:医保基金530万元、工伤基金400万元)。

以上做法不符合财政部、劳动和社会保障部《社会保险基金财务制度》(财社字〔1999〕60号)第六条"基金纳入单独的社会保障基金财政专户(以下简称"财政专户")实行收支两条线管理,专款专用,任何地区、部门、单位和个人均不得挤占、挪用,也不得用平衡财政预算"的规定。

(三)历年来挤占挪用的社会保险基金未能收回

1. 1992年市就业局用失业保险基金购买政府发行的单位机场债券35万元、期限3年、年息5%,1995年7月收到利息52,500元(1992~1995年利息)、1996年至今利息未付,至2008年年底本金未收回。(市财政在2009年6月预算安排35万元归还)

2. 乐平市就业局历年来挤占挪用失业保险基金141.31万元借给市属企业(1994~1998年)、建培训大楼及弥补行政经费(1989~2001年),和企业生产自救23.5万元,在2008年已归还失业基金7.5万元和失业基金利息2.5万元,现还有挪用的失业基金133.81万元和生产自救费23.5万元未归还。

3. 浮梁县社保局历年来挤占挪用社保基金329.11万元(其中:养老保险基金259.25万元,工伤保险基金69.85万元)借给县属企业用于生产和本单位修建离退休职工活动中心。在2007年2~4月期间归还养老保险基金57.45万元,现尚有271.66

万元没有归还。虽然县政府领导重视归还此款,并以浮府办抄字〔2008〕198 号抄告单请县财政局将 271.66 万元在 6 月 30 日前拨入社保基金专户。至审计时止,此资金至今未归还。

4. 市社保局医保基金——暂付款中支付以前年度离休人员医药费 415.9 万元,其中有 350 万元属于支付离休人员医药费。根据赣劳社医〔2005〕14 号文第四章第 17 条,"……为确保离休人员就医用药的正常需要,在一个缴费年度内(1 月 1 日至 12 月 31 日),离休干部医药费单独统筹资金出现超支且同时符合以下条例的,在报经同级人民政府同意后,可在同级医疗、工伤、生育及养老基金结余中列支"。但该局未经同级人民政府同意。另有其他支出 65.91 万元未能及时收回。

市社保局医保基金——暂付款中,个人借支 23.34 万元(其中:胡焕文 3 万元、严裕才 0.34 万元、陈爱华 20 万元)长期挂账,未及时收回。

市社保局其他医疗保险基金——暂付款中,以前年度垫付的医药费 25.77 万元,历年来一起挂账,应查明情况及时收回。

市社保局在医保基金——其他支出中,2008 年开支临时人员工资和购支票 24,214.60元,其中临时人员工资 23,554.10 元。

5. 1997 年 4 月珠山区社保局与为市民瓷厂签订协议书,该厂以东一路市为民瓷厂大门西侧约 600 平方米土地作价 21 万元,代长征瓷厂抵欠的养老保险金。2000 年 8 月,该土地开发完工,珠山区社保局分得该楼的第二层和一楼的楼梯间,建筑面积 709.15平方米、总价 55.56 万元,但欠开发公司 22.57 万元,经区政府以抄告单形式,同意借工伤基金归还开发公司。2007 年 12 月 25 日,经区政府同意,区教育局出资 65 万元购买该房屋,65 万元已全部归还工伤基金,至今为止资产抵缴养老基金 21 万元未能及时归还。

6. 昌江区社保局在 2003 年 4 月借给区财政局 25 万元养老基金,至今仍挂暂付款。在医保基金的暂付款中长期挂账 3.14 万元,一直未收回。

以上做法同样违反了财政部、劳动和社会保障部《社会保险基本财务制度》(财社字〔1999〕60 号)第 6 条"基金纳入单独的社会保障基金财政专户(以下简称"财政专户"),实行收支两条线管理,专款专用,任何地区、部门、单位和个人均不得挤占、挪用,也不得用平衡财政预算"的规定。

(四)社保基金未按规定通过财政专户管理,实行收支两条线

1. 市社保局 2008 年度养老保险基金从收入户直接转入支出户 2380 万元,预收改制企业缴存的养老保险基金 2422.57 万元,都未进入财政专户管理。2008 年度医疗保险基金总收入 8621.68 万元,当年进入财政专户 5779.26 万元,未进入财政专户管理 2842.42 万元,其他医保基金 320.7 万元和工伤基金 2.53 万元,合计 7968.22 万元未进

入财政专户管理。

2. 2008年年底乐平市社保局养老基金收入户存款余额226.82万元、工伤生育基金收入户存款余额56.93万元、定期存款利息收入12.86万元、其他医疗基金存款余额90.55万元,合计387.16万元未进入财政专户管理。

3. 昌江区社保局在2008年度养老基金从收入户直接转入支出户1900万元,预收改制企业缴存的养老基金2971.88万元,征缴的基本医保基金921.74万元,离退休人员医保金10.27万元,居民医保金166.32万元,工伤基金19.71万元,预收景波医保金58.33万元,合计6048.25万元均未纳入财政专户管理。

4. 市就业局2008年失业基金收入户余额838万元减去虚增收入412.8万元,实际余额425.24万元未缴入财政专户管理。(在2009年2月缴入财政专户)

5. 昌江区就业局失业基金收入过渡户存款余额134.42万元未纳入财政专户管理。

以上全市各级社保机构对五项社保基金未纳入财政专户管理,实行收支两条线的共计14,963.29万元。

上述做法违反了《社会保险基金财务制度》"收入户"每月必须缴入"财政专户"、"收入户月末无余额"和第6条"基金纳入单独的社会保障基金财政专户"的规定以及《社会福利基金使用管理暂行办法》第6条"社会保险基金必须全额纳入预算外资金财政专户管理,实行收支两条线"的规定和《社会保险费征缴暂行条例》第14条关于"征收的社会保险费存入财政部门在国有商业银行开设的社会保障基金财政专户"规定。

(五)失业保险基金收入不真实,挪用就业资金抵缴失业基金征缴任务

1. 市就业局为了完成2008年度失业基金征缴任务,在12月虚增失业基金收入412.8万元。

2. 浮梁县就业局在2008年度将本局的就业资金45万元转入失业基金收入。

3. 珠山区就业局2008年区政府安排再就业资金167.5万元,其中用于特殊补贴110万元转入失业基金。另外,为了完成失业基金的征缴任务,向区财政借款60万元,补充区事业单位未缴到位的失业基金,其目的是完成当年失业基金的征缴任务。

4. 昌江区就业局失业基金征缴困难,在再就业资金中拨出106万元列失业基金账户,主要是为了完成征缴任务。

5. 市陶瓷工业园区为了完成市就业局下达的全年征缴19万元的任务,园区当年征收6.85万元,为了完成任务动用就业培训补助资金12.15万元转入失业基金中。

(六)失业基金发放标准不一,计提专项资金未能专款专用

1. 乐平市就业局在2008年度对失业保险基金的发放采用三个标准,即172.50元/人、247.50元/人、320元/人(退伍军人),同时对失业人员应享受的10%医疗补助费未

发放，全年应发未发医疗补助费15.85万元。

2. 乐平市就业局按照失业基金收入计提2%职业培训费11.2万元、2%职业介绍费11.2万元，直接转入本局机关行政经费11.2万元和本局下属单位求实培训学校经费账，用于弥补行政经费不足，未能专款专用。

不符合《社会保险基金财务制度》中"失业保险待遇支出项目包括失业保险金、医疗补助金、丧葬抚恤补助费、职业培训和职业介绍补贴、国有企业下岗职工基本生活保障补助和其他费用""失业保险金是指支付给失业人员在失业期间的基本生活费用""医疗补助金是指按规定支付给失业人员在领取失业保险基金的医疗费用""职业培训和职业介绍补贴是指按规定支付给失业人员在领取失业保险金期间接受职业培训、职业介绍补贴"之规定。

（七）财政专户和部门五项社保基金收入户在非国有商业银行开户

1. 乐平市财政局在2008年11月13日将失业保险基金财政专户存款1000万元存入国家开发银行江西分行（南昌市）。2009年7月转回500万元到乐平财政专户。

2. 乐平市财政局将养老保险基金财政专户存款2008年12月底尚有627.18万元存入乐平市信用社。

3. 昌江区财政局将失业保险基金财政专户款存入昌江农村信用社260万元。

4. 浮梁县社保局在2008年12月将养老保险基金300万元存入浮梁县农发行。

5. 市社保局养老保险基金收入户中有0.89万元余额存入市城信社景达分社。

6. 浮梁县财政局将城镇居民医疗保险金9.14万元财政专户存款存入浮梁县旧城信用社。

以上不符合《社会保险基金财务制度》中"本制度所指的财政专户是财政部门按照国务院有关规定设立的社会保险基金专用计息账户，在同级财政和劳动保障部门共同认定的国有商业银行开设。财政专户、收入户和支出户在同一国有商业银行只能各开设一个账户"之规定。

（八）银行账户开户过多，管理使用不规范

经审计调查，全市各级社保机构对五项社保基金在银行的开户过多，有个别基金的收、支及财政专户银行开户达13个，不利于基金的管理。

1. 市社保局2008年度养老保险基金串户到医疗保险基金41,037.33元，在12月从医保基金中转入养老基金账户，未作当年收入反映。

2. 乐平市社保局在医保基金暂收款账中收取生育保险基金55.18万元，当年付给生育保险基金账户51.74万元，还有3.46万元串户。财政专户工伤和生育基金未单独列账。

3. 珠山区社保局在城镇居民基本医疗保险基金银行账户中有104.66万元，缴款单位和个人缴款情况不明，也未作收入反映，基金账户之间串户严重，造成基金余额与银行存款余额不符。（在2009年6月已全部入账）

4. 昌江区社保局2008年度在医疗保险基金暂收款中，养老保险基金与居民医保基金串户61,686.81元。

以上做法违反了《社会保险基金财务制度》"基金根据国家要求实行统一管理，按险种分别建账、分账核算、专款专用、自求平衡，不得相互挤占和调剂"之规定。也不符合《社会保险基金财务制度》第六章第29条"本制度所指的财政专户是财政部门按照国务院有关规定设立的社会保险基金专用计息账户，在同级财政和劳动保障部门共同认定的国有商业银行开设。财政专户、收入户和支出户在同一国有商业银行只能各开设一个账户。"

（九）我市部分属于财政拨款的行政、事业单位参加了基本养老保险，套取养老保险基金

经审计调查，我市部分单位属于财政拨款的行政、事业单位参加了基本养老保险。市物资局、市房管局原来属于自收自支单位，按当时单位性质是可以参加基本养老保险，但现在市物资局、市房管局都属于财政全额拨款单位，不应继续参加社保。经对市物资局的审计，该局2007年9月至2009年3月缴纳养老金21.9万元，社保局返还养老金80.53万元，则多套取养老金58.63万元。

市卫生系统五个单位（市第二人民医院、市第三人民医院、市中医院、市皮肤病医院、市结核病预防所），根据国务院令第259号，不属于参加基本养老保险范围，但是市卫生局主要领导为了推进我市卫生系统人事制度改革，通过市委、市政府主要领导认可，在2004年参加了基本养老保险。经双方领导协议，补交了1995年10月至2003年12月个人缴费。补缴情况如下：市第二人民医院203.8万元、第三人民医院142万元、市皮肤病医院24万元、市结核病预防所57万元。经查证，卫生系统五家单位从2004年开始到2008年年底，五家单位交纳的养老保险金与市社保局支付的离退休养老金相差758.92万元，这些单位明显得利。不符合国务院令第259号《社会保险费征缴暂行条例》规定第3条"基本养老保险费的征缴范围：国有企业、城镇集体企业、外商投资企业、城镇私营企业和其他城镇企业及其职工，实行企业化管理的事业单位及其职工"之规定。

（十）我市改制企业欠缴五项社保基金情况严重

经审计调查和查询市本级改制企业缴交五项社保基金情况，发现我市本级有56家改制企业欠缴五项社保基金。截止到2008年年底，市本级养老保险基金累计欠缴9032万元、医疗保险基金欠缴2130万元、工伤保险基金欠缴101.4万元、失业保险基金累计欠缴1855万元。如：

单位:万元

单位	欠缴养老保险基金	欠缴医疗保险基金	欠缴工伤保险基金
市红旗瓷厂	610.63	270.23	45
市二建公司	434.53	229.29	
市艺术瓷厂	1652.52	249.9	20
市宇宙瓷厂	1202.62	254.2	
市原料总厂	558.76	193.12	
市一建公司	550.99	562.45	
市电机厂	623.24	32.76	
市东风瓷厂	1474.21	59.80	
市面砖厂	1090		

欠缴五项社保基金的单位不符合《社会保险征缴暂行条例》(国务院令第259号)第13条"缴费单位未按规定缴纳和代扣代缴社会保险费的,由劳动保障行政部门或税务机关责令限期缴纳;逾期仍不缴纳的,除补缴欠缴数额外,从欠缴之日起,按日加收千分之二的滞纳金。滞纳金并入社会保险基金"之规定。

(十一)离休人员医疗费超支严重、缺口大、财政配套资金不足,欠拨情况存在

1. 市社保局2008年离休人员保险费收入319.27万元,当年财政补助565万元,合计总收入884.27万元。但是2008年支付离休人员医疗费965万元、支付公务员医疗补助208万元,总支出1173万元。当年基金缺口达288.73万元,截止到2008年年底市本级累计拖欠各定点医院医疗费697.90万元,对定点药店欠缴医药费还未进行统计。

2. 乐平市社保局离休人员、伤残军人医疗费超支严重,2008年度超支62.76万元,累计超支201.26万元。

2008年度乐平财政应负责行政事业单位人员基本医疗保险基金348万元,应负担离退休伤残军人基本医疗保险费12万元,离休人员医疗补助费73万元,共应补助433万元,乐平财政当年实际拨付240万元,尚欠193万元未拨付到位。

3. 浮梁县社保局2008年医疗费收入25.7万元,当年支出39.24万元,当年缺口达14.04万元。

4. 昌江区社保局离休人员医疗费收入10.27万元,当年支出75.95万元,当年资金缺口达65.68万元。区财政历年来未给离休人员医疗费保障补助资金。

(十二)部分五项社保基金累计节余数额大,全是活期存款,不利于基金保值增值

1. 市社保局2008年医疗保险基金——统筹账面余额9556.85万元、个人账面余额

3410.84 万元，合计 12,967.69 万元，节余数额较大，全都是活期存款，不利于基金保值增值。

2. 珠山区社保局医疗保险基金 2008 年年底节余 1288.7 万元，全是活期存款。

3. 市就业局截止到 2008 年年底失业保险基金累计节余 4514.39 万元，没有定期存款，全部是活期存款。(2009 年 6 月定期存款 1000 万元)

4. 浮梁县就业局失业保险基金财政专户存款 796 万元，未见定期存款。

以上各项基金节余的数额较大，全都是活期存款，可根据各基金年度的使用情况，适度安排定期存款，有利于基金保值增值，更好地为参保人员服务。

(十三)基金筹集和管理方面存在的问题

1. 市社保局养老保险基金从缴费人数看，数据库反映参保职工人数 11.79 万人，但实际上 2008 年缴费人数 7.3 万人(已建立个人台账 9.3 万人)，2008 年足额缴费人数 2.15 万人；从缴费基数看，月平均缴费基金 958.6 元，只及社平工资(1362 元/月)的 70.38%；达到 3 倍工资的缴费人数 126 人，小于社平工资 60% 的缴费人数为 20,366 人，占 28%。由于我市困难企业较多，2008 年年底欠缴养老保险基金 1589 万元，累计欠缴 9032 万元。

2. 市就业局失业保险基金 2008 年度参保单位 334 个，参保人数 81,324 人，实际缴费人数 32,011 人；当年欠缴失业保险基金 178 万元，累计欠缴 1855.2 万元。另外失业保险基金的征缴、社会化发放均未建立数据库，只设立了单位台账(纸质)，不利于基金管理及数据统计。

3. 乐平市社保局养老保险基金参保人数 3.4 万人，实际缴费人数 2.1 万人，当年欠缴养老保险基金 1273 万元，累计欠缴养老保险基金 8722 万元；医疗保险基金参保人数 4.7 万人，实际缴费人数 2.8 万人；工伤保险基金当年欠缴 13 万元，累计欠缴工伤基金 245 万元。

乐平市就业局失业保险基金参保人数 2.58 万人，实际缴费人数 1.71 万人；当年欠缴失业保险基金 298 万元，累计欠缴失业保险基金 1183.69 万元。

4. 浮梁县参加养老保险基金人数 1.15 万人，实际缴费人数 0.9 万人，当年欠缴养老保险基金 160 万元，累计欠缴养老保险基金 2200 万元；参加失业保险基金人数 1.03 万人，实际缴费人数 0.67 万人，当年欠缴失业基金 101 万元，累计欠缴失业保险基金 282 万元；累计欠缴医保基金 32.7 万元、工伤保险基金 76.2 万元。

5. 珠山区社保局参加养老保险基金人数 1.3 万人，实际缴费人数 1.06 万人，缴费率为 81.3%，当年欠缴养老保险基金 170 万元，累计欠缴养老保险基金 700 万元。珠山区就业局参加失业保险人数 0.69 万人，实际缴费人数 0.2 万人，缴费率为 28.85%，累计欠缴失业保险基金 265.88 万元。征缴力度不够，虽然全年完成征缴任务 185 万元,实际征缴失业基金15万元。同时,事业单位的缴费未按单位设立台账,个人未缴失业保险金。

6. 昌江区社保局参加养老保险基金人数1.8万人,实际缴费人数1.4万人,累计欠缴养老保险基金2700万元,工伤基金350万元。昌江区就业局参加失业保险基金人数0.18万人,当年完成征缴任务141.89万元,实际征缴34.6万元,另从就业资金中将106万元转入失业基金账上。

三、整改情况

2008年7月市审计局及各县(市、区)审计局对全市2007年度的五项社会保障基金进行了专项审计,并下达了《关于景德镇市2007年度五项社会保险基金专项审计的综合报告》(景审社报〔2008〕2号)和审计决定。全市各级社保机构都按照报告中提出的问题,进行了认真核对、分析,并就有关问题进行了整改。市社保局在2007年挪用医疗保险基金3500万元、挪用工伤保险基金1500万元用于弥补养老保险基金缺口都在2008年度已全部归还。乐平市财政局在乐平市城市建设投资开发公司拨出54万元归还了以前年度挤占挪用养老基金54万元(其中,乐平水泥制品厂借款40万元、乐平纺织厂债券11万元、局本级3万元)。乐平市财政局在2008年拨款10万元归还以前年度挤占挪用的失业保险基金。但由于一些历史原因,加上财政困难,以前年度挤占挪用的五项社会保险基金至今未能全部归还,每年的审计都存在这个问题,需引起各级政府和经办机构的重视,严格执行国家各项政策和制度,切实做好五项社会保险基金专款专用,维护人民群众的切身利益。

四、审计意见和建议

(一)各县(市、区)政府和各社保经办机构要进一步加大基金的征缴力度,采取积极有效的措施,扩大基金的征缴覆盖面,提高支付能力,确保基金及时足额收缴。对欠缴基金的单位应多做工作、加强催收,维护社会统筹的严肃性,搞好基金积累。

(二)各县(市、区)政府和各社保经办机构应认真执行《社会保险费征缴暂行条例》的规定,不得挤占挪用和调剂使用社保基金。对挤占挪用社保基金的问题要认真进行清理,采取措施积极清收。如果确实已造成损失、无法收回的,由各级政府予以偿还,以资产抵缴社会基金的应认真进行账务处理和资产处置,确保各项基金安全、完整,以维护社会的稳定和职工群众利益,促进社会保障制度的不断完善。

(三)各级社保经办机构应认真履行职责,加强支出户的管理,正确反映五项社会保险基金的当期收入,搞好职工养老金必须实行社会化发放。失业保险基金应尽快建立数据库,设立单位台账和个人账户,完善相关制度,以维护参保者的合法权益。

(四)加强银行账户的清理和管理。各级财政不能将五项社保基金财政专户款存入非国有银行,经办机构各项社保基金应按规定在国有银行设立一个银行存款收入户和支出户,银行存款不得混合管理和调剂使用,各银行账户产生的利息要及时作各基金的收入,确保各社保基金收入的真实性。

(五)各级社保经办机构应加强社保基金暂存款的管理,暂存款的转进转出应有一定比例或计划,不得随意结转,以保证各项基金收入的真实、完整。

(六)各级财政部门应积极履行对社会保险基金监督和管理的职责,加强对社保基金的监管。对未设立财政专户的应立即设立财政专户,对未全额、及时纳入财政专户管理的社保基金,应按规定全额、及时纳入财政专户管理。

(七)加强对五项社会保险基金的保值增值。各级社保经办机构对于部分节余数额大、基金支出又不出现缺口的情况,可根据基金年度的使用计划,应采取适当的定期储蓄存款,确保基金保值增值,更好地为参保人员服务。

(八)随着离休人员医疗费用开支越来越高、资金缺口大、财政配套资金不足,又不能动用其他资金弥补缺口,随着国民经济增长、财政收入的增加,各级政府应加大对离休人员医疗补贴的投入,确保离休人员医疗费用的支出,维护社会稳定。

(九)要进一步加强财务管理,提高财务人员的业务素质和管理水平,规范各项基金的管理和核算,应认真执行市人民政府《关于做好企事业单位离退休人员社会化管理服务工作的通知》(景府字〔2004〕20 号)和市财政局、市物价局《关于核定我市企事业单位离退休人员档案代管试行收费标准的批复》(景价费〔2004〕3 号)中的规定,专款专用,并定期接受财政、审计、物价等有关部门的检查监督。

第七十九条 【社会保险行政部门对基金的监督】 **社会保险行政部门对社会保险基金的收支、管理和投资运营情况进行监督检查,发现存在问题的,应当提出整改建议,依法作出处理决定或者向有关行政部门提出处理建议。社会保险基金检查结果应当定期向社会公布。**

社会保险行政部门对社会保险基金实施监督检查,有权采取下列措施:

(一)查阅、记录、复制与社会保险基金收支、管理和投资运营相关的资料,对可能被转移、隐匿或者灭失的资料予以封存;

(二)询问与调查事项有关的单位和个人,要求其对与调查事项有关的问题作出说明、提供有关证明材料;

(三)对隐匿、转移、侵占、挪用社会保险基金的行为予以制止并责令改正。

条文解读

本条是关于社会保险行政部门对社会保险基金监督检查权限与手段措施的规定。

社会保险行政部门对社会保险基金实施监督的主要内容是对社会保险基金的收支、管理和投资运营情况实施监督检查：监督社会保险费征收机构征收的社会保险费是否及时足额存入基金收入户，有无不入账、搞体外循环或被挤占挪用的情况，收入户资金是否按规定及时足额转入财政专户等；监督社会保险经办机构是否按规定的项目、范围和标准支出基金，以及有无骗取社会保险待遇行为等；监督有无挤占挪用、动用基金的行为，是否按规定及时足额拨入支出户等；监督社会保险基除按规定预留必要的支付费用外，是否全部存入银行和购买国债，是否合理安排存期以追求利益最大化等。

社会保险行政部门对监督检查过程中发现被监督单位存在问题并需要改进的，应当提出整改建议，对属于其职权范围内的，依法作出处理决定；不属于其职权范围内的，向被监督单位的行政主管部门等有关行政部门提出处理建议。社会保险行政部门应当将社会保险基金检查结果定期向社会公布，保障公众的知情权，接受公众的监督。

为了确保社会保险行政部门对社会保险基金收支、管理和投资运营情况监督检查权的实现，《社会保险法》第七十九条第二款进一步明确了社会保险行政部门对社会保险基金实施监督检查时享有的执法权。社会保险行政部门在对社会保险基金进行监督检查时，享有查阅、记录与复制权，资料封存权，询问权，违法行为制止权，责令改正权等执法权。具体如下：

(1)查询、记录与复制权。社会保险行政部门对社会保险基金收支、管理和投资运营情况进行监督检查，必须以完整、充分的资料为基础，因此，《社会保险法》赋予社会保险行政部门对社会保险基金收支、管理和投资运营情况的资料享有查询、记录和复制权。(2)资料封存权。被监督单位在社会保险行政部门实施监督检查时有可能会转移、隐匿或者灭失相关资料，因此，《社会保险法》赋予社会保险行政部门在对社会保险基金收支、管理和投资运营情况进行监督检查时享有资料封存权。(3)询问权。当社会保险行政部门在对社会保险基金收支、管理和投资运营情况进行监督检查时，如发现问题和疑问，有权向相关部门和人员进行询问，有关部门和人员必须如实回答，不得谎报、隐瞒。(4)违法行为制止权。当社会保险行政部门在对社会保险基金收支、管理和投资运营情况进行监督检查时，如发现相关部门和单位在社会保险基金收支、管理和投资运营过程中存在违法行为，有权制止，避免违法行为继续。(5)责令改正权。当社会保险行政部门在对社会保险基金收支、管理和投资运营情况进行监督检查时，如发现相关部门和单位在社会保险基金收支、管理和投资运营过程中存在违法行为，有权制止并责令其改正，以维护社会保险基金的安全。

关联法规索引

《劳动合同法》第74条;《社会保险费征缴暂行条例》第18条;《失业保险条例》第24条;《社会保险基金监督举报工作管理办法》第3、4、6条;《社会保险基金行政监督办法》

第八十条 【社会保险监督委员会的监督】 统筹地区人民政府成立由用人单位代表、参保人员代表,以及工会代表、专家等组成的社会保险监督委员会,掌握、分析社会保险基金的收支、管理和投资运营情况,对社会保险工作提出咨询意见和建议,实施社会监督。

社会保险经办机构应当定期向社会保险监督委员会汇报社会保险基金的收支、管理和投资运营情况。社会保险监督委员会可以聘请会计师事务所对社会保险基金的收支、管理和投资运营情况进行年度审计和专项审计。审计结果应当向社会公开。

社会保险监督委员会发现社会保险基金收支、管理和投资运营中存在问题的,有权提出改正建议;对社会保险经办机构及其工作人员的违法行为,有权向有关部门提出依法处理建议。

条文解读

本条是关于社会保险监督委员会的设置及职责的规定。

社会保险监督委员会作为一种相对独立的综合性监督机制,具有综合性、相对独立性以及专业性等优势。综合性,体现在社会保险监督委员会的人员构成反映了各方的立场和诉求,包括了用人单位代表、参保人员代表、工会代表、专家等,这使得社会保险监督委员会具有了较强的代表性。相对独立性是指社会保险监督委员会的地位较为超脱,能够在监督科学化和民主化方面发挥较强作用。专业性,体现在社会保险监督委员会集合各种领域的专家,具有较强的专业能力。

本法关于委员会的组织形态以及行使职权手段措施的规定,包括以下几个方面:(1)听取社会保险经办机构的汇报,特别是定期听取关于社会保险基金的收支、管理和投资运营情况的汇报。本法特别规定社会保险经办机构负有向社会保险监督委员会汇报相关情况的职责。(2)通过审计监督社会保险基金的收支、管理和投资运营。社会保险监督委员会可以聘请会计师事务所对社会保险基金的运行、活动进行审计,包括年度审计和专项审计等。为起到有效的监督和震慑效果,审计结果应当向社会公开。(3)发现违法问题有权建议改正和处理,包括对存在问题的改正建议,以及对违法行为的处理建议。

关联法规索引

《关于进一步加强社会保险基金管理监督工作的通知》

第八十一条　【信息保密责任】　社会保险行政部门和其他有关行政部门、社会保险经办机构、社会保险费征收机构及其工作人员,应当依法为用人单位和个人的信息保密,不得以任何形式泄露。

条文解读

本条是关于用人单位和个人信息安全保护的规定。

这里所讲的"其他有关行政部门"主要是指卫生行政部门、财政部门、审计机关等有可能在其工作过程中获取用人单位和个人信息的行政部门。保密的范围不限于商业秘密和个人隐私,各种用人单位和个人的信息如公开后可能损害用人单位合法利益的信息、涉及个人权益的信息均包括在内,均属保密的范围。

社会保险行政部门和其他相关行政部门、社会保险经办机构、社会保险费征收机构及其工作人员违反法律规定泄露用人单位和个人信息的,依法给予处分;构成犯罪的,依法追究其刑事责任。

配套法规及解读

《实施〈中华人民共和国社会保险法〉若干规定》(2011年6月29日)

第十八条　社会保险行政部门、社会保险经办机构及其工作人员应当依法为用人单位和个人的信息保密,不得违法向他人泄露下列信息:

(一)涉及用人单位商业秘密或者公开后可能损害用人单位合法利益的信息;

(二)涉及个人权益的信息。

《刑法》(2017年11月4日修正)

第二百五十三条之一　违反国家有关规定,向他人出售或者提供公民个人信息,情节严重的,处三年以下有期徒刑或者拘役,并处或者单处罚金;情节特别严重的,处三年以上七年以下有期徒刑,并处罚金。

违反国家有关规定,将在履行职责或者提供服务过程中获得的公民个人信息,出售或者提供给他人的，依照前款的规定从重处罚。

窃取或者以其他方法非法获取公民个人信息的，依照第一款的规定处罚。

单位犯前三款罪的，对单位判处罚金，并对其直接负责的主管人员和其他直接责任人员，依照各该款的规定处罚。

※法规解读：上述条款对社会保险行政部门和其他有关行政部门、社会保险经办机构、社会保险费征收机构及其工作人员泄露用人单位和个人信息的行为可能会承担的刑事责任进行了具体规定。

关联法规索引

《社会保险个人权益记录管理办法》第22、24、28条；《政府信息公开条例》第25、35条

第八十二条　【对违法行为的举报、投诉】　任何组织或者个人有权对违反社会保险法律、法规的行为进行举报、投诉。

社会保险行政部门、卫生行政部门、社会保险经办机构、社会保险费征收机构和财政部门、审计机关对属于本部门、本机构职责范围的举报、投诉，应当依法处理；对不属于本部门、本机构职责范围的，应当书面通知并移交有权处理的部门、机构处理。有权处理的部门、机构应当及时处理，不得推诿。

条文解读

本条是关于对违法行为的举报、投诉的规定。

不同于人大监督、行政监督以及社会保险监督委员会的监督，其他组织和个人没有法定的职权，不能直接针对违反社会保险法律、法规的行为进行处理，只能针对违反社会保险法律、法规的行为进行举报和投诉。因此，其他组织和个人能否真正起到对社会保险制度的监督作用，有赖于社会保险相关部门处理社会保险举报和投诉的职责和机制。

社会保险相关部门原则上按照各自的职责范围处理相应的举报和投诉。社会保险行政部门、卫生行政部门、社会保险经办机构、社会保险费征收机构和财政部门、审计机关对属于本部门、本机构职责范围的举报、投诉，应当受理，不得推诿。受理后，应当及时处理，对投诉进行调查核实，经核实确属不当的，应当在原公布范围内予以更正，并告知投诉人；经核实没有问题的，也应该告知投诉人。对举报进行处理，举报人

要求答复本人所举报案件办理结果的，应当告知举报人处理结果。对涉及重大问题和紧急事项的举报，监督机构应当立即向有关领导报告，并在职责范围内依法采取必要措施。

社会保险行政部门、卫生行政部门、社会保险经办机构、社会保险费征收机构和财政部门、审计机关对不属于本部门、本机构职责范围的举报、投诉，应当按照首问负责制的原则，书面通知并移交有权处理的部门、机构处理，并将相关情况告知投诉人、举报人。有权处理的部门在接到其他部门移交的投诉、举报后，应当受理，并立即进行处理，不得推诿、拖延，否则应承担相应的责任。

配套法规及解读

《宪法》(2018 年 3 月 11 日修正)

第四十一条 中华人民共和国公民对于任何国家机关和国家工作人员，有提出批评和建议的权利；对于任何国家机关和国家工作人员的违法失职行为，有向有关国家机关提出申诉、控告或者检举的权利，但是不得捏造或者歪曲事实进行诬告陷害。

对于公民的申诉、控告或者检举，有关国家机关必须查清事实，负责处理。任何人不得压制和打击报复。

……

※法规解读：任何组织或者个人有权对违反社会保险法律、法规的行为进行举报、投诉。这是宪法赋予公民的基本权利，任何组织和个人不得剥夺。

关联法规索引

《劳动合同法》第 79 条；《社会保险费征缴暂行条例》第 21 条；《工伤保险条例》第 52 条；《信访条例》

典型案例

※案情简介：2009 年，北京市西城区一位市民向西城区劳动保障局举报本市一企业未依法代扣代缴社会保险费。根据这一线索，劳动保障部门对被举报单位检查后发现，该公司部分人员 2008 年社保缴费存在漏报情况，违反了《社会保险费征缴暂行条例》。劳动保障部门责令被举报单位进行整改，补缴社会保险基金近 30 万元。据介绍，2008 年 6 月北京市开始实施《北京市社会保险基金监督举报奖励试行办法》，规定发现社会保险基金违法行为可向市区两级劳动保障局的相关部门举报。举报情况经

查证属实，且提供的主要违法事实、证据事先未被劳动保障部门掌握，根据收回基金的情况，可获100元至5000元奖励。举报人合法权益受保护，相关单位不得泄露举报人的姓名、单位、住址等情况，也不得向被调查单位或被调查人出示举报材料。但是，举报的违法事项涉及举报人自身权益或者负有管理、经办、监督社会保险基金等法定职责的，不适用该奖励办法。

※**裁判要旨：**举报、投诉是任何个人、组织根据《宪法》《社会保险法》等法律、法规享有的法定权利。虽然该市民与社会保险基金违法行为之间可能并不存在任何法律上的利害关系，但市民仍有权向西城区劳动保障局等有关行政部门举报。

第八十三条 【社会保险权利救济途径】 用人单位或者个人认为社会保险费征收机构的行为侵害自己合法权益的，可以依法申请行政复议或者提起行政诉讼。

用人单位或者个人对社会保险经办机构不依法办理社会保险登记、核定社会保险费、支付社会保险待遇、办理社会保险转移接续手续或者侵害其他社会保险权益的行为，可以依法申请行政复议或者提起行政诉讼。

个人与所在用人单位发生社会保险争议的，可以依法申请调解、仲裁，提起诉讼。用人单位侵害个人社会保险权益的，个人也可以要求社会保险行政部门或者社会保险费征收机构依法处理。

条文解读

本条是关于社会保险权利救济途径的规定。

1. 对于社会保险费征收机构侵害行为的救济

2018年7月，中共中央办公厅、国务院办公厅印发《国税地税征管体制改革方案》，明确从2019年1月1日起，将基本养老保险费、基本医疗保险费、失业保险费、工伤保险费、生育保险费等各项社会保险费交由税务部门统一征收。所以，用人单位或者个人面对的社会保险费征收机构只可能是税务机关。

按照规定，社会保险费征收机构应当依法按时足额征收社会保险费，并将缴费情况定期告知用人单位和个人。社会保险费征收机构侵害用人单位或者个人合法权益的情形，有如下几种：（1）社会保险费征收机构违反法规，在缴费单位补办申报程序后，未按照规定结算的；（2）社会保险费征收机构违法扣押、查封、拍卖用人单位、个人财产的；（3）社会保险费征收机构对用人单位、个人的处罚决定违法，侵害其合法权益的等。

用人单位或者个人认为社会保险费征收机构的行为侵害自己合法权益的，可以依法申请行政复议或者提起行政诉讼。依照《行政复议法》第十二条之规定,对县级以上地方各级人民政府工作部门的具体行政行为不服的,由申请人选择,可以向该部门的本级人民政府申请行政复议,也可以向上一级主管部门申请行政复议。对海关、金融、国税、外汇管理等实行垂直领导的行政机关和国家安全机关的具体行政行为不服的,向上一级主管部门申请行政复议。对税务机关征收行为不服的,应向上一级税务机关申请行政复议。

对于行政复议和行政诉讼的申请程序,《行政诉讼法》第四十四条规定,对属于人民法院受案范围的行政案件,公民、法人或者其他组织可以先向行政机关申请复议,对复议决定不服的,再向人民法院提起诉讼;也可以直接向人民法院提起诉讼。对于前者,如果申请人不服复议决定的,可以在收到复议决定书之日起15日内向人民法院提起诉讼。复议机关逾期不作决定的,申请人可以在复议期满之日起15日内向人民法院提起诉讼。对于后者,《行政诉讼法》第四十六条进一步规定,公民、法人或者其他组织直接向人民法院提起诉讼的,应当自知道或者应当知道作出行政行为之日起6个月内提出。法律另有规定的除外。

2. 对于社会保险经办机构侵害行为的救济

社会保险经办机构的行为侵犯自己的合法权益时,用人单位或者个人可以采取两种救济方式:一是针对社会保险经办机构的违法不当行为,向上级机关提起行政复议,对复议决定不服的,有权向人民法院提起行政诉讼;二是针对社会保险经办机构的违法不当行为,直接向人民法院提起诉讼。

具体而言,社会保险经办机构侵害用人单位或者个人社会保险合法权益的行为可以分为以下几种:(1)未依法办理社会保险登记。《社会保险法》第七十四条第二款规定,社会保险经办机构应当及时为用人单位建立档案,完整、准确地记录参加社会保险的人员、缴费等社会保险数据,妥善保管登记、申报的原始凭证和支付结算的会计凭证。如果社会保险经办机构违反本条规定,未在规定期限内为用人单位或者个人办理社会保险登记,致使个人无法参加社会保险,影响个人享受社会保险待遇的,则侵害了个人的社会保险权益。(2)未依法核定社会保险费。《社会保险法》第七十四条第三款同时规定,社会保险经办机构应当及时、完整、准确地记录参加社会保险的个人缴费和用人单位为其缴费,以及享受社会保险待遇等个人权益记录,定期将个人权益记录单免费寄送本人。所以,社会保险经办机构有义务依法为个人核定社会保险缴费和权益。(3)未依法支付社会保险待遇。社会保险待遇是参保人面对风险时的“保命钱”,如果社会保险经办机构未按时足额支付社会保险待遇,则直接侵害了个人的社会保险权益。(4)不依法办理社会保险转移接续手续。本法对职工基本养老保险、基本医疗保险、失业保险关系的转移接续作了明确的规定。社会保险经办机构应当依法为个人办理社会保险转移接续手续，否则将直接影响个人缴费年限的累计和享受社会保险待遇。(5)侵害其他社会保险权益的行为。例如，无正当理由拒不向用人单位或者个人提供社会保险咨询服务的。

3. 对于个人与所在单位社会保险争议的处理

依照《劳动争议调解仲裁法》第五条的规定，用人单位与劳动者因社会保险发生争议，当事人不愿协商、协商不成或者达成和解协议后不履行的，可以向调解组织申请调解；不愿调解、调解不成或者达成调解协议后不履行的，可以向劳动争议仲裁委员会申请仲裁；对仲裁裁决不服的，除本法另有规定的外，可以向人民法院提起诉讼。

但是，个人与所在用人单位发生社会保险争议，仲裁裁决对于用人单位来讲为终局裁决，它只能依法申请撤销仲裁裁决，而不得提起诉讼；劳动者对仲裁裁决不服的，可以自收到仲裁裁决书之日起 15 日内向人民法院提起诉讼。在司法实践中，有的法院认为用人单位不给个人缴纳社会保险费，违反的是行政法律规范，应当由劳动监察部门处理，不属于劳动争议，法院不受理。这种观点是错误的，用人单位不为职工登记并参加社会保险，属于劳动争议的一种，法院应当受理。所以，本法明确规定个人与所在用人单位发生社会保险争议的，可以依法申请调解、仲裁和提起行政诉讼。当事人除了可以依法申请调解、仲裁、提起诉讼外，还可以要求社会保险行政部门或者是社会保险费征收机构处理。这里需要强调的是，社会保险争议属于劳动争议的一种，须先申请劳动争议仲裁，对仲裁裁决不服的，再向法院提起诉讼。

配套法规及解读

《实施〈中华人民共和国社会保险法〉若干规定》(2011 年 6 月 29 日)

第二十七条 职工与所在用人单位发生社会保险争议的，可以依照《中华人民共和国劳动争议调解仲裁法》、《劳动人事争议仲裁办案规则》的规定，申请调解、仲裁，提起诉讼。

职工认为用人单位有未按时足额为其缴纳社会保险费等侵害其社会保险权益行为的，也可以要求社会保险行政部门或者社会保险费征收机构依法处理。社会保险行政部门或者社会保险费征收机构应当按照社会保险法和《劳动保障监察条例》等相关规定处理。在处理过程中，用人单位对双方的劳动关系提出异议的，社会保险行政部门应当依法查明相关事实后继续处理。

※法规解读：根据上述规定，我们可知，职工与所在用人单位发生社会保险争议的，基本适用劳动争议处理程序，即调解、仲裁，提起诉讼。职工认为用人单位有未按时足额为其缴纳社会保险费等侵害其社会保险权益行为的，也可以要求社会保险行政部门或者社会保险费征收机构依法处理。

所谓"调解",是指双方或多方当事人就争议的实体权利、义务,在人民法院、人民调解委员会及有关组织主持下,自愿进行协商,通过教育疏导,促成各方达成协议、解决纠纷的办法。"仲裁"是指纠纷当事人在自愿基础上达成协议,将纠纷提交属于非司法机构的第三方审理,由第三方作出对争议各方均有约束力的裁决的一种解决纠纷的制度和方式。仲裁在性质上是兼具契约性、自治性、民间性和准司法性的一种争议解决方式。

关联法规索引

《劳动合同法》第77、78条;《社会保险费征缴暂行条例》;《工伤保险条例》第54、55条;《人力资源社会保障行政复议办法》;《社会保险行政争议处理办法》;《社会保险基金先行支付暂行办法》第15、17条;《劳动争议调解仲裁法》;《劳动人事争议仲裁办案规则》;《行政复议法》;《行政诉讼法》

典型案例

※案情简介: 2002年10月,苏州一家制衣设备公司聘请了驾驶员刘某。双方签订劳动合同的期限为五年。合同约定,如刘某擅自离职,应赔偿公司为其支付的社会保险费。但是,公司仅为刘某缴纳了2003年4月至5月的社会保险费525.36元。2003年6月,刘某因和公司发生矛盾而辞职。刘某才发现公司未为自己缴纳2002年10月至2003年3月的社会保险费。为此,刘某向劳动争议仲裁委员会提起劳动仲裁。不久,仲裁委员会裁决公司应向社会保险经办机构为刘某缴纳2002年10月至2003年6月的社会保险费3152.16元,并为刘某办妥解除劳动关系的手续。

公司不服劳动仲裁的裁决,向法院起诉。原告诉称:双方签订的合同约定,合同期内如被告擅自离聘,应负担甲方损失费9000元及养老保险费。被告是为了逃避工作失误责任而提出辞职,导致原告不得不高薪急聘驾驶员,造成很大损失。而被告不仅没有按照合同约定承担相应责任,反而提请劳动仲裁,要原告为其补缴9个月的社会保险费,并被苏州市劳动争议仲裁委员会裁决认可。原告认为,原、被告签订的劳动合同合法有效,被告理应承担相应的违约责任。为此,诉请法院撤销苏州市劳动争议仲裁委员会"要求公司为刘某补缴养老保险金"的仲裁裁决书,同时判令被告返还原告已缴的养老保险金525.36元。审理期间,原告自知难以胜诉,向法院提出撤诉。因该公司迟迟未履行苏州市劳动争议仲裁委员会仲裁裁决书,刘某向法院申请强制执行。在法院执行部门的努力下,制衣设备公司终于按裁决书要求履行了相关给付义务,并为申请执行人刘某办妥了解除劳动关系手续。

※**裁判要旨**：本案中，用人单位该制衣设备公司与刘某在劳动合同中约定，如劳动者擅自离职，应赔偿用人单位为其支付的社会保险费。这一约定的实质是用人单位意图逃避为劳动者缴纳社会保险费的法定义务。公司应向社会保险经办机构为刘某缴纳2002年10月至2003年6月的社会保险费3152.16元。当然，如果刘某的行为的确违反劳动合同，且造成用人单位经济损失，用人单位可以另行提起赔偿之诉。

第十一章　法律责任

本章介绍

法律责任是社会保险法律制度的基本组成部分。通过法律责任制度的设置和实施，最终确保本法所设定的实体权利义务规则得以落实，以及法律预设目标得以实现。社会保险的法律责任包括民事法律责任、行政法律责任（包括以公务员处分为主体的内部行政责任和以行政处罚为主体的外部行政责任）、刑事法律责任三种形态。本章规定了社会保险法律责任，共11条，集中规定了不同当事人违反社会保险法律规定后应承担的相应责任。主要涉及不办理社会保险登记的法律责任，拒不出具终止或者解除劳动关系证明的责任，未按时足额缴费的责任，骗取社会保险基金支出的责任，骗取社会保险待遇的责任，经办机构及其工作人员违法行为责任，擅自更改缴费基数和费率的责任，隐匿、转移、侵占挪用社会保险基金的责任，泄露用人单位和个人信息的行政责任，国家工作人员的相关责任，社会保险相关刑事责任等问题。

第八十四条　【不办理社会保险登记的责任】　用人单位不办理社会保险登记的，由社会保险行政部门责令限期改正；逾期不改正的，对用人单位处应缴社会保险费数额一倍以上三倍以下的罚款，对其直接负责的主管人员和其他直接责任人员处五百元以上三千元以下的罚款。

条文解读

本条是关于用人单位不履行办理社会保险登记义务的法律责任的规定。

用人单位不办理社会保险登记的情形包括以下三种：(1)用人单位成立后不办理社会保险登记。依据《社会保险法》第五十七条第一款，用人单位应当自成立之日起30日内凭营业执照、登记证书或者单位印章，向当地社会保险经办机构申请办理社会保险登记。社会保险经办机构应当自收到申请之日起15日内予以审核，发给社会保险登记证件。用人单位成立后不按上述期限办理社会保险登记的，即属违法。(2)用人单位不及时变更或注销登记的。《社会保险法》第五十七条第二款规定，用人单位的社会保险登记事项发生变更或者用人单位依法终止的，应当自变更或者终止之日起30

日内,到社会保险经办机构办理变更或者注销社会保险登记。发生应当变更或注销登记事项而不及时变更或注销的,即属违法。(3)用人单位自用工之日起30日内不为职工办理社会保险登记的。《社会保险法》第五十八条第一款规定,用人单位应当自用工之日起30日内为其职工向社会保险经办机构申请办理社会保险登记。

用人单位负有办理社会保险登记的义务,如不履行该义务,社会保险行政部门将依法采取以下处理措施:(1)责令用人单位限期改正。(2)用人单位收到责令限期改正的通知后,超过改正期限后仍未予改正的,社会保险行政部门对用人单位及其直接负责的主管人员和其他责任人员进行行政处罚。

关联法规索引

《社会保险费征缴暂行条例》;《工伤保险条例》第62条

第八十五条 【拒不出具终止或者解除劳动关系证明的责任】 用人单位拒不出具终止或者解除劳动关系证明的,依照《中华人民共和国劳动合同法》的规定处理。

条文解读

本条是关于用人单位拒不出具终止或者解除劳动关系证明的法律责任的规定。

终止或者解除劳动关系证明是失业人员领取失业保险待遇的条件之一。《劳动合同法》第五十条第一款规定,用人单位应当在解除或者终止劳动合同时出具解除或者终止劳动合同的证明,并在15日内为劳动者办理档案和社会保险关系转移手续。

《劳动合同法》对用人单位拒不出具终止或者解除劳动关系证明的情况,规定了相应的法律责任。该法第八十九条规定,用人单位违反本法规定未向劳动者出具解除或者终止劳动合同的书面证明,由劳动行政部门责令改正;给劳动者造成损害的,应当承担赔偿责任。这里所讲的赔偿责任,主要是没有出具解除或者终止劳动合同的书面证明,不能领取失业保险金,也不能享受基本医疗保险待遇,这些损失都应当由用人单位赔偿。

劳动关系证明,应当载明劳动合同期限、解除或者终止劳动合同的日期、工作岗位、在本单位的工作年限。

配套法规及解读

《实施〈中华人民共和国社会保险法〉若干规定》(2011年6月29日)

第十九条　用人单位在终止或者解除劳动合同时拒不向职工出具终止或者解除劳动关系证明,导致职工无法享受社会保险待遇的,用人单位应当依法承担赔偿责任。

※法规解读:本条明确规定,用人单位应对其拒不出具终止或者解除劳动关系证明给职工享受社会保险待遇造成的损害承担赔偿责任。另外,根据财政部、国家税务总局发布的《关于支持和促进就业有关税收政策的通知》等相关政策规定,下岗失业人员再就业或者自主创业时,可以享受一定的税收优惠。如果用人单位不按规定出具解除或者终止劳动合同的书面证明,失业人员就不能享受自主创业、再就业的税收优惠,用人单位也应当依法承担赔偿责任。

关联法规索引

《劳动合同法》第50、89条;《劳动合同法实施条例》第24条;《失业保险条例》第16条第1款

第八十六条　【未按时足额缴费的责任】　用人单位未按时足额缴纳社会保险费的,由社会保险费征收机构责令限期缴纳或者补足,并自欠缴之日起,按日加收万分之五的滞纳金;逾期仍不缴纳的,由有关行政部门处欠缴数额一倍以上三倍以下的罚款。

条文解读

本条是关于用人单位未按时足额缴纳社会保险费的法律责任的规定。

在这里,有几点需要说明:(1)责令限期缴纳或者补足社会保险费的主体是社会保险费征收机构,但是处以欠缴数额1倍以上3倍以下的罚款的主体是相关行政部门。(2)滞纳金作为敦促义务人履行缴纳社会保险费义务的一种手段,其征收标准应当适度、合理,既不能太高,也不能太低。《税收征收管理法》规定滞纳金的标准为按日加收万分之五,《社会保险法》的滞纳金标准是比照《税收征收管理法》确定的。(3)经责令限期缴纳或者补足,用人单位逾期仍不缴纳或者补足的,说明滞纳金已不能对用人单位产生威慑的效果。因此,《社会保险法》除了第六十三条规定的查询、划拨外,本条还规定了处欠缴数额1倍以上3倍以下的罚款。这里的“欠缴数额”是用人单位所欠的社会保险费金额,不包括滞纳金。(4)滞纳金并非处罚。逾期不缴纳社会保险费和滞

纳金的,应处以罚款。滞纳金与处罚二者之间不存在折抵关系。(5)滞纳金应并入社会保险基金。用人单位未按时足额缴纳社会保险费,给社会保险基金造成了损失。滞纳金作为对缴费单位未按时足额缴纳社会保险费而附加的金额,是对社会保险基金损失的补偿,因此,应当全额并入社会保险基金。(6)行政处罚的罚款并不纳入社会保险基金。根据《行政处罚法》第四十七条、第五十三条等规定,行政处罚的罚款必须全部上缴国库,任何行政机关或者个人不得以任何形式截留、私分或者变相私分。财政部门不得以任何形式向作出行政处罚决定的行政机关返还罚款。

本条与以往社会保险有关行政法规对于用人单位欠缴社会保险费的处理有两点不同:(1)改变了滞纳金的计算标准。与以往相关法律规范相比,同等情况下所需滞纳金的数额有所减少。比如,根据《社会保险费征缴暂行条例》第十三条的规定,滞纳金的数额为欠缴之日起每日加收千分之二;而《社会保险法》将之降低为按日加收万分之五。因此,虽然尚未明确废止或修改《社会保险费征缴暂行条例》,但从《社会保险法》生效起即从 2011 年 7 月 1 日起,欠缴社会保险费的滞纳金计算将以本法为准,而不再适用《社会保险费征缴暂行条例》。(2)增加了行政处罚的措施。对欠缴社会保险费的用人单位增加了行政处罚的责任类型。以往欠缴社会保险费的,并无相应的处罚措施。根据本法,超过社会保险费征收机构设定的缴纳补足期限后仍不缴纳的,有关行政部门对该用人单位处以欠缴数额 1 倍以上 3 倍以下的罚款。

由于劳动者缴纳社会保险费一般由用人单位代扣代缴,而无雇工的个体工商户、未在用人单位参加基本养老保险的非全日制从业人员以及其他灵活就业人员,是自愿参保,而不是强制义务缴费主体,因此,个人不能成为未按时足额缴纳社会保险费的违法主体。

配套法规及解读

《实施〈中华人民共和国社会保险法〉若干规定》(2011 年 6 月 29 日)

第二十条 职工应当缴纳的社会保险费由用人单位代扣代缴。用人单位未依法代扣代缴的,由社会保险费征收机构责令用人单位限期代缴,并自欠缴之日起向用人单位按日加收万分之五的滞纳金。用人单位不得要求职工承担滞纳金。

※法规解读:此条是对《社会保险法》第八十六条相关规定的细化。

关联法规索引

《社会保险费征缴暂行条例》

典型案例

※案情简介：贺州市精细化工厂因经营不善等原因，从1998年参加失业保险开始至2004年12月31日止，累计欠缴社会保险费1,307,341.5元，其中欠缴失业保险费127,279元，欠缴基本养老保险费1,180,062.5元。经社会保险经办机构多次发出催缴通知书，仍不予缴交。该行为不仅违反了我国《劳动法》及《社会保险费征缴暂行条例》的规定，还严重损害了该厂职工的合法权利。贺州市八步区劳动和社会保障局接到群众举报后，对该厂欠缴社会保险费的违法行为进行立案调查；之后向该厂作出了行政处罚决定，责令该厂除补缴欠缴的社会保险费1,307,341.5元外，从欠缴之日起，按日加收滞纳金2,233,165.03元，并处以罚款10,000元。贺州市精细化工厂收到行政处罚决定书后未在法定期限申请复议和提起诉讼，也未履行生效的处罚决定书。八步区劳动和社会保障局遂向八步区法院申请强制执行。

法院受理此案后发现，该案涉及职工人数较多，如果处理不当很容易引发群体性事件，影响社会稳定。法院对申请人具体行政行为的合法性进行认真审查后认为，该申请符合准予强制执行的条件，遂作出准予强制执行的行政裁定书。在裁定书送达双方当事人后，审判人员多次做被执行人的思想工作，让被申请人贺州市精细化工厂的负责人充分认识到自身行为的违法性及保障职工合法权益的重要性，动之以情、晓之以理。最后，该厂负责人表示将尽快采取措施履行行政处罚决定书所确定的义务。

2010年1月12日，贺州市精细化工厂主动将行政处罚义务全部履行完毕，案件得到圆满解决。

※裁判要旨：对本案的全面分析包括以下方面：

一是催缴并加收滞纳金。贺州市精细化工厂未按时足额缴纳社会保险费，社会保险费征收机构应当发出催缴通知书，责令限期缴纳或补足；与此同时，自欠缴之日起，即可按日加收万分之五的滞纳金。

二是超过催缴通知书所设定的期限，由有关行政部门处以罚款。罚款数额为欠缴数额的1倍以上3倍以下。因此，当《社会保险法》生效后，按照《社会保险法》相关规定来看待本案，八步区劳动和社会保障局的处罚10,000元显属过轻，而应当在欠缴数额的1倍到3倍之间酌情处罚。

这里需注意的一个问题是处罚机关的确定。如果是社会保险经办机构征收社会保险费的，符合处罚条件时由社会保险行政部门予以处罚；如果是税务机关征收社会保险费的，符合处罚条件时则由税务机关予以行政处罚。

三是对行政收费、行政处罚的申请法院执行。用人单位在特定期限内拒不执行社会保险费征收机构的收费决定和有关行政部门的处罚决定，作出决定的机关可以申请法院强制执行。法院受理后,应当在30日内由行政审判庭组成合议庭,进行审查并作出是否准予执行的裁定。

第八十七条 【骗取社会保险基金支出的责任】 社会保险经办机构以及医疗机构、药品经营单位等社会保险服务机构以欺诈、伪造证明材料或者其他手段骗取社会保险基金支出的,由社会保险行政部门责令退回骗取的社会保险金,处骗取金额二倍以上五倍以下的罚款;属于社会保险服务机构的,解除服务协议;直接负责的主管人员和其他直接责任人员有执业资格的,依法吊销其执业资格。

条文解读

本条是关于骗取社会保险基金支出的责任的规定。

在实践中,社会保险经办机构以及社会保险服务机构骗取基金支出以欺诈、伪造证明材料或者其他手段的为多。以较为常见的骗取基本医疗保险待遇为例,一般包括:(1)允许非参保人以参保人名义就医的;(2)允许使用基本医疗保险基金支付应当由参保人自付、自费的医疗费用的;(3)允许使用基本医疗保险个人账户购买保健品、化妆品及其他用品的;(4)提供虚假疾病诊断证明、病历、处方和医疗费票据等资料的;(5)向参保人提供不必要的医疗服务和过度医疗服务的;(6)转借医疗保险POS机(服务终端)给非定点单位使用或代非定点单位使用基本医疗保险个人账户基金进行结算等情况的。

对于骗取社会保险基金支出的情形,《社会保险法》第八十七条规定了相应的法律责任,具体包括:(1)责令退回骗取的社会保险金,并处骗取金额2倍以上5倍以下的罚款。相比之前《劳动保障监察条例》第二十七条第二款、《工伤保险条例》和《失业保险条例》对骗取社会保险待遇或社会保险基金支出的处骗取金额1倍以上3倍以下罚款的规定,《社会保险法》无疑提高了罚款倍数、加大了对骗保行为惩处力度。《社会保险法》实施后,上述条例中给予1倍以上3倍以下罚款的规定失效,应当按照效力层级更高的《社会保险法》规定的处骗取金额2倍以上5倍以下的罚款来处理。(2)解除服务协议。根据《社会保险法》第三十一条第一款的规定,社会保险经办机构根据管理服务的需要,可以与医疗服务机构、药品经营单位签订服务协议,规范医疗服务行为。对于少数医疗服务机构、药品经营单位骗取社会保险基金支出,侵吞社会保险基金的行为,除了责令退回骗取的社会保险金,并处骗取金额2倍以上5倍以下的罚款外,还应当由社会保险经办机构与其解除服务协议。(3)吊销职业资格。对于骗取社会保险基金的行为,除了对相关社会保险经办机构及社会保险协议服务机构作出上述处罚外,

《社会保险法》还对具有执业资格的直接负责的主管人员和其他直接责任人员如医师等个人，规定了吊销其执业资格的处罚。一般应当本着"谁授权谁吊销"的原则，由卫生行政部门吊销。

配套法规及解读

《劳动保障监察条例》(2004 年 11 月 1 日)

第二十七条第二款 骗取社会保险待遇或者骗取社会保险基金支出的，由劳动保障行政部门责令退还，并处骗取金额 1 倍以上 3 倍以下的罚款；构成犯罪的，依法追究刑事责任。

※法规解读：对于骗取社会保险支出的处罚，《社会保险法》规定的罚款数额的标准与以往立法不尽相同。以往对于骗取社会保险支出的处罚多为 1 倍以上 3 倍以下或其他数额的罚款，《社会保险法》则将罚款数额一律统一为骗取金额的 2 倍以上 5 倍以下。《社会保险法》生效之日(2011 年 7 月 1 日)起，之前各种法规、规章和政策文件关于骗取社会保险支出罚款的规定，凡是与《社会保险法》不一致的，一律失去法律效力，而应以《社会保险法》的规定为准。

关联法规索引

《社会保险法》第 94 条；《工伤保险条例》第 60 条；《实施〈中华人民共和国社会保险法〉若干规定》第 25 条；《行政处罚法》；《行政许可法》；《刑法》

典型案例

※案情简介：北京市劳动和社会保障局关于对北京市海淀区东升乡卫生院违反基本医疗保险规定处理意见的通报(2004 年 3 月 25 日 京劳社医保发〔2004〕35 号)

各区、县劳动和社会保障局，各定点医疗机构：

2004 年 2 月，群众举报北京市海淀区东升乡卫生院存在违反基本医疗保险规定的行为。接到举报后，北京市医疗保险事务管理中心(以下简称市医保中心)会同市劳动监察大队、海淀区劳动和社会保障局，先后四次到东升乡卫生院进行调查，从取证的情况来看，举报的问题基本属实。

一、主要问题如下：

(一)上下串通，骗取医疗保险基金。通过取证、核实发现，2002 年年初，在医院领导的授意下，该院某职工(非参保人员)将在外院发生的自费检查治疗项目，改为其父

(参保人员)在本院发生的医疗保险范围内的药品、检查、治疗费用,财务科在加收10%管理费后,开具本院收据,向海淀区医保中心申报,骗取基本医疗保险大额医疗费用互助资金1369.07元。

(二)医疗保险管理工作混乱、冒名就医现象严重。经调查发现,2003年该院院长(参保人员)的门诊病历共记录47次输液治疗,但输液室无任何其输液记录;该院还违规留存门诊就医参保人员手册,给冒名就医提供方便。如海淀区东升乡政府一参保人员将就医手册留存在该医院,我们就该患者2003年1~9月49笔就医记录进行核实、确认,其中有14笔非本人就医发生,共涉及公务员医疗补助金额2887.54元。

(三)编写处方,弄虚作假,调换药品。2003年5月该院某护士,未经医生诊治,直接到本院药房取药,价值约300多元,后由该院医生编写其他药品处方,金额393.2元,向海淀区医保中心申报。

二、作为基本医疗保险定点医疗机构,应严格执行《北京市基本医疗保险规定》(北京市人民政府2001年第68号令、2003年北京市人民政府第141号令)和相关配套文件及相关法律、法规,但从上述问题可以看出,海淀区东升乡卫生院领导不重视医疗保险管理工作,职工医疗保险意识淡薄,内部管理混乱,存在严重违反基本医疗保险规定行为,情节严重,性质恶劣,社会影响极坏。根据《北京市基本医疗保险规定》,北京市劳动和社会保障局、北京市卫生局、北京市中医管理局《关于印发〈北京市基本医疗保险定点医疗机构管理暂行办法〉的通知》(京劳社医发〔2001〕11号)及《北京市基本医疗保险定点医疗机构服务协议书》的有关规定,现将处理意见通报如下:

(一)根据《北京市基本医疗保险规定》第六十二条和《北京市基本医疗保险定点医疗机构服务协议书》第七条的有关规定,取消北京市海淀区东升乡卫生院基本医疗保险定点医疗机构资格;市医保中心解除与其服务协议。

(二)责成海淀区劳动和社会保障局在2004年3月26日前,完成对北京市海淀区东升乡卫生院取消定点的有关工作,收回定点医疗机构资格证书及定点医疗机构标牌。同时公告原选择北京市海淀区东升乡卫生院为定点医疗机构的参保人员,并妥善安排他们的就医问题。

(三)海淀区医疗保险经办机构追回已经查实的违规金额。

(四)参保人员3月26日以后在北京市海淀区东升乡卫生院发生的医疗费用基本医疗保险基金不再支付。

北京市海淀区东升乡卫生院的违规行为,严重违反了医疗保险规定,损害了广大参保人员的切身利益,破坏了定点医疗机构的形象。各定点医疗机构要以此为鉴,认真学习并执行基本医疗保险的各项政策,加强医疗费用的管理,坚决杜绝此类问题的发生。同时,各级医疗保险管理部门要认真做好辖区内定点医疗机构、定点零售药店的管理工作，加大监督检查力度，确保基本医疗保险制度改革的顺利进行。

※**裁判要旨：**海淀区东升乡卫生院的行为，已经构成本条规定的作为社会保险协议服务机构的医疗机构以欺诈、伪造证明材料和其他手段骗取社会保险支出之行为，应当追回骗取基金并予以制裁。

类似案情如果发生在《社会保险法》实施之后，其处理则会更加严厉。首先，本案中所采取的退回骗取社会保险金、取消解除服务协议，仍应当依法采取。除此以外，相关机关、部门还需要采取以下措施：

一是由社会保险行政部门对该卫生院予以罚款方式的行政处罚，数额为骗取金额的2倍以上5倍以下。

二是对有执业资格的直接负责的主管人员和其他直接责任人员，依法吊销其执业资格。本案中授意下属以欺诈方式骗取社会保险基金支出的医院领导、当时编写其他药品处方申报的医生，经查处属实的，均应根据《行政处罚法》《社会保险法》等规定的条件、程序，吊销其执业资格。

由此可见，《社会保险法》对于社会保险经办机构、社会保险服务机构骗取社会保险基金支出的违法行为，予以严厉制裁。相比以往的实践做法，《社会保险法》的规定更为严格有力。

第八十八条　【骗取社会保险待遇的责任】　以欺诈、伪造证明材料或者其他手段骗取社会保险待遇的，由社会保险行政部门责令退回骗取的社会保险金，处骗取金额二倍以上五倍以下的罚款。

条文解读

本条是关于骗取社会保险待遇的法律责任的规定。

对于个人骗取社会保险待遇的行为，由社会保险行政部门责令退回骗取的社会保险费，处骗取金额2倍以上5倍以下的罚款。这一点与以往相关条例中的规定不完全一致。相比前述的《劳动保障监察条例》、《工伤保险条例》和《失业保险条例》规定的处罚，《社会保险法》规定了更高的处罚，即按照骗取金额2倍以上5倍以下的罚款幅度进行处罚，加大了对这种行为的处罚力度。根据《立法法》所确立起"新法优于旧法""上位法优于下位法"的原则，《失业保险条例》关于骗取失业保险金和其他失业保险待遇的行政处罚的规定由于与《社会保险法》冲突而失效，其他相关法规、规章和规范性文件关于骗取各种社会保险待遇的不同规定也统统丧失法律效力。

除此之外，2014年4月24日，全国人大常委会通过了《关于〈中华人民共和国刑法〉第二百六十六条的解释》，将非法骗取社会保险金或其他社会保险待遇按诈骗罪进行论处。骗取社会保险待遇入刑无疑将极大震慑相关违法行为。

关联法规索引

《劳动保障监察条例》第27条；《失业保险条例》第28条；《工伤保险条例》第60条；《企业职工生育保险试行办法》第13条第1款；《社会保险稽核办法》第12条；《刑法》第266条

典型案例

※案情简介：我国不少地方均发生过“死人”领取养老金的情形。这种违法现象频繁发生，被媒体屡屡曝光，却屡禁不止。例如，2006年陕西省汉中市社保部门对离退休人员养老金领取资格进行年度审验时发现，汉中市205名“死人”套领养老金15万元。针对这种情形的屡次发生，汉中市各县区养老保险经办机构采取的对策是：对离退休人员养老金资格进行年度审验，坚持“人人见面，个个问到”的原则，采取集中采集指纹审验，将离退休人员养老金领取资格与数据库采集的指纹数据相结合，严格审验养老金的领取资格。南昌市劳动和社会保障局的对策是对退休人员进行生存认证，即由退休人员持本人身份证到居住地的劳动保障事务所（室）对养老金领取情况进行确认登记。

甘肃省也发生过与之类似的案件，曾有131个“死人”领走65万元养老金。其对策是，每年由社会保险经办机构对离退休人员展开生存调查，以杜绝死人冒领的现象发生。

在山西省阳泉市，有这样一种怪现象：即使得知朋友家人去世的消息，也不敢前去吊唁。如果去了，轻则被人告知“没这事儿”，重则将招来一顿臭骂。知情人告诉记者，其原因在于，死人的消息如果不公开，必定能多领几个月工资或养老金。况且，这几年经济发展得快，一个效益较好的单位，退休工人的退休金也相应多些。渐渐地，领“死人钱”在阳泉已经见怪不怪，习以为常了。起初，这种现象只发生在个别人身上，但后来，几乎有亲属死亡的人家，都会将死亡时间推迟一段再告知单位。有时家属即使马上通知单位了，具体办理此事的工作人员也会“善意地”提醒，“可以迟报几个月”。业内人士透漏，冒领几个月，数额不大的情况，一般能将冒领款追回就不错了，罕见实施相关法规规定的1倍到3倍的罚款的情形。

※裁判要旨：“死人”领取养老金，显然构成了《社会保险法》第八十八条的骗取社会保险待遇。对此，应当追回骗取的社会保险金并予以制裁。《社会保险法》生效之

后，对于这种冒领养老金的行为，除应当责令退回骗取金额外，还应当依法予以行政处罚，即处以骗取金额的2倍以上5倍以下的罚款。而情节严重构成犯罪的，还应当依法追究刑事责任，具体按诈骗罪论处。

第八十九条 【经办机构及其工作人员违法行为的责任】 社会保险经办机构及其工作人员有下列行为之一的，由社会保险行政部门责令改正；给社会保险基金、用人单位或者个人造成损失的，依法承担赔偿责任；对直接负责的主管人员和其他直接责任人员依法给予处分：

（一）未履行社会保险法定职责的；

（二）未将社会保险基金存入财政专户的；

（三）克扣或者拒不按时支付社会保险待遇的；

（四）丢失或者篡改缴费记录、享受社会保险待遇记录等社会保险数据、个人权益记录的；

（五）有违反社会保险法律、法规的其他行为的。

条文解读

本条是关于社会保险经办机构及其工作人员违法行为的法律责任的规定。

对于社会保险经办机构及其工作人员法律责任的理解，需要结合《社会保险法》第四条、第八条、第五十七条、第六十一条、第六十八条、第七十条、第七十三条、第七十四条、第八十一条等为社会保险经办机构所设定的义务职责的条款。法律责任与义务职责处于对应关系：未依法履行义务职责的，应当承担相应法律责任。

社会保险经办机构及其工作人员需要承担责任的行为有：

1. 未依规定履行社会保险法定职责的。对应本法第八条，一般性地规定社会保险经办机构的工作职责和任务。

2. 未依规定将社会保险基金存入财政专户。对应本法第六十八条，要求社会保险基金存入财政专户的规范。未存入财政专户，将增大社会保险基金运营和侵占挪用的风险。

3. 克扣或拒不按时支付社会保险待遇。对应本法第七十三条第二款对社会保险经办机构按时足额支付社会保险待遇的要求。社会保险经办机构克扣或拒不按时支付的行为，将影响到社会保险参与人社会保险权的享有和实现，直接与本法第一条“维护公民参加社会保险和享受社会保险待遇的合法权益”的立法目标相冲突，应当承担法律责任。

4. 丢失或者篡改缴费记录、领取社会保险待遇记录等社会保险数据、权益记录。本法第四条规定用人单位和个人有权查询缴费记录和个人权益记录,如果发生丢失或者篡改,则会影响到知情权的享有和实现。同时,本法第八条规定社会保险经办机构负责社会保险登记和个人权益记录。第七十四条更加明确规定社会保险经办机构为用人单位建立档案并完整、准确记录各种社会保险数据,妥善保管各种相关原始凭证和会计凭证,及时、准确、完整记录参加社会保险的个人缴费和用人单位缴费,以及个人权益记录等职责。发生丢失、篡改这些社会保险数据、权益记录的事件,将会影响到相关用人单位和个人的权利享有和实现,并危及社会保险制度的顺利运行,因此应承担法律责任。《社会保险个人权益记录管理办法》第二十八条将其具体化为以下情形:(1)未及时、完整、准确记载社会保险个人权益信息的;(2)系统管理员、数据库管理员兼职业务经办用户或信息查询用户的;(3)与用人单位或个人恶意串通,伪造、篡改社会保险个人权益记录或提供虚假社会保险个人权益信息的;(4)丢失、破坏、违反规定销毁社会保险个人权益记录的等。

5. 泄露用人单位或者个人信息。包括泄露商业秘密或者个人隐私,以及泄露其他个人信息或用人单位信息的行为。本法第八十一条规定包括社会保险经办机构、社会保险行政部门等机关、部门、机构、单位及其工作人员为用人单位和个人的信息的保密义务,不得以任何形式泄露。发生泄露的,将影响到用人单位和个人的信息安全,甚至侵犯其商业秘密或隐私权利,其后果严重,因此,泄露信息行为应当承担法律责任。《社会保险个人权益记录管理办法》将其具体化为:(1)擅自提供、复制、公布、出售或变相交易社会保险个人权益记录的;(2)违反安全管理规定,将社会保险个人权益数据委托其他单位或个人单独管理和维护的。

6. 违反社会保险法律、法规的其他行为。这是社会保险经办机构及其工作人员法律责任的兜底条款。社会保险经办机构及其工作人员即便没有明确构成上述条款所列举的违法行为,只要未依法履行《社会保险法》设定的各种义务职责,或者违反社会保险相关法律、法规,仍应当依法承担法律责任。比如,《失业保险条例》第二十九条规定,对于社会保险经办机构工作人员违反规定开具领取失业保险金或享受其他失业保险待遇单证的行为,不属于以上列举的五种违法行为的其中任何一种,仍应当依法承担法律责任。2010 年修改后的《工伤保险条例》第五十八条第二项、第三项规定,社会保险经办机构不按规定核定工伤保险待遇,或者收受当事人财物的,应当承担法律责任。

对于社会保险经办机构及其工作人员有上述行为或其他违反社会保险法律、法规的其他行为之一的,本条规定了相应的法律责任,具体包括以下三个方面:(1)由社会保险行政部门责令改正。(2)社会保险经办机构及其工作人员因上述违法行为给社会保险基金、用人单位或者个人造成损失的，应当承担赔偿责任。赔偿责任包括两种情形：一是构成《国家赔偿法》意义上的国家赔偿；二是构成工作人员个人行为造成损失的，依法由该人员承担民事赔偿。（3）对直接管理的主管人员和其他直接责任人员依法给予处分。社会保险经办机构工作人员属于参照《公务员法》管理的工作人员的，参照《公务员法》的规定给予处罚。除此之外，《社会保险法》第九十四条规定，违法本法规定，构成犯罪的，依法追究刑事责任。

关联法规索引

《失业保险条例》第 29 条；《工伤保险条例》第 58 条、第 59 条第 2 款；《社会保险个人权益记录管理办法》第 28 条；《公务员法》；《行政机关公务员处分条例》；《行政诉讼法》及相关司法解释；《行政复议法》；《行政复议法实施条例》；《国家赔偿法》及相关司法解释；《侵权责任法》等民事法律

第九十条　【擅自更改缴费基数和费率的责任】　社会保险费征收机构擅自更改社会保险费缴费基数、费率，导致少收或者多收社会保险费的，由有关行政部门责令其追缴应当缴纳的社会保险费或者退还不应当缴纳的社会保险费；对直接负责的主管人员和其他直接责任人员依法给予处分。

条文解读

本条是关于社会保险费征收机构违法征收行为、擅自更改缴费基数和费率的法律责任的规定。

缴费基数和费率决定了社会保险基金的收入，反映了国家的社会保险费负担水平，应当由国家作出规定。目前，社会保险缴费基数和费率由国家作出原则规定，具体由统筹地区作出具体规定。社会保险费征收机构擅自更改社会保险缴费基数、费率的法律责任，包括以下两个方面：一是有关行政部门责令其追缴应当缴纳的社会保险费或者退还不应当缴纳的社会保险费。这里所讲的“有关行政部门”是指社会保险行政部门或税收机关。如果由于社会保险费征收机构的上述行为导致用人单位或个人缴费超过应缴数额，有关行政部门发现后应当责令社会保险费征收机构将超额部分予以退还。缴费单位和个人还有权要求返还多缴社会保险费的同期银行利息。如果由于社会保险费征收机构的上述行为导致用人单位或个人缴费少于应缴数额，有关行政部门发现后应当责令社会保险费征收机构将差额部分予以追缴。这种情况下，由于过错

在社会保险费征收机构一方，用人单位并无过错，因此，不应加收滞纳金。二是对直接负责的主管人员和其他直接责任人员依法给予处分。根据《公务员法》的规定，处分包括警告、记过、记大过、降级、撤职、开除。

关联法规索引

《公务员法》；《行政机关公务员处分条例》等相关法律法规文件；《国家赔偿法》及相关司法解释

第九十一条 【隐匿、转移、侵占、挪用社会保险基金的责任】 违反本法规定，隐匿、转移、侵占、挪用社会保险基金或者违规投资运营的，由社会保险行政部门、财政部门、审计机关责令追回；有违法所得的，没收违法所得；对直接负责的主管人员和其他直接责任人员依法给予处分。

条文解读

本条是关于隐匿、转移、侵占、挪用社会保险基金等违法行为的法律责任的规定。

社会保险基金是劳动者的"保命钱"，务必通过法律制度安排及其实施确保基金的安全和保值增值。社会保险基金的保值增值也是社会保险制度得以正常运行的基本保证。社会保险基金被隐匿、转移、侵占、挪用现象的存在不仅会削弱社会保险基金的偿付能力、增加基金风险，而且会严重损害到政府形象，动摇社会公众对于社会保险制度的信心。因此，社会保险基金不得挪作他用，更不得隐匿、转移、侵占和违规运营。

本条对于隐匿、转移、侵占、挪用社会保险基金等违法行为规定的法律责任有以下三种：(1)责令追回。责令追回的目的是使隐匿、转移、侵占、挪用社会保险基金或已经用来违规投资运营的社会保险基金恢复到原来状态。有权责令追回的主体是社会保险行政部门、财政部门和审计机关。(2)没收违法所得。也就是说，将违法投资运营所获得的收益收归基金所有。(3)对直接负责的主管人员和其他直接责任人员依法给予处分。此外，《社会保险法》第九十四条规定，违反本法规定，构成犯罪的，依法追究刑事责任。

配套法规及解读

《行政机关公务员处分条例》(2007 年 4 月 22 日)

第二十条 有下列行为之一的，给予记过、记大过处分；情节严重的，给予降级或

者撤职处分;情节严重的,给予开除处分:

……

(三)对救灾、抢险、防汛、防疫、优抚、扶贫、移民、救济、社会保险、征地补偿等专项款物疏于管理,致使款物被贪污、挪用,或者毁损、灭失的;

……

《刑法》(2017 年 11 月 4 日修正)

第二百七十三条 挪用用于救灾、抢险、防汛、优抚、扶贫、移民、救济款物,情节严重,致使国家和人民群众利益遭受重大损害的,对直接责任人员,处三年以下有期徒刑或者拘役;情节特别严重的,处三年以上七年以下有期徒刑。

《最高人民检察院关于挪用失业保险基金和下岗职工基本生活保障资金的行为适用法律问题的批复》(2003 年 1 月 28 日)

挪用失业保险基金和下岗职工基本生活保障资金属于挪用救济款物。挪用失业保险基金和下岗职工基本生活保障资金,情节严重,致使国家和人民群众利益遭受重大损害的,对直接责任人员,应当依照刑法第二百七十三条的规定,以挪用特定款物罪追究刑事责任;国家工作人员利用职务上的便利,挪用失业保险基金和下岗职工基本生活保障资金归个人使用,构成犯罪的,应当依照刑法第三百八十四条的规定,以挪用公款罪追究刑事责任。

※法规解读:根据上述规定,挪用社会保险基金,构成犯罪的,应依照挪用特定款物罪处理。

关联法规索引

《社会保险费征缴暂行条例》第 28 条;《工伤保险条例》第 56 条;《失业保险条例》第 31 条;《企业职工生育保险试行办法》第 14 条

典型案例

※案情简介:北京市东城区人民检察院以京东检刑诉字(2007)第 257 号起诉书指控被告人赵某犯贪污罪,于 2007 年 7 月 17 日向本院提起公诉。本院依法组成合议庭,公开开庭审理了本案。现已审理终结。

北京市东城区人民检察院指控,被告人赵某于 2002 年 10 月至 2003 年 5 月,利用在北京市东城区社会保险基金管理中心负责办理养老保险支付业务的职务便利,采取编造参保人员死亡或转为外籍公民的虚假理由,办理个人账户清算的手段,将社保基金人民币 441,702.75 元转入北京蓉兴会议服务有限责任公司后据为己有。被告人赵某于2006年11月28日被北京市公安局东城分局刑侦支队传唤到案。上述赃款部分被追缴。

公诉机关提供了物证、书证,证人证言,被告人供述等证据,提请依据《中华人民共和国刑法》第三百八十二条、第三百八十三条第一款第一项,以贪污罪对被告人赵某判处刑罚;公诉机关在起诉书中提出,被告人赵某有立功表现,可依法从轻或减轻处罚。

本院认为,被告人赵某身为国有事业单位工作人员,利用职务便利侵吞公款,其行为侵犯了国有财产所有权,已构成贪污罪,依法应予刑罚处罚。公诉机关对被告人赵某的指控成立。鉴于被告人赵某提供重要线索从而得以侦破其他案件,有立功表现,且能够如实供述自己的罪行,有悔罪表示,本院采纳辩护人意见的合理部分,对赵某予以从轻处罚。为严肃国法,保护国有财产不受侵犯,对被告人赵某依照《中华人民共和国刑法》第三百八十二条第一款,第三百八十三条第一款第一项、第二款,第六十四条,第六十八条第一款,判决如下:

一、被告人赵某犯贪污罪,判处有期徒刑10年(刑期自判决执行之日起计算,判决执行前先行羁押的,羁押1日折抵刑期1日,即自2006年11月28日起至2016年11月27日止)。

二、被告人赵某退赔北京市东城区社会保险基金管理中心人民币441,702.75元,判决生效后以扣押在案的人民币18万元及戴尔牌便携式电脑变卖所得之价款先予执行,不足部分继续追缴;扣押在案的印章一枚予以没收。

如不服本判决,可在接到判决书的第2日起10日内,通过本院或者直接向北京市第二中级人民法院提出上诉。书面上诉的,应提交上诉状正本一份,副本两份。

※裁判要旨:本案中,被告赵某利用在社会保险基金管理中心负责养老保险支付业务的职务便利,通过编造参保人员死亡等理由、办理个人账户清算等手段,将社会保险基金44万余元转移到北京蓉兴会议服务有限责任公司,最后据为己有。这构成《社会保险法》第九十一条的转移、侵占社会保险基金的违法行为。因此,应当责令追回,有权追回的主体包括社会保险行政部门、财政部门和审计机关等;如有违法所得,并应没收违法所得。本案中赵某的转移、侵占社会保险基金并据为己有的行为非常严重,仅仅予以处分显然已不够,而应当依法追究刑事责任。就此而言,北京市东城区检察院和东城区法院的做法,并无不妥。

东城区法院认为赵某的行为是"利用职务侵吞公款"且"侵犯了国有财产所有权",应当说这种认识存在一定偏差。社会保险基金构成一种独立的、专项的公共基金,是参加社会保险的公民所共有的一种社会公共基金,所有权属于参加社会保险的公民全体。因此,将社会保险基金视为"国有财产"并不恰当。如何协调《社会保险法》和《刑法》的关联，更为恰当地定罪量刑，仍是亟待法学研究解决的问题。

第九十二条　【泄露用人单位和个人信息的行政责任】　社会保险行政部门和其他有关行政部门、社会保险经办机构、社会保险费征收机构及其工作人员泄露用人单位和个人信息的，对直接负责的主管人员和其他直接责任人员依法给予处分；给用人单位或者个人造成损失的，应当承担赔偿责任。

条文解读

本条是关于泄露用人单位和个人信息的行政责任的规定。

社会保险行政部门和其他有关行政部门、社会保险经办机构、社会保险费征收机构及其工作人员泄露了用人单位和个人的信息，《社会保险法》就将对直接负责的主管人员和其他直接责任人员依法给予处分，包括警告、记过、记大过、降级、开除等；如果因为信息泄露，给用人单位和个人造成损失的，社会保险行政部门和其他有关行政部门、社会保险经办机构、社会保险费征收机构就应当承担赔偿责任，并向有过错的工作人员追偿。因此，这里所说的赔偿是指行政赔偿，而不是民事赔偿。

为了涵盖各种可能泄露用人单位和个人信息的机关、部门、机构、人员，本条列举了社会保险行政部门、社会保险经办机构、社会保险费征收机构，并将“其他有关行政部门”作为兜底列入。这样一来，任何可能泄露用人单位和个人信息的公权力机关及其工作人员均被纳入进来。此外，不再像以往相关法律、法规那样，局限于“个人隐私”“商业秘密”，此条将所有的用人单位和个人信息均包括在内。因此，任何此类信息发生泄露，均可以依照本条规定追究责任，赔偿损失。

配套法规及解读

《政府信息公开条例》(2019 年 4 月 3 日)

第五十三条　行政机关违反本条例的规定，有下列情形之一的，由上一级行政机关责令改正；情节严重的，对负有责任的领导人员和直接责任人员依法给予处分；构成犯罪的，依法追究刑事责任：

(一)不依法履行政府信息公开职能；

(二)不及时更新公开的政府信息内容、政府信息公开指南和政府信息公开目录；

(三)违反本条例规定的其他情形。

《劳动保障监察条例》(2004 年 11 月 1 日)

第三十一条第一款 劳动保障监察员滥用职权、玩忽职守、徇私舞弊或者泄露在履行职责过程中知悉的商业秘密的,依法给予行政处分;构成犯罪的,依法追究刑事责任。

《刑法》(2017 年 11 月 4 日修正)

第二百五十三条之一 违反国家有关规定,向他人出售或者提供公民个人信息,情节严重的,处三年以下有期徒刑或者拘役,并处或者单处罚金;情节特别严重的,处三年以上七年以下有期徒刑,并处罚金。

违反国家有关规定,将在履行职责或者提供服务过程中获得的公民个人信息,出售或者提供给他人的,依照前款的规定从重处罚。

窃取或者以其他方法非法获取公民个人信息的,依照第一款的规定处罚。

单位犯前三款罪的,对单位判处罚金,并对其直接负责的主管人员和其他直接责任人员,依照各该款的规定处罚。

※法规解读:综合《社会保险法》第九十二条以及上述各项规定,泄露用人单位和个人信息的,可能承担的法律责任包括行政责任、民事责任和刑事责任。

关联法规索引

《社会保险法》第 81 条;《国家赔偿法》;《刑法》第 253 条;《侵权责任法》等民事法律

第九十三条 【国家工作人员的相关责任】 国家工作人员在社会保险管理、监督工作中滥用职权、玩忽职守、徇私舞弊的,依法给予处分。

条文解读

本条是关于国家工作人员在社会保险管理和监督工作中违法违纪行为责任的规定。

在这里,滥用职权一般指在社会保险管理、监督工作中,违反法律法规规定的职责权限和程序,滥用、超越职权,致使社会保险基金、用人单位、个人以及国家或相关部门的利益遭受损失的行为,如社会保险经办机构的工作人员拒绝向符合条件的参保人员支付社会保险待遇。玩忽职守是指国家工作人员在社会保险管理、监督工作中,严重不负责任,不履行或不正确履行自己的工作职责,致使社会保险基金、用人单位、个人以及国家或相关部门的利益遭受损失的行为。徇私舞弊是指国家工作人员在社会保险管理、监督工作中，为了私人关系而用欺骗的方法做违法乱纪的事，致使社会保险基金、用人单位、个人以及国家或相关部门的利益遭受损失。这里的国家工作人员不仅指社会保险行政部门的国家工作人员，还包括卫生行政部门、财政部门、审计机关等机关的国家工作人员。

对于国家工作人员在社会保险管理、监督工作中滥用职权、玩忽职守、徇私舞弊的，应当依照《公务员法》给予行政处分。需要指出的是，国家工作人员在社会保险管理、监督工作中滥用职权、玩忽职守、徇私舞弊的，并不是仅仅需要承担处分的行政责任，构成犯罪的，还应当承担刑事责任。《社会保险法》第九十四条规定，违反本法规定，构成犯罪的，依法追究刑事责任。

配套法规及解读

《公务员法》(2018 年 12 月 29 日修订)

第六十二条 处分分为：警告、记过、记大过、降级、撤职、开除。

第六十四条 公务员在受处分期间不得晋升职务、职级和级别，其中受记过、记大过、降级、撤职处分的，不得晋升工资档次。

受处分的期间为：警告，六个月；记过，十二个月；记大过，十八个月；降级、撤职，二十四个月。

受撤职处分的，按照规定降低级别。

※**法规解读：**值得一提的是，国家工作人员被追究刑事责任的，并不因此免除公务员处分。事实上，凡是构成犯罪的公务员，均应当受到开除的处分。

关联法规索引

《社会保险费征缴暂行条例》第 27 条；《公务员法》第 53 条；《行政机关公务员处分条例》第 20、22、25 条。

第九十四条 【刑事责任】 违反本法规定，构成犯罪的，依法追究刑事责任。

条文解读

对于本条的理解，应当与《社会保险法》的其他条款、《刑法》和相关法律法规结合起来。违反《社会保险法》规定，构成犯罪的，应当依照《刑法》的有关规定追究刑事责任。违反本法规定涉及的刑事责任主要有：(1)《社会保险法》第九十一条规定了挪用社会保险基金等违法行为的法律责任。(2)《社会保险法》第九十二条规定了泄露个人信息等违法行为的法律责任。(3)《社会保险法》第九十三条规定了国家工作人员在社会保险管理、监督中滥用职权、玩忽职守、徇私舞弊等的法律责任。(4)《社会保险法》第八十七条规定的以欺诈、伪造证明材料或者其他手段骗取社会保险基金支出，第八十八条规定的以欺诈、伪造证明材料或者其他手段骗取社会保险待遇，第八十九条规定的社会保险经办机构及其工作人员违反社会保险法律法规等违法行为，构成犯罪的，也要根据《刑法》有关规定追究刑事责任。《刑法》第二百五十三条之一"侵犯公民个人信息罪"（对应《社会保险法》第九十二条），《刑法》第三百九十七条"滥用职权罪、玩忽职守罪"（对应《社会保险法》第九十三条），《刑法》第二百七十三条"挪用特定款物罪"（对应《社会保险法》第九十一条），《刑法》第一百九十八条"保险诈骗罪"、第二百六十六条"诈骗罪"（对应《社会保险法》第八十七、八十八条）；《社会保险费征缴暂行条例》第二十四、二十七、二十八条。

第十二章　附　　则

本章介绍

最后一章是附则部分，共4条，主要涉及进城务工农村居民的社会保险、被征地农民的社会保险、外国人参加我国社会保险以及施行日期等相关问题。

第九十五条　【进城务工农村居民参加社会保险】　进城务工的农村居民依照本法规定参加社会保险。

条文解读

本条是关于进城务工农村居民参加社会保险的规定。

进城务工的农村居民被俗称为“农民工”，是指具有农村户籍、从事非农业生产，长期在城市就业的劳动者。《社会保险法》规定的进城务工农村居民是指与用人单位建立劳动关系的农村居民。这些农村居民与城镇职工没有身份差别，应当与城镇职工一样参加社会保险。针对进城务工的农村居民参加职工五项社会保险的比例偏低而致使这部分人群的工伤和医疗问题较为突出的情况，《社会保险法》在附则中作出专门规定：明确进城务工的农村居民与用人单位建立劳动关系的，应当作为职工依照《社会保险法》规定参加社会保险，纳入与职业相关联的职工基本养老保险、职工基本医疗保险、工伤保险等社会保险制度中。

关联法规索引

《劳动合同法》;《城镇企业职工基本养老保险关系转移接续暂行办法》

第九十六条　【被征地农民的社会保险】　征收农村集体所有的土地，应当足额安排被征地农民的社会保险费，按照国务院规定将被征地农民纳入相应的社会保险制度。

条文解读

本条是关于被征地农民的社会保险的规定。

被征地农民是因政府统一征收农村集体土地而导致失去全部或大部分土地，且在征地时享受农村集体土地承包经营权的在册农业人口。本条明确了被征地农民的社会保险权，将被征地农民纳入了社会保险制度而不是社会救助制度，也不是为被征地农民单独建立社会保险制度。

配套法规及解读

《关于做好被征地农民就业培训和社会保障工作指导意见的通知》（2006 年 4 月 10 日）

（八）……对城市规划区内的被征地农民，应根据当地经济发展水平和被征地农民不同年龄段，制定保持基本生活水平不下降的办法和养老保障办法。对符合享受城市居民最低生活保障条件的，应按规定纳入城市居民最低生活保障范围。已开展城市医疗救助制度试点的地区，对符合医疗救助条件的要按规定纳入救助范围。有条件的地区可将被征地农民纳入城镇职工养老、医疗、失业等社会保险参保范围，通过现行城镇社会保障体系解决其基本生活保障问题。对城市规划区外的被征地农民，凡已经建立农村社会养老保险制度、开展新型农村合作医疗制度试点和实行农村最低生活保障制度的地区，要按有关规定将其纳入相应的保障范围。没有建立上述制度的地区，可由当地人民政府根据实际情况采取多种形式保障被征地农民的基本生活，提供必要的养老和医疗服务，并将符合条件的人员纳入当地的社会救助范围。

（十）……社会保障所需资金从当地政府批准提高的安置补助费和用于被征地农户的土地补偿费中统一安排，两项费用尚不足以支付的，由当地政府从国有土地有偿使用收入中解决。有条件的地区，地方财政和集体经济要加大扶持力度，支持和引导被征地农民参加城乡社会保险。被征地农民社会保障资金筹集办法，由各省、自治区、直辖市人民政府制定。

※法规解读：从上述条文中我们可以看出，对于被征地农民社会保障遵循的是分类指导的原则。《社会保险法》明确规定了被征地农民社会保障的发展方向是纳入社会保险制度，不是社会救助或者最低生活保障制度，也不是建立单独的被征地农民社会保险制度。

关联法规索引

《关于做好被征地农民就业培训和社会保障工作指导意见的通知》

第九十七条　【外国人参加我国社会保险】　外国人在中国境内就业的，参照本法规定参加社会保险。

条文解读

本条是关于外国人参加我国社会保险的规定。

所谓参照，是指原则上依照《社会保险法》执行，但是，允许有所变通。在没有变通规定时，外国人应当依照《社会保险法》参加社会保险。在有权机关作出变通规定时，外国人参加社会保险按照变通规定执行。这些变通规定包括《社会保险费征缴暂行条例》、有关社会保险的双边协定，变通的内容包括是否需要参加社会保险以及参加哪几项社会保险。所谓外国人，是指依照《国籍法》规定不具有中国国籍的人员，包括具有外国国籍人员和无国籍人员。

外国人在中国境内需要向中国劳动保障部门申请办理就业证后方可就业，原则上依照《社会保险法》规定，作为职工参加相关的社会保险。另外，为了解决跨国就业社会保险制度的衔接，同时不损害职工的合法权益，国际公约建议各国签订双边或者多边协定来解决。我国与外国签订有关社会保险双边协定的，按照协定规定执行。目前，我国分别与已与德国、韩国、丹麦、芬兰、加拿大、瑞士、荷兰、法国、西班牙、卢森堡等国家签订了社会保险协定。依据处理国内法与国际法关系的“国际条约优先”的原则，对于和我国签订有国际协定的国家的外国人的社会保险问题，依据签订的双边协定办理。例如，我国与德国的社会保险协定，规定了对五类人员相互免除缴纳法定养老保险费和失业保险费，免除期限一般为60个月，经过批准可以延长为96个月。对于外交机构及其工作人员雇佣的人员，不受免除期限的限制。我国与韩国的双边协定规定，在协议的有效期内互免养老保险费。德国公民和韩国公民在我国境内就业的，可以分别不参加协定中规定的相关社会保险，但是，仍应当参加协议中没有规定的基本医疗保险和工伤保险。

关联法规索引

《外国人在中国就业管理规定》；《社会保险费征缴暂行条例》；《在中国境内就业的外国人参加社会保险暂行办法》

第九十八条 【施行日期】 本法自 2011 年 7 月 1 日起施行。

条文解读

本条是关于社会保险法施行时间的规定。

法律施行日期，就是法律从何时开始生效的问题。这是所有法律都会涉及的问题，几乎每一部法律都规定了生效日期条款。法律的公布和法律的施行是两个不同概念。法律的公布是指经立法机关法定程序表决通过，由国家主席以签署主席令的形式将法律向社会发布和公告。法律的施行是法律开始产生实际约束力，可以行使法律规定的权利并承担法律规定的义务。一般法律通过后都会在当日公布，但是，法律从何时开始施行，往往并不与法律案通过同步，需要根据实际情况来决定。

《社会保险法》的生效时间带来社会保险法律适用的问题。在 2011 年 7 月 1 日前发生的社会保险违法行为，可否根据《社会保险法》予以处理？对此，从法律一般原理而言，一般采取所谓“法不溯及既往，有利溯及除外”的原则。根据《立法法》第九十三条的规定，法律、行政法规、地方性法规、自治条例和单行条例、规章不溯及既往，但为了更好地保护公民、法人和其他组织的权益而作的特别规定除外。《实施〈中华人民共和国社会保险法〉若干规定》第二十九条则规定，2011 年 7 月 1 日后对用人单位未按时足额缴纳社会保险费的处理，按照社会保险法和本规定执行；对 2011 年 7 月 1 日前发生的用人单位未按时足额缴纳社会保险费的行为，按照国家和地方人民政府的有关规定执行。

关联法规索引

《实施〈中华人民共和国社会保险法〉若干规定》第 29 条

配套法规

1. 综合

实施《中华人民共和国社会保险法》若干规定

1. 2011年6月29日人力资源和社会保障部令第13号公布
2. 自2011年7月1日起施行

为了实施《中华人民共和国社会保险法》(以下简称社会保险法),制定本规定。

第一章 关于基本养老保险

第一条 社会保险法第十五条规定的统筹养老金,按照国务院规定的基础养老金计发办法计发。

第二条 参加职工基本养老保险的个人达到法定退休年龄时,累计缴费不足十五年的,可以延长缴费至满十五年。社会保险法实施前参保、延长缴费五年后仍不足十五年的,可以一次性缴费至满十五年。

第三条 参加职工基本养老保险的个人达到法定退休年龄后,累计缴费不足十五年(含依照第二条规定延长缴费)的,可以申请转入户籍所在地新型农村社会养老保险或者城镇居民社会养老保险,享受相应的养老保险待遇。

参加职工基本养老保险的个人达到法定退休年龄后,累计缴费不足十五年(含依照第二条规定延长缴费),且未转入新型农村社会养老保险或者城镇居民社会养老保险的,个人可以书面申请终止职工基本养老保险关系。社会保险经办机构收到申请后,应当书面告知其转入新型农村社会养老保险或者城镇居民社会养老保险的权利以及终止职工基本养老保险关系的后果,经本人书面确认后,终止其职工基本养老保险关系,并将个人账户储存额一次性支付给本人。

第四条 参加职工基本养老保险的个人跨省流动就业,达到法定退休年龄时累计缴费不足十五年的,按照《国务院办公厅关于转发人力资源社会保障部财政部城镇企业职工基本养老保险关系转移接续暂行办法的通知》(国办发〔2009〕66号)有关待遇领取地的规定确定继续缴费地后,按照本规定第二条办理。

第五条 参加职工基本养老保险的个人跨省流动就业,符合按月领取基本养老金条件时,基本养老金分段计算、统一支付的具体办法,按照《国务院办公厅关于转发人力资源社会保障部财政部城镇企业职工基本养老保险关系转移接续暂行办法的通知》(国办发〔2009〕66号)执行。

第六条 职工基本养老保险个人账户不得提前支取。个人在达到法定的领取基本养老金条件前离境定居的,其个人账户予以保留,达到法定领取条件时,按照国家规定享受相应的养老保险待遇。其中,丧失中华人民共和国国籍的,可以在其离境时或者离境后书面申请终止职工基本养老保险关系。社会保险经办机构收到申请后,应当书面告知其保留个人账户的权利以及终止职工基本养老保险关系的后果,经本人书面确认后,终止其职工基本养老保险关系,并将个人账户储存额一次性支付给本人。

参加职工基本养老保险的个人死亡后,其个人账户中的余额可以全部依法继承。

第二章 关于基本医疗保险

第七条 社会保险法第二十七条规定的退休人员享受基本医疗保险待遇的缴费年限按照各地规定执行。

参加职工基本医疗保险的个人,基本医疗保险关系转移接续时,基本医疗保险缴费年限累计计算。

第八条 参保人员在协议医疗机构发生的医疗费用,符合基本医疗保险药品目录、诊疗项目、医疗服务设施标准的,按照国家规定从基本医疗保险基金中支付。

参保人员确需急诊、抢救的,可以在非协议医疗机构就医;因抢救必须使用的药品可以适当放宽范围。参保人员急诊、抢救的医疗服务具体管理办法由统筹地区根据当地实际情况制定。

第三章 关于工伤保险

第九条 职工(包括非全日制从业人员)在两个或者两个以上用人单位同时就业的,各用人单位应当分别为职工缴纳工伤保险费。职工发生工伤,由职工受到伤害时工作的单位依法承担工伤保险责任。

第十条 社会保险法第三十七条第二项中的醉酒标准,按照《车辆驾驶人员血液、呼气酒精含量阈值与检验》(GB 19522－2004)执行。公安机关交通管理部门、医疗机构等有关单位依法出具的检测结论、诊断证明等材料,可以作为认定醉酒的依据。

第十一条 社会保险法第三十八条第八项中的因工死亡补助金是指《工伤保险条例》第三十九条的一次性工亡补助金,标准为工伤发生时上一年度全国城镇居民人均可支配收入的20倍。

上一年度全国城镇居民人均可支配收入以国家统计局公布的数据为准。

第十二条 社会保险法第三十九条第一项治疗工伤期间的工资福利,按照《工伤保险条例》第三十三条有关职工在停工留薪期内应当享受的工资福利和护理等待遇的规定执行。

第四章 关于失业保险

第十三条 失业人员符合社会保险法第四十五条规定条件的,可以申请领取失业保险金并享受其他失业保险待遇。其中,非因本人意愿中断就业包括下列情形:

(一)依照劳动合同法第四十四条第一项、第四项、第五项规定终止劳动合同的;

（二）由用人单位依照劳动合同法第三十九条、第四十条、第四十一条规定解除劳动合同的；

（三）用人单位依照劳动合同法第三十六条规定向劳动者提出解除劳动合同并与劳动者协商一致解除劳动合同的；

（四）由用人单位提出解除聘用合同或者被用人单位辞退、除名、开除的；

（五）劳动者本人依照劳动合同法第三十八条规定解除劳动合同的；

（六）法律、法规、规章规定的其他情形。

第十四条 失业人员领取失业保险金后重新就业的，再次失业时，缴费时间重新计算。失业人员因当期不符合失业保险金领取条件的，原有缴费时间予以保留，重新就业并参保的，缴费时间累计计算。

第十五条 失业人员在领取失业保险金期间，应当积极求职，接受职业介绍和职业培训。失业人员接受职业介绍、职业培训的补贴由失业保险基金按照规定支付。

第五章 关于基金管理和经办服务

第十六条 社会保险基金预算、决算草案的编制、审核和批准，依照《国务院关于试行社会保险基金预算的意见》（国发〔2010〕2号）的规定执行。

第十七条 社会保险经办机构应当每年至少一次将参保人员个人权益记录单通过邮寄方式寄送本人。同时，社会保险经办机构可以通过手机短信或者电子邮件等方式向参保人员发送个人权益记录。

第十八条 社会保险行政部门、社会保险经办机构及其工作人员应当依法为用人单位和个人的信息保密，不得违法向他人泄露下列信息：

（一）涉及用人单位商业秘密或者公开后可能损害用人单位合法利益的信息；

（二）涉及个人权益的信息。

第六章 关于法律责任

第十九条 用人单位在终止或者解除劳动合同时拒不向职工出具终止或者解除劳动关系证明，导致职工无法享受社会保险待遇的，用人单位应当依法承担赔偿责任。

第二十条 职工应当缴纳的社会保险费由用人单位代扣代缴。用人单位未依法代扣代缴的，由社会保险费征收机构责令用人单位限期代缴，并自欠缴之日起向用人单位按日加收万分之五的滞纳金。用人单位不得要求职工承担滞纳金。

第二十一条 用人单位因不可抗力造成生产经营出现严重困难的，经省级人民政府社会保险行政部门批准后，可以暂缓缴纳一定期限的社会保险费，期限一般不超过一年。暂缓缴费期间，免收滞纳金。到期后，用人单位应当缴纳相应的社会保险费。

第二十二条 用人单位按照社会保险法第六十三条的规定，提供担保并与社会保险费征收机构签订缓缴协议的，免收缓缴期间的滞纳金。

第二十三条 用人单位按照本规定第二十一条、第二十二条缓缴社会保险费期间，不影响其职工依法享受社会保险待遇。

第二十四条 用人单位未按月将缴纳社会保险费的明细情况告知职工本人的，由社会保险行政部门责令改正；逾期不改的，按照《劳动保障监察条例》第三十条的规定处理。

第二十五条 医疗机构、药品经营单位等社会保险服务机构以欺诈、伪造证明材料或者其他手段骗取社会保险基金支出的，由社会保险行政部门责令退回骗取的社会保险金，处骗取金额二倍以上五倍以下的罚款。对与社会保险经办机构签订服务协议的医疗机构、药品经营单位，由社会保险经办机构按照协议追究责任，情节严重的，可以解除与其签订的服务协议。对有执业资格的直接负责的主管人员和其他直接责任人员，由社会保险行政部门建议授予其执业资格的有关主管部门依法吊销其执业资格。

第二十六条 社会保险经办机构、社会保险费征收机构、社会保险基金投资运营机构、开设社会保险基金专户的机构和专户管理银行及其工作人员有下列违法情形的，由社会保险行政部门按照社会保险法第九十一条的规定查处：

（一）将应征和已征的社会保险基金，采取隐藏、非法放置等手段，未按规定征缴、入账的；

（二）违规将社会保险基金转入社会保险基金专户以外的账户的；

（三）侵吞社会保险基金的；

（四）将各项社会保险基金互相挤占或者其他社会保障基金挤占社会保险基金的；

（五）将社会保险基金用于平衡财政预算，兴建、改建办公场所和支付人员经费、运行费用、管理费用的；

（六）违反国家规定的投资运营政策的。

第七章 其　　他

第二十七条 职工与所在用人单位发生社会保险争议的，可以依照《中华人民共和国劳动争议调解仲裁法》、《劳动人事争议仲裁办案规则》的规定，申请调解、仲裁，提起诉讼。

职工认为用人单位有未按时足额为其缴纳社会保险费等侵害其社会保险权益行为的，也可以要求社会保险行政部门或者社会保险费征收机构依法处理。社会保险行政部门或者社会保险费征收机构应当按照社会保险法和《劳动保障监察条例》等相关规定处理。在处理过程中，用人单位对双方的劳动关系提出异议的，社会保险行政部门应当依法查明相关事实后继续处理。

第二十八条 在社会保险经办机构征收社会保险费的地区，社会保险行政部门应当依法履行社会保险法第六十三条所规定的有关行政部门的职责。

第二十九条 2011 年 7 月 1 日后对用人单位未按时足额缴纳社会保险费的处理，按照社会保险法和本规定执行；对 2011 年 7 月 1 日前发生的用人单位未按时足额缴纳社会保险费的行为，按照国家和地方人民政府的有关规定执行。

第三十条 本规定自 2011 年 7 月 1 日起施行。

社会保险费征缴暂行条例

1．1999年1月22日国务院令第259号发布

2．根据2019年3月24日国务院令第710号《关于修改部分行政法规的决定》修订

第一章 总 则

第一条 为了加强和规范社会保险费征缴工作,保障社会保险金的发放,制定本条例。

第二条 基本养老保险费、基本医疗保险费、失业保险费(以下统称社会保险费)的征收、缴纳,适用本条例。

本条例所称缴费单位、缴费个人,是指依照有关法律、行政法规和国务院的规定,应当缴纳社会保险费的单位和个人。

第三条 基本养老保险费的征缴范围:国有企业、城镇集体企业、外商投资企业、城镇私营企业和其他城镇企业及其职工,实行企业化管理的事业单位及其职工。

基本医疗保险费的征缴范围:国有企业、城镇集体企业、外商投资企业、城镇私营企业和其他城镇企业及其职工,国家机关及其工作人员,事业单位及其职工,民办非企业单位及其职工,社会团体及其专职人员。

失业保险费的征缴范围:国有企业、城镇集体企业、外商投资企业、城镇私营企业和其他城镇企业及其职工,事业单位及其职工。

省、自治区、直辖市人民政府根据当地实际情况,可以规定将城镇个体工商户纳入基本养老保险、基本医疗保险的范围,并可以规定将社会团体及其专职人员、民办非企业单位及其职工以及有雇工的城镇个体工商户及其雇工纳入失业保险的范围。

社会保险费的费基、费率依照有关法律、行政法规和国务院的规定执行。

第四条 缴费单位、缴费个人应当按时足额缴纳社会保险费。

征缴的社会保险费纳入社会保险基金,专款专用,任何单位和个人不得挪用。

第五条 国务院劳动保障行政部门负责全国的社会保险费征缴管理和监督检查工作。县级以上地方各级人民政府劳动保障行政部门负责本行政区域内的社会保险费征缴管理和监督检查工作。

第六条 社会保险费实行三项社会保险费集中、统一征收。社会保险费的征收机构由省、自治区、直辖市人民政府规定,可以由税务机关征收,也可以由劳动保障行政部门按照国务院规定设立的社会保险经办机构(以下简称社会保险经办机构)征收。

第二章 征缴管理

第七条 缴费单位必须向当地社会保险经办机构办理社会保险登记,参加社会保险。

登记事项包括:单位名称、住所、经营地点、单位类型、法定代表人或者负责人、开户银行账号以及国务院劳动保障行政部门规定的其他事项。

第八条 企业在办理登记注册时,同步办理社会保险登记。

前款规定以外的缴费单位应当自成立之日起30日内,向当地社会保险经办机构申请办理社会保险登记。

第九条 缴费单位的社会保险登记事项发生变更或者缴费单位依法终止的,应当自变更或者终止之日起30日内,到社会保险经办机构办理变更或者注销社会保险登记手续。

第十条 缴费单位必须按月向社会保险经办机构申报应缴纳的社会保险费数额,经社会保险经办机构核定后,在规定的期限内缴纳社会保险费。

缴费单位不按规定申报应缴纳的社会保险费数额的,由社会保险经办机构暂按该单位上月缴费数额的百分之一百一十确定应缴数额;没有上月缴费数额的,由社会保险经办机构暂按该单位的经营状况、职工人数等有关情况确定应缴数额。缴费单位补办申报手续并按核定数额缴纳社会保险费后,由社会保险经办机构按照规定结算。

第十一条 省、自治区、直辖市人民政府规定由税务机关征收社会保险费的,社会保险经办机构应当及时向税务机关提供缴费单位社会保险登记、变更登记、注销登记以及缴费申报的情况。

第十二条 缴费单位和缴费个人应当以货币形式全额缴纳社会保险费。

缴费个人应当缴纳的社会保险费,由所在单位从其本人工资中代扣代缴。

社会保险费不得减免。

第十三条 缴费单位未按规定缴纳和代扣代缴社会保险费的,由劳动保障行政部门或者税务机关责令限期缴纳;逾期仍不缴纳的,除补缴欠缴数额外,从欠缴之日起,按日加收千分之二的滞纳金。滞纳金并入社会保险基金。

第十四条 征收的社会保险费存入财政部门在国有商业银行开设的社会保障基金财政专户。

社会保险基金按照不同险种的统筹范围,分别建立基本养老保险基金、基本医疗保险基金、失业保险基金。各项社会保险基金分别单独核算。

社会保险基金不计征税、费。

第十五条 省、自治区、直辖市人民政府规定由税务机关征收社会保险费的,税务机关应当及时向社会保险经办机构提供缴费单位和缴费个人的缴费情况;社会保险经办机构应当将有关情况汇总,报劳动保障行政部门。

第十六条 社会保险经办机构应当建立缴费记录,其中基本养老保险、基本医疗保险并应当按照规定记录个人账户。社会保险经办机构负责保存缴费记录,并保证其完整、安全。社会保险经办机构应当至少每年向缴费个人发送一次基本养老保险、基本医疗保险个人账户通知单。

缴费单位、缴费个人有权按照规定查询缴费记录。

第三章 监督检查

第十七条 缴费单位应当每年向本单位职工公布本单位全年社会保险费缴纳情况，接受职工监督。

社会保险经办机构应当定期向社会公告社会保险费征收情况，接受社会监督。

第十八条 按照省、自治区、直辖市人民政府关于社会保险费征缴机构的规定，劳动保障行政部门或者税务机关依法对单位缴费情况进行检查时，被检查的单位应当提供与缴纳社会保险费有关的用人情况、工资表、财务报表等资料，如实反映情况，不得拒绝检查，不得谎报、瞒报。劳动保障行政部门或者税务机关可以记录、录音、录像、照相和复制有关资料；但是，应当为缴费单位保密。

劳动保障行政部门、税务机关的工作人员在行使前款所列职权时，应当出示执行公务证件。

第十九条 劳动保障行政部门或者税务机关调查社会保险费征缴违法案件时，有关部门、单位应当给予支持、协助。

第二十条 社会保险经办机构受劳动保障行政部门的委托，可以进行与社会保险费征缴有关的检查、调查工作。

第二十一条 任何组织和个人对有关社会保险费征缴的违法行为，有权举报。劳动保障行政部门或者税务机关对举报应当及时调查，按照规定处理，并为举报人保密。

第二十二条 社会保险基金实行收支两条线管理，由财政部门依法进行监督。

审计部门依法对社会保险基金的收支情况进行监督。

第四章 罚 则

第二十三条 缴费单位未按照规定办理社会保险登记、变更登记或者注销登记，或者未按照规定申报应缴纳的社会保险费数额的，由劳动保障行政部门责令限期改正；情节严重的，对直接负责的主管人员和其他直接责任人员可以处1000元以上5000元以下的罚款；情节特别严重的，对直接负责的主管人员和其他直接责任人员可以处5000元以上10000元以下的罚款。

第二十四条 缴费单位违反有关财务、会计、统计的法律、行政法规和国家有关规定，伪造、变造、故意毁灭有关账册、材料，或者不设账册，致使社会保险费缴费基数无法确定的，除依照有关法律、行政法规的规定给予行政处罚、纪律处分、刑事处罚外，依照本条例第十条的规定征缴；迟延缴纳的，由劳动保障行政部门或者税务机关依照第十三条的规定决定加收滞纳金，并对直接负责的主管人员和其他直接责任人员处5000元以上20000元以下的罚款。

第二十五条 缴费单位和缴费个人对劳动保障行政部门或者税务机关的处罚决定不服的，可以依法申请复议；对复议决定不服的，可以依法提起诉讼。

第二十六条 缴费单位逾期拒不缴纳社会保险费、滞纳金的，由劳动保障行政部门或者税务机关申请人民法院依法强制征缴。

第二十七条 劳动保障行政部门、社会保险经办机构或者税务机关的工作人员滥用职权、徇私舞弊、玩忽职守，致使社会保险费流失的，由劳动保障行政部门或者税务机关追回流失的社会保险费;构成犯罪的,依法追究刑事责任;尚不构成犯罪的,依法给予行政处分。

第二十八条 任何单位、个人挪用社会保险基金的,追回被挪用的社会保险基金;有违法所得的,没收违法所得,并入社会保险基金;构成犯罪的,依法追究刑事责任;尚不构成犯罪的,对直接负责的主管人员和其他直接责任人员依法给予行政处分。

第五章 附 则

第二十九条 省、自治区、直辖市人民政府根据本地实际情况,可以决定本条例适用于本行政区域内工伤保险费和生育保险费的征收、缴纳。

第三十条 税务机关、社会保险经办机构征收社会保险费,不得从社会保险基金中提取任何费用,所需经费列入预算,由财政拨付。

第三十一条 本条例自发布之日起施行。

社会保险费申报缴纳管理规定

1. 2013 年 9 月 26 日人力资源和社会保障部令第 20 号公布
2. 自 2013 年 11 月 1 日起施行

第一章 总 则

第一条 为规范社会保险费的申报和缴纳管理工作,根据《中华人民共和国社会保险法》(以下简称社会保险法)、《社会保险费征缴暂行条例》,制定本规定。

第二条 用人单位进行缴费申报和社会保险经办机构征收社会保险费,适用本规定。

本规定所称社会保险费,是指由用人单位及其职工依法参加社会保险并缴纳的职工基本养老保险费、职工基本医疗保险费、工伤保险费、失业保险费和生育保险费。

第三条 社会保险经办机构负责社会保险缴费申报、核定等工作。

省、自治区、直辖市人民政府决定由社会保险经办机构征收社会保险费的,社会保险经办机构应当依法征收社会保险费。

社会保险经办机构负责征收的社会保险费,实行统一征收。

第二章 社会保险费申报

第四条 用人单位应当按月在规定期限内到当地社会保险经办机构办理缴费申报,申报事项包括:

(一)用人单位名称、组织机构代码、地址及联系方式;

(二)用人单位开户银行、户名及账号;

(三)用人单位的缴费险种、缴费基数、费率、缴费数额;

（四）职工名册及职工缴费情况；

（五）社会保险经办机构规定的其他事项。

在一个缴费年度内，用人单位初次申报后，其余月份可以只申报前款规定事项的变动情况；无变动的，可以不申报。

第五条 职工应缴纳的社会保险费由用人单位代为申报。代职工申报的事项包括：职工姓名、社会保障号码、用工类型、联系地址、代扣代缴明细等。

用人单位代职工申报的缴费明细以及变动情况应当经职工本人签字认可，由用人单位留存备查。

第六条 用人单位到社会保险经办机构办理社会保险缴费申报有困难的，经社会保险经办机构同意，可以邮寄申报。邮寄申报以寄出地的邮戳日期为实际申报日期。

有条件的地区，用人单位也可以按照社会保险经办机构的规定进行网上申报。

第七条 用人单位应当向社会保险经办机构如实申报本规定第四条、第五条所列申报事项。用人单位申报材料齐全、缴费基数和费率符合规定、填报数量关系一致的，社会保险经办机构核准后出具缴费通知单；用人单位申报材料不符合规定的，退用人单位补正。

社会保险经办机构在开展社会保险稽核工作过程中，发现用人单位未如实申报造成漏缴、少缴社会保险费的，按照社会保险法第八十六条的规定处理。

第八条 用人单位应当自用工之日起30日内为其职工申请办理社会保险登记并申报缴纳社会保险费。未办理社会保险登记的，由社会保险经办机构核定其应当缴纳的社会保险费。

用人单位未按照规定申报应缴纳的社会保险费数额的，社会保险经办机构暂按该单位上月缴费数额的110%确定应缴数额；没有上月缴费数额的，社会保险经办机构暂按该单位的经营状况、职工人数、当地上年度职工平均工资等有关情况确定应缴数额。用人单位补办申报手续后，由社会保险经办机构按照规定结算。

第九条 用人单位因不可抗力，不能按期办理缴费申报的，可以延期申报；不可抗力情形消除后，应当立即向社会保险经办机构报告。社会保险经办机构应当查明事实，予以核准。

第三章 社会保险费缴纳

第十条 用人单位应当持社会保险经办机构出具的缴费通知单在规定的期限内采取下列方式之一缴纳社会保险费：

（一）到其开户银行或者其他金融机构缴纳；

（二）与社会保险经办机构约定的其他方式。

社会保险经办机构、用人单位可以与银行或者其他金融机构签订协议，委托银行或者其他金融机构根据社会保险经办机构开出的托收凭证划缴用人单位和为其职工代扣的社会保险费。

第十一条 职工应当缴纳的社会保险费由用人单位代扣代缴。用人单位依法履行代扣代缴义务时，任何单位或者个人不得干预或者拒绝。

用人单位未按时足额代缴的，社会保险经办机构应当责令其限期缴纳，并自欠缴之日起按日加收0.5‰的滞纳金。用人单位不得要求职工承担滞纳金。

第十二条 征收的社会保险费,应当存入社会保险经办机构按照规定开设的社会保险基金收入户。社会保险经办机构应当按照有关规定定期将收到的基金存入依法开设的社会保险基金财政专户。

第十三条 社会保险经办机构对已征收的社会保险费,根据用人单位实际缴纳额(包括代扣代缴额)和代扣代缴明细,按照国家有关规定进行记账。

第十四条 用人单位应当按月将缴纳社会保险费的明细情况告知职工本人。

用人单位应当每年向本单位职工代表大会通报或者在本单位住所的显著位置公布本单位全年社会保险费缴纳情况,接受职工监督。

第十五条 社会保险经办机构应当及时、完整、准确地记录用人单位及其职工的缴费情况,并将缴费情况定期告知用人单位和职工。用人单位和职工有权按照《社会保险个人权益记录管理办法》等规定查询缴费情况。

社会保险经办机构应当至少每年一次向社会公布社会保险费征收情况,接受社会监督。

第四章 未按时足额缴纳社会保险费的处理

第十六条 用人单位有下列情形之一的,社会保险经办机构应当于查明欠缴事实之日起5个工作日内发出社会保险费限期补缴通知,责令用人单位在收到通知后5个工作日内补缴,同时告知其逾期仍未缴纳的,将按照社会保险法第六十三条、第八十六条的规定处理:

(一)未按规定申报且未缴纳社会保险费的;

(二)申报后未按时足额缴纳社会保险费的;

(三)因瞒报、漏报职工人数、缴费基数等事项而少缴社会保险费的。

第十七条 用人单位未按照本规定第十六条规定的期限补缴的,社会保险经办机构可以按照社会保险法第六十三条第二款的规定,向用人单位开户银行或者其他金融机构查询其存款账户。

第十八条 社会保险经办机构可以根据查询结果向所属的社会保险行政部门申请作出划拨社会保险费的决定,并提交下列材料:

(一)用人单位名称、法定代表人、地址、联系方式;

(二)用人单位开户银行、户名及账号;

(三)申请划拨的事实、理由及依据;

(四)申请划拨的社会保险费数额;

(五)社会保险行政部门要求提供的其他材料。

第十九条 社会保险行政部门接到社会保险经办机构划拨申请后,应当按照《中华人民共和国行政强制法》的规定,及时作出划拨社会保险费决定,并书面通知用人单位开户银行或者其他金融机构予以划拨。

第二十条 社会保险行政部门作出的划拨社会保险费决定,应当按照《中华人民共和国行政强制法》的规定送达用人单位,并抄送社会保险经办机构。

第二十一条 经查询,用人单位账户余额少于应当缴纳的社会保险费数额的,或者划拨后用人单位仍未足额清偿社会保险费的,社会保险经办机构可以要求用人单位以抵押、质押的方式提供担保。

第二十二条 用人单位应当到社会保险经办机构认可的评估机构对其抵押财产或者质押财产进行评估,经社会保险经办机构审核后,对能够足额清偿社会保险费的,双方依法签订抵押合同或者质押合同;需要办理登记的,应当依法办理抵押登记或者质押登记。

第二十三条 社会保险经办机构与用人单位签订抵押合同或者质押合同后,应当签订延期缴费协议,并约定协议期满用人单位仍未足额清偿社会保险费的,社会保险经办机构可以参照协议期满时的市场价格,以抵押财产、质押财产折价或者以拍卖、变卖所得抵缴社会保险费。

延期缴费协议期限最长不超过1年。

第二十四条 用人单位提供担保并签订延期缴费协议的,其职工在延缴期间按照规定享受社会保险待遇。

第二十五条 用人单位经责令仍未补缴且有下列情形之一的,社会保险经办机构可以按照社会保险法第六十三条第三款的规定,向所在地有管辖权的人民法院申请扣押、查封、拍卖用人单位财产,以拍卖所得抵缴应缴纳的社会保险费、滞纳金:

(一)经查询,用人单位开户银行账户余额少于应缴纳的社会保险费数额且未签订担保合同的;

(二)经划拨,用人单位仍未足额清偿应缴纳的社会保险费且未签订担保合同的;

(三)延期缴费协议期满,因担保财产的市场价格或者权利状况发生变化,用人单位仍未足额清偿应缴纳的社会保险费的。

第二十六条 社会保险经办机构申请人民法院强制执行的,应当提供下列材料:

(一)强制执行申请书;

(二)用人单位欠缴社会保险费及加收滞纳金的事实、理由和依据;

(三)社会保险经办机构限期补缴通知;

(四)用人单位的意见;

(五)用人单位有本规定第二十五条所列情形时的相关材料;

(六)申请强制执行的用人单位财产情况;

(七)法律、行政法规规定以及人民法院要求的其他材料。

强制执行申请书应当由社会保险经办机构负责人签名,加盖社会保险经办机构的印章,并注明日期。

第五章 法律责任

第二十七条 社会保险行政部门及其工作人员作出划拨社会保险费决定时,有下列行为之一的,按照《中华人民共和国行政强制法》的规定,由上级社会保险行政部门或者有关部门责令改正,对直接负责的主管人员和其他直接责任人员依法给予处分;给用人单位或者个人造成损失的,依法承担赔偿责任;构成犯罪的,依法追究刑事责任:

(一)违反法定程序作出划拨社会保险费决定的;

（二）未在规定时限内及时作出划拨社会保险费决定并书面通知用人单位开户银行或者其他金融机构的；

（三）决定划拨的社会保险费数额错误的；

（四）向当事人泄露信息影响划拨社会保险费的；

（五）有违反法律、法规和规章的其他行为的。

第二十八条 社会保险经办机构及其工作人员有下列行为之一的，由社会保险行政部门责令改正，视情节轻重对直接负责的主管人员和其他直接责任人员依法给予相应处分：

（一）未按照本规定第八条核定或者确定用人单位应当缴纳的社会保险费数额的；

（二）对已征收的社会保险费未按照国家规定记账的；

（三）未依法责令欠缴社会保险费的用人单位限期补缴社会保险费、加收滞纳金的；

（四）申请人民法院强制执行不符合规定的；

（五）签订担保合同和延期缴费协议不符合规定的；

（六）未按照规定审核、处置担保财产的；

（七）法律、法规和规章规定的其他情形。

第二十九条 社会保险经办机构擅自更改社会保险费缴费基数、费率，导致少收或者多收社会保险费的，由社会保险行政部门责令其追缴应当缴纳的社会保险费或者退还不应当缴纳的社会保险费；对直接负责的主管人员和其他直接责任人员依法给予处分。

第三十条 用人单位未按照规定向社会保险经办机构进行缴费申报或者未按照规定缴纳社会保险费的，社会保险行政部门应当依法查处。

用人单位未按时足额缴纳社会保险费的，由社会保险经办机构按照社会保险法第八十六条的规定，责令其限期缴纳或者补足，并自欠缴之日起按日加收0.5‰的滞纳金；逾期仍不缴纳的，由社会保险行政部门处欠缴数额1倍以上3倍以下的罚款。

第三十一条 用人单位未按月将代扣代缴社会保险费明细情况告知职工本人，或者未按照规定通报、公布本单位全年社会保险费缴纳情况的，职工有权向社会保险行政部门举报、投诉。

第六章 附 则

第三十二条 社会保险费由税务机关征收的，社会保险经办机构应当及时将用人单位和职工应缴社会保险费数额提供给税务机关；税务机关应当及时向社会保险经办机构提供用人单位和职工的缴费情况。

社会保险经办机构应当按月将单位和个人缴纳失业保险费的情况提供给负责支付失业保险待遇的经办机构。

第三十三条 以个人身份参加社会保险的，社会保险费申报和缴纳办法另行规定。

第三十四条 本规定自2013年11月1日起施行。原劳动和社会保障部《社会保险费申报缴纳管理暂行办法》（劳动和社会保障部令第2号）同时废止。

社会保险行政争议处理办法

2001年5月27日劳动和社会保障部令第13号发布

第一条 为妥善处理社会保险行政争议，维护公民、法人和其他组织的合法权益，保障和监督社会保险经办机构(以下简称经办机构)依法行使职权，根据劳动法、行政复议法及有关法律、行政法规，制定本办法。

第二条 本办法所称的社会保险行政争议，是指经办机构在依照法律、法规及有关规定经办社会保险事务过程中，与公民、法人或者其他组织之间发生的争议。

本办法所称的经办机构，是指法律、法规授权的劳动保障行政部门所属的专门办理养老保险、医疗保险、失业保险、工伤保险、生育保险等社会保险事务的工作机构。

第三条 公民、法人或者其他组织认为经办机构的具体行政行为侵犯其合法权益，向经办机构或者劳动保障行政部门申请社会保险行政争议处理，经办机构或者劳动保障行政部门处理社会保险行政争议适用本办法。

第四条 经办机构和劳动保障行政部门的法制工作机构或者负责法制工作的机构为本单位的社会保险行政争议处理机构(以下简称保险争议处理机构)，具体负责社会保险行政争议的处理工作。

第五条 经办机构和劳动保障行政部门分别采用复查和行政复议的方式处理社会保险行政争议。

第六条 有下列情形之一的，公民、法人或者其他组织可以申请行政复议：

(一)认为经办机构未依法为其办理社会保险登记、变更或者注销手续的；

(二)认为经办机构未按规定审核社会保险缴费基数的；

(三)认为经办机构未按规定记录社会保险费缴费情况或者拒绝其查询缴费记录的；

(四)认为经办机构违法收取费用或者违法要求履行义务的；

(五)对经办机构核定其社会保险待遇标准有异议的；

(六)认为经办机构不依法支付其社会保险待遇或者对经办机构停止其享受社会保险待遇有异议的；

(七)认为经办机构未依法为其调整社会保险待遇的；

(八)认为经办机构未依法为其办理社会保险关系转移或者接续手续的；

(九)认为经办机构的其他具体行政行为侵犯其合法权益的。

属于前款第(二)、(五)、(六)、(七)项情形之一的，公民、法人或者其他组织可以直接向劳动保障行政部门申请行政复议，也可以先向作出该具体行政行为的经办机构申请复查，对复查决定不服，再向劳动保障行政部门申请行政复议。

第七条 公民、法人或者其他组织认为经办机构的具体行政行为所依据的除法律、法规、规章和国务院文件以外的其他规范性文件不合法,在对具体行政行为申请行政复议时,可以向劳动保障行政部门一并提出对该规范性文件的审查申请。

第八条 公民、法人或者其他组织对经办机构作出的具体行政行为不服,可以向直接管理该经办机构的劳动保障行政部门申请行政复议。

第九条 申请人认为经办机构的具体行政行为侵犯其合法权益的,可以自知道该具体行政行为之日起60日内向经办机构申请复查或者向劳动保障行政部门申请行政复议。

申请人与经办机构之间发生的属于人民法院受案范围的行政案件,申请人也可以依法直接向人民法院提起行政诉讼。

第十条 经办机构作出具体行政行为时,未告知申请人有权申请行政复议或者行政复议申请期限的;行政复议申请期限从申请人知道行政复议权或者行政复议申请期限之日起计算,但最长不得超过二年。

因不可抗力或者其他正当理由耽误法定申请期限的,申请期限自障碍消除之日起继续计算。

第十一条 申请人向经办机构申请复查或者向劳动保障行政部门申请行政复议,一般应当以书面形式提出,也可以口头提出。口头提出的,接到申请的保险争议处理机构应当当场记录申请人的基本情况、请求事项、主要事实和理由、申请时间等事项,并由申请人签字或者盖章。

劳动保障行政部门的其他工作机构接到以书面形式提出的行政复议申请的,应当立即转送本部门的保险争议处理机构。

第十二条 申请人向作出该具体行政行为的经办机构申请复查的,该经办机构应指定其内部专门机构负责处理,并应当自接到复查申请之日起20日内作出维持或者改变该具体行政行为的复查决定。决定改变的,应当重新作出新的具体行政行为。

经办机构作出的复查决定应当采用书面形式。

第十三条 申请人对经办机构的复查决定不服,或者经办机构逾期未作出复查决定的,申请人可以向直接管理该经办机构的劳动保障行政部门申请行政复议。

申请人在经办机构复查该具体行政行为期间,向劳动保障行政部门申请行政复议的,经办机构的复查程序终止。

第十四条 经办机构复查期间,行政复议的申请期限中止,复查期限不计入行政复议申请期限。

第十五条 劳动保障行政部门的保险争议处理机构接到行政复议申请后,应当注明收到日期,并在5个工作日内进行审查,由劳动保障行政部门按照下列情况分别作出决定:

(一)对符合法定受理条件,但不属于本行政机关受理范围的,应当告知申请人向有关机关提出;

(二)对不符合法定受理条件的,应当作出不予受理决定,并制作行政复议不予受理决定书,送达申请人。该决定书中应当说明不予受理的理由。

除前款规定外,行政复议申请自劳动保障行政部门的保险争议处理机构收到之日起即为受理,并制作行政复议受理通知书,送达申请人和被申请人。该通知中应当告知受理日期。

本条规定的期限,从劳动保障行政部门的保险争议处理机构收到行政复议申请之日起计算;因行政复议申请书的主要内容欠缺致使劳动保障行政部门难以作出决定而要求申请人补正有关材料的,从保险争议处理机构收到补正材料之日起计算。

第十六条 经办机构作出具体行政行为时,没有制作或者没有送达行政文书,申请人不服提起行政复议的,只要能证明具体行政行为存在,劳动保障行政部门应当依法受理。

第十七条 申请人认为劳动保障行政部门无正当理由不受理其行政复议申请的,可以向上级劳动保障行政部门申诉,上级劳动保障行政部门在审查后,作出以下处理决定:

(一)申请人提出的行政复议申请符合法定受理条件的,应当责令下级劳动保障行政部门予以受理;其中申请人不服的具体行政行为是依据劳动保障法律、法规、部门规章、本级以上人民政府制定的规章或者本行政机关制定的规范性文件作出的,或者上级劳动保障行政部门认为有必要直接受理的,可以直接受理;

(二)上级劳动保障行政部门认为下级劳动保障行政部门不予受理行为确属有正当理由,应当将审查结论告知申请人。

第十八条 劳动保障行政部门的保险争议处理机构对已受理的社会保险行政争议案件,应当自收到申请之日起7个工作日内,将申请书副本或者申请笔录复印件和行政复议受理通知书送达被申请人。

第十九条 被申请人应当自接到行政复议申请书副本或者申请笔录复印件之日起10日内,提交答辩书,并提交作出该具体行政行为的证据、所依据的法律规范及其他有关材料。

被申请人不提供或者无正当理由逾期提供的,视为该具体行政行为没有证据、依据。

第二十条 申请人可以依法查阅被申请人提出的书面答辩、作出具体行政行为的证据、依据和其他有关材料。

第二十一条 劳动保障行政部门处理社会保险行政争议案件,原则上采用书面审查方式。必要时,可以向有关单位和个人调查了解情况,听取申请人、被申请人和有关人员的意见,并制作笔录。

第二十二条 劳动保障行政部门处理社会保险行政争议案件,以法律、法规、规章和依法制定的其他规范性文件为依据。

第二十三条 劳动保障行政部门在依法向有关部门请示行政复议过程中所遇到的问题应当如何处理期间,行政复议中止。

第二十四条 劳动保障行政部门在审查申请人一并提出的作出具体行政行为所依据的有关规定的合法性时,应当根据具体情况,分别作出以下处理:

(一)该规定是由本行政机关制定的,应当在30日内对该规定依法作出处理结论;

(二)该规定是由本行政机关以外的劳动保障行政部门制定的,应当在7个工作日内将有关材料直接移送制定该规定的劳动保障行政部门,请其在60日内依法作出处理结论,并将处理结论告知移送的劳动保障行政部门;

(三)该规定是由政府及其他工作部门制定的,应当在7个工作日内按照法定程序转送有权处理的国家机关依法处理。

审查该规定期间，行政复议中止，劳动保障行政部门应将有关中止情况通知申请人和被申请人。

第二十五条 行政复议中止的情形结束后，劳动保障行政部门应当继续对该具体行政行为进行审查，并将恢复行政复议审查的时间通知申请人和被申请人。

第二十六条 申请人向劳动保障行政部门提出行政复议申请后，在劳动保障行政部门作出处理决定之前，撤回行政复议申请的，经说明理由，劳动保障行政部门可以终止审理，并将有关情况记录在案。

第二十七条 劳动保障行政部门行政复议期间，被申请人变更或者撤销原具体行政行为的，应当书面告知劳动保障行政部门和申请人。劳动保障行政部门可以终止对原具体行政行为的审查，并书面告知申请人和被申请人。

申请人对被申请人变更或者重新作出的具体行政行为不服，向劳动保障行政部门提出行政复议申请的，劳动保障行政部门应当受理。

第二十八条 劳动保障行政部门的保险争议处理机构应当对其组织审理的社会保险行政争议案件提出处理建议，经本行政机关负责人审查同意或者重大案件经本行政机关集体讨论决定后，由本行政机关依法作出行政复议决定。

第二十九条 劳动保障行政部门作出行政复议决定，应当制作行政复议决定书。行政复议决定书应当载明下列事项：

（一）申请人的姓名、性别、年龄、工作单位、住址（法人或者其他组织的名称、地址、法定代表人的姓名、职务）；

（二）被申请人的名称、地址、法定代表人的姓名、职务；

（三）申请人的复议请求和理由；

（四）被申请人的答辩意见；

（五）劳动保障行政部门认定的事实、理由，适用的法律、法规、规章和依法制定的其他规范性文件；

（六）复议结论；

（七）申请人不服复议决定向人民法院起诉的期限；

（八）作出复议决定的年、月、日。

行政复议决定书应当加盖本行政机关的印章。

第三十条 经办机构和劳动保障行政部门应当依照民事诉讼法有关送达的规定，将复查决定和行政复议文书送达申请人和被申请人。

第三十一条 申请人对劳动保障行政部门作出的行政复议决定不服的，可以依法向人民法院提起行政诉讼。

第三十二条 经办机构必须执行生效的行政复议决定书。拒不执行或者故意拖延不执行的，由直接主管该经办机构的劳动保障行政部门责令其限期履行，并按照人事管理权限对直接负责的主管人员给予行政处分，或者建议经办机构对有关人员给予行政处分。

第三十三条 经办机构或者劳动保障行政部门审查社会保险行政争议案件，不得向申请人收取任何费用。

行政复议活动所需经费，由本单位的行政经费予以保障。

第三十四条 本办法自发布之日起施行。

人力资源社会保障行政复议办法

1. 2010年3月16日人力资源和社会保障部令第6号发布
2. 自2010年3月16日起施行

第一章 总 则

第一条 为了规范人力资源社会保障行政复议工作，根据《中华人民共和国行政复议法》（以下简称行政复议法）和《中华人民共和国行政复议法实施条例》（以下简称行政复议法实施条例），制定本办法。

第二条 公民、法人或者其他组织认为人力资源社会保障部门作出的具体行政行为侵犯其合法权益，向人力资源社会保障行政部门申请行政复议，人力资源社会保障行政部门及其法制工作机构开展行政复议相关工作，适用本办法。

第三条 各级人力资源社会保障行政部门是人力资源社会保障行政复议机关（以下简称行政复议机关），应当认真履行行政复议职责，遵循合法、公正、公开、及时、便民的原则，坚持有错必纠，保障法律、法规和人力资源社会保障规章的正确实施。

行政复议机关应当依照有关规定配备专职行政复议人员，为行政复议工作提供财政保障。

第四条 行政复议机关负责法制工作的机构（以下简称行政复议机构）具体办理行政复议事项，履行下列职责：

（一）处理行政复议申请；

（二）向有关组织和人员调查取证，查阅文件和资料，组织行政复议听证；

（三）依照行政复议法实施条例第九条的规定，办理第三人参加行政复议事项；

（四）依照行政复议法实施条例第四十一条的规定，决定行政复议中止、恢复行政复议审理事项；

（五）依照行政复议法实施条例第四十二条的规定，拟订行政复议终止决定；

（六）审查申请行政复议的具体行政行为是否合法与适当，提出处理建议，拟订行政复议决定，主持行政复议调解，审查和准许行政复议和解协议；

（七）处理或者转送对行政复议法第七条所列有关规定的审查申请；

（八）依照行政复议法第二十九条的规定，办理行政赔偿等事项；

（九）依照行政复议法实施条例第三十七条的规定，办理鉴定事项；

（十）按照职责权限，督促行政复议申请的受理和行政复议决定的履行；

（十一）对人力资源社会保障部门及其工作人员违反行政复议法、行政复议法实施条例和本办法规定的行为依照规定的权限和程序提出处理建议；

（十二）研究行政复议过程中发现的问题，及时向有关机关和部门提出建议，重大问题及时向行政复议机关报告；

（十三）办理因不服行政复议决定提起行政诉讼的行政应诉事项；

（十四）办理或者组织办理未经行政复议直接提起行政诉讼的行政应诉事项；

（十五）办理行政复议、行政应诉案件统计和重大行政复议决定备案事项；

（十六）组织培训；

（十七）法律、法规规定的其他职责。

第五条 专职行政复议人员应当具备与履行行政复议职责相适应的品行、专业知识和业务能力，并取得相应资格。各级人力资源社会保障部门应当保障行政复议人员参加培训的权利，应当为行政复议人员参加法律类资格考试提供必要的帮助。

第六条 行政复议人员享有下列权利：

（一）依法履行行政复议职责的行为受法律保护；

（二）获得履行行政复议职责相应的物质条件；

（三）对行政复议工作提出建议；

（四）参加培训；

（五）法律、法规和规章规定的其他权利。

行政复议人员应当履行下列义务：

（一）严格遵守宪法和法律；

（二）以事实为根据，以法律为准绳审理行政复议案件；

（三）忠于职守，尽职尽责，清正廉洁，秉公执法；

（四）依法保障行政复议参加人的合法权益；

（五）保守国家秘密、商业秘密和个人隐私；

（六）维护国家利益、社会公共利益，维护公民、法人或者其他组织的合法权益；

（七）法律、法规和规章规定的其他义务。

第二章 行政复议范围

第七条 有下列情形之一的，公民、法人或者其他组织可以依法申请行政复议：

（一）对人力资源社会保障部门作出的警告、罚款、没收违法所得、依法予以关闭、吊销许可证等行政处罚决定不服的；

（二）对人力资源社会保障部门作出的行政处理决定不服的；

（三）对人力资源社会保障部门作出的行政许可、行政审批不服的；

（四）对人力资源社会保障部门作出的行政确认不服的；

（五）认为人力资源社会保障部门不履行法定职责的；

（六）认为人力资源社会保障部门违法收费或者违法要求履行义务的；

（七）认为人力资源社会保障部门作出的其他具体行政行为侵犯其合法权益的。

第八条 公民、法人或者其他组织对下列事项，不能申请行政复议：

（一）人力资源社会保障部门作出的行政处分或者其他人事处理决定；

（二）劳动者与用人单位之间发生的劳动人事争议；

（三）劳动能力鉴定委员会的行为；

（四）劳动人事争议仲裁委员会的仲裁、调解等行为；

（五）已就同一事项向其他有权受理的行政机关申请行政复议的；

（六）向人民法院提起行政诉讼，人民法院已经依法受理的；

（七）法律、行政法规规定的其他情形。

第三章 行政复议申请

第一节 申 请 人

第九条 依照本办法规定申请行政复议的公民、法人或者其他组织为人力资源社会保障行政复议申请人。

第十条 同一行政复议案件申请人超过5人的，推选1至5名代表参加行政复议，并提交全体行政复议申请人签字的授权委托书以及全体行政复议申请人的身份证复印件。

第十一条 依照行政复议法实施条例第九条的规定，公民、法人或者其他组织申请作为第三人参加行政复议，应当提交《第三人参加行政复议申请书》，该申请书应当列明其参加行政复议的事实和理由。

申请作为第三人参加行政复议的，应当对其与被审查的具体行政行为有利害关系负举证责任。

行政复议机构通知或者同意第三人参加行政复议的，应当制作《第三人参加行政复议通知书》，送达第三人，并注明第三人参加行政复议的日期。

第十二条 申请人、第三人可以委托1至2名代理人参加行政复议。

申请人、第三人委托代理人参加行政复议的，应当向行政复议机构提交授权委托书。授权委托书应当载明下列事项：

（一）委托人姓名或者名称，委托人为法人或者其他组织的，还应当载明法定代表人或者主要负责人的姓名、职务；

（二）代理人姓名、性别、职业、住所以及邮政编码；

（三）委托事项、权限和期限；

（四）委托日期以及委托人签字或者盖章。

申请人、第三人解除或者变更委托的，应当书面报告行政复议机构。

第二节 被 申 请 人

第十三条 公民、法人或者其他组织对人力资源社会保障部门作出的具体行政行为不服，依照本办法规定申请行政复议的,作出该具体行政行为的人力资源社会保障部门为被申请人。

第十四条 对县级以上人力资源社会保障行政部门的具体行政行为不服的,可以向上一级人力资源社会保障行政部门申请复议,也可以向该人力资源社会保障行政部门的本级人民政府申请行政复议。

对人力资源社会保障部作出的具体行政行为不服的,向人力资源社会保障部申请行政复议。

第十五条 对人力资源社会保障行政部门按照国务院规定设立的社会保险经办机构(以下简称社会保险经办机构)依照法律、法规规定作出的具体行政行为不服,可以向直接管理该社会保险经办机构的人力资源社会保障行政部门申请行政复议。

第十六条 对依法受委托的属于事业组织的公共就业服务机构、职业技能考核鉴定机构以及街道、乡镇人力资源社会保障工作机构等作出的具体行政行为不服的,可以向委托其行使行政管理职能的人力资源社会保障行政部门的上一级人力资源社会保障行政部门申请复议,也可以向该人力资源社会保障行政部门的本级人民政府申请行政复议。委托的人力资源社会保障行政部门为被申请人。

第十七条 对人力资源社会保障部门和政府其他部门以共同名义作出的具体行政行为不服的,可以向其共同的上一级行政部门申请复议。共同作出具体行政行为的人力资源社会保障部门为共同被申请人之一。

第十八条 人力资源社会保障部门设立的派出机构、内设机构或者其他组织,未经法律、法规授权,对外以自己名义作出具体行政行为的,该人力资源社会保障部门为被申请人。

第三节 行政复议申请期限

第十九条 公民、法人或者其他组织认为人力资源社会保障部门作出的具体行政行为侵犯其合法权益的,可以自知道该具体行政行为之日起60日内提出行政复议申请。

前款规定的行政复议申请期限依照下列规定计算:

(一)当场作出具体行政行为的,自具体行政行为作出之日起计算;

(二)载明具体行政行为的法律文书直接送达的,自受送达人签收之日起计算;

(三)载明具体行政行为的法律文书依法留置送达的,自送达人和见证人在送达回证上签注的留置送达之日起计算;

(四)载明具体行政行为的法律文书邮寄送达的,自受送达人在邮件签收单上签收之日起计算;没有邮件签收单的,自受送达人在送达回执上签名之日起计算;

(五)具体行政行为依法通过公告形式告知受送达人的,自公告规定的期限届满之日起计算;

(六)被申请人作出具体行政行为时未告知公民、法人或者其他组织,事后补充告知的,自该公民、法人或者其他组织收到补充告知的通知之日起计算;

(七)被申请人有证据材料能够证明公民、法人或者其他组织知道该具体行政行为的,自证据材料证明其知道具体行政行为之日起计算。

人力资源社会保障部门作出具体行政行为，依法应当向有关公民、法人或者其他组织送达法律文书而未送达的，视为该公民、法人或者其他组织不知道该具体行政行为。

申请人因不可抗力或者其他正当理由耽误法定申请期限的，申请期限自原因消除之日起继续计算。

第二十条 人力资源社会保障部门对公民、法人或者其他组织作出具体行政行为，应当告知其申请行政复议的权利、行政复议机关和行政复议申请期限。

第四节 行政复议申请的提出

第二十一条 申请人书面申请行政复议的，可以采取当面递交、邮寄或者传真等方式递交行政复议申请书。

有条件的行政复议机构可以接受以电子邮件形式提出的行政复议申请。

对采取传真、电子邮件方式提出的行政复议申请，行政复议机构应当告知申请人补充提交证明其身份以及确认申请书真实性的相关书面材料。

第二十二条 申请人书面申请行政复议的，应当在行政复议申请书中载明下列事项：

（一）申请人基本情况：申请人是公民的，包括姓名、性别、年龄、身份证号码、工作单位、住所、邮政编码；申请人是法人或者其他组织的，包括名称、住所、邮政编码和法定代表人或者主要负责人的姓名、职务；

（二）被申请人的名称；

（三）申请行政复议的具体行政行为、行政复议请求、申请行政复议的主要事实和理由；

（四）申请人签名或者盖章；

（五）日期。

申请人口头申请行政复议的，行政复议机构应当依照前款规定内容，当场制作行政复议申请笔录交申请人核对或者向申请人宣读，并由申请人签字确认。

第二十三条 有下列情形之一的，申请人应当提供相应的证明材料：

（一）认为被申请人不履行法定职责的，提供曾经申请被申请人履行法定职责的证明材料；

（二）申请行政复议时一并提出行政赔偿申请的，提供受具体行政行为侵害而造成损害的证明材料；

（三）属于本办法第十九条第四款情形的，提供发生不可抗力或者有其他正当理由的证明材料；

（四）需要申请人提供证据材料的其他情形。

第二十四条 申请人提出行政复议申请时错列被申请人的，行政复议机构应当告知申请人变更被申请人。

申请人变更被申请人的期间，不计入行政复议审理期限。

第二十五条 依照行政复议法第七条的规定，申请人认为具体行政行为所依据的规定不合法的，可以在对具体行政行为申请行政复议的同时一并提出对该规定的审查申请；申请人在对具体行政行为提出行政复议申请时尚不知道该具体行政行为所依据的规定的，可以在行政复议机关作出行政复议决定前向行政复议机关提出对该规定的审查申请。

第四章　行政复议受理

第二十六条　行政复议机构收到行政复议申请后，应当在5日内进行审查，按照下列情况分别作出处理：

（一）对符合行政复议法实施条例第二十八条规定条件的，依法予以受理，制作《行政复议受理通知书》和《行政复议提出答复通知书》，送达申请人和被申请人；

（二）对符合本办法第七条规定的行政复议范围，但不属于本机关受理范围的，应当书面告知申请人向有关行政复议机关提出；

（三）对不符合法定受理条件的，应当作出不予受理决定，制作《行政复议不予受理决定书》，送达申请人，该决定书中应当说明不予受理的理由和依据。

对不符合前款规定的行政复议申请，行政复议机构应当将有关处理情况告知申请人。

第二十七条　人力资源社会保障行政部门的其他工作机构收到复议申请的，应当及时转送行政复议机构。

除不符合行政复议法定条件或者不属于本机关受理的行政复议申请外，行政复议申请自行政复议机构收到之日起即为受理。

第二十八条　依照行政复议法实施条例第二十九条的规定，行政复议申请材料不齐全或者表述不清楚的，行政复议机构可以向申请人发出补正通知，一次性告知申请人需要补正的事项。

补正通知应当载明下列事项：

（一）行政复议申请书中需要修改、补充的具体内容；

（二）需要补正的证明材料；

（三）合理的补正期限；

（四）逾期未补正的法律后果。

补正期限从申请人收到补正通知之日起计算。

无正当理由逾期不补正的，视为申请人放弃行政复议申请。

申请人应当在补正期限内向行政复议机构提交需要补正的材料。补正申请材料所用时间不计入行政复议审理期限。

第二十九条　申请人依法提出行政复议申请，行政复议机关无正当理由不予受理的，上一级人力资源社会保障行政部门可以根据申请人的申请或者依职权先行督促其受理；经督促仍不受理的，应当责令其限期受理，并且制作《责令受理行政复议申请通知书》；必要时，上一级人力资源社会保障行政部门也可以直接受理。

上一级人力资源社会保障行政部门经审查认为行政复议申请不符合法定受理条件的，应当告知申请人。

第三十条　劳动者与用人单位因工伤保险待遇发生争议，向劳动人事争议仲裁委员会申请仲裁期间，又对人力资源社会保障行政部门作出的工伤认定结论不服向行政复议机关申请行政复议的，如果符合法定条件，应当予以受理。

第五章 行政复议审理和决定

第三十一条 行政复议原则上采取书面审查的办法,但是申请人提出要求或者行政复议机构认为有必要的,可以向有关组织和人员调查情况,听取申请人、被申请人和第三人的意见。

第三十二条 行政复议机构应当自行政复议申请受理之日起7日内,将行政复议申请书副本或者行政复议申请笔录复印件发送被申请人。被申请人应当自收到申请书副本或者申请笔录复印件之日起10日内,提交行政复议答复书,并提交当初作出具体行政行为的证据、依据和其他有关材料。

行政复议答复书应当载明下列事项,并加盖被申请人印章:

(一)被申请人的名称、地址、法定代表人的姓名、职务;

(二)作出具体行政行为的事实和有关证据材料;

(三)作出具体行政行为依据的法律、法规、规章和规范性文件的具体条款和内容;

(四)对申请人行政复议请求的意见和理由;

(五)日期。

被申请人应当对其提交的证据材料分类编号,对证据材料的来源、证明对象和内容作简要说明。

因不可抗力或者其他正当理由,被申请人不能在法定期限内提出书面答复、提交当初作出具体行政行为的证据、依据和其他有关材料的,可以向行政复议机关提出延期答复和举证的书面申请。

第三十三条 有下列情形之一的,行政复议机构可以实地调查核实证据:

(一)申请人或者被申请人对于案件事实的陈述有争议的;

(二)被申请人提供的证据材料之间相互矛盾的;

(三)第三人提出新的证据材料,足以推翻被申请人认定的事实的;

(四)行政复议机构认为确有必要的其他情形。

调查取证时,行政复议人员不得少于2人,并应当向当事人或者有关人员出示证件。

第三十四条 对重大、复杂的案件,申请人提出要求或者行政复议机构认为必要时,可以采取听证的方式审理。

有下列情形之一的,属于重大、复杂的案件:

(一)涉及人数众多或者群体利益的案件;

(二)具有涉外因素的案件;

(三)社会影响较大的案件;

(四)案件事实和法律关系复杂的案件;

(五)行政复议机构认为其他重大、复杂的案件。

第三十五条 公民、法人或者其他组织对人力资源社会保障部门行使法律、法规规定的自由裁量权作出的具体行政行为不服申请行政复议,在行政复议机关作出行政复议决定之前,申请人和被申请人可以在自愿、合法基础上达成和解。申请人和被申请人达成和解的,应当向行政复议机构提交书面和解协议。

书面和解协议应当载明行政复议请求、事实、理由和达成和解的结果，并且由申请人和被申请人签字或者盖章。

行政复议机构应当对申请人和被申请人提交的和解协议进行审查。和解确属申请人和被申请人的真实意思表示，和解内容不违反法律、法规的强制性规定，不损害国家利益、社会公共利益和他人合法权益的，行政复议机构应当准许和解，并终止行政复议案件的审理。

第三十六条 依照行政复议法实施条例第四十一条的规定，行政复议机构中止、恢复行政复议案件的审理，应当分别制发《行政复议中止通知书》和《行政复议恢复审理通知书》，并通知申请人、被申请人和第三人。

第三十七条 依照行政复议法实施条例第四十二条的规定，行政复议机关终止行政复议的，应当制发《行政复议终止通知书》，并通知申请人、被申请人和第三人。

第三十八条 依照行政复议法第二十八条第一款第一项规定，具体行政行为认定事实清楚，证据确凿，适用依据正确，程序合法，内容适当的，行政复议机关应当决定维持。

第三十九条 依照行政复议法第二十八条第一款第二项规定，被申请人不履行法定职责的，行政复议机关应当决定其在一定期限内履行法定职责。

第四十条 具体行政行为有行政复议法第二十八条第一款第三项规定情形之一的，行政复议机关应当决定撤销、变更该具体行政行为或者确认该具体行政行为违法；决定撤销该具体行政行为或者确认该具体行政行为违法的，可以责令被申请人在一定期限内重新作出具体行政行为。

第四十一条 被申请人未依照行政复议法第二十三条的规定提出书面答复、提交当初作出具体行政行为的证据、依据和其他有关材料的，视为该具体行政行为没有证据、依据，行政复议机关应当决定撤销该具体行政行为。

第四十二条 具体行政行为有行政复议法实施条例第四十七条规定情形之一的，行政复议机关可以作出变更决定。

第四十三条 依照行政复议法实施条例第四十八条第一款的规定，行政复议机关决定驳回行政复议申请的，应当制发《驳回行政复议申请决定书》，并通知申请人、被申请人和第三人。

第四十四条 行政复议机关依照行政复议法第二十八条的规定责令被申请人重新作出具体行政行为的，被申请人应当在法律、法规、规章规定的期限内重新作出具体行政行为；法律、法规、规章未规定期限的，重新作出具体行政行为的期限为60日。

公民、法人或者其他组织对被申请人重新作出的具体行政行为不服，可以依法申请行政复议或者提起行政诉讼。

第四十五条 有下列情形之一的，行政复议机关可以按照自愿、合法的原则进行调解：

（一）公民、法人或者其他组织对人力资源社会保障部门行使法律、法规规定的自由裁量权作出的具体行政行为不服申请行政复议的；

（二）当事人之间的行政赔偿或者行政补偿纠纷；

（三）其他适于调解的。

第四十六条 行政复议机关进行调解应当符合下列要求：

（一）在查明案件事实的基础上进行；

（二）充分尊重申请人和被申请人的意愿；

（三）遵循公正、合理原则；

（四）调解结果应当符合有关法律、法规的规定；

（五）调解结果不得损害国家利益、社会公共利益或者他人合法权益。

第四十七条 申请人和被申请人经调解达成协议的，行政复议机关应当制作《行政复议调解书》。《行政复议调解书》应当载明下列内容：

（一）申请人姓名、性别、年龄、住所（法人或者其他组织的名称、地址、法定代表人或者主要负责人的姓名、职务）；

（二）被申请人的名称；

（三）申请人申请行政复议的请求、事实和理由；

（四）被申请人答复的事实、理由、证据和依据；

（五）进行调解的基本情况；

（六）调解结果；

（七）日期。

《行政复议调解书》应当加盖行政复议机关印章。《行政复议调解书》经申请人、被申请人签字或者盖章，即具有法律效力。

调解未达成协议或者调解书生效前一方反悔的，行政复议机关应当及时作出行政复议决定。

第四十八条 行政复议机关在审查申请人一并提出的作出具体行政行为所依据的规定的合法性时，应当根据具体情况，分别作出下列处理：

（一）如果该规定是由本行政机关制定的，应当在 30 日内对该规定依法作出处理结论；

（二）如果该规定是由其他人力资源社会保障行政部门制定的，应当在 7 日内按照法定程序转送制定该规定的人力资源社会保障行政部门，请其在 60 日内依法处理；

（三）如果该规定是由人民政府制定的，应当在 7 日内按照法定程序转送有权处理的国家机关依法处理。

对该规定进行审查期间，中止对具体行政行为的审查；审查结束后，行政复议机关再继续对具体行政行为的审查。

第四十九条 行政复议机关对决定撤销、变更具体行政行为或者确认具体行政行为违法并且申请人提出行政赔偿请求的下列具体行政行为，应当在行政复议决定中同时作出被申请人依法给予赔偿的决定：

（一）被申请人违法实施罚款、没收违法所得、依法予以关闭、吊销许可证等行政处罚的；

（二）被申请人造成申请人财产损失的其他违法行为。

第五十条 行政复议机关作出行政复议决定，应当制作《行政复议决定书》，载明下列事项：

（一）申请人的姓名、性别、年龄、住所（法人或者其他组织的名称、地址、法定代表人或者主要负责人的姓名、职务）；

（二）被申请人的名称、住所；

（三）申请人的行政复议请求和理由；

（四）第三人的意见；

（五）被申请人答复意见；

（六）行政复议机关认定的事实、理由，适用的法律、法规、规章以及其他规范性文件；

（七）复议决定；

（八）申请人不服行政复议决定向人民法院起诉的期限；

（九）日期。

《行政复议决定书》应当加盖行政复议机关印章。

第五十一条 行政复议机关应当根据《中华人民共和国民事诉讼法》的规定，采用直接送达、邮寄送达或者委托送达等方式，将行政复议决定送达申请人、被申请人和第三人。

第五十二条 下级行政复议机关应当及时将重大行政复议决定报上级行政复议机关备案。

第五十三条 案件审查结束后，办案人员应当及时将案卷进行整理归档。案卷保存期不少于10年，国家另有规定的从其规定。保存期满后的案卷，应当按照国家有关档案管理的规定处理。

案卷归档材料应当包括：

（一）行政复议申请的处理

1. 行政复议申请书或者行政复议申请笔录、申请人提交的证据材料；

2. 授权委托书、申请人身份证复印件、法定代表人或者主要负责人身份证明书；

3. 行政复议补正通知书；

4. 行政复议受理通知书和行政复议提出答复通知书；

5. 行政复议不予受理决定书；

6. 行政复议告知书；

7. 行政复议答复书、被申请人提交的证据材料；

8. 第三人参加行政复议申请书、第三人参加行政复议通知书；

9. 责令限期受理行政复议申请通知书。

（二）案件审理

1. 行政复议调查笔录；

2. 行政复议听证记录；

3. 行政复议中止通知书、行政复议恢复审理通知书；

4. 行政复议和解协议；

5. 行政复议延期处理通知书；

6. 撤回行政复议申请书；

7. 规范性文件转送函。

（三）处理结果

1. 行政复议决定书；

2. 行政复议调解书;
3. 行政复议终止书;
4. 驳回行政复议申请决定书。
(四)其他
1. 行政复议文书送达回证;
2. 行政复议意见书;
3. 行政复议建议书;
4. 其他。

第五十四条 案卷装订、归档应当达到下列要求:
(一)案卷装订整齐;
(二)案卷目录用钢笔或者签字笔填写,字迹工整;
(三)案卷材料不得涂改;
(四)卷内材料每页下方应当居中标注页码。

第六章 附 则

第五十五条 本办法所称人力资源社会保障部门包括人力资源社会保障行政部门、社会保险经办机构、公共就业服务机构等具有行政职能的机构。

第五十六条 人力资源社会保障行政复议活动所需经费、办公用房以及交通、通讯、摄像、录音等设备由各级人力资源社会保障部门予以保障。

第五十七条 行政复议机关可以使用行政复议专用章。在人力资源社会保障行政复议活动中,行政复议专用章和行政复议机关印章具有同等效力。

第五十八条 本办法未规定事项,依照行政复议法、行政复议法实施条例规定执行。

第五十九条 本办法自发布之日起施行。劳动和社会保障部1999年11月23日发布的《劳动和社会保障行政复议办法》(劳动和社会保障部令第5号)同时废止。

国务院关于试行社会保险基金预算的意见

1. 2010年1月2日发布
2. 国发〔2010〕2号

为加强社会保险基金管理,规范社会保险基金收支行为,明确政府责任,促进经济社会协调发展,国务院决定试行社会保险基金预算。现就有关问题提出以下意见:

一、社会保险基金预算的指导思想和原则

社会保险基金预算是根据国家社会保险和预算管理法律法规建立、反映各项社会保险基金收支的年度计划。社会保险基金预算坚持以科学发展观为指导,通过对社会保险基金筹集和使用实行预算管理,增强政府宏观调控能力,强化社会保险基金的管理和监督,保证社会保险基金安全完整,提高社会保险基金运行效益,促进社会保险制度可持续发展。社会保险基金预算应遵循以下基本原则:

依法建立,规范统一。依据国家法律法规建立,严格执行国家社会保险政策,按照规定范围、程序、方法和内容编制。

统筹编制,明确责任。社会保险基金预算按统筹地区编制执行,统筹地区根据预算管理方式,明确本地区各级人民政府及相关部门责任。

专项基金,专款专用。社会保险各项基金预算严格按照有关法律法规规范收支内容、标准和范围,专款专用,不得挤占或挪作他用。

相对独立,有机衔接。在预算体系中,社会保险基金预算单独编报,与公共财政预算和国有资本经营预算相对独立、有机衔接。社会保险基金不能用于平衡公共财政预算,公共财政预算可补助社会保险基金。

收支平衡,留有结余。社会保险基金预算坚持收支平衡,适当留有结余。

二、社会保险基金预算编制范围

社会保险基金预算按险种分别编制,包括企业职工基本养老保险基金、失业保险基金、城镇职工基本医疗保险基金、工伤保险基金、生育保险基金等内容。根据国家法律法规建立的其他社会保险基金,条件成熟时,也应尽快纳入社会保险基金预算管理。

企业职工基本养老保险基金预算包括基金收入预算和基金支出预算。基金收入主要包括基本养老保险费收入、利息收入、财政补贴收入、转移收入、上级补助收入、下级上解收入、其他收入等;基金支出主要包括基本养老金支出、医疗补助金支出、丧葬抚恤补助支出、转移支出、补助下级支出、上解上级支出、其他支出等。

失业保险基金预算包括基金收入预算和基金支出预算。基金收入主要包括失业保险费收入、利息收入、财政补贴收入、转移收入、上级补助收入、下级上解收入、其他收入等;基金支出主要包括失业保险金支出、医疗补助金支出、丧葬抚恤补助支出、职业培训和职业介绍补贴支出、转移支出、补助下级支出、上解上级支出、其他支出等。

城镇职工基本医疗保险基金预算包括基金收入预算和基金支出预算。基金收入主要包括基本医疗保险费收入、利息收入、财政补贴收入、转移收入、上级补助收入、下级上解收入、其他收入等;基金支出主要包括基本医疗保险待遇支出、转移支出、补助下级支出、上解上级支出、其他支出等。

工伤保险基金预算包括基金收入预算和基金支出预算。基金收入主要包括工伤保险费收入、利息收入、财政补贴收入、转移收入、上级补助收入、下级上解收入、其他收入等;基金支出主要包括工伤保险待遇支出、劳动能力鉴定费支出、转移支出、补助下级支出、上解上级支出、其他支出等。

生育保险基金预算包括基金收入预算和基金支出预算。基金收入主要包括生育保险费收入、利息收入、财政补贴收入、转移收入、上级补助收入、下级上解收入、其他收入等;基金支出主要包括生育保险待遇支出、医疗费支出、转移支出、补助下级支出、上解上级支出、其他支出等。

三、社会保险基金预算编制方法

社会保险基金预算编制采用科学、规范的方法，提高预算编制的预见性、准确性、完整性和科学性。

社会保险基金收入预算的编制应综合考虑统筹地区上年度基金预算执行情况、本年度经济社会发展水平预测以及社会保险工作计划等因素，包括社会保险参保人数、缴费人数、缴费工资基数等。统筹地区人民政府应根据社会保险基金收支、财政收支等情况，合理安排本级财政对社会保险基金的补助支出。

社会保险基金支出预算的编制应综合考虑统筹地区本年度享受社会保险待遇人数变动、经济社会发展状况、社会保险政策调整及社会保险待遇标准变动等因素。社会保险待遇支出预算应根据上年度享受社会保险待遇对象存量、上年度人均享受社会保险待遇水平等因素确定，同时考虑本年度变动情况；社会保险非待遇性支出预算要严格执行社会保险政策和管理制度规定。

四、社会保险基金预算编制和审批

统筹地区社会保险基金预算草案由社会保险经办机构编制，经本级人力资源社会保障部门审核汇总，财政部门审核后，由财政和人力资源社会保障部门联合报本级人民政府审批。社会保险费由税务机关征收的，社会保险基金收入预算草案由社会保险经办机构会同税务机关编制。

统筹地区财政和人力资源社会保障部门将社会保险基金预算草案报本级人民政府审批后，报上一级财政和人力资源社会保障部门。省级财政和人力资源社会保障部门将本省（区、市）社会保险基金预算草案报本级人民政府后，报财政部和人力资源社会保障部。

全国社会保险基金预算草案由人力资源社会保障部汇总编制，财政部审核后，由财政部和人力资源社会保障部联合向国务院报告。待条件成熟时，由国务院适时向全国人大报告。

五、社会保险基金预算执行和调整

社会保险基金预算草案经统筹地区人民政府批准后，由财政和人力资源社会保障部门批复，社会保险经办机构具体执行。社会保险经办机构应严格按照批准的预算和规定的程序执行，并定期向本级人力资源社会保障和财政部门报告。社会保险费由税务机关征收的，社会保险基金收入预算批复税务机关和社会保险经办机构，税务机关应严格按照批准的预算和规定的程序执行，并定期向本级财政和人力资源社会保障部门报告。

社会保险基金预算不得随意调整。在执行中因特殊情况需要增加支出或减少收入，应当编制社会保险基金预算调整方案。社会保险基金预算调整由统筹地区社会保险经办机构提出调整方案，经人力资源社会保障部门审核汇总，财政部门审核后，由财政和人力资源社会保障部门联合报本级人民政府批准。社会保险费由税务机关征收的，社会保险费收入预算调整方案由社会保险经办机构会同税务机关提出。

六、社会保险基金决算

年度终了，统筹地区社会保险经办机构应按有关规定编制年度社会保险基金决算草案，经人力资源社会保障部门审核汇总，财政部门审核后，由财政和人力资源社会保障部门联合报本级人民政府审批。

统筹地区财政和人力资源社会保障部门将社会保险基金决算草案报本级人民政府审批后，报上一级财政和人力资源社会保障部门。省级财政和人力资源社会保障部门将本省（区、市）社会保险基金决算草案报本级人民政府后，报财政部和人力资源社会保障部。

全国社会保险基金决算草案由人力资源社会保障部汇总编制，财政部审核后，由财政部和人力资源社会保障部联合向国务院报告。

七、社会保险基金预算的组织实施

各地区要根据本意见并结合本地实际，编制2010年度社会保险基金预算，同时，进一步做好社会保险基金预算执行、调整和决算等工作。统筹地区人民政府要建立社会保险基金预算绩效考核和激励约束机制，推进预算工作组织实施。统筹地区社会保险经办机构编制及调整社会保险基金预决算的情况，应及时报上级社会保险经办机构。财政和人力资源社会保障部门要抓紧制定有关配套制度和办法，加强指导，积极稳妥地推进此项工作。

建立社会保险基金预算，是完善社会保险基金管理的一项重大制度建设，涉及面广，政策性强。各级人民政府要充分认识建立社会保险基金预算制度的重大意义，高度重视，加强领导，精心组织。财政、人力资源社会保障等部门要认真执行社会保险基金预算的各项制度和办法，积极配合，确保试行社会保险基金预算工作的顺利开展；同时，在基金预算编制过程中加强与有关部门的信息交流和沟通，逐步建立健全社会保险基金预决算信息公开制度。

劳动和社会保障部、财政部、人事部、中央机构编制委员会办公室关于职工在机关事业单位与企业之间流动时社会保险关系处理意见的通知

1. 2001年9月20日发布
2. 劳社部发〔2001〕13号

为促进职工在机关事业单位与企业之间合理流动，推进市、县、乡机构改革，根据《国务院关于印发完善城镇社会保障体系试点方案的通知》（国发〔2000〕42号）和《中共中央办公厅、国务院办公厅关于市县乡人员编制精简的意见》（中办发〔2000〕30号）的规定，职工在机关事业单位和企业单位之间流动，要相应转移各项社会保险关系，并执行调入单位的社会保险制度。经国务院同意，现就职工流动时社会保险关系的处理意见通知如下：

一、养老保险关系处理

职工由机关事业单位进入企业工作之月起，参加企业职工的基本养老保险，单位和个人按规定缴纳基本养老保险费，建立基本养老保险个人账户，原有的工作年限视同缴费年限，退休时

按企业的办法计发基本养老金。其中,公务员及参照和依照公务员制度管理的单位工作人员,在进入企业并按规定参加企业职工基本养老保险后,根据本人在机关(或单位)工作的年限给予一次性补贴,由其原所在单位通过当地社会保险经办机构转入本人的基本养老保险个人账户,所需资金由同级财政安排。补贴的标准为:本人离开机关上年度月平均基本工资×在机关工作年限×0.3%×120个月。

职工由企业进入机关事业单位工作之月起,执行机关事业单位的退休养老制度,其原有的连续工龄与进入机关事业单位后的工作年限合并计算,退休时按机关事业单位的办法计发养老金。已建立的个人账户继续由社会保险经办机构管理,退休时,其个人账户储存额每月按1/120计发,并相应抵减按机关事业单位办法计发的养老金。

公务员进入企业工作后再次转入机关事业单位工作的,原给予的一次性补贴的本金和利息要上缴同级财政。其个人账户管理、退休后养老金计发等,比照由企业进入机关事业单位工作职工的相关政策办理。

二、失业保险关系处理

职工由机关进入企业、事业单位工作之月起,按规定参加失业保险,其原有的工作年限视同缴费年限。职工由企业、事业单位进入机关工作,原单位及个人缴纳的失业保险费不转移,其失业保障按《人事部关于印发〈国家公务员被辞退后有关问题的暂行办法〉的通知》(人发〔1996〕64号)规定执行。

三、医疗保险关系处理

职工在机关事业单位和企业之间流动,在同一统筹地区内的基本医疗保险关系不转移,跨统筹地区的基本医疗保险关系及个人账户随同转移。职工流动后,除基本医疗保险之外,其他医疗保障待遇按当地有关政策进行调整。

本通知从下发之日起执行。各地区、各部门要切实加强组织领导,有关部门要密切配合,抓紧制定具体办法,认真组织实施。

劳动和社会保障部办公厅关于单位外派职工在境外工作期间取得当地居民身份证后社会保险关系处理问题的复函

1. 2001年4月24日发布
2. 劳社厅函〔2001〕115号

广东省劳动和社会保障厅:

你厅《关于外派职工取得境外居民身份证后是否继续参保并享受社会保险待遇问题的请

示》(粤劳社〔2001〕67 号)收悉。经研究,现答复如下:

职工在被本单位派到境外工作期间,合法取得当地永久性居民身份证后,职工所在单位应停止为其缴纳社会保险费,及时为其办理终止社会保险关系的手续。社会保险经办机构应当终止其社会保险关系,并根据职工的申请,对参加基本养老保险,且不符合领取基本养老金条件的,将其基本养老保险个人账户储存额中的个人缴费部分一次性退给本人;参加基本医疗保险的,将其个人账户结余部分一次性退给本人;参加失业保险的,单位和个人此前缴纳的失业保险费不予退还。

职工在被派到香港、澳门和台湾地区工作期间合法取得当地永久性居民身份证的,其社会保险关系参照上述办法处理。

最高人民法院关于在审理和执行民事、经济纠纷案件时不得查封、冻结和扣划社会保险基金的通知

1. 2000 年 2 月 18 日发布
2. 法〔2000〕19 号

各省、自治区、直辖市高级人民法院,新疆维吾尔自治区高级人民法院生产建设兵团分院:

近一个时期,少数法院在审理和执行社会保险机构原下属企业(现已全部脱钩)与其他企业、单位的经济纠纷案件时,查封社会保险机构开设的社会保险基金账户,影响了社会保险基金的正常发放,不利于社会的稳定。为杜绝此类情况发生,特通知如下:

社会保险基金是由社会保险机构代参保人员管理,并最终由参保人员享用的公共基金,不属于社会保险机构所有。社会保险机构对该项基金设立专户管理,专款专用,专项用于保障企业退休职工、失业人员的基本生活需要,属专项资金,不得挪作他用。因此,各地人民法院在审理和执行民事、经济纠纷案件时,不得查封、冻结或扣划社会保险基金;不得用社会保险基金偿还社会保险机构及其原下属企业的债务。

各地人民法院如发现有违反上述规定的,应当及时依法予以纠正。

2. 养老保险

国务院关于建立统一的企业职工基本养老保险制度的决定

1. 1997年7月16日发布
2. 国发〔1997〕26号

各省、自治区、直辖市人民政府,国务院各部委、各直属机构:

近年来,各地区和有关部门按照《国务院关于深化企业职工养老保险制度改革的通知》(国发〔1995〕6号)要求,制定了社会统筹与个人账户相结合的养老保险制度改革方案,建立了职工基本养老保险个人账户,促进了养老保险新机制的形成,保障了离退休人员的基本生活,企业职工养老保险制度改革取得了新的进展。但是,由于这项改革仍处在试点阶段,目前还存在基本养老保险制度不统一、企业负担重、统筹层次低、管理制度不健全等问题,必须按照党中央、国务院确定的目标和原则,进一步加快改革步伐,建立统一的企业职工基本养老保险制度,促进经济与社会健康发展。为此,国务院在总结近几年改革试点经验的基础上作出如下决定:

一、到本世纪末,要基本建立起适应社会主义市场经济体制要求,适用城镇各类企业职工和个体劳动者,资金来源多渠道、保障方式多层次、社会统筹与个人账户相结合、权利与义务相对应、管理服务社会化的养老保险体系。企业职工养老保险要贯彻社会互济与自我保障相结合、公平与效率相结合、行政管理与基金管理分开等原则,保障水平要与我国社会生产力发展水平及各方面的承受能力相适应。

二、各级人民政府要把社会保险事业纳入本地区国民经济与社会发展计划,贯彻基本养老保险只能保障退休人员基本生活的原则,把改革企业职工养老保险制度与建立多层次的社会保障体系紧密结合起来,确保离退休人员基本养老金和失业人员失业救济金的发放,积极推行城市居民最低生活保障制度。为使离退休人员的生活随着经济与社会发展不断得到改善,体现按劳分配原则和地区发展水平及企业经济效益的差异,各地区和有关部门要在国家政策指导下大力发展企业补充养老保险,同时发挥商业保险的补充作用。

三、企业缴纳基本养老保险费(以下简称企业缴费)的比例,一般不得超过企业工资总额的20%(包括划入个人账户的部分),具体比例由省、自治区、直辖市人民政府确定。少数省、自治区、直辖市因离退休人数较多、养老保险负担过重,确需超过企业工资总额20%的,应报劳动部、财政部审批。个人缴纳基本养老保险费(以下简称个人缴费)的比例,1997年不得低于本人缴费工资的4%,1998年起每两年提高1个百分点,最终达到本人缴费工资的8%。有条件的地区和工资增长较快的年份,个人缴费比例提高的速度应适当加快。

四、按本人缴费工资11%的数额为职工建立基本养老保险个人账户，个人缴费全部记入个人账户，其余部分从企业缴费中划入。随着个人缴费比例的提高，企业划入的部分要逐步降至3%。个人账户储存额，每年参考银行同期存款利率计算利息。个人账户储存额只用于职工养老，不得提前支取。职工调动时，个人账户全部随同转移。职工或退休人员死亡，个人账户中的个人缴费部分可以继承。

五、本决定实施后参加工作的职工，个人缴费年限累计满15年的，退休后按月发给基本养老金。基本养老金由基础养老金和个人账户养老金组成。退休时的基础养老金月标准为省、自治区、直辖市或地(市)上年度职工月平均工资的20%，个人账户养老金月标准为本人账户储存额除以120。个人缴费年限累计不满15年的，退休后不享受基础养老金待遇，其个人账户储存额一次支付给本人。

本决定实施前已经离退休的人员，仍按国家原来的规定发给养老金，同时执行养老金调整办法。各地区和有关部门要按照国家规定进一步完善基本养老金正常调整机制，认真抓好落实。

本决定实施前参加工作、实施后退休且个人缴费和视同缴费年限累计满15年的人员，按照新老办法平稳衔接、待遇水平基本平衡等原则，在发给基础养老金和个人账户养老金的基础上再确定过渡性养老金，过渡性养老金从养老保险基金中解决。具体办法，由劳动部会同有关部门制订并指导实施。

六、进一步扩大养老保险的覆盖范围，基本养老保险制度要逐步扩大到城镇所有企业及其职工。城镇个体劳动者也要逐步实行基本养老保险制度，其缴费比例和待遇水平由省、自治区、直辖市人民政府参照本决定精神确定。

七、抓紧制定企业职工养老保险基金管理条例，加强对养老保险基金的管理。基本养老保险基金实行收支两条线管理，要保证专款专用，全部用于职工养老保险，严禁挤占挪用和挥霍浪费。基金结余额，除预留相当于2个月的支付费用外，应全部购买国家债券和存入专户，严格禁止投入其他金融和经营性事业。要建立健全社会保险基金监督机构，财政、审计部门要依法加强监督，确保基金的安全。

八、为有利于提高基本养老保险基金的统筹层次和加强宏观调控，要逐步由县级统筹向省或省授权的地区统筹过渡。待全国基本实现省级统筹后，原经国务院批准由有关部门和单位组织统筹的企业，参加所在地区的社会统筹。

九、提高社会保险管理服务的社会化水平，尽快将目前由企业发放养老金改为社会化发放，积极创造条件将离退休人员的管理服务工作逐步由企业转向社会，减轻企业的社会事务负担。各级社会保险机构要进一步加强基础建设，改进和完善服务与管理工作，不断提高工作效率和服务质量，促进养老保险制度的改革。

十、实行企业化管理的事业单位，原则上按照企业养老保险制度执行。

建立统一的企业职工基本养老保险制度是深化社会保险制度改革的重要步骤，关系改革、发展和稳定的全局。各地区和有关部门要予以高度重视，切实加强领导，精心组织实施。劳动部要会同国家体改委等有关部门加强工作指导和监督检查，及时研究解决工作中遇到的问题，确保本决定的贯彻实施。

国务院关于完善企业职工基本养老保险制度的决定

1. 2005年12月3日发布
2. 国发〔2005〕38号

各省、自治区、直辖市人民政府，国务院各部委、各直属机构：

近年来，各地区和有关部门按照党中央、国务院关于完善企业职工基本养老保险制度的部署和要求，以确保企业离退休人员基本养老金按时足额发放为中心，努力扩大基本养老保险覆盖范围，切实加强基本养老保险基金征缴，积极推进企业退休人员社会化管理服务，各项工作取得明显成效，为促进改革、发展和维护社会稳定发挥了重要作用。但是，随着人口老龄化、就业方式多样化和城市化的发展，现行企业职工基本养老保险制度还存在个人账户没有做实、计发办法不尽合理、覆盖范围不够广泛等不适应的问题，需要加以改革和完善。为此，在充分调查研究和总结东北三省完善城镇社会保障体系试点经验的基础上，国务院对完善企业职工基本养老保险制度作出如下决定：

一、完善企业职工基本养老保险制度的指导思想和主要任务。以邓小平理论和“三个代表”重要思想为指导，认真贯彻党的十六大和十六届三中、四中、五中全会精神，按照落实科学发展观和构建社会主义和谐社会的要求，统筹考虑当前和长远的关系，坚持覆盖广泛、水平适当、结构合理、基金平衡的原则，完善政策，健全机制，加强管理，建立起适合我国国情，实现可持续发展的基本养老保险制度。主要任务是：确保基本养老金按时足额发放，保障离退休人员基本生活；逐步做实个人账户，完善社会统筹与个人账户相结合的基本制度；统一城镇个体工商户和灵活就业人员参保缴费政策，扩大覆盖范围；改革基本养老金计发办法，建立参保缴费的激励约束机制；根据经济发展水平和各方面承受能力，合理确定基本养老金水平；建立多层次养老保险体系，划清中央与地方、政府与企业及个人的责任；加强基本养老保险基金征缴和监管，完善多渠道筹资机制；进一步做好退休人员社会化管理工作，提高服务水平。

二、确保基本养老金按时足额发放。要继续把确保企业离退休人员基本养老金按时足额发放作为首要任务，进一步完善各项政策和工作机制，确保离退休人员基本养老金按时足额发放，不得发生新的基本养老金拖欠，切实保障离退休人员的合法权益。对过去拖欠的基本养老金，各地要根据《中共中央办公厅　国务院办公厅关于进一步做好补发拖欠基本养老金和企业调整工资工作的通知》要求，认真加以解决。

三、扩大基本养老保险覆盖范围。城镇各类企业职工、个体工商户和灵活就业人员都要参加企业职工基本养老保险。当前及今后一个时期，要以非公有制企业、城镇个体工商户和灵活就业人员参保工作为重点，扩大基本养老保险覆盖范围。要进一步落实国家有关社会保险补贴政策，帮助就业困难人员参保缴费。城镇个体工商户和灵活就业人员参加基本养老保险的缴费基数为当地上年度在岗职工平均工资，缴费比例为20%，其中8%记入个人账户，退休后按企业职工基本养老金计发办法计发基本养老金。

四、逐步做实个人账户。做实个人账户，积累基本养老保险基金，是应对人口老龄化的重要举措，也是实现企业职工基本养老保险制度可持续发展的重要保证。要继续抓好东北三省做实个人账户试点工作，抓紧研究制订其他地区扩大做实个人账户试点的具体方案，报国务院批准后实施。国家制订个人账户基金管理和投资运营办法，实现保值增值。

五、加强基本养老保险基金征缴与监管。要全面落实《社会保险费征缴暂行条例》的各项规定，严格执行社会保险登记和缴费申报制度，强化社会保险稽核和劳动保障监察执法工作，努力提高征缴率。凡是参加企业职工基本养老保险的单位和个人，都必须按时足额缴纳基本养老保险费；对拒缴、瞒报少缴基本养老保险费的，要依法处理；对欠缴基本养老保险费的，要采取各种措施，加大追缴力度，确保基本养老保险基金应收尽收。各地要按照建立公共财政的要求，积极调整财政支出结构，加大对社会保障的资金投入。

基本养老保险基金要纳入财政专户，实行收支两条线管理，严禁挤占挪用。要制定和完善社会保险基金监督管理的法律法规，实现依法监督。各省、自治区、直辖市人民政府要完善工作机制，保证基金监管制度的顺利实施。要继续发挥审计监督、社会监督和舆论监督的作用，共同维护基金安全。

六、改革基本养老金计发办法。为与做实个人账户相衔接，从2006年1月1日起，个人账户的规模统一由本人缴费工资的11%调整为8%，全部由个人缴费形成，单位缴费不再划入个人账户。同时，进一步完善鼓励职工参保缴费的激励约束机制，相应调整基本养老金计发办法。

《国务院关于建立统一的企业职工基本养老保险制度的决定》（国发〔1997〕26号）实施后参加工作、缴费年限（含视同缴费年限，下同）累计满15年的人员，退休后按月发给基本养老金。基本养老金由基础养老金和个人账户养老金组成。退休时的基础养老金月标准以当地上年度在岗职工月平均工资和本人指数化月平均缴费工资的平均值为基数，缴费每满1年发给1%。个人账户养老金月标准为个人账户储存额除以计发月数，计发月数根据职工退休时城镇人口平均预期寿命、本人退休年龄、利息等因素确定。

国发〔1997〕26号文件实施前参加工作，本决定实施后退休且缴费年限累计满15年的人员，在发给基础养老金和个人账户养老金的基础上，再发给过渡性养老金。各省、自治区、直辖市人民政府要按照待遇水平合理衔接、新老政策平稳过渡的原则，在认真测算的基础上，制订具体的过渡办法，并报劳动保障部、财政部备案。

本决定实施后到达退休年龄但缴费年限累计不满15年的人员，不发给基础养老金；个人账户储存额一次性支付给本人，终止基本养老保险关系。

本决定实施前已经离退休的人员，仍按国家原来的规定发给基本养老金，同时执行基本养老金调整办法。

七、建立基本养老金正常调整机制。根据职工工资和物价变动等情况，国务院适时调整企业退休人员基本养老金水平，调整幅度为省、自治区、直辖市当地企业在岗职工平均工资年增长率的一定比例。各地根据本地实际情况提出具体调整方案，报劳动保障部、财政部审批后实施。

八、加快提高统筹层次。进一步加强省级基金预算管理，明确省、市、县各级人民政府的责任，建立健全省级基金调剂制度，加大基金调剂力度。在完善市级统筹的基础上，尽快提高统筹层次，实现省级统筹，为构建全国统一的劳动力市场和促进人员合理流动创造条件。

九、发展企业年金。为建立多层次的养老保险体系，增强企业的人才竞争能力，更好地保障企业职工退休后的生活，具备条件的企业可为职工建立企业年金。企业年金基金实行完全积累，采取市场化的方式进行管理和运营。要切实做好企业年金基金监管工作，实现规范运作，切实维护企业和职工的利益。

十、做好退休人员社会化管理服务工作。要按照建立独立于企业事业单位之外社会保障体系的要求，继续做好企业退休人员社会化管理工作。要加强街道、社区劳动保障工作平台建设，加快公共老年服务设施和服务网络建设，条件具备的地方，可开展老年护理服务，兴建退休人员公寓，为退休人员提供更多更好的服务，不断提高退休人员的生活质量。

十一、不断提高社会保险管理服务水平。要高度重视社会保险经办能力建设，加快社会保障信息服务网络建设步伐，建立高效运转的经办管理服务体系，把社会保险的政策落到实处。各级社会保险经办机构要完善管理制度，制定技术标准，规范业务流程，实现规范化、信息化和专业化管理。同时，要加强人员培训，提高政治和业务素质，不断提高工作效率和服务质量。

完善企业职工基本养老保险制度是构建社会主义和谐社会的重要内容，事关改革发展稳定的大局。各地区和有关部门要高度重视，加强领导，精心组织实施，研究制订具体的实施意见和办法，并报劳动保障部备案。劳动保障部要会同有关部门加强指导和监督检查，及时研究解决工作中遇到的问题，确保本决定的贯彻实施。

本决定自发布之日起实施，已有规定与本决定不一致的，按本决定执行。

国务院关于实行企业职工基本养老保险省级统筹和行业统筹移交地方管理有关问题的通知

1. 1998年8月6日发布
2. 国发〔1998〕28号

为了深化企业职工养老保险制度改革，加强基本养老保险基金管理和调剂力度，确保企业离退休人员基本养老金的按时足额发放，国务院决定，加快实行企业职工基本养老保险省级统筹，并将铁道部、交通部、信息产业部（原邮电部部分）、水利部、民航总局、煤炭局（原煤炭部）、有色金属局（原中国有色金属工业总公司）、国家电力公司（原电力部）、中国石油天然气集团公司和中国石油化工集团公司（原石油天然气总公司部分）、银行系统（工商银行、农业银行、中国银行、建设银行、交通银行、中保集团）、中国建筑工程总公司组织的基本养老保险行业统筹移交地方管理。现就有关问题通知如下：

一、加快实行企业职工基本养老保险省级统筹

（一）1998 年底以前，各省、自治区、直辖市（以下简称省、区、市）要实行企业职工基本养老保险省级统筹（以下简称省级统筹），建立基本养老保险基金省级调剂机制，调剂金的比例以保证省、区、市范围内企业离退休人员基本养老金的按时足额发放为原则。到 2000 年，在省、区、市范围内，要基本实现统一企业缴纳基本养老保险费比例，统一管理和调度使用基本养老保险基金，对社会保险经办机构实行省级垂直管理。

（二）省级统筹的范围包括：省、区、市（含计划单列市、副省级省会城市、经济特区、开发区等）内的国有企业、集体企业、外商投资企业、私营企业等城镇各类企业及其职工。城镇个体经济组织及其从业人员也应参加基本养老保险并纳入省级统筹。

（三）从 1998 年 9 月 1 日起，目前实行基本养老保险基金差额缴拨的地区，要改变基金结算方式，对企业和职工个人全额征收基本养老保险费，对企业离退休人员全额支付基本养老金。各省、区、市要积极创造条件，加快实现企业离退休人员基本养老金的社会化发放，推进社会化管理进程。

二、按期完成基本养老保险行业统筹移交地方管理

（四）在 1998 年 8 月 31 日以前，实行基本养老保险行业统筹（以下简称行业统筹）企业的基本养老保险工作，按照先移交后调整的原则，全部移交省、区、市管理。从 1998 年 9 月 1 日起，由省、区、市社会保险经办机构负责收缴行业统筹企业基本养老保险费和发放离退休人员基本养老金。跨省、区、市的，按单位或其分支机构的注册登记地进行属地划分，其基本养老保险工作分别移交所在省、区、市社会保险经办机构管理。行业统筹在各省、区、市的省级社会保险经办机构暂予保留，待地方政府机构改革时再统筹研究。

（五）行业统筹移交地方管理后，1998 年内，企业和职工个人缴纳基本养老保险费的比例保持不变。从 1999 年起，调整企业缴纳基本养老保险费的比例，起步时不低于企业工资总额的 13%，以后逐步过渡到与地方企业相同的比例。根据行业的具体情况，煤炭、银行、民航企业的过渡期为 5 年，其他行业企业的过渡期原则上为 3 年。从 1999 年 1 月 1 日起，职工个人缴纳基本养老保险费的比例按省、区、市确定的统一比例执行，一次到位。

从 1998 年 1 月 1 日起，统一按本人缴费工资 11% 的数额调整或建立职工基本养老保险个人账户，移交前后的个人账户储存额合并计算。

（六）行业统筹移交地方管理后，原行业统筹企业已离退休人员的基本养老保险原待遇原则上维持不变，其中经原劳动部、财政部批准的统筹项目内的部分由省级统筹的基本养老保险基金支付，未列入统筹项目的部分由企业支付。行业统筹移交地方管理以后退休的人员，基本养老保险待遇按照省、区、市的办法执行，对于按原行业统筹计发办法计算高于按地方计发办法计算的部分，可由各省、区、市采用加发补贴的办法解决，所需费用从省级统筹的基本养老保险基金中支付，补贴的标准逐年调整，5 年后执行省、区、市的计发办法。

（七）行业统筹积累的基本养老保险基金，全部移交给省、区、市社会保险经办机构管理，其中存在省、区、市以下社会保险经办机构的，随同行业统筹移交地方管理一并移交给地方；存在中央部门的，主要用于解决移交过程中的地区不平衡问题。具体移交办法由劳动保障部、财政部统一研究制定并尽快下发。

行业统筹企业建立的补充养老保险，要逐步加以规范，由劳动保障部审查同意的机构经办。补充养老保险积累的基金不移交地方。

（八）加快行业统筹移交地方管理，是实行省级统筹的重要保证。行业统筹移交地方管理的工作由劳动保障部会同财政部组织实施。行业统筹移交地方管理后，企业缴纳基本养老保险费的比例调整和对退休人员的补贴办法等，各省、区、市要报劳动保障部，劳动保障部商财政部同意后，由省、区、市人民政府批准实施。

三、加强领导，严肃纪律，确保按时足额发放企业离退休人员基本养老金

（九）各省、区、市人民政府、各有关部门和单位要统一认识，加强领导，积极稳妥地推进省级统筹和行业统筹移交地方管理的工作，要按照本通知规定的程序和进度，抓紧进行，认真落实。要严肃纪律，不能搞提前退休，不得擅自提高待遇，不准借交接之机挪用基本养老保险基金，对被挤占挪用的基本养老保险基金，要从严从快清查收回。各省、区、市人民政府要采取切实有效措施，按期建立省级统筹，保证基本养老保险基金在省、区、市范围内调剂使用，确保按时足额发放企业离退休人员的基本养老金，不得再发生新的拖欠，对以前拖欠的要逐步予以补发。对发放企业离退休人员基本养老金确有困难的地区，1998 年中央财政给予适当支持。

（十）实行省级统筹和行业统筹移交地方管理，时间紧、任务重、政策性强，涉及各方面利益的调整和社会的稳定，各省、区、市人民政府、各有关部门和单位要高度重视，精心组织实施。劳动保障部、财政部要加强指导，保证省级统筹和行业统筹移交地方管理工作的顺利完成。

国务院办公厅关于各地不得自行提高企业基本养老金待遇水平的通知

1. 2001 年 7 月 5 日发布
2. 国办发〔2001〕50 号

根据《国务院关于深化企业职工养老保险制度改革的通知》（国发〔1995〕6 号）和《国务院关于建立统一的企业职工基本养老保险制度的决定》（国发〔1997〕26 号）的有关规定，各地区调整企业离退休人员基本养老金要在国家政策指导下进行。2000 年 7 月，国务院有关部门又明确要求各地不得自行提高基本养老金待遇，今后有关工作按国务院统一部署进行。但是，仍有部分地区未经国务院同意，自行提高了企业离退休人员基本养老金待遇水平，有的地区甚至在基本养老保险基金入不敷出的情况下，也盲目提高标准。这种做法，不仅损害了国家有关政策的权威性和统一性，而且增加了确保基本养老金按时足额发放的困难，同时引发了地区间的攀比，也

不利于社会稳定,必须予以制止。为进一步规范企业离退休人员养老金待遇水平调整工作,现就有关问题通知如下:

一、各地要按照党中央、国务院关于继续做好“两个确保”工作的要求,确保企业离退休人员基本养老金按时足额发放,不能出现新的拖欠。未经批准,各地区不得自行提高企业离退休人员基本养老金待遇水平。目前正在酝酿自行提高企业离退休人员基本养老金待遇水平的地区,要立即停止,严格按照国务院统一部署进行。部分地区自行提高企业离退休人员待遇水平所增加的基本养老保险基金缺口,由当地政府自行解决,中央财政不予补助。

二、今后,企业基本养老金待遇水平的调整,由劳动保障部和财政部根据实际情况,参照城市居民生活费用价格指数和在职职工工资增长情况提出调整总体方案,报国务院批准后统一组织实施;各地区制定的具体实施方案,报劳动保障部、财政部审批后执行。

三、各地区要按照国务院及有关部门的要求,认真清理和规范基本养老保险统筹项目,不得擅自将统筹外项目转为统筹内项目,也不得自行调整企业缴费比例。确需调整统筹项目和企业缴费比例的,要报劳动保障部、财政部批准。

随着企业职工基本养老保险基金收入的增加和财政支持力度的增强,国家将逐步提高企业离退休人员的基本养老金待遇水平。在国家统一政策出台之前,地方各级政府要从大局出发,认真贯彻执行国家的各项政策,妥善处理和化解各种矛盾和问题,维护社会稳定。

城乡养老保险制度衔接暂行办法

1. 2014年2月24日人力资源社会保障部、财政部发布
2. 人社部发〔2014〕17号
3. 自2014年7月1日起施行

第一条 为了解决城乡养老保险制度衔接问题,维护参保人员的养老保险权益,依据《中华人民共和国社会保险法》和《实施〈中华人民共和国社会保险法〉若干规定》(人力资源和社会保障部令第13号)的规定,制定本办法。

第二条 本办法适用于参加城镇职工基本养老保险(以下简称城镇职工养老保险)、城乡居民基本养老保险(以下简称城乡居民养老保险)两种制度需要办理衔接手续的人员。已经按照国家规定领取养老保险待遇的人员,不再办理城乡养老保险制度衔接手续。

第三条 参加城镇职工养老保险和城乡居民养老保险人员,达到城镇职工养老保险法定退休年龄后,城镇职工养老保险缴费年限满15年(含延长缴费至15年)的,可以申请从城乡居民养老保险转入城镇职工养老保险,按照城镇职工养老保险办法计发相应待遇;城镇职工养老保险缴费年限不足15年的,可以申请从城镇职工养老保险转入城乡居民养老保险,待达到城乡居民养老保险规定的领取条件时,按照城乡居民养老保险办法计发相应待遇。

第四条 参保人员需办理城镇职工养老保险和城乡居民养老保险制度衔接手续的，先按城镇职工养老保险有关规定确定待遇领取地，并将城镇职工养老保险的养老保险关系归集至待遇领取地，再办理制度衔接手续。

参保人员申请办理制度衔接手续时，从城乡居民养老保险转入城镇职工养老保险的，在城镇职工养老保险待遇领取地提出申请办理；从城镇职工养老保险转入城乡居民养老保险的，在转入城乡居民养老保险待遇领取地提出申请办理。

第五条 参保人员从城乡居民养老保险转入城镇职工养老保险的，城乡居民养老保险个人账户全部储存额并入城镇职工养老保险个人账户，城乡居民养老保险缴费年限不合并计算或折算为城镇职工养老保险缴费年限。

第六条 参保人员从城镇职工养老保险转入城乡居民养老保险的，城镇职工养老保险个人账户全部储存额并入城乡居民养老保险个人账户，参加城镇职工养老保险的缴费年限合并计算为城乡居民养老保险的缴费年限。

第七条 参保人员若在同一年度内同时参加城镇职工养老保险和城乡居民养老保险的，其重复缴费时段（按月计算，下同）只计算城镇职工养老保险缴费年限，并将城乡居民养老保险重复缴费时段相应个人缴费和集体补助退还本人。

第八条 参保人员不得同时领取城镇职工养老保险和城乡居民养老保险待遇。对于同时领取城镇职工养老保险和城乡居民养老保险待遇的，终止并解除城乡居民养老保险关系，除政府补贴外的个人账户余额退还本人，已领取的城乡居民养老保险基础养老金应予以退还；本人不予退还的，由社会保险经办机构负责从城乡居民养老保险个人账户余额或者城镇职工养老保险基本养老金中抵扣。

第九条 参保人员办理城乡养老保险制度衔接手续时，按下列程序办理：

（一）由参保人员本人向待遇领取地社会保险经办机构提出养老保险制度衔接的书面申请。

（二）待遇领取地社会保险经办机构受理并审核参保人员书面申请，对符合本办法规定条件的，在15个工作日内，向参保人员原城镇职工养老保险、城乡居民养老保险关系所在地社会保险经办机构发出联系函，并提供相关信息；对不符合本办法规定条件的，向申请人作出说明。

（三）参保人员原城镇职工养老保险、城乡居民养老保险关系所在地社会保险经办机构在接到联系函的15个工作日内，完成制度衔接的参保缴费信息传递和基金划转手续。

（四）待遇领取地社会保险经办机构收到参保人员原城镇职工养老保险、城乡居民养老保险关系所在地社会保险经办机构转移的资金后，应在15个工作日内办结有关手续，并将情况及时通知申请人。

第十条 健全完善全国县级以上社会保险经办机构联系方式信息库，并向社会公布，方便参保人员办理城乡养老保险制度衔接手续。建立全国统一的基本养老保险参保缴费信息查询服务系统，进一步完善全国社会保险关系转移系统，加快普及全国通用的社会保障卡，为参保人员查询参保缴费信息、办理城乡养老保险制度衔接提供便捷有效的技术服务。

第十一条 本办法从2014年7月1日起施行。各地已出台政策与本办法不符的，以本办法规定为准。

人力资源社会保障部办公厅关于城乡居民养老保险关系转移接续有关问题处理意见的复函

1．2016 年 5 月 30 日发布
2．人社厅函〔2016〕206 号

广东省人力资源社会保障厅：

你厅《关于户籍转移人员城乡居民养老保险关系转移接续和制度衔接有关问题的请示》（粤人社函〔2016〕1025 号）收悉。经研究，现函复如下：

《国务院关于建立统一的城乡居民基本养老保险制度的意见》（国发〔2014〕8 号）对城乡居民参保、缴费、转移及享受待遇的条件有明确规定，原户籍地新农保或城居保制度实施后才年满 60 周岁的城乡居民，均符合在原户籍地参保缴费的条件。在迁移户籍前已满 60 周岁的城乡居民，应由原户籍地负责其城乡居民养老保险参保缴费和待遇发放。

劳动和社会保障部关于完善城镇职工基本养老保险政策有关问题的通知

1．2001 年 12 月 22 日发布
2．劳社部发〔2001〕20 号

《国务院关于建立统一的企业职工基本养老保险制度的决定》（国发〔1997〕26 号）实施以来，全国城镇企业职工基本养老保险（以下简称养老保险）制度已实现了基本统一，养老保险覆盖范围进一步扩大，企业离退休人员基本养老金社会化发放率逐步提高。近年来，随着我国经济结构调整和国有企业改革深化，养老保险工作出现了一些新情况、新问题，需要尽快明确相关政策。根据完善城镇职工社会保障体系建设的要求，现就有关问题通知如下：

一、参加城镇企业职工养老保险的人员，不论因何种原因变动工作单位，包括通过公司制改造、股份制改造、出售、拍卖、租赁等方式转制以后的企业和职工，以及跨统筹地区流动的人员，都应按规定继续参加养老保险并按时足额缴费。社会保险经办机构应为其妥善管理、接续养老保险关系，做好各项服务工作。

二、职工与企业解除或终止劳动关系后，职工养老保险关系应按规定保留，由社会保险经办机构负责管理。国有企业下岗职工协议期满出中心时，实行劳动合同制以前参加工作、年龄偏大且接近企业内部退养条件、再就业确有困难的，经与企业协商一致，可由企业和职工双方协议缴纳养老保险费，缴费方式、缴费期限、资金来源、担保条件及具体人员范围等按当地政府规定执行。失业人员实现再就业，新的用人单位必须与其签订劳动合同，并按规定参加养老保险。自谋职业者及采取灵活方式再就业人员应继续参加养老保险，有关办法执行省级政府的规定。

三、城镇个体工商户等自谋职业者以及采取各种灵活方式就业的人员，在其参加养老保险后，按照省级政府规定的缴费基数和比例，一般应按月缴纳养老保险费，也可按季、半年、年度合并缴纳养老保险费；缴费时间可累计折算。上述人员在男年满 60 周岁、女年满 55 周岁时，累计缴费年限满 15 年的，可按规定领取基本养老金。累计缴费年限不满 15 年的，其个人账户储存额一次性支付给本人，同时终止养老保险关系，不得以事后追补缴费的方式增加缴费年限。

四、参加养老保险的农民合同制职工，在与企业终止或解除劳动关系后，由社会保险经办机构保留其养老保险关系，保管其个人账户并计息，凡重新就业的，应接续或转移养老保险关系；也可按照省级政府的规定，根据农民合同制职工本人申请，将其个人账户个人缴费部分一次性支付给本人，同时终止养老保险关系，凡重新就业的，应重新参加养老保险。农民合同制职工在男年满 60 周岁、女年满 55 周岁时，累计缴费年限满 15 年以上的，可按规定领取基本养老金；累计缴费年限不满 15 年的，其个人账户全部储存额一次性支付给本人。

五、破产企业欠缴的养老保险费，按有关规定在资产变现收入中予以清偿；清偿欠费确有困难的企业，其欠缴的养老保险费包括长期挂账的欠费，除企业缴费中应划入职工个人账户部分外，经社会保险经办机构同意，劳动保障部门审核，财政部门复核，报省级人民政府批准后可以核销。职工按规定的个人缴费比例补足个人账户资金后，社会保险经办机构要按规定及时记录，职工的缴费年限予以承认。

六、对于因病、非因工致残，经当地劳动能力鉴定机构认定完全丧失劳动能力，并与用人单位终止劳动关系的职工，由本人申请，社会保险经办机构审核，经地级劳动保障部门批准，可以办理退职领取退职生活费。退职生活费标准根据职工缴费年限和缴费工资水平确定，具体办法和标准按省级政府规定执行。

七、城镇企业成建制跨省搬迁，应按规定办理企业和职工养老保险关系转移手续，在职职工个人账户记账额度全部转移，资金只转移个人缴费部分，转入地社保机构应按个人账户记账额度全额记账。企业转出地和转入地社会保险机构，要认真做好搬迁企业养老保险关系及个人账户的转移、接续工作，按时足额发放离退休人员基本养老金。如搬迁企业在转出地欠缴养老保险费，应在养老保险关系转出之前还清全部欠费。

八、加强对特殊工种提前退休审批工作的管理。设有特殊工种的企业，要将特殊工种岗位、人员及其变动情况，定期向地市级劳动保障部门报告登记，并建立特殊工种提前退休公示制度，实行群众监督。地市以上劳动保障行政部门，要规范特殊工种提前退休审批程序，健全审批制度。社会保险经办机构要建立特殊工种人员档案和数据库，防止发生弄虚作假骗取特殊工种身份和冒领基本养老金问题，一经发现，要立即纠正并收回冒领的养老金。

九、做好机关事业单位养老保险试点工作。已经进行机关事业单位养老保险改革试点的地区，要进一步巩固改革试点成果，不能退保，要完善费用征缴机制，探索个人缴费与待遇计发适当挂钩的办法，积极创造条件实行养老金社会化发放，加强基金管理，确保基金安全。按照劳动保障部、财政部、人事部、中编办《关于职工在机关事业单位与企业之间流动时社会保险关系处理意见的通知》（劳社部发〔2001〕13号）规定，认真研究做好职工在机关事业单位与企业之间流动时养老保险关系转移衔接工作。

劳动和社会保障部、财政部、司法部关于监狱企业工人参加企业职工基本养老保险有关问题的通知

1．2005年11月1日发布
2．劳社部发〔2005〕25号

为适应监狱系统改革和发展的需要，切实解决监狱企业工人的养老保障问题，经请示国务院同意，现就监狱企业工人参加企业职工基本养老保险有关问题通知如下：

一、从2006年1月1日起，监狱企业及其工人参加当地企业职工基本养老保险，执行当地统一的企业职工基本养老保险政策。本通知下发前已将监狱企业及其工人纳入当地企业职工基本养老保险范围的，要进一步规范和完善政策。

二、监狱系统所属企业原则上可作为一个单位参加当地企业职工基本养老保险，并实行省级管理。监狱企业已参加所在市、县企业职工基本养老保险的，原则上可不再改变。具体由各省（自治区、直辖市）研究确定。

三、监狱企业工人参加当地企业职工基本养老保险后，1998年1月1日以前的连续工龄视同缴费年限；是否从1998年1月1日起补建个人账户并补缴基本养老保险费，由各省（自治区、直辖市）决定。已经实行监狱系统养老保险内部统筹并实行个人缴费的地区，原则上不再补缴基本养老保险费；未实行个人缴费的，由各省（自治区、直辖市）决定是否补缴个人缴费部分。同时，各地要组织对监狱系统内部统筹期间的基金财务等情况进行清理。

四、已参加机关事业单位养老保险制度改革试点的监狱企业及其工人（不含纳入行政事业序列并由财政全额保障经费的工勤人员），要逐步纳入当地企业职工基本养老保险。各地要参照劳动和社会保障部、国家经济贸易委员会、科学技术部、财政部《关于国家经贸委管理的10个国家局所属科研机构转制后有关养老保险问题的通知》（劳社部发〔2000〕2号）关于待遇过渡和衔接的精神，结合本地实际制定具体过渡办法。

五、监狱企业及其工人执行当地统一的企业职工基本养老保险缴费比例。单位缴费基数

原则上为本单位工资总额,如单位工资总额低于全部参保职工个人缴费工资之和的,以全部参保职工个人缴费工资之和作为缴费基数。各地要采取有效措施,确保监狱企业基本养老保险费应收尽收,以及退休人员基本养老金的按时足额发放。

六、监狱刑满留厂(场)就业老残人员继续按财政部、司法部《关于印发〈监狱基本支出经费标准〉的通知》(财行〔2003〕11 号)的有关规定执行,不纳入当地企业职工基本养老保险范围。

七、对参保前已退休人员的基本养老金,由劳动保障部门按照企业基本养老金计发办法的有关规定和统筹项目核定,核定后的基本养老金水平低于原待遇的差额部分由原所在监狱企业负担。参保后退休的人员,执行当地统一的企业退休人员基本养老金计发办法。今后,监狱企业退休人员的基本养老金按国家规定的企业退休人员基本养老金调整办法进行调整。

八、对监狱企业参加当地企业职工基本养老保险后出现的基金收支缺口,由地方各级政府通过加大基金调剂力度、调整财政支出结构等措施加以解决。中央财政在安排对地方养老保险专项转移支付资金时统筹予以考虑。

九、各地要认真按照司法部、财政部、人事部《关于监狱单位工人岗位分类设置和管理的通知》(司发通〔2004〕29 号)和司法部《关于监狱单位工人分类管理的实施意见》(司发通〔2004〕40 号)的有关规定,进一步规范监狱单位工人分类管理工作,实行并加强劳动合同管理,以适应监狱企业工人参加企业职工基本养老保险的要求。

十、司法部劳教系统所属企业及其工人参加企业职工基本养老保险,由各省(自治区、直辖市)参照本通知组织实施。

十一、监狱企业工人参加企业职工基本养老保险工作政策性强,事关监狱系统的改革、发展和稳定。各省(自治区、直辖市)劳动保障、财政、司法厅(局),要在当地人民政府的领导下,认真贯彻落实国家有关政策规定,密切配合,结合当地实际制定具体实施办法,并于 2005 年底前报劳动保障部、财政部、司法部备案。在执行中遇有重大问题,要及时报告。

劳动和社会保障部、民政部
关于社会组织专职工作人员
参加养老保险有关问题的通知

1. 2008 年 3 月 18 日发布
2. 劳社部发〔2008〕11 号

各省、自治区、直辖市劳动和社会保障厅(局)、民政厅,新疆生产建设兵团劳动和社会保障局、民政局:

为进一步完善社会保障体系,扩大养老保险覆盖范围,促进社会组织健康发展,维护劳动者

的合法权益，根据国家有关政策规定，现就社会组织专职工作人员参加养老保险有关问题通知如下：

一、凡依法在各级民政部门登记的社会团体（包括社会团体分支机构和代表机构）、基金会（包括基金会分支机构和代表机构）、民办非企业单位、境外非政府组织驻华代表机构及其签订聘用合同或劳动合同的专职工作人员（不包括兼职人员、劳务派遣人员、返聘的离退休人员和纳入行政事业编制的人员），按属地管理原则，参加当地企业职工基本养老保险。

二、尚未参加企业职工基本养老保险的社会组织，应在当地规定的时间内，持民政部门颁发的登记证书（如《社会团体法人登记证书》、《社会团体分支机构、代表机构登记证书》、《基金会法人登记证书》、《基金会分支机构、代表机构登记证书》、《境外基金会代表机构登记证书》或《民办非企业单位登记证书》）及参保所需的文件材料，到住所所在地社会保险经办机构办理社会保险登记手续，参加企业职工基本养老保险。本通知下发之后成立的社会组织，应当自登记注册之日起30日内办理社会保险登记手续，参加企业职工基本养老保险。

三、社会组织及其专职工作人员应按规定缴纳基本养老保险费，其中社会组织的缴费基数为全部参保专职工作人员个人缴费工资之和。

四、社会组织及其专职工作人员在本通知下发前签订聘用合同或劳动合同的，可按当地有关规定补缴基本养老保险费。

五、社会组织专职工作人员曾在机关事业单位工作的，其符合国家规定的工作年限视同为基本养老保险缴费年限；曾在企业或以个人身份参保的，要按有关规定做好养老保险关系的接续工作。

六、鼓励有条件的社会组织按照有关规定为专职工作人员建立年金制度，以提高工作人员退休后的保障水平。

切实做好社会组织专职工作人员参加养老保险工作，对保障他们的合法权益、构建和谐社会具有重要意义。各级劳动和社会保障、民政部门要密切配合，认真贯彻落实国家有关政策规定，做好组织实施工作。

劳动和社会保障部办公厅关于对破产企业离退休人员养老保险有关问题的复函

1. 1999年2月24日发布
2. 劳社厅函〔1999〕12号

吉林省劳动厅：

你厅《关于破产企业离退休职工养老保险有关问题的请示》（吉劳险字〔1999〕1号）收悉。

经研究，现答复如下：

一、《国务院关于在若干城市试行国有企业破产有关问题的通知》（国发〔1994〕59号）和《国务院关于在若干城市试行国有企业兼并破产和职工再就业有关问题的补充通知》（国发〔1997〕10号）的有关规定，仅限于在国务院确定的111个企业优化资本结构改革试点城市执行。

二、已经参加养老保险社会统筹的企业，破产时，需补交欠缴的养老保险费（含差额缴拨时企业欠发离退休人员的养老金）及其利息，社会保险经办机构负责支付离退休人员的基本养老金。考虑到近年企业改革及企业破产力度较大，地方在确定企业养老保险缴费比例时没有这方面的支出因素，且破产企业职工分流需要一个吸收安置过程，对于养老保险基金确实不足，支付困难的地区，为弥补资金不足，可以从破产企业资产中划拨一定费用给社会保险经办机构，以保证离退休人员基本养老金的发放。具体办法由你省根据实际情况确定。

三、未参加养老保险社会统筹的企业，破产时，应按照支付离退休人员养老金的实际需要，一次性向社会保险经办机构划拨养老费用，社会保险经办机构负责支付该破产企业离退休人员的基本养老金。具体办法请你省研究确定。

劳动和社会保障部办公厅关于转制科研单位劳动合同制工人参加养老保险有关问题的函

1. 2001年4月30日发布
2. 劳社厅函〔2001〕122号

湖北省劳动和社会保障厅：

你厅《关于转制科研单位劳动合同制工人参加养老保险有关问题的请示》（鄂劳社〔2001〕101号）收悉。经研究，答复如下：

关于转制科研单位劳动合同制工人视同缴费年限的认定问题，原则同意你厅的意见，即：转制前已经按照当地政府规定参加机关事业单位劳动合同制工人养老保险社会统筹的，参保前的连续工龄视同缴费年限。转制前当地已实施机关事业单位劳动合同制工人养老保险社会统筹而尚未参保，在当地实施机关事业单位劳动合同制工人养老保险社会统筹前参加工作的，自当地实施机关事业单位劳动合同制工人养老保险社会统筹之日起补缴养老保险费，当地实施机关事业单位劳动合同制工人养老保险社会统筹之前的连续工龄视同缴费年限；在当地实施机关事业单位劳动合同制工人养老保险社会统筹后参加工作的，自本人参加工作之日起补缴养老保险费。

劳动和社会保障部办公厅关于对社会力量所办学校等民办非企业单位参加城镇企业职工养老保险的复函

1. 2003年7月8日发布
2. 劳社厅函〔2003〕317号

黑龙江省劳动和社会保障厅：

你厅《关于社会力量办学单位如何参加养老保险的请示》（黑劳社呈〔2003〕16号）收悉。经研究，现答复如下：

各地在扩大基本养老保险覆盖面工作中，可结合本地区的实际情况，将社会力量所办学校等民办非企业单位纳入当地企业职工基本养老保险，执行企业职工基本养老保险制度。

人力资源社会保障部、财政部、总参谋部等关于军人退役基本养老保险关系转移接续有关问题的通知

1. 2015年9月30日发布
2. 后财〔2015〕1726号

各省、自治区、直辖市人民政府，新疆生产建设兵团，各军区、各军兵种、总装备部、军事科学院、国防大学、国防科学技术大学、武警部队：

为了贯彻实施《中华人民共和国社会保险法》《中华人民共和国军人保险法》和《国务院关于机关事业单位工作人员养老保险制度改革的决定》（国发〔2015〕2号），维护军人养老保险权益，实现军地政策顺畅衔接，经国务院、中央军委批准，现就军人退役基本养老保险关系转移接续有关问题通知如下：

一、军人退出现役参加基本养老保险的，国家给予军人退役基本养老保险补助。军人服现役期间单位和个人应当缴纳的基本养老保险费由中央财政承担，所需经费由总后勤部列年度军费预算安排。

二、军队各级后勤（联勤、保障）机关财务部门（以下简称财务部门），负责军人退役基本养老

保险关系的建立、转移和军人退役基本养老保险补助的计算、审核、划转工作。

各级人民政府人力资源社会保障部门负责军人退役基本养老保险关系接续和补助资金接收,以及基本养老保险待遇落实等工作。各级人民政府财政部门按职责做好军人退役基本养老保险关系转移接续的相关工作。

三、军人退役基本养老保险补助由军人所在单位财务部门在军人退出现役时一次算清记实。

计划分配到企业工作的军队转业干部和军队复员干部,以及由人民政府安排到企业工作和自主就业的退役士兵,退出现役后参加企业职工或者城乡居民基本养老保险。军人退役基本养老保险补助的计算办法为:军官、文职干部和士官,按本人服现役期间各年度月缴费工资20%的总和计算;义务兵和供给制学员,按本人退出现役时当年下士月缴费工资起点标准的20%乘以服现役月数计算。其中,12%作为单位缴费,8%作为个人缴费。

计划分配到机关事业单位工作的军队转业干部和退役士兵,退出现役后参加机关事业单位基本养老保险。军人退役基本养老保险补助的计算办法为:军官、文职干部和士官,按本通知施行后服现役期间各年度月缴费工资20%的总和计算;义务兵和供给制学员,按本人退出现役时当年下士月缴费工资起点标准的20%乘以本通知施行后服现役月数计算。其中,12%作为单位缴费,8%作为个人缴费。

四、军人退役基本养老保险补助的月缴费工资,本通知施行前,军官、文职干部和士官为本人月工资数额,义务兵和供给制学员为本人退出现役时当年下士月工资起点标准;本通知施行后,军官、文职干部和士官为本人月工资数额乘以养老保险缴费工资调整系数,义务兵和供给制学员为本人退出现役时当年下士月工资起点标准乘以养老保险缴费工资调整系数。养老保险缴费工资调整系数确定为1.136。

计算军人退役基本养老保险补助的月工资项目,本通知施行前包括:基本工资、军人职业津贴、工作性津贴、生活性补贴和奖励工资;本通知施行后包括:基本工资、军人职业津贴、工作性津贴、生活性补贴、艰苦边远地区津贴、驻西藏部队特殊津贴、高山海岛津贴、地区附加津贴和奖励工资。

五、军人退役基本养老保险个人缴费部分按规定计息,在军人退出现役时一次算清记实。本通知施行前的利率,按照中国人民银行公布的同期存款利率执行;本通知施行后的利率,按照国家规定的利率执行。

六、计划分配到企业工作的军队转业干部和军队复员干部,以及由人民政府安排到企业工作和自主就业的退役士兵,其军人退役基本养老保险关系转移至安置地负责企业职工基本养老保险的县级以上社会保险经办机构。

计划分配到机关事业单位工作的军队转业干部和退役士兵,其军人退役基本养老保险关系转移至安置地负责机关事业单位基本养老保险的县级以上社会保险经办机构。

七、军人退出现役时,由军人所在单位财务部门依据军人退役命令,安置地军队转业干部安置工作部门或者退役士兵安置工作主管部门的报到通知,以及军队团级以上单位司令机关军务部门或者政治机关干部部门的审核认定意见,开具《军人退役基本养老保险参保缴费凭证》《军人退役基本养老保险关系转移接续信息表》(以下简称《缴费凭证》《信息表》,见附件1、2),将军人退役基本养老保险补助资金通过银行汇至退役军人安置地县级以上社会保险经办机构,《缴费凭证》《信息表》和银行受理回执一并交给本人。军人所在单位财务部门同时向退役军人安置地县级以上社会保险经办机构邮寄《缴费凭证》和《信息表》。

社会保险经办机构收到军队财务部门邮寄的《缴费凭证》和《信息表》,核实到账资金无误后,为退役军人建立基本养老保险个人账户。退役军人应及时到安置地县级以上社会保险经办机构办理养老保险关系接续手续。

八、县级以上社会保险经办机构应将经办企业职工、机关事业单位基本养老保险的社会保险经办机构的通信地址、银行账户信息等,上报人力资源社会保障部社会保险事业管理中心,并及时报告信息变更情况。人力资源社会保障部社会保险事业管理中心与总后勤部军人保险基金管理中心建立社会保险经办机构信息交换机制;总后勤部军人保险基金管理中心负责将相关信息分发军队各级财务部门。

九、军人退出现役后参加城乡居民基本养老保险的,由安置地社会保险经办机构保存其军人退役基本养老保险关系并按规定计息。待达到企业职工基本养老保险法定退休年龄后,按照国家规定办理城乡养老保险制度衔接手续。

十、军人入伍前已经参加基本养老保险的,其基本养老保险关系和相应资金不转移到军队,由原参保地社会保险经办机构开具参保缴费凭证交给本人,并保存其全部参保缴费记录。军人本人应当将原参保地社会保险经办机构开具的参保缴费凭证,交给军人所在单位财务部门存档,在军人退出现役时,随军人退役基本养老保险关系一并交还给本人。军人退出现役后继续参加基本养老保险的,按照国家规定接续基本养老保险关系。

十一、自主择业的军队转业干部退出现役,由安置地人民政府逐月发给退役金,退出现役时不给予军人退役基本养老保险补助。军人所在单位财务部门,按照参加机关事业单位基本养老保险的办法,开具《军队自主择业转业干部缴费工资基数表》(见附件3)交给本人,由本人随供给关系交给安置地军队转业干部安置工作部门。

自主择业的军队转业干部被党和国家机关、人民团体或者财政拨款的事业单位选用为正式工作人员的,从下月起停发退役金,按照国家规定参加机关事业单位基本养老保险。本通知施行前的个人服现役年限视同缴费年限;本通知施行后在军队服现役期间的基本养老保险补助,由军队转业干部安置工作部门根据《军队自主择业转业干部缴费工资基数表》,以其在军队服现役期间各年度月缴费工资之和为基数,通过退役金拨付渠道申请20%的养老保险补助,拨付至其单位所在地社会保险经办机构,其中8%记入个人账户。所需经费由中央财政解决。

自主择业的军队转业干部按照国家规定依法参加当地企业职工基本养老保险的,其养老保险缴费年限从在当地缴纳养老保险费之日算起。

十二、军人退出现役采取退休方式安置的,实行退休金保障制度,退出现役时不给予军人退役基本养老保险补助。

一至四级残疾军人退出现役采取国家供养方式安置的,其生活保障按照国家规定执行,退出现役时不给予军人退役基本养老保险补助。

军人入伍前已经参加基本养老保险，退出现役采取退休、供养方式安置的，经本人申请，由原参保地社会保险经办机构依据军人所在团级以上单位出具的《军人退休（供养）证明》（见附件4）和参保缴费凭证等，退还原基本养老保险个人账户储存额，终止基本养老保险关系。

十三、军人服现役期间死亡的，由所在单位财务部门按照退出现役后参加企业职工基本养老保险的军人退役基本养老保险补助计算办法，将其服现役期间应当计算的退役养老保险个人缴费及利息一次算清，发给其合法继承人。

十四、军人退出现役后按规定办理基本养老保险关系转移接续手续的，军人退役基本养老保险补助年限与入伍前和退出现役后参加企业职工或者机关事业单位基本养老保险的缴费年限合并计算。

军人退出现役后参加机关事业单位基本养老保险的，本通知施行前的军人服现役年限视同机关事业单位基本养老保险缴费年限。

军人退役基本养老保险补助年限（含视同缴费年限）计算为军人退役时首次安置地企业职工或者机关事业单位基本养老保险参保缴费年限。

十五、军人退出现役后参加基本养老保险，达到法定退休年龄和国家规定的基本养老保险待遇领取条件的，按照待遇领取地有关规定享受相应的基本养老保险待遇。

十六、军人所在单位财务部门在开具转移凭证时，军人服现役期间的行政区划代码统一填写为“910000”，转入地社会保险经办机构据此做好人员身份标识，再次转移养老保险关系时，其服现役期间的行政区划代码不变，并在相应缴费期间的记录中注明“军人退役基本养老保险补助”。各级人民政府人力资源社会保障部门应加强信息系统建设，建立完善军人退役基本养老保险关系转移接续信息交换机制，促进军人退役基本养老保险关系顺畅转移接续。

十七、各级人民政府应加强对军人退役基本养老保险工作的组织领导，各级人力资源社会保障部门要会同财政部门和军队有关部门按照职责分工，加强协调配合，做好本通知的贯彻落实。

十八、中国人民武装警察退役基本养老保险关系转移接续有关问题执行本通知。

十九、本通知自2014年10月1日起施行。人力资源社会保障部、财政部、总参谋部、总政治部、总后勤部《关于军人退役养老保险关系转移接续有关问题的通知》（后财〔2012〕547号），劳动社会保障部、财政部、人事部、总政治部、总后勤部《关于转业到企业工作的军官、文职干部养老保险有关问题处理意见的通知》（〔2002〕后联字第3号）同时废止。

二十、本通知由人力资源社会保障部、总后勤部负责解释。

附件：（略）

职工基本养老保险个人账户管理暂行办法

1. 1997年12月22日劳动部发布
2. 劳部发〔1997〕116号
3. 自1998年1月1日起施行

为了规范职工基本养老保险个人账户(以下简称个人账户)的建立和使用,保障广大劳动者的合法权益,根据基本养老保险实行社会统筹与个人账户相结合的原则和《国务院关于建立统一的企业职工基本养老保险制度的决定》(国发〔1997〕26号)的有关规定,制定本办法。

一、个人账户的建立

1. 个人账户用于记录参加基本养老保险社会统筹的职工缴纳的基本养老保险费和从企业缴费中划转记入的基本养老保险费,以及上述两部分的利息金额。个人账户是职工在符合国家规定的退休条件并办理了退休手续后,领取基本养老金的主要依据。

2. 个人账户的建立由职工劳动关系所在单位到当地社会保险经办机构办理,由工资发放单位向该社会保险经办机构提供个人的工资收入等基础数据。

3. 各社会保险经办机构按照国家技术监督局发布的社会保障号码(国家标准GB 11643—89),为已参加基本养老保险的职工每人建立一个终身不变的个人账户。目前国家技术监督局尚未公布社会保障号码校验码,在公布之前可暂用职工身份证号码。职工身份证号码因故更改时,个人账户号码不作变动。

4. 个人账户建立时间从各地按社会统筹与个人账户相结合的原则,建立个人账户时开始;之后新参加工作的人员,从参加工作当月起建立个人账户。

5. 1998年1月1日后才建立个人账户的单位,个人账户储存额除从1998年1月1日起开始按个人缴费工资的11%记账外,对1996年前参加工作的职工还应至少包括1996、1997两年个人缴费部分累计本息;对1996、1997年参加工作的职工,个人账户储存额应包括自参加工作之月到1997年底的个人缴费部分累计本息。

6. 个人账户主要内容包括:姓名、性别、社会保障号码、参加工作时间、视同缴费年限、个人首次缴费时间、当地上年职工平均工资、个人当年缴费工资基数、当年缴费月数、当年记账利息及个人账户储存额情况等(表式见《职工基本养老保险个人账户》)。

7. 职工本人一般以上一年度本人月平均工资为个人缴费工资基数(有条件的地区也可以本人上月工资收入为个人缴费工资基数,下同)。月平均工资按国家统计局规定列入工资总额统计的项目计算,包括工资、奖金、津贴、补贴等收入。本人月平均工资低于当地职工平均工资60%的,按当地职工月平均工资的60%缴费;超过当地职工平均工资300%的,按当地职工月平均工资的300%缴费,超过部分不记入缴费工资基数,也不记入计发养老金的基数。

8. 新招职工(包括研究生、大学生、大中专毕业生等)以起薪当月工资收入作为缴费工资基数;从第二年起,按上一年实发工资的月平均工资作为缴费工资基数。

单位派出的长期脱产学习人员、经批准请长假的职工,保留工资关系的,以脱产或请假的上年月平均工资作为缴费工资基数。

单位派到境外、国外工作的职工,按本人出境(国)上年在本单位领取的月平均工资作为缴费工资基数;次年的缴费工资基数按上年本单位平均工资增长率进行调整。

失业后再就业的职工,以再就业起薪当月的工资收入作为缴费工资基数;从第二年起,按上一年实发工资的月平均工资作为缴费工资基数。

以上人员的月平均缴费工资的上限和下限按照第7条规定执行。

9. 个人账户记入比例为按第7条确定的个人缴费工资基数的11%,其中包括个人缴费的全部和社会保险经办机构从企业缴费中划转记入两部分。个人缴费比例1997年不得低于本人缴费工资的4%,企业划转部分相应补齐到个人缴费工资基数的11%;从1998年起至少每两年个人缴费提高1%,企业划转部分相应减少1%,最终达到个人缴费为本人缴费工资基数的8%,企业划转部分相应减少到个人缴费工资基数的3%。有条件的地区和工资增长较快的年份,个人缴费提高的速度可以适当加快。

目前各地个人账户记账比例低于或高于个人缴费工资基数11%的,要按国家有关规定做好向统一制度的并轨工作。

10. 个人账户的储存额按"养老保险基金记账利率"(以下简称"记账利率")计算利息。记账利息暂由各省、自治区、直辖市人民政府参考银行同期存款利率等因素确定并每年公布一次。

二、个人账户的管理

11. 参加基本养老保险的单位按照各级社会保险经办机构的要求建立、健全职工基础资料,到当地社会保险经办机构办理基本养老保险参保手续,并按要求填报《参加基本养老保险单位登记表》《参加基本养老保险人员缴费情况表》和《参加基本养老保险人员变化情况表》。

12. 社会保险经办机构根据单位申报情况将数据输入微机管理,同时相应建立参保单位缴费台账、职工基本养老保险个人账户,并根据《参加基本养老保险人员变化情况表》,相应核定调整单位和职工个人缴费工资基数。

13. 对于因某种原因单位或个人不按时足额缴纳基本养老保险费的,视为欠缴。欠缴月份无论全额欠缴还是部分欠缴均暂不记入个人账户,待单位或个人按规定补齐欠缴金额后方可补记入个人账户。

职工所在企业欠缴养老保险费用期间,职工个人可以继续缴纳养老保险费用,所足额缴纳的费用记入个人账户,并计算为职工实际缴费年限。

出现欠缴情况后,以后缴费采用滚动分配法记账:即缴费先补缴以前欠缴费用及利息后,剩余部分作为当月缴费。

14. 社会保险经办机构在缴费年度结束后,应对职工个人账户进行结算,包括当年缴费额、实际缴费月数、当年利息额、历年缴费累计结转本息储存额等。利息按每年公布的记账利率计算。

15. 至本年底止个人账户累计储存额有两种计算方法。

方法一:年度计算法。即至本年底止个人账户累计储存额在每个缴费年度结束以后按年度计算(以上年月平均工资为缴费工资基数记账时适用此方法)。

计算公式:

至本年底止个人账户累计储存额 = 上年底止个人账户累计储存额 ×(1 + 本年记账利率) + 个人账户本年记账金额 ×(1 + 本年记账利率 ×1.083 ×1/2)

方法二:月积数法。至本年底止个人账户累计储存额在一个缴费年度内按月计算(以上月职工工资收入为缴费工资基数记账时适用此方法)。

计算公式:

至本年底止个人账户累计储存额 = 上年底止个人账户累计储存额 ×(1 + 本年记账利率) + 本年记账额本金 + 本年记账额利息

其中:

本年记账额利息 = 本年记账月积数 × 本年记账利率 ×1/12

本年记账月积数 = ∑〔n 月份记账额 ×(12 − n + 1)〕

(n 为本年各记账月份,且 1≤n≤12)

补缴欠缴的利息或本息和的计算办法见附件 3。

16. 社会保险经办机构在缴费年度结束后,应根据《职工基本养老保险个人账户》的记录,为每个参保职工打印《职工基本养老保险个人账户对账单》,发给职工本人,由职工审核签字后,依年粘贴在《职工养老保险手册》中妥善保存。

17. 统一制度之前各地已为职工建立的个人账户储存额,与统一制度后职工个人账户储存额合并计算。

18. 职工由于各种原因而中断工作的,不缴纳基本养老保险费用,也不计算缴费年限,其个人账户由原经办机构予以保留,个人账户继续计息。职工调动或中断工作前后个人账户的储存额累计计算,不间断计息。

19. 个人账户储存额不能挪作他用,也不得提前支取(另有规定者除外)。

三、个人账户的转移

20. 职工在同一统筹范围内流动时,只转移基本养老保险关系和个人账户档案,不转移基金。

21. 职工跨统筹范围流动时,转移办法按如下规定:

(1)转移基本养老保险关系和个人账户档案。

(2)对职工转移时已建立个人账户的地区,转移基金额为个人账户中 1998 年 1 月 1 日之前的个人缴费部分累计本息加上从 1998 年 1 月 1 日起记入的个人账户全部储存额。

(3)对职工转移时仍未建立个人账户的地区,1998 年 1 月 1 日之前转移的,1996 年之前参加工作的职工,转移基金额为 1996 年 1 月 1 日起至调转月止的职工个人缴费部分累计本息;1996、1997 年参加工作的职工,基金转移额为参加工作之月起至 1997 年底的个人缴费部分累计本息。1998 年 1 月 1 日之后转移的,转移基金额为 1998 年之前按前述规定计算的职工个人缴费部分累计本息，加上从1998年1月1日起按职工个人缴费工资基数11%计算的缴费额累计本息。未建个人账户期间，计算个人缴费部分的利息按中国人民银行一定期定期城乡居民储蓄存款利率计算。

(4)对年中调转职工调转当年的记账额，调出地区只转本金不转当年应记利息；职工调转后，由调入地区对职工调转当年记账额一并计息。计算方法按第15条规定执行。

(5)基金转移时，不得从转移额中扣除管理费。

(6)职工转出时，调出地社会保险经办机构应填写《参加基本养老保险人员转移情况表》(转移单)。

(7)职工转入时，调入地社会保险经办机构应依据转出地区提供的《参加基本养老保险人员转移情况表》和《职工基本养老保险个人账户》等资料，并结合本地基本养老保险办法，为职工续建个人账户，做好个人账户关系的前后衔接工作。

四、个人账户的支付

22. 当单位离退休人员发生变动时，单位应填写《离退休人员增减变化情况表》，报社会保险经办机构审核，社会保险经办机构对待遇给付情况应及时进行相应调整。

23. 按统一的基本养老保险办法办理退休的职工，其基本养老金中的基础养老金、过渡性养老金等由社会统筹基金支付；个人账户养老金由个人账户中支付。

24. 职工退休以后年度调整增加的养老金，按职工退休时个人账户养老金和基础养老金各占基本养老金的比例，分别从个人账户储存余额和社会统筹基金中列支。

25. 职工退休后，其个人账户缴费情况停止记录，个人账户在按月支付离退休金(含以后年度调整增加的部分)后的余额部分继续计息。利息计算有两种方法：

方法一：年度计算法。即离退休人员个人账户余额生成的利息在每个支付年度结束后按年度计算(支付年度内各月支付的养老金数额相同时适用此方法)。年利息计算公式如下：

年利息 =(个人账户年初余额 - 当年支付养老金总额)× 本年记账利率 + 当年支付养老金总额 × 本年记账利率 × 1.083 × 1/2

个人账户年终余额 = 个人账户年初余额 - 当年支付养老金总额 + 年利息

方法二：月积数法。即离退休人员个人账户余额生成的利息在每个支付年度内按月计算(支付年度内各月支付的养老金数额不同时适用此方法)。年利息计算公式如下：

年利息 = 个人账户年初余额 × 本年记账利率 - 本年度支付月积数 × 本年记账利率 × 1/12

本年度支付月积数 = ∑〔n月份支付额 × (12 - n + 1)〕

(n为本年度各支付月份，且 $1 \leq n \leq 12$)

26. 当职工个人缴费年限(含视同缴费年限)不满15年而达到法定退休年龄时，退休后不享受基础养老金待遇，其个人账户全部储存额一次性支付给本人，同时终止养老保险关系。出现上述情况时，职工所在单位应及时向社会保险经办机构填报《个人账户一次性支付审批表》。社会保险经办机构核定后封存其个人账户档案。

五、个人账户的继承

27. 职工在职期间死亡时，其继承额为其死亡时个人账户全部储存额中的个人缴费部分本息。

28. 离退休人员死亡时,继承额按如下公式计算:

继承额 = 离退休人员死亡时个人账户余额 × 离退休时个人账户中个人缴费本息占个人账户全部储存额的比例

29. 继承额一次性支付给死亡者生前指定的受益人或法定继承人。个人账户的其余部分,并入社会统筹基金。个人账户处理完后,应停止缴费或支付记录,予以封存。

六、其他

30. 新安置的军队复员、退伍军人,转业干部及从国家机关、事业单位调入企业人员,其个人账户的建立,待国家明确规定后,再按国家规定执行。

31. 本办法自 1998 年 1 月 1 日起实行。

附件 1

职工基本养老保险个人账户表式

表一　参加基本养老保险单位登记表

<table>
<tr><td>单位名称(1)</td><td colspan="3"></td><td colspan="2">单位编码(2)</td><td colspan="2"></td></tr>
<tr><td>单位地址(3)</td><td colspan="3"></td><td colspan="2">邮政编码(4)</td><td colspan="2"></td></tr>
<tr><td>所在区县(5)</td><td></td><td>主管部门(6)</td><td></td><td>隶属关系(7)</td><td></td><td>单位性质(8)</td><td></td></tr>
<tr><td>单位负责人(9)</td><td></td><td>业务经办人(10)</td><td></td><td colspan="2">联系电话(11)</td><td colspan="2"></td></tr>
<tr><td>开户银行(12)</td><td colspan="3"></td><td colspan="2">账号(13)</td><td colspan="2"></td></tr>
<tr><td colspan="2">实行基本养老保险(社会统筹)日期(14)</td><td></td><td colspan="2">事业单位经费来源(15)</td><td colspan="3"></td></tr>
<tr><td>上年末职工人数(16)</td><td colspan="2">人</td><td colspan="2">上年职工工资总额(17)</td><td colspan="3">元</td></tr>
<tr><td colspan="2">上年末离退休(职)人数(18)</td><td>人</td><td colspan="2">上年离退休(职)费用总额(19)</td><td colspan="3">元</td></tr>
<tr><td colspan="2">单位缴费比例(20)</td><td>%</td><td colspan="3">当月养老金支付基数(21)</td><td colspan="2">元</td></tr>
</table>

注:一、本表(1)~(19)项为首次参保时填;(1)~(15)项如有变化,及时填报。

二、隶属关系(7):1—本市　2—本区　3—本县　4—外省市　5—中央　6—部队

单位性质(8):企业 1—国有　2—集体　3—股份制　4—外商投资　5—私营

6—其他事业　7—全民　8—集体　9—机关

三、事业单位经费来源:1—全额拨付　2—差额拨付　3—自收自支

填表单位(章):　　　　　　　　　　　　　　　　　　联系电话:

表二　参加基本养老保险人员缴费情况表

单位编码:　　　　　　　　　　　　　　　　　　　　　　　　　单位:元

姓名	社会保障号码	参加工作时间	用工形式	视同缴费年限	首次参保年月	月缴费工资	备　注
1	2	3	4	5	6	7	8

注:1. 用工形式:(1)—固定工　(2)—合同工　(3)—临时工　(4)—个体

2. 第3、5、6栏为首次缴费时填写。

填报单位(章):　　　　　　　　　　　　联系电话:

联系人(签章):　　　　　　　　　　　　填报日期:

表三　参加基本养老保险人员增减变化情况表

单位编码:　　　　　　　　　　　　　　　　　　　　　　　　　单位:元

姓　名	社会保障号码	变化原因	变化时间	月缴费工资	备　注
1	2	3	4	5	6

注:变化原因:1—新招工　2—再就业　3—由统筹范围内转入　4—由统筹范围外转入　5—离退休(职)　6—停止缴费(合同期满、转出、参军、辞退、开除、劳改劳教等)　7—终止缴费(死亡、出国定居等)

填报单位(章):　　　　　　　　　　　　联系电话:

联系人(签章):　　　　　　　　　　　　填报日期:

表四　参加基本养老保险人员转移情况表

单位:元、月

人员基本情况					
姓　　名		社会保障号码			
实际缴费年限	年　个月	视同缴费年限	年　个月		
调出单位		调入单位			
截止缴费时间	年　月				
调出地社会保险机构名称		开户行及账号		邮政编码	
调入地社会保险机构名称		开户行及账号		邮政编码	
基金转移情况					
截止上年末个人缴费累计额（本息和）	上年记账利率%	当年缴费月数	当年个人缴费累计额	基本养老金转移额	
1	2	3	4	5	

注:(5)=(1)+(1)×(2)÷12×(3)+(4)

调出单位(章):　　　　　　　　　　转移人员(签章):

调出地社会保险机构(章):　　　　　　联系电话:

转移日期:　　年　　月　　日　　　　经办人(签章):

附:职工基本养老保险个人账户　　　　联系电话:

表五　个人账户一次性支付审批表

单位编码:

姓　　名		性　别		参加工作时间	
社会保障号码					
支付类型		视同缴费年限	年　个月	实际缴费年限	年　个月
个人账户记录情况	缴费(支付)的截止时间				
	基本养老金个人账户累计储存额或余额(含利息)		其中个人缴费本息		
呈报单位意见					
社会保险机构意见					
领取人姓名		关　系			
有关证件号		领取时间			
领取金额(大写)		签　字			
备　注					

说明:支付类型分为四种:(1)在职死亡;(2)退休死亡;(3)出国定居;(4)不符合正常退休条件。

单位名称(章):　　　　　　　　　　联系电话:

联系人(签章):　　　　　　　　　　填表日期:

表六　离退休人员增减变化情况表

单位编码：

序号	姓名	性别	出生年月	社会保障号码	离退休时间（年月）	离退休人员类别	增加原因	减少原因	备　注
甲	1	2	3	4	5	6	7	8	9

注：1. 离退休人员类别：(1)离休　(2)退休　(3)退职
2. 增加原因：(1)新离退休(职)　(2)异地转入　(3)其他
3. 减少原因：(1)死亡　(2)异地转出　(3)出国定居　(4)其他

单位名称(章)：　　　　　　　　　　　　　　　　联系电话：
联系人(签章)：　　　　　　　　　　　　　　　　填表日期：

表七　职工基本养老保险个人账户

单位名称：　　　单位编码：　　　制单时间：　　　　　　金额单位：元(保留到分)

<table>
<tr><td>社会保障号码</td><td></td><td>姓名</td><td></td><td>性别</td><td></td><td colspan="2">参加工作时间</td><td colspan="4">年　月　日</td><td colspan="2">视同缴费年限</td><td colspan="4">年　个月</td><td colspan="3">个人缴费首次记入时间</td><td colspan="2">年　月</td></tr>
<tr><td rowspan="4">年份</td><td rowspan="4">上年社会平均工资</td><td rowspan="4">当年缴费工资</td><td rowspan="4">当年缴费月数</td><td colspan="3">缴费比例</td><td colspan="3">当年缴费金额</td><td rowspan="4">当年记账利率</td><td colspan="12">个人账户储存额</td></tr>
<tr><td rowspan="3">合计</td><td colspan="2">其中</td><td rowspan="3">合计</td><td colspan="2">其中</td><td colspan="5">上年止累计储存额及本年利息</td><td colspan="5">本年记账额及利息</td><td colspan="2">本年止累计储存额</td></tr>
<tr><td rowspan="2">个人缴费%</td><td rowspan="2">单位划转%</td><td rowspan="2">个人缴费</td><td rowspan="2">单位划转</td><td rowspan="2">小计</td><td colspan="2">个人缴费</td><td colspan="2">单位划转部分</td><td rowspan="2">小计</td><td colspan="2">个人缴费</td><td colspan="2">单位划转部分</td><td rowspan="2">合计</td><td rowspan="2">其中个人缴费本息</td></tr>
<tr><td>储存额</td><td>利息</td><td>储存额</td><td>利息</td><td>本金</td><td>利息</td><td>本金</td><td>利息</td></tr>
<tr><td>1</td><td>2</td><td>3</td><td>4</td><td>5</td><td>6</td><td>7</td><td>8</td><td>9</td><td>10</td><td>11</td><td>12</td><td>13</td><td>14</td><td>15</td><td>16</td><td>17</td><td>18</td><td>19</td><td>20</td><td>21</td><td>22</td><td>23</td></tr>
<tr><td></td><td></td><td></td><td></td><td></td><td></td><td></td><td></td><td></td><td></td><td></td><td></td><td></td><td></td><td></td><td></td><td></td><td></td><td></td><td></td><td></td><td></td><td></td></tr>
</table>

注：年份记录从当地建立个人账户时间开始。

表八　职工基本养老保险个人账户对账单

单位名称：　　　　　　　　　　　　发单社会保险经办机构名称：
单位编码：　　　　　　　　　　　　　　　　年　　　　　　　　　　　　　单位：元

<table>
<tr><td rowspan="3">序号</td><td rowspan="3">姓名</td><td rowspan="3">社会保障号码</td><td colspan="2">缴费月数</td><td rowspan="3">个人缴费工资基数</td><td colspan="2">至上年底止累计金额</td><td colspan="5">本年度个人账户记账金额</td><td colspan="2">至本年底止累计金额</td></tr>
<tr><td rowspan="2">当年</td><td rowspan="2">累计</td><td rowspan="2">合计</td><td rowspan="2">其中：个人缴费累计本息</td><td rowspan="2">合计</td><td rowspan="2">企业缴费中划转部分（%）</td><td rowspan="2">个人缴费部分（%）</td><td colspan="2">当年利息</td><td rowspan="2">合计</td><td rowspan="2">其中：个人缴费部分累计本息</td></tr>
<tr><td>小计</td><td>其中个人缴费利息</td></tr>
<tr><td>甲</td><td>1</td><td>2</td><td>3</td><td>4</td><td>5</td><td>6</td><td>7</td><td>8</td><td>9</td><td>10</td><td>11</td><td>12</td><td>13</td><td>14</td></tr>
<tr><td></td><td></td><td></td><td></td><td></td><td></td><td></td><td></td><td></td><td></td><td></td><td></td><td></td><td></td><td></td></tr>
</table>

补充资料：上年度职工月平均工资：　　　　元；当年记账利率：　　　　%
本年度欠缴金额：　　　　元；其中单位欠缴金额：　　　　元

发单日期：　　年　　月　　日

附件2

职工基本养老保险个人账户表式指标解释

职工基本养老保险个人账户表式共分八表，供各地社会保险经办机构在本地进行职工基本养老保险个人账户管理时使用，各地社会保险经办机构可结合本地实际情况在本表式的基础上增加栏目或其他所需表式。本表式中的主要指标解释如下：

1. 单位名称，指参加基本养老保险单位在工商行政管理部门注册时使用的名称。

2. 单位编码，指社会保险经办机构为参保单位设置的数字代码。

3. 单位地址，指参加基本养老保险单位在工商行政管理部门注册时填写的地址。

4. 主管部门，指本单位上一级行政主管单位。

5. 单位负责人，指本单位主管基本养老保险工作的负责人。

6. 业务经办人，指本单位具体经办基本养老保险业务的业务人员。

7. 实行基本养老保险（社会统筹）日期，指本单位经社会保险经办机构批准正式参加基本养老保险（社会统筹）的日期。

8. 上年末职工人数，指截至上年12月31日在本单位工作的各类职工人数之和。

9. 上年职工工资总额，指截至上年12月31日在本单位工作的各类职工工资收入总额。

10. 上年末离退休(职)人数,指截至上年12月31日从本单位离退休(职)的各类职工人数之和(不含已死亡的离退休(职)人员)。

11. 上年离退休(职)费用总额,指截至上年12月31日从本单位离退休(职)的各类职工在实际统筹项目范围内领取的离退休(职)费之和(不含已死亡的离退休(职)人员的离退休(职)费)。

12. 单位缴费比例,指参加统筹单位按当地政府规定缴纳的基本养老保险费的比例。

13. 当月养老金支付基数,指实行差额收缴、拨付养老金的地区单位本月应从社会保险经办机构领取的基本养老金金额;实行全额收缴、拨付的地区指在实行统筹项目范围内本月应支付本单位离退休(职)费之和(不含已死亡的离退休(职)人员的离退休(职)费)。

14. 姓名,应与本人身份证姓名相同。

15. 社会保障号码,共16位数,为身份证号码后加一位校验码。目前国家技术监督局尚未确定校验码,可暂填身份证号码。

16. 参加工作时间,指参保职工首次参加工作的时间。

17. 视同缴费年限,指参保职工实际缴费年限之前的按国家有关规定计算的连续工作年限。

18. 实际缴费年限,指职工参加基本养老保险后,按规定足额缴纳基本养老保险费的年限。

19. 首次参保年月,指参保职工第一次参加养老保险(社会统筹)的时间。

20. 月缴费工资,指参保职工按国家规定统计口径作为缴纳基本养老保险费的月缴费工资基数。

21. 变化时间,指参保人员在发生增减变化时到本单位或当地社会保险经办机构办理手续的时间。

22. 调出单位,应填写参保职工调出前所在工作单位在工商行政管理部门注册时使用的单位名称。

23. 调入单位,应填写参保职工调入新的工作单位在工商行政管理部门注册时的单位名称。

24. 截止缴费时间,指参保职工调出原单位时最后一次缴纳基本养老保险费的时间。

25. 缴费(支付)截止时间,指参保职工最后一次缴费或最后一次领取基本养老金的时间。

26. 基本养老金个人账户累计储存额或余额(含利息),指参保职工最后一次缴费或最后一次领取基本养老金后其个人账户中剩余金额本息和。

27. 个人缴费本息,指参保职工最后一次缴费或最后一次领取基本养老金后其个人账户中个人缴费部分剩余金额本息和。

28. 领取人姓名,指符合一次性支付条件的职工本人或其合法代领人的姓名,领取人所填姓名须与其身份证上姓名相同。

29. 有关证件号,指领取人领取养老金时须同时出示的本人身份证或工作证的号码(若为代领时还须同时出示被代领人的身份证)。

30. 签字,指领取人的亲笔签名。

31. 离退休时间,指参保职工经劳动行政部门批准开始离退休的时间。

32. 个人缴费首次记入时间,指参保职工在本地区实行个人缴费后,所足额缴费首次记入个人账户的时间。

33. 上年职工平均工资，指按规定记入的全省或参保职工所在地市上一年职工平均工资。

34. 当年缴费工资，指参保职工按国家规定统计口径计算应作为缴纳基本养老保险费的当年缴费工资基数。

35. 当年缴费月数，指参保职工按规定当年向社会保险经办机构足额缴纳基本养老保险费月数和。

36. 当年记账利率，指每年公布的当年个人账户的记账利率。

37. 累计缴费月数，指参保职工从当地开始建立职工基本养老保险个人账户时时起，至目前按规定累计向社会保险经办机构缴纳基本养老保险费月数总和。

38. 个人缴费工资基数，指职工本人缴纳基本养老保险费的上一年度月平均工资（或上月工资收入），月平均工资超过当地职工月平均工资300%以上的部分，不计入个人缴费工资基数；低于当地职工月平均工资60%的，按60%计入。

39. 企业缴费中划转部分（%），指社会保险经办机构从企业缴纳的养老保险费中按个人缴费工资基数的一定比例划转记入个人账户的金额。"（%）"中，"%"前填写由当地政府确定的划转比例。

40. 个人缴费部分（%），指职工个人按规定的缴费比例缴纳基本养老保险费的金额。"（%）"中，"%"前填写由当地政府确定的职工个人缴费比例。

附件3

至本年底止个人账户累计储存额计算办法（月积数法）

至本年底止个人账户储存额分为四部分计算：

第一部分：上年底个人账户累计储存额至当年底的本息和（设为A）；

第二部分：本年按时足额缴费记账额的本息和（设为B）；

第三部分：补记入个人账户部分补缴利息（设为C）；

第四部分：补记入个人账户部分本年本息和（设为D）。

1. 上年底个人账户累计储存额至本年底的本息和计算公式：

A = 上年底止累计储存额 ×（1 + 本年记账利率）

2. 本年按时足额缴费记账额本息和计算公式：

B = 本年记账额本金 + 本年记账额利息

本年记账额利息 = 本年记账月积数 × 本年记账月利率

本年记账月积数 = Σ〔n月份记账额 ×（12 − n + 1）〕

本年记账月利率 = 本年记账利率 × 1/12

即：

$B=$本年记账额本金$+\sum$〔n月份记账额$\times(12-n+1)$〕$\times$本年记账利率$\times 1/12$

（n为本年各记账月，且$1\leqslant n\leqslant 12$）

3. 补记入个人账户部分补缴利息分两部分：

第一部分：跨年度补缴利息（设为C_1）；

第二部分：非跨年度补缴利息（设为C_2）。即：

$$C=C_1+C_2$$

（1）跨年度补缴利息计算分为三部分：

第一部分：补缴欠缴年度当年欠缴利息（设为C_{11}）；

第二部分：补缴欠缴年度后第二年起至补缴年度前一年止的欠缴利息（设为C_{12}）；

第三部分：补缴年度当年欠缴利息（设为C_{13}）。

其计算公式为：

$$C_1=C_{11}+C_{12}+C_{13}$$

其中：

$C_{11}=$欠缴年度当年欠缴额月积数$\times$欠缴年度当年记账月利率

欠缴年度当年欠缴额月积数$=\sum$（n月份欠缴额$\times$欠缴年度当年欠缴月数）

欠缴年度当年欠缴月数$=12-n+1$

欠缴年度当年记账月利率$=$欠缴年度当年记账利率$\times 1/12$

即：

$C_{11}=\sum$〔n月份欠缴额$\times(12-n+1)$〕$\times$欠缴年度当年记账利率$\times 1/12$

（n为欠缴年度欠缴时月份，且$1\leqslant n\leqslant 12$）

$C_{12}=$欠缴年度后第二年应补缴利息$+$欠缴年度后第三年应补缴利息$+\cdots+$补缴年度前一年应补缴利息

欠缴年度后第二年应补缴利息$=$（欠缴额本金$+C_{11}$）$\times$欠缴年度后第二年记账利率

欠缴年度后第三年应补缴利息$=$（欠缴额本金$+C_{11}+$欠缴年度后第二年应补缴利息）$\times$欠缴年度后第三年记账利率

……

补缴年度前一年应补缴利息$=$（欠缴额本金$+C_{11}+$欠缴年度后第二年应补缴利息$+\cdots\cdots+$补缴年度前两年应补缴利息）$\times$补缴年度前－年记账利率

$C_{13}=$（欠缴额本金和$+C_{11}+C_{12}$）$\times$（补缴时月份-1）$\times$补缴年度前－年记账利率$\times 1/12$

（2）非跨年度补缴利息计算公式：

$C_2=\sum$（n月份欠缴额$\times$欠缴月数）$\times$欠缴年度上一年记账利率$\times 1/12$

（欠缴月数$=m-n$）

即：

$C_2=\sum$〔n月份欠缴额$\times(m-n)$〕$\times$欠缴年度上一年记账利率$\times 1/12$

（n为本年欠缴时月份，m为本年补缴时月份）

4. 补记入个人账户部分本年本息和计算分为两部分：

第一部分：欠缴年度已缴部分（未足额）本息和（设为 D_1）；

第二部分：补缴部分本金到本年底本息和（设为 D_2）。

其计算公式为：

$D = D_1 + D_2$

D_1 计算方法参考本办法 1、2。

D_2 = 本年补缴额本金月积数 × 本年记账利率 × 1/12

本年补缴额本金月积数计算方法参考办法 2。

劳动和社会保障部办公厅关于规范企业职工基本养老保险个人账户管理有关问题的通知

1．2001 年 10 月 18 日发布

2．劳社厅发〔2001〕5 号

《国务院关于建立统一的企业职工基本养老保险制度的决定》（国发〔1997〕26 号）下发以来，各地对企业职工基本养老保险个人账户的建立和管理工作进行了规范，取得了一定的成效，但部分地区还存在建账率低、记录不规范、变更不及时、对账制度不落实等问题。为进一步规范个人账户管理，保证养老保险制度的健康运行，维护职工合法权益，现就有关问题通知如下：

一、及时建立和补建个人账户

（一）社会保险经办机构要以公民身份证号码为标识，为所有参加社会保险的职工建立或补建个人账户。个人账户数据库的项目应参照《社会保险管理信息系统指标体系—业务部分（LB101—2000）》（劳社信息函〔2000〕19 号）和《养老保险个人账户指标》（附后）进行规范。

（二）各级社会保险经办机构要对本地区的个人账户建立情况进行全面清理和检查，与企业、个人核对，抓紧建立和补建工作，在 2001 年底以前实现本地区个人账户建账率 95% 以上的目标。

（三）社会保险经办机构对个人账户实行统一管理。个人账户仍在企业或行业管理的，最迟要在 2002 年 6 月底前移交社会保险经办机构管理。

二、严格执行个人账户记录和对账制度

（一）企业和职工按规定缴费后，社会保险经办机构要及时记录个人账户。职工工资或劳动关系发生变化，要及时变更。不得采取“先记账、后缴费”的做法，企业或参保人员欠缴养老保险费期间，欠缴月份不记录个人账户。参保人员本人按时足额缴纳养老保险费的，应按《劳动部办公厅关于印发〈职工基本养老保险个人账户管理暂行办法〉的通知》（劳办发〔1997〕116 号）规定记入个人账户。

（二）实行税务征缴的地区，社会保险经办机构要主动做好与税务部门的衔接，制定严格的业务规范程序，明确各自职责。收到养老保险费征缴总额与明细票据后，要认真核对，及时记账，发现问题要及时沟通和更正。

（三）个人账户要按月记账。计息使用“年度计算法”的地区应逐步统一使用“月积数计算法”计息。对账时间为每年的4至6月。

（四）社会保险经办机构要妥善保存养老保险缴费和个人账户记录，每年至少公示、打印一次个人账户对账单，并采取多种形式，建立个人账户查询制度，记录个人查询和对账情况，方便参保人员了解企业缴费和个人账户结存情况。

（五）用人单位和个人对社会保险经办机构公布的个人账户对账单有异议时，可到社会保险经办机构查询，提出更正的要求。对用人单位和职工的异议，社保机构要及时核实和更正。

三、做好个人账户的接续和清理工作

（一）企业因改制、关闭破产等原因与职工解除劳动关系，以及下岗职工出中心时，社会保险经办机构要及时与企业或职工本人核对个人账户记录。确认无误的，由社会保险经办机构、企业和本人三方签字（盖章）。同时，社会保险经办机构要填制《基本养老保险关系接续卡》，并发放到每位职工手中，为他们重新就业后接续养老保险关系服务。

（二）对因自动离职、失业、参军、调入机关事业单位，以及被判刑、劳教等中断缴费人员的个人账户进行全面清理，做出分类，建立专门的中断缴费数据库，封存个人账户。

（三）对参保人员死亡、跨统筹地区调出、出国定居、缴费不满15年一次性领取个人账户储存额等情况，账户处理完毕后予以封存，与参保职工个人账户分开管理。

四、做好个人账户的转移工作

（一）参保人员跨统筹范围工作调动，社会保险经办机构要严格按照劳动保障部办公厅《关于严格执行基本养老保险个人账户转移政策的通知》（劳社厅发〔1999〕22号）的规定，办理基本养老保险关系、个人账户和基金的转移手续。转移前后的个人账户储存额合并计算。

（二）已参加基本养老保险的企业职工，在调入已开展基本养老保险制度改革的机关事业单位时，要转移养老保险关系。个人账户储存额是否转移，由各省区市根据实际情况确定。调入未开展基本养老保险制度改革的机关事业单位，暂不转移个人账户，继续由调出地社会保险经办机构管理。机关事业单位职工调入企业时，从调入之日起建立个人账户，在调入企业前已经建立个人账户的，其个人账户随同转移，储存额合并计算。

各省、自治区、直辖市劳动保障部门及社会保险经办机构要严格按照个人账户管理的有关规定，加强对地市和区县工作的指导，妥善解决工作中出现的问题，加快工作进度，并对工作进展情况进行检查评估。对工作相对落后的地区，要加强督查，查找薄弱环节，切实改进工作。为推动这项工作，我部社会保险事业管理中心对建账率95%以下的省区市补建账户工作进度实行月调度，各地区要按照要求及时报送情况。2001年10月中下旬起，我部将对部分省区市个人账户情况进行检查评估。

附件：（略）

劳动和社会保障部、人事部、财政部、科学技术部关于转制单位部分人员延缓退休有关问题的通知

1. 2004年4月2日发布
2. 劳社部发〔2004〕11号

各省、自治区、直辖市劳动和社会保障、人事、财政厅（局）、科技厅（科委）：

经国务院同意，现就转制单位部分人员延缓退休有关问题通知如下：

转制单位中任届未满的省（自治区、直辖市）人大常委会委员和政协常委以上职务的人员，少数确因工作需要、身体能够坚持正常工作的副教授、副研究员和相当这一职称以上的高级专家，转制时需留任的院所厅（局）级以上党政一把手，按照国家有关政策和干部管理权限，经有关部门批准，可以适当延长退休年龄。其中，转制前到达退休年龄，转制后办理退休的，执行事业单位退休待遇计发办法和调整政策；转制过渡期内到达退休年龄，延缓办理退休的，按企业的办法和到达退休年龄当年的过渡期政策计发基本养老金，并按企业的办法调整基本养老金。

上述规定适用于各类转制单位。已经按国家有关规定办理延缓退休手续的人员，仍按原规定执行；今后办理延缓退休手续，按本通知规定执行。

劳动和社会保障部办公厅关于劳动合同制职工工龄计算问题的复函

1. 2002年9月25日发布
2. 劳社厅函〔2002〕323号

贵州省劳动和社会保障厅：

你厅《关于劳动合同制职工工龄计算问题的请示》（黔劳社呈〔2002〕31号）收悉。经研究，现答复如下：

对按照有关规定招用的临时工，转为企业劳动合同制工人的，其最后一次在本企业从事临时工的工作时间与被招收为劳动合同制工人后的工作时间可合并计算为连续工龄。在当地实

行养老保险社会统筹前的临时工期间的连续工龄，可视同缴费年限；在当地实行养老保险社会统筹后的临时工期间的连续工龄，要按规定缴纳养老保险费，计算缴费年限，没有缴纳养老保险费的，不能计算视同缴费年限或缴费年限。

劳动和社会保障部办公厅关于机关事业单位劳动合同制工人退休待遇问题的复函

1. 2001 年 2 月 2 日发布
2. 劳社厅函〔2001〕13 号

安徽省劳动和社会保障厅：

你厅《关于机关事业单位劳动合同制工人退休待遇支付办法的请示》（劳社字〔2000〕62 号）收悉。经研究，现答复如下：

在国家统一的机关事业单位养老保险制度改革方案出台前，对于已经参加企业基本养老保险社会统筹的机关事业单位劳动合同制工人，退休时原则上按照企业的办法计发基本养老金，所需资金由统筹基金支付。为做好与未参加统筹的机关事业单位工人养老保险制度衔接和待遇水平平衡工作，请你们根据本省的实际情况，研究提出具体办法，待国家统一的机关事业单位养老保险制度改革办法出台后再予以完善和规范。

劳动和社会保障部办公厅关于机关事业单位劳动合同制工人退休后基本养老金调整有关问题的复函

1. 2002 年 5 月 15 日发布
2. 劳社厅函〔2002〕174 号

西藏自治区劳动和社会保障厅：

你厅《关于机关、事业单位中的劳动合同制工人退休后基本养老金调整有关问题的请示》（藏劳社办〔2002〕32 号）收悉。经研究，现答复如下：

2001 年 2 月，我部办公厅下发了《关于机关事业单位劳动合同制工人退休待遇问题的复函》（劳社厅函〔2001〕13 号），文中明确规定：在国家统一的机关事业单位养老保险制度改革方案出台前，对于已经参加企业基本养老保险社会统筹的机关事业单位劳动合同制工人，退休时原则上按照企业的办法计发基本养老金，所属资金由统筹基金支付。同时还明确，为做好与未参加统筹的机关事业单位工人养老保险制度衔接和待遇水平平衡工作，由各省区市研究提出具体办法，待国家统一的机关事业单位养老保险制度改革办法出台后再予以完善和规范。

请你们按上述文件精神，根据本区的实际情况，研究提出具体办法。

人事部、劳动和社会保障部关于实行企业化管理的事业单位参加企业基本养老保险统筹后职工退休待遇问题的复函

1. 2002年6月10日发布
2. 人函〔2002〕67号

四川省人事厅、劳动和社会保障厅：

你们报来的《关于转报攀枝花市人事局、劳动和社会保障局〈关于对国务院办公厅国办发〔2001〕14号文中几个具体问题的请示〉的请示》（川人〔2002〕21号）收悉。经研究，现函复如下：

根据1997年国务院《关于建立统一的企业职工基本养老保险制度的决定》（国发〔1997〕26号）和1999年国务院颁布的《社会保险费征缴暂行条例》（国务院第259号令）的有关规定，实行企业化管理的事业单位，原则上按照企业的养老保险制度执行。已参加企业职工基本养老保险统筹的企业化管理的事业单位，其退休人员应按照企业职工基本养老保险办法计发基本养老金，并执行企业退休人员基本养老金调整政策，不再执行事业单位退休人员退休费调整政策。

这一政策规定涉及到部分退休人员的切身利益，希望你们做好思想政治工作和政策解释工作，以有利于维护改革、发展和稳定的大局。

人力资源和社会保障部、财政部关于提高建国前参加工作的老工人生活补贴标准和扩大发放范围的通知

1. 2011年5月27日发布
2. 人社部发〔2011〕60号

各省、自治区、直辖市人力资源社会保障厅（局）、财政厅（局），福建省公务员局，新疆生产建设兵团人事局、劳动保障局、财务局，国务院各部委、各直属机构人事、财务部门：

经国务院同意，决定提高建国前参加工作的老工人生活补贴标准和扩大发放范围。现将有关事项通知如下：

一、增发生活补贴的建国前参加工作的老工人，限于符合原劳动人事部《关于建国前参加工作的老工人退休待遇的通知》（劳人险〔1983〕3号）规定条件的老工人。

二、1937年7月6日前参加工作的老工人，生活补贴由原每人每年增发两个月的基本退休费（基本养老金），提高到每人每年增发三个月的基本退休费（基本养老金）。

三、1937年7月7日至1942年12月31日参加工作的老工人，生活补贴由原每人每年增发一个半月的基本退休费（基本养老金），提高到每人每年增发两个半月的基本退休费（基本养老金）。

四、1943年1月1日至1945年9月2日参加工作的老工人，生活补贴由原每人每年增发一个月的基本退休费（基本养老金），提高到每人每年增发两个月的基本退休费（基本养老金）。

五、对1945年9月3日至1949年9月30日参加工作的老工人，每人每年增发一个月的基本退休费（基本养老金），作为生活补贴。

六、所需费用按现行开支渠道解决。

七、本通知自2011年起执行。2011年增发的生活补贴，请于7月1日前发放到位。

企业年金基金管理办法

1. 2011年2月12日人力资源社会保障部、银监会、证监会、保监会令第11号公布
2. 根据2015年4月30日《人力资源社会保障部关于修改部分规章的决定》修订

第一章　总　　则

第一条　为维护企业年金各方当事人的合法权益，规范企业年金基金管理，根据劳动法、信

托法、合同法、证券投资基金法等法律和国务院有关规定,制定本办法。

第二条 企业年金基金的受托管理、账户管理、托管、投资管理以及监督管理适用本办法。

本办法所称企业年金基金,是指根据依法制定的企业年金计划筹集的资金及其投资运营收益形成的企业补充养老保险基金。

第三条 建立企业年金计划的企业及其职工作为委托人,与企业年金理事会或者法人受托机构(以下简称受托人)签订受托管理合同。

受托人与企业年金基金账户管理机构(以下简称账户管理人)、企业年金基金托管机构(以下简称托管人)和企业年金基金投资管理机构(以下简称投资管理人)分别签订委托管理合同。

第四条 受托人应当将受托管理合同和委托管理合同报人力资源社会保障行政部门备案。

第五条 一个企业年金计划应当仅有一个受托人、一个账户管理人和一个托管人,可以根据资产规模大小选择适量的投资管理人。

第六条 同一企业年金计划中,受托人与托管人、托管人与投资管理人不得为同一人;建立企业年金计划的企业成立企业年金理事会作为受托人的,该企业与托管人不得为同一人;受托人与托管人、托管人与投资管理人、投资管理人与其他投资管理人的总经理和企业年金从业人员,不得相互兼任。

同一企业年金计划中,法人受托机构具备账户管理或者投资管理业务资格的,可以兼任账户管理人或者投资管理人。

第七条 法人受托机构兼任投资管理人时,应当建立风险控制制度,确保各项业务管理之间的独立性;设立独立的受托业务和投资业务部门,办公区域、运营管理流程和业务制度应当严格分离;直接负责的高级管理人员、受托业务和投资业务部门的工作人员不得相互兼任。

同一企业年金计划中,法人受托机构对待各投资管理人应当执行统一的标准和流程,体现公开、公平、公正原则。

第八条 企业年金基金缴费必须归集到受托财产托管账户,并在45日内划入投资资产托管账户。企业年金基金财产独立于委托人、受托人、账户管理人、托管人、投资管理人和其他为企业年金基金管理提供服务的自然人、法人或者其他组织的固有财产及其管理的其他财产。

企业年金基金财产的管理、运用或者其他情形取得的财产和收益,应当归入基金财产。

第九条 委托人、受托人、账户管理人、托管人、投资管理人和其他为企业年金基金管理提供服务的自然人、法人或者其他组织,因依法解散、被依法撤销或者被依法宣告破产等原因进行终止清算的,企业年金基金财产不属于其清算财产。

第十条 企业年金基金财产的债权,不得与委托人、受托人、账户管理人、托管人、投资管理人和其他为企业年金基金管理提供服务的自然人、法人或者其他组织固有财产的债务相互抵销。不同企业年金计划的企业年金基金的债权债务,不得相互抵销。

第十一条 非因企业年金基金财产本身承担的债务,不得对基金财产强制执行。

第十二条 受托人、账户管理人、托管人、投资管理人和其他为企业年金基金管理提供服务的自然人、法人或者其他组织必须恪尽职守,履行诚实、信用、谨慎、勤勉的义务。

第十三条 人力资源社会保障部负责制定企业年金基金管理的有关政策。人力资源社会保障行政部门对企业年金基金管理进行监管。

第二章 受 托 人

第十四条 本办法所称受托人，是指受托管理企业年金基金的符合国家规定的养老金管理公司等法人受托机构（以下简称法人受托机构）或者企业年金理事会。

第十五条 建立企业年金计划的企业，应当通过职工大会或者职工代表大会讨论确定，选择法人受托机构作为受托人，或者成立企业年金理事会作为受托人。

第十六条 企业年金理事会由企业代表和职工代表等人员组成，也可以聘请企业以外的专业人员参加，其中职工代表不少于三分之一。理事会应当配备一定数量的专职工作人员。

第十七条 企业年金理事会中的职工代表和企业以外的专业人员由职工大会、职工代表大会或者其他形式民主选举产生。企业代表由企业方聘任。

理事任期由企业年金理事会章程规定，但每届任期不得超过三年。理事任期届满，连选可以连任。

第十八条 企业年金理事会理事应当具备下列条件：

（一）具有完全民事行为能力；

（二）诚实守信，无犯罪记录；

（三）具有从事法律、金融、会计、社会保障或者其他履行企业年金理事会理事职责所必需的专业知识；

（四）具有决策能力；

（五）无个人所负数额较大的债务到期未清偿情形。

第十九条 企业年金理事会依法独立管理本企业的企业年金基金事务，不受企业方的干预，不得从事任何形式的营业性活动，不得从企业年金基金财产中提取管理费用。

第二十条 企业年金理事会会议，应当由理事本人出席；理事因故不能出席，可以书面委托其他理事代为出席，委托书中应当载明授权范围。

理事会作出决议，应当经全体理事三分之二以上通过。理事会应当对会议所议事项的决定形成会议记录，出席会议的理事应当在会议记录上签名。

第二十一条 理事应当对企业年金理事会的决议承担责任。理事会的决议违反法律、行政法规、本办法规定或者理事会章程，致使企业年金基金财产遭受损失的，理事应当承担赔偿责任。但经证明在表决时曾表明异议并记载于会议记录的，该理事可以免除责任。

企业年金理事会对外签订合同，应当由全体理事签字。

第二十二条 法人受托机构应当具备下列条件：

（一）经国家金融监管部门批准，在中国境内注册的独立法人；

（二）具有完善的法人治理结构；

（三）取得企业年金基金从业资格的专职人员达到规定人数；

（四）具有符合要求的营业场所、安全防范设施和与企业年金基金受托管理业务有关的其他设施；

(五)具有完善的内部稽核监控制度和风险控制制度;

(六)近3年没有重大违法违规行为;

(七)国家规定的其他条件。

第二十三条 受托人应当履行下列职责:

(一)选择、监督、更换账户管理人、托管人、投资管理人;

(二)制定企业年金基金战略资产配置策略;

(三)根据合同对企业年金基金管理进行监督;

(四)根据合同收取企业和职工缴费,向受益人支付企业年金待遇,并在合同中约定具体的履行方式;

(五)接受委托人查询,定期向委托人提交企业年金基金管理和财务会计报告。发生重大事件时,及时向委托人和有关监管部门报告;定期向有关监管部门提交开展企业年金基金受托管理业务情况的报告;

(六)按照国家规定保存与企业年金基金管理有关的记录自合同终止之日起至少15年;

(七)国家规定和合同约定的其他职责。

第二十四条 本办法所称受益人,是指参加企业年金计划并享有受益权的企业职工。

第二十五条 有下列情形之一的,法人受托机构职责终止:

(一)违反与委托人合同约定的;

(二)利用企业年金基金财产为其谋取利益,或者为他人谋取不正当利益的;

(三)依法解散、被依法撤销、被依法宣告破产或者被依法接管的;

(四)被依法取消企业年金基金受托管理业务资格的;

(五)委托人有证据认为更换受托人符合受益人利益的;

(六)有关监管部门有充分理由和依据认为更换受托人符合受益人利益的;

(七)国家规定和合同约定的其他情形。

企业年金理事会有前款第(二)项规定情形的,企业年金理事会职责终止,由委托人选择法人受托机构担任受托人。企业年金理事会有第(一)、(三)至(七)项规定情形之一的,应当按照国家规定重新组成,或者由委托人选择法人受托机构担任受托人。

第二十六条 受托人职责终止的,委托人应当在45日内委任新的受托人。

受托人职责终止的,应当妥善保管企业年金基金受托管理资料,在45日内办理完毕受托管理业务移交手续,新受托人应当接收并行使相应职责。

第三章 账户管理人

第二十七条 本办法所称账户管理人,是指接受受托人委托管理企业年金基金账户的专业机构。

第二十八条 账户管理人应当具备下列条件:

(一)经国家有关部门批准,在中国境内注册的独立法人;

(二)具有完善的法人治理结构;

（三）取得企业年金基金从业资格的专职人员达到规定人数；

（四）具有相应的企业年金基金账户信息管理系统；

（五）具有符合要求的营业场所、安全防范设施和与企业年金基金账户管理业务有关的其他设施；

（六）具有完善的内部稽核监控制度和风险控制制度；

（七）近3年没有重大违法违规行为；

（八）国家规定的其他条件。

第二十九条 账户管理人应当履行下列职责：

（一）建立企业年金基金企业账户和个人账户；

（二）记录企业、职工缴费以及企业年金基金投资收益；

（三）定期与托管人核对缴费数据以及企业年金基金账户财产变化状况，及时将核对结果提交受托人；

（四）计算企业年金待遇；

（五）向企业和受益人提供企业年金基金企业账户和个人账户信息查询服务；向受益人提供年度权益报告；

（六）定期向受托人提交账户管理数据等信息以及企业年金基金账户管理报告；定期向有关监管部门提交开展企业年金基金账户管理业务情况的报告；

（七）按照国家规定保存企业年金基金账户管理档案自合同终止之日起至少15年；

（八）国家规定和合同约定的其他职责。

第三十条 有下列情形之一的，账户管理人职责终止：

（一）违反与受托人合同约定的；

（二）利用企业年金基金财产为其谋取利益，或者为他人谋取不正当利益的；

（三）依法解散、被依法撤销、被依法宣告破产或者被依法接管的；

（四）被依法取消企业年金基金账户管理业务资格的；

（五）受托人有证据认为更换账户管理人符合受益人利益的；

（六）有关监管部门有充分理由和依据认为更换账户管理人符合受益人利益的；

（七）国家规定和合同约定的其他情形。

第三十一条 账户管理人职责终止的，受托人应当在45日内确定新的账户管理人。

账户管理人职责终止的，应当妥善保管企业年金基金账户管理资料，在45日内办理完毕账户管理业务移交手续，新账户管理人应当接收并行使相应职责。

第四章 托 管 人

第三十二条 本办法所称托管人，是指接受受托人委托保管企业年金基金财产的商业银行。

第三十三条 托管人应当具备下列条件：

（一）经国家金融监管部门批准，在中国境内注册的独立法人；

（二）具有完善的法人治理结构；

（三）设有专门的资产托管部门；

（四）取得企业年金基金从业资格的专职人员达到规定人数；

（五）具有保管企业年金基金财产的条件；

（六）具有安全高效的清算、交割系统；

（七）具有符合要求的营业场所、安全防范设施和与企业年金基金托管业务有关的其他设施；

（八）具有完善的内部稽核监控制度和风险控制制度；

（九）近 3 年没有重大违法违规行为；

（十）国家规定的其他条件。

第三十四条 托管人应当履行下列职责：

（一）安全保管企业年金基金财产；

（二）以企业年金基金名义开设基金财产的资金账户和证券账户等；

（三）对所托管的不同企业年金基金财产分别设置账户，确保基金财产的完整和独立；

（四）根据受托人指令，向投资管理人分配企业年金基金财产；

（五）及时办理清算、交割事宜；

（六）负责企业年金基金会计核算和估值，复核、审查和确认投资管理人计算的基金财产净值；

（七）根据受托人指令，向受益人发放企业年金待遇；

（八）定期与账户管理人、投资管理人核对有关数据；

（九）按照规定监督投资管理人的投资运作，并定期向受托人报告投资监督情况；

（十）定期向受托人提交企业年金基金托管和财务会计报告；定期向有关监管部门提交开展企业年金基金托管业务情况的报告；

（十一）按照国家规定保存企业年金基金托管业务活动记录、账册、报表和其他相关资料自合同终止之日起至少 15 年；

（十二）国家规定和合同约定的其他职责。

第三十五条 托管人发现投资管理人依据交易程序尚未成立的投资指令违反法律、行政法规、其他有关规定或者合同约定的，应当拒绝执行，立即通知投资管理人，并及时向受托人和有关监管部门报告。

托管人发现投资管理人依据交易程序已经成立的投资指令违反法律、行政法规、其他有关规定或者合同约定的，应当立即通知投资管理人，并及时向受托人和有关监管部门报告。

第三十六条 有下列情形之一的，托管人职责终止：

（一）违反与受托人合同约定的；

（二）利用企业年金基金财产为其谋取利益，或者为他人谋取不正当利益的；

（三）依法解散、被依法撤销、被依法宣告破产或者被依法接管的；

（四）被依法取消企业年金基金托管业务资格的；

（五）受托人有证据认为更换托管人符合受益人利益的；

（六）有关监管部门有充分理由和依据认为更换托管人符合受益人利益的；

（七）国家规定和合同约定的其他情形。

第三十七条 托管人职责终止的，受托人应当在45日内确定新的托管人。

托管人职责终止的，应当妥善保管企业年金基金托管资料，在45日内办理完毕托管业务移交手续，新托管人应当接收并行使相应职责。

第三十八条 禁止托管人有下列行为：

（一）托管的企业年金基金财产与其固有财产混合管理；

（二）托管的企业年金基金财产与托管的其他财产混合管理；

（三）托管的不同企业年金计划、不同企业年金投资组合的企业年金基金财产混合管理；

（四）侵占、挪用托管的企业年金基金财产；

（五）国家规定和合同约定禁止的其他行为。

第五章 投资管理人

第三十九条 本办法所称投资管理人，是指接受受托人委托投资管理企业年金基金财产的专业机构。

第四十条 投资管理人应当具备下列条件：

（一）经国家金融监管部门批准，在中国境内注册，具有受托投资管理、基金管理或者资产管理资格的独立法人；

（二）具有完善的法人治理结构；

（三）取得企业年金基金从业资格的专职人员达到规定人数；

（四）具有符合要求的营业场所、安全防范设施和与企业年金基金投资管理业务有关的其他设施；

（五）具有完善的内部稽核监控制度和风险控制制度；

（六）近3年没有重大违法违规行为；

（七）国家规定的其他条件。

第四十一条 投资管理人应当履行下列职责：

（一）对企业年金基金财产进行投资；

（二）及时与托管人核对企业年金基金会计核算和估值结果；

（三）建立企业年金基金投资管理风险准备金；

（四）定期向受托人提交企业年金基金投资管理报告；定期向有关监管部门提交开展企业年金基金投资管理业务情况的报告；

（五）根据国家规定保存企业年金基金财产会计凭证、会计账簿、年度财务会计报告和投资记录自合同终止之日起至少15年；

（六）国家规定和合同约定的其他职责。

第四十二条 有下列情形之一的，投资管理人应当及时向受托人报告：

（一）企业年金基金单位净值大幅度波动的；

（二）可能使企业年金基金财产受到重大影响的有关事项；

（三）国家规定和合同约定的其他情形。

第四十三条 有下列情形之一的，投资管理人职责终止：

（一）违反与受托人合同约定的；

（二）利用企业年金基金财产为其谋取利益，或者为他人谋取不正当利益的；

（三）依法解散、被依法撤销、被依法宣告破产或者被依法接管的；

（四）被依法取消企业年金基金投资管理业务资格的；

（五）受托人有证据认为更换投资管理人符合受益人利益的；

（六）有关监管部门有充分理由和依据认为更换投资管理人符合受益人利益的；

（七）国家规定和合同约定的其他情形。

第四十四条 投资管理人职责终止的，受托人应当在45日内确定新的投资管理人。

投资管理人职责终止的，应当妥善保管企业年金基金投资管理资料，在45日内办理完毕投资管理业务移交手续，新投资管理人应当接收并行使相应职责。

第四十五条 禁止投资管理人有下列行为：

（一）将其固有财产或者他人财产混同于企业年金基金财产；

（二）不公平对待企业年金基金财产与其管理的其他财产；

（三）不公平对待其管理的不同企业年金基金财产；

（四）侵占、挪用企业年金基金财产；

（五）承诺、变相承诺保本或者保证收益；

（六）利用所管理的其他资产为企业年金计划委托人、受益人或者相关管理人谋取不正当利益；

（七）国家规定和合同约定禁止的其他行为。

第六章　基金投资

第四十六条 企业年金基金投资管理应当遵循谨慎、分散风险的原则，充分考虑企业年金基金财产的安全性、收益性和流动性，实行专业化管理。

第四十七条 企业年金基金财产限于境内投资，投资范围包括银行存款、国债、中央银行票据、债券回购、万能保险产品、投资连结保险产品、证券投资基金、股票，以及信用等级在投资级以上的金融债、企业（公司）债、可转换债（含分离交易可转换债）、短期融资券和中期票据等金融产品。

第四十八条 每个投资组合的企业年金基金财产应当由一个投资管理人管理，企业年金基金财产以投资组合为单位按照公允价值计算应当符合下列规定：

（一）投资银行活期存款、中央银行票据、债券回购等流动性产品以及货币市场基金的比例，不得低于投资组合企业年金基金财产净值的5%；清算备付金、证券清算款以及一级市场证券申购资金视为流动性资产；投资债券正回购的比例不得高于投资组合企业年金基金财产净值的40%。

（二）投资银行定期存款、协议存款、国债、金融债、企业（公司）债、短期融资券、中期票据、万能保险产品等固定收益类产品以及可转换债（含分离交易可转换债）、债券基金、投资连结保险产品（股票投资比例不高于30%）的比例，不得高于投资组合企业年金基金财产净值的95%。

（三）投资股票等权益类产品以及股票基金、混合基金、投资连结保险产品（股票投资比例高于或者等于30%）的比例，不得高于投资组合企业年金基金财产净值的30%。其中，企业年金基金不得直接投资于权证，但因投资股票、分离交易可转换债等投资品种而衍生获得的权证，应当在权证上市交易之日起10个交易日内卖出。

第四十九条 根据金融市场变化和投资运作情况，人力资源社会保障部会同中国银监会、中国证监会和中国保监会，适时对投资范围和比例进行调整。

第五十条 单个投资组合的企业年金基金财产，投资于一家企业所发行的股票，单期发行的同一品种短期融资券、中期票据、金融债、企业（公司）债、可转换债（含分离交易可转换债），单只证券投资基金，单个万能保险产品或者投资连结保险产品，分别不得超过该企业上述证券发行量、该基金份额或者该保险产品资产管理规模的5%；按照公允价值计算，也不得超过该投资组合企业年金基金财产净值的10%。

单个投资组合的企业年金基金财产，投资于经备案的符合第四十八条投资比例规定的单只养老金产品，不得超过该投资组合企业年金基金财产净值的30%，不受上述10%规定的限制。

第五十一条 投资管理人管理的企业年金基金财产投资于自己管理的金融产品须经受托人同意。

第五十二条 因证券市场波动、上市公司合并、基金规模变动等投资管理人之外的因素致使企业年金基金投资不符合本办法第四十八条、第五十条规定的比例或者合同约定的投资比例的，投资管理人应当在可上市交易之日起10个交易日内调整完毕。

第五十三条 企业年金基金证券交易以现货和国务院规定的其他方式进行，不得用于向他人贷款和提供担保。

投资管理人不得从事使企业年金基金财产承担无限责任的投资。

第七章 收益分配及费用

第五十四条 账户管理人应当采用份额计量方式进行账户管理，根据企业年金基金单位净值，按周或者按日足额记入企业年金基金企业账户和个人账户。

第五十五条 受托人年度提取的管理费不高于受托管理企业年金基金财产净值的0.2%。

第五十六条 账户管理人的管理费按照每户每月不超过5元人民币的限额，由建立企业年金计划的企业另行缴纳。

保留账户和退休人员账户的账户管理费可以按照合同约定由受益人自行承担，从受益人个人账户中扣除。

第五十七条 托管人年度提取的管理费不高于托管企业年金基金财产净值的0.2%。

第五十八条 投资管理人年度提取的管理费不高于投资管理企业年金基金财产净值的1.2%。

第五十九条 根据企业年金基金管理情况,人力资源社会保障部会同中国银监会、中国证监会和中国保监会,适时对有关管理费进行调整。

第六十条 投资管理人从当期收取的管理费中,提取20%作为企业年金基金投资管理风险准备金,专项用于弥补合同终止时所管理投资组合的企业年金基金当期委托投资资产的投资亏损。

第六十一条 当合同终止时,如所管理投资组合的企业年金基金财产净值低于当期委托投资资产的,投资管理人应当用风险准备金弥补该时点的当期委托投资资产亏损,直至该投资组合风险准备金弥补完毕;如所管理投资组合的企业年金基金当期委托投资资产没有发生投资亏损或者风险准备金弥补后有剩余的,风险准备金划归投资管理人所有。

第六十二条 企业年金基金投资管理风险准备金应当存放于投资管理人在托管人处开立的专用存款账户,余额达到投资管理人所管理投资组合基金财产净值的10%时可以不再提取。托管人不得对投资管理风险准备金账户收取费用。

第六十三条 风险准备金由投资管理人进行管理,可以投资于银行存款、国债等高流动性、低风险金融产品。风险准备金产生的投资收益,应当纳入风险准备金管理。

第八章 计划管理和信息披露

第六十四条 企业年金单一计划指受托人将单个委托人交付的企业年金基金,单独进行受托管理的企业年金计划。

企业年金集合计划指同一受托人将多个委托人交付的企业年金基金,集中进行受托管理的企业年金计划。

第六十五条 法人受托机构设立集合计划,应当制定集合计划受托管理合同,为每个集合计划确定账户管理人、托管人各一名,投资管理人至少三名;并分别与其签订委托管理合同。

集合计划受托人应当将制定的集合计划受托管理合同、签订的委托管理合同以及该集合计划的投资组合说明书报人力资源社会保障部备案。

第六十六条 一个企业年金方案的委托人只能建立一个企业年金单一计划或者参加一个企业年金集合计划。委托人加入集合计划满3年后,方可根据受托管理合同规定选择退出集合计划。

第六十七条 发生下列情形之一的,企业年金单一计划变更:

(一)企业年金计划受托人、账户管理人、托管人或者投资管理人变更;

(二)企业年金基金管理合同主要内容变更;

(三)企业年金计划名称变更;

(四)国家规定的其他情形。

发生前款规定情形时,受托人应当将相关企业年金基金管理合同重新报人力资源社会保障行政部门备案。

第六十八条 企业年金单一计划终止时,受托人应当组织清算组对企业年金基金财产进行清算。清算费用从企业年金基金财产中扣除。

清算组由企业代表、职工代表、受托人、账户管理人、托管人、投资管理人以及由受托人聘请的会计师事务所、律师事务所等组成。

清算组应当自清算工作完成后 3 个月内，向人力资源社会保障行政部门和受益人提交经会计师事务所审计以及律师事务所出具法律意见书的清算报告。

人力资源社会保障行政部门应当注销该企业年金计划。

第六十九条 受益人工作单位发生变化，新工作单位已经建立企业年金计划的，其企业年金个人账户权益应当转入新工作单位的企业年金计划管理。新工作单位没有建立企业年金计划的，其企业年金个人账户权益可以在原法人受托机构发起的集合计划设置的保留账户统一管理；原受托人是企业年金理事会的，由企业与职工协商选择法人受托机构管理。

第七十条 企业年金单一计划终止时，受益人企业年金个人账户权益应当转入原法人受托机构发起的集合计划设置的保留账户统一管理；原受托人是企业年金理事会的，由企业与职工协商选择法人受托机构管理。

第七十一条 发生以下情形之一的，受托人应当聘请会计师事务所对企业年金计划进行审计。审计费用从企业年金基金财产中扣除。

（一）企业年金计划连续运作满三个会计年度时；

（二）企业年金计划管理人职责终止时；

（三）国家规定的其他情形。

账户管理人、托管人、投资管理人应当自上述情况发生之日起配合会计师事务所对企业年金计划进行审计。受托人应当自上述情况发生之日起的 50 日内向委托人以及人力资源社会保障行政部门提交审计报告。

第七十二条 受托人应当在每季度结束后 30 日内向委托人提交企业年金基金管理季度报告；并应当在年度结束后 60 日内向委托人提交企业年金基金管理和财务会计年度报告。

第七十三条 账户管理人应当在每季度结束后 15 日内向受托人提交企业年金基金账户管理季度报告；并应当在年度结束后 45 日内向受托人提交企业年金基金账户管理年度报告。

第七十四条 托管人应当在每季度结束后 15 日内向受托人提交企业年金基金托管和财务会计季度报告；并应当在年度结束后 45 日内向受托人提交企业年金基金托管和财务会计年度报告。

第七十五条 投资管理人应当在每季度结束后 15 日内向受托人提交经托管人确认财务管理数据的企业年金基金投资组合季度报告；并应当在年度结束后 45 日内向受托人提交经托管人确认财务管理数据的企业年金基金投资管理年度报告。

第七十六条 法人受托机构、账户管理人、托管人和投资管理人发生下列情形之一的，应当及时向人力资源社会保障部报告；账户管理人、托管人和投资管理人应当同时抄报受托人。

（一）减资、合并、分立、依法解散、被依法撤销、决定申请破产或者被申请破产的；

（二）涉及重大诉讼或者仲裁的；

（三）董事长、总经理、直接负责企业年金业务的高级管理人员发生变动的；

（四）国家规定的其他情形。

第七十七条 受托人、账户管理人、托管人和投资管理人应当按照规定报告企业年金基金管理情况,并对所报告内容的真实性、完整性负责。

第九章 监督检查

第七十八条 法人受托机构、账户管理人、托管人、投资管理人开展企业年金基金管理相关业务,应当向人力资源社会保障部提出申请。法人受托机构、账户管理人、投资管理人向人力资源社会保障部提出申请前应当先经其业务监管部门同意,托管人向人力资源社会保障部提出申请前应当先向其业务监管部门备案。

第七十九条 人力资源社会保障部收到法人受托机构、账户管理人、托管人、投资管理人的申请后,应当组织专家评审委员会,按照规定进行审慎评审。经评审符合条件的,由人力资源社会保障部会同有关部门确认公告;经评审不符合条件的,应当书面通知申请人。

专家评审委员会由有关部门代表和社会专业人士组成。每次参加评审的专家应当从专家评审委员会中随机抽取产生。

第八十条 受托人、账户管理人、托管人、投资管理人开展企业年金基金管理相关业务,应当接受人力资源社会保障行政部门的监管。

法人受托机构、账户管理人、托管人和投资管理人的业务监管部门按照各自职责对其经营活动进行监督。

第八十一条 人力资源社会保障部依法履行监督管理职责,可以采取以下措施:

(一)查询、记录、复制与被调查事项有关的企业年金基金管理合同、财务会计报告等资料;

(二)询问与调查事项有关的单位和个人,要求其对有关问题做出说明、提供有关证明材料;

(三)国家规定的其他措施。

委托人、受托人、账户管理人、托管人、投资管理人和其他为企业年金基金管理提供服务的自然人、法人或者其他组织,应当积极配合检查,如实提供有关资料,不得拒绝、阻挠或者逃避检查,不得谎报、隐匿或者销毁相关证据材料。

第八十二条 人力资源社会保障部依法进行调查或者检查时,应当至少由两人共同进行,并出示证件,承担下列义务:

(一)依法履行职责,秉公执法,不得利用职务之便谋取私利;

(二)保守在调查或者检查时知悉的商业秘密;

(三)为举报人员保密。

第八十三条 法人受托机构、中央企业集团公司成立的企业年金理事会、账户管理人、托管人、投资管理人违反本办法规定或者企业年金基金管理费、信息披露相关规定的,由人力资源社会保障部责令改正。其他企业(包括中央企业子公司)成立的企业年金理事会,违反本办法规定或者企业年金基金管理费、信息披露相关规定的,由管理合同备案所在地的省、自治区、直辖市或者计划单列市人力资源社会保障行政部门责令改正。

第八十四条 受托人、账户管理人、托管人、投资管理人发生违法违规行为可能影响企业年金基金财产安全的,或者经责令改正而不改正的,由人力资源社会保障部暂停其接收新的企业年金基金管理业务。给企业年金基金财产或者受益人利益造成损害的,依法承担赔偿责任;构成犯罪的,依法追究刑事责任。

第八十五条 人力资源社会保障部将法人受托机构、账户管理人、托管人、投资管理人违法行为、处理结果以及改正情况予以记录,同时抄送业务监管部门。在企业年金基金管理资格有效期内,有三次以上违法记录或者一次以上经责令改正而不改正的,在其资格到期之后 5 年内,不再受理其开展企业年金基金管理业务的申请。

第八十六条 会计师事务所和律师事务所提供企业年金中介服务应当严格遵守相关职业准则和行业规范。

第十章 附 则

第八十七条 企业年金基金管理,国务院另有规定的,从其规定。

第八十八条 本办法自 2011 年 5 月 1 日起施行。劳动和社会保障部、中国银行业监督管理委员会、中国证券监督管理委员会、中国保险监督管理委员会于 2004 年 2 月 23 日发布的《企业年金基金管理试行办法》(劳动保障部令第 23 号)同时废止。

劳动和社会保障部、民政部、审计署关于做好农村社会养老保险和被征地农民社会保障工作有关问题的通知

1. 2007 年 8 月 17 日发布
2. 劳社部发〔2007〕31 号

各省、自治区、直辖市劳动保障厅(局)、民政厅(局):

经请示国务院领导同志同意,今年要对农村社会养老保险(以下简称农保)基金进行全面审计,摸清底数;对农保工作进行清理,理顺管理体制,妥善处理被处置金融机构中的农保基金债权;研究提出推进农保工作的意见。为贯彻落实国务院要求,现就有关事项通知如下:

一、积极配合审计部门做好农保基金全面审计工作

(一)高度重视农保基金审计工作。目前,国家审计署对农保基金的全面审计工作已经开始,将于今年第四季度完成。各级劳动保障和尚未完成职能划转和工作移交的民政部门要充分认识做好农保基金审计工作对确保基金安全、推进农保工作的重要性,积极配合审计部门开展工作,确保审计工作顺利完成。

(二)认真做好自查自纠工作。各级农保主管部门要立即组织农保经办机构对农保基金管理使用情况进行全面自查,认真纠正违规问题。要把自查自纠工作作为配合审计工作的一项重

要内容,抓实抓细,做好接受全面审计检查的准备工作。

(三)做好基金审计后的整改工作。各地要认真落实审计部门的审计意见和审计决定,对审计中发现的问题,进行认真梳理,采取经济、行政和法律的手段,按要求坚决回收违规基金。劳动和社会保障部将对重点地区整改工作进行督查。

二、尽快理顺农保管理体制

(一)及时完成职能划转和工作移交。没有完成职能划转和工作移交的地方,要按照《关于省级政府劳动和社会保障以及药品监督管理工作机构有关问题的通知》(中编办发〔1998〕8 号)和《关于构建市县劳动和社会保障机构有关问题的通知》(中编办发〔2000〕18 号)要求,在全面审计、摸清底数的基础上,于 2007 年 12 月底之前完成各级农保职能、机构、人员、档案、基金由民政部门向劳动保障部门的整体移交工作。劳动保障部门、民政部门要加强协调,共同指导、督促各地做好农保移交工作,切实加强农保机构建设,提高经办能力。

(二)妥善解决农保机构设置和乡镇农保的管理问题。在整体移交工作中,要按照统筹城乡社会保险事业发展的要求,妥善解决农保机构、编制和职能设置问题。各级劳动保障部门要商同级财政部门,将农保机构的工作和人员经费纳入同级财政预算,同时取消从收取的农保基金中提取管理费的做法,杜绝挤占挪用基金发工资等现象。

(三)建立健全农保基金管理和监督制度。各地要进一步加强农保基金的财务管理,规范会计核算。各级农保经办机构要按照《社会保险经办机构内部控制暂行办法》(劳社部发〔2007〕2 号)的要求,加强内控制度建设,建立健全内部规章制度和基金内审稽核制度,规范经办行为,控制经办风险,提高管理水平,保证基金安全。各级社会保险基金监督机构要落实《关于进一步防范农村社会养老保险基金风险的紧急通知》(劳社部函〔2004〕240 号)的要求,将农保基金纳入日常监管业务范围,切实履行监督职责,对农保基金的管理使用情况进行定期检查。

三、积极推进新型农保试点工作

(一)试点原则。要按照保基本、广覆盖、能转移、可持续的原则,以多种方式推进新型农保制度建设。要根据党的十六届六中全会关于“建立覆盖城乡居民的社会保障体系”和“加大公共财政对农村社会保障制度建设的投入”的要求,以缴费补贴、老人直补、基金贴息、待遇调整等多种方式,建立农民参保补贴制度,不断扩大覆盖范围,逐步提高待遇水平。

(二)试点办法。要在深入调研、认真总结已有工作经验的基础上,坚持从当地实际出发,研究制定新型农保试点办法。以农村有缴费能力的各类从业人员为主要对象,完善个人缴费、集体(或用人单位)补助、政府补贴的多元化筹资机制,建立以个人账户为主、保障水平适度、缴费方式灵活、账户可随人转移的新型农保制度和参保补贴机制。有条件的地区也可建立个人账户为主、统筹调剂为辅的养老保险制度。要引导部分乡镇、村组已建立的各种养老补助制度逐步向社会养老保险制度过渡,实现可持续发展。

(三)试点选择。要选择城镇化进程较快、地方财政状况较好、政府和集体经济有能力对农民参保给予一定财政支持的地方开展农保试点,为其他具备条件地方建立农保制度积累经验。东部经济较发达的地级市可选择 1—2 个县级单位开展试点工作,中西部各省(自治区、直辖市)可选择 3—5 个县级单位开展试点。各试点县市名单和试点方案报劳动和社会保障部备案。

四、切实做好被征地农民社会保障工作

（一）高度重视被征地农民社会保障工作。各地要根据国务院关于做好被征地农民社会保障工作一系列政策文件要求，在今年内出台被征地农民社会保障实施办法，全面开展被征地农民社会保障工作。要明确工作责任，加强被征地农民社会保障经办工作，建立被征地农民社会保障工作统计报告制度，加强对工作进展的调度和督促检查。要认真研究解决工作中出现的新情况和新问题，及时总结交流经验。今年下半年有关部门将进行专项检查，督促各地做好被征地农民社会保障工作。

（二）明确被征地农民社会保障工作机构和职责。各级劳动保障部门作为被征地农民社会保障工作的主管部门，负责被征地农民社会保障政策的制定和实施。劳动保障行政部门负责拟定被征地农民社会保障对象、项目、标准以及费用筹集等政策办法，具体经办工作由负责被征地农民社会保障工作的社会保险经办机构办理。要严格按《国务院办公厅转发劳动保障部关于做好被征地农民就业培训和社会保障工作指导意见的通知》（国办发〔2006〕29号）和《国务院办公厅关于规范国有土地使用权出让收支管理的通知》（国发〔2006〕100号）关于保障项目、标准和资金安排的要求，搞好被征地农民社会保障测算工作，足额筹集被征地农民社会保障资金，确保被征地农民原有生活水平不降低，长远生计有保障，确保制度的可持续发展。

（三）规范被征地农民社会保障审核工作。需报国务院批准征地的，由省、自治区、直辖市劳动和社会保障厅（局）根据《关于切实做好被征地农民社会保障工作有关问题的通知》（劳社部发〔2007〕14号）的规定，对被征地农民社会保障项目、标准、资金安排和落实措施提出审核意见；需报省级政府批准征地的，由省辖市（州、盟）劳动和社会保障局提出审核意见。

劳动和社会保障部关于调整农村社会养老保险个人账户计息办法的通知

1. 2008年2月3日发布
2. 劳社部函〔2008〕12号

各省、自治区、直辖市劳动和社会保障厅，河南省民政厅：

近年来，中国人民银行对存贷款利率作了多次调整，财政部也多次调整了国债发行利率。为统一政策、规范管理、保护参保农民利益，决定从2008年1月1日起，农村社会养老保险个人账户计息标准由各省、自治区、直辖市劳动和社会保障行政部门随中国人民银行公布的金融机构人民币存款利率调整而调整，并不得低于同期中国人民银行公布的金融机构一年期定期存款利率，在基金积累期实行分段计息。具体计息标准由各省、自治区、直辖市劳动和社会保障行政部门根据基金增值情况制定，并报劳动和社会保障部备案。

3. 医疗保险

国务院关于建立城镇职工基本医疗保险制度的决定

1. 1998 年 12 月 14 日发布
2. 国发〔1998〕44 号

各省、自治区、直辖市人民政府，国务院各部委、各直属机构：

加快医疗保险制度改革，保障职工基本医疗，是建立社会主义市场经济体制的客观要求和重要保障。在认真总结近年来各地医疗保险制度改革试点经验的基础上，国务院决定，在全国范围内进行城镇职工医疗保险制度改革。

一、改革的任务和原则

医疗保险制度改革的主要任务是建立城镇职工基本医疗保险制度，即适应社会主义市场经济体制，根据财政、企业和个人的承受能力，建立保障职工基本医疗需求的社会医疗保险制度。

建立城镇职工基本医疗保险制度的原则是：基本医疗保险的水平要与社会主义初级阶段生产力发展水平相适应；城镇所有用人单位及其职工都要参加基本医疗保险，实行属地管理；基本医疗保险费由用人单位和职工双方共同负担；基本医疗保险基金实行社会统筹和个人账户相结合。

二、覆盖范围和缴费办法

城镇所有用人单位，包括企业（国有企业、集体企业、外商投资企业、私营企业等）、机关、事业单位、社会团体、民办非企业单位及其职工，都要参加基本医疗保险。乡镇企业及其职工、城镇个体经济组织业主及其从业人员是否参加基本医疗保险，由各省、自治区、直辖市人民政府决定。

基本医疗保险原则上以地级以上行政区（包括地、市、州、盟）为统筹单位，也可以县（市）为统筹单位，北京、天津、上海 3 个直辖市原则上在全市范围内实行统筹（以下简称统筹地区）。所有用人单位及其职工都要按照属地管理原则参加所在统筹地区的基本医疗保险，执行统一政策，实行基本医疗保险基金的统一筹集、使用和管理。铁路、电力、远洋运输等跨地区、生产流动性较大的企业及其职工，可以相对集中的方式异地参加统筹地区的基本医疗保险。

基本医疗保险费由用人单位和职工共同缴纳。用人单位缴费率应控制在职工工资总额的 6% 左右，职工缴费率一般为本人工资收入的 2%。随着经济发展，用人单位和职工缴费率可作相应调整。

三、建立基本医疗保险统筹基金和个人账户

要建立基本医疗保险统筹基金和个人账户。基本医疗保险基金由统筹基金和个人账户构成。职工个人缴纳的基本医疗保险费,全部计入个人账户。用人单位缴纳的基本医疗保险费分为两部分,一部分用于建立统筹基金,一部分划入个人账户。划入个人账户的比例一般为用人单位缴费的30%左右,具体比例由统筹地区根据个人账户的支付范围和职工年龄等因素确定。

统筹基金和个人账户要划定各自的支付范围,分别核算,不得互相挤占。要确定统筹基金的起付标准和最高支付限额,起付标准原则上控制在当地职工年平均工资的10%左右,最高支付限额原则上控制在当地职工年平均工资的4倍左右。起付标准以下的医疗费用,从个人账户中支付或由个人自付。起付标准以上、最高支付限额以下的医疗费用,主要从统筹基金中支付,个人也要负担一定比例。超过最高支付限额的医疗费用,可以通过商业医疗保险等途径解决。统筹基金的具体起付标准、最高支付限额以及在起付标准以上和最高支付限额以下医疗费用的个人负担比例,由统筹地区根据以收定支、收支平衡的原则确定。

四、健全基本医疗保险基金的管理和监督机制

基本医疗保险基金纳入财政专户管理,专款专用,不得挤占挪用。

社会保险经办机构负责基本医疗保险基金的筹集、管理和支付,并要建立健全预决算制度、财务会计制度和内部审计制度。社会保险经办机构的事业经费不得从基金中提取,由各级财政预算解决。

基本医疗保险基金的银行计息办法:当年筹集的部分,按活期存款利率计息;上年结转的基金本息,按3个月期整存整取银行存款利率计息;存入社会保障财政专户的沉淀资金,比照3年期零存整取储蓄存款利率计息,并不低于该档次利率水平。个人账户的本金和利息归个人所有,可以结转使用和继承。

各级劳动保障和财政部门,要加强对基本医疗保险基金的监督管理。审计部门要定期对社会保险经办机构的基金收支情况和管理情况进行审计。统筹地区应设立由政府有关部门代表、用人单位代表、医疗机构代表、工会代表和有关专家参加的医疗保险基金监督组织,加强对基本医疗保险基金的社会监督。

五、加强医疗服务管理

要确定基本医疗保险的服务范围和标准。劳动保障部会同卫生部、财政部等有关部门制定基本医疗服务的范围、标准和医药费用结算办法,制定国家基本医疗保险药品目录、诊疗项目、医疗服务设施标准及相应的管理办法。各省、自治区、直辖市劳动保障行政管理部门根据国家规定,会同有关部门制定本地区相应的实施标准和办法。

基本医疗保险实行定点医疗机构(包括中医医院)和定点药店管理。劳动保障部会同卫生部、财政部等有关部门制定定点医疗机构和定点药店的资格审定办法。社会保险经办机构要根据中西医并举,基层、专科和综合医疗机构兼顾,方便职工就医的原则,负责确定定点医疗机构和定点药店,并同定点医疗机构和定点药店签订合同,明确各自的责任、权利和义务。在确定定点医疗机构和定点药店时,要引进竞争机制,职工可选择若干定点医疗机构就医、购药,也可持处方在若干定点药店购药。国家药品监督管理局会同有关部门制定定点药店购药药事事故处理办法。

各地要认真贯彻《中共中央、国务院关于卫生改革与发展的决定》(中发〔1997〕3号)精神,积极推进医药卫生体制改革，以较少的经费投入，使人民群众得到良好的医疗服务，促进医药卫生事业的健康发展。要建立医药分开核算、分别管理的制度，形成医疗服务和药品流通的竞争机制，合理控制医药费用水平；要加强医疗机构和药店的内部管理，规范医药服务行为，减员增效，降低医药成本；要理顺医疗服务价格，在实行医药分开核算、分别管理，降低药品收入占医疗总收入比重的基础上，合理提高医疗技术劳务价格；要加强业务技术培训和职业道德教育，提高医药服务人员的素质和服务质量；要合理调整医疗机构布局，优化医疗卫生资源配置，积极发展社区卫生服务，将社区卫生服务中的基本医疗服务项目纳入基本医疗保险范围。卫生部会同有关部门制定医疗机构改革方案和发展社区卫生服务的有关政策。国家经贸委等部门要认真配合做好药品流通体制改革工作。

六、妥善解决有关人员的医疗待遇

离休人员、老红军的医疗待遇不变，医疗费用按原资金渠道解决，支付确有困难的，由同级人民政府帮助解决。离休人员、老红军的医疗管理办法由省、自治区、直辖市人民政府制定。

二等乙级以上革命伤残军人的医疗待遇不变，医疗费用按原资金渠道解决，由社会保险经办机构单独列账管理。医疗费支付不足部分，由当地人民政府帮助解决。

退休人员参加基本医疗保险，个人不缴纳基本医疗保险费。对退休人员个人账户的计入金额和个人负担医疗费的比例给予适当照顾。

国家公务员在参加基本医疗保险的基础上，享受医疗补助政策。具体办法另行制定。

为了不降低一些特定行业职工现有的医疗消费水平，在参加基本医疗保险的基础上，作为过渡措施，允许建立企业补充医疗保险。企业补充医疗保险费在工资总额4%以内的部分，从职工福利费中列支，福利费不足列支的部分，经同级财政部门核准后列入成本。

国有企业下岗职工的基本医疗保险费，包括单位缴费和个人缴费，均由再就业服务中心按照当地上年度职工平均工资的60%为基数缴纳。

七、加强组织领导

医疗保险制度改革政策性强，涉及广大职工的切身利益，关系到国民经济发展和社会稳定。各级人民政府要切实加强领导，统一思想，提高认识，做好宣传工作和政治思想工作，使广大职工和社会各方面都积极支持和参与这项改革。各地要按照建立城镇职工基本医疗保险制度的任务、原则和要求，结合本地实际，精心组织实施，保证新旧制度的平稳过渡。

建立城镇职工基本医疗保险制度工作从1999年初开始启动，1999年底基本完成。各省、自治区、直辖市人民政府要按照本决定的要求，制定医疗保险制度改革的总体规划，报劳动保障部备案。统筹地区要根据规划要求，制定基本医疗保险实施方案，报省、自治区、直辖市人民政府审批后执行。

劳动保障部要加强对建立城镇职工基本医疗保险制度工作的指导和检查，及时研究解决工作中出现的问题。财政、卫生、药品监督管理等有关部门要积极参与，密切配合，共同努力，确保城镇职工基本医疗保险制度改革工作的顺利进行。

国务院办公厅关于全面实施城乡居民大病保险的意见

1. 2015年7月28日发布
2. 国办发〔2015〕57号

各省、自治区、直辖市人民政府,国务院各部委、各直属机构:

城乡居民大病保险(以下简称大病保险)是基本医疗保障制度的拓展和延伸,是对大病患者发生的高额医疗费用给予进一步保障的一项新的制度性安排。大病保险试点以来,推动了医保、医疗、医药联动改革,促进了政府主导与发挥市场机制作用相结合,提高了基本医疗保障管理水平和运行效率,有力缓解了因病致贫、因病返贫问题。为加快推进大病保险制度建设,筑牢全民基本医疗保障网底,让更多的人民群众受益,经国务院同意,现提出以下意见。

一、基本原则和目标

(一)基本原则。

1. 坚持以人为本、保障大病。建立完善大病保险制度,不断提高大病保障水平和服务可及性,着力维护人民群众健康权益,切实避免人民群众因病致贫、因病返贫。

2. 坚持统筹协调、政策联动。加强基本医保、大病保险、医疗救助、疾病应急救助、商业健康保险和慈善救助等制度的衔接,发挥协同互补作用,输出充沛的保障动能,形成保障合力。

3. 坚持政府主导、专业承办。强化政府在制定政策、组织协调、监督管理等方面职责的同时,采取商业保险机构承办大病保险的方式,发挥市场机制作用和商业保险机构专业优势,提高大病保险运行效率、服务水平和质量。

4. 坚持稳步推进、持续实施。大病保险保障水平要与经济社会发展、医疗消费水平和社会负担能力等相适应。强化社会互助共济,形成政府、个人和保险机构共同分担大病风险的机制。坚持因地制宜、规范运作,实现大病保险稳健运行和可持续发展。

(二)主要目标。

2015年底前,大病保险覆盖所有城镇居民基本医疗保险、新型农村合作医疗(以下统称城乡居民基本医保)参保人群,大病患者看病就医负担有效减轻。到2017年,建立起比较完善的大病保险制度,与医疗救助等制度紧密衔接,共同发挥托底保障功能,有效防止发生家庭灾难性医疗支出,城乡居民医疗保障的公平性得到显著提升。

二、完善大病保险筹资机制

(一)科学测算筹资标准。各地结合当地经济社会发展水平、患大病发生的高额医疗费用情况、基本医保筹资能力和支付水平,以及大病保险保障水平等因素,科学细致做好资金测算,合理确定大病保险的筹资标准。

(二)稳定资金来源。从城乡居民基本医保基金中划出一定比例或额度作为大病保险资金。城乡居民基本医保基金有结余的地区,利用结余筹集大病保险资金;结余不足或没有结余的地区,在年度筹集的基金中予以安排。完善城乡居民基本医保的多渠道筹资机制,保证制度的可持续发展。

(三)提高统筹层次。大病保险原则上实行市(地)级统筹,鼓励省级统筹或全省(区、市)统一政策、统一组织实施,提高抗风险能力。

三、提高大病保险保障水平

(一)全面覆盖城乡居民。大病保险的保障对象为城乡居民基本医保参保人,保障范围与城乡居民基本医保相衔接。参保人患大病发生高额医疗费用,由大病保险对经城乡居民基本医保按规定支付后个人负担的合规医疗费用给予保障。

高额医疗费用,可以个人年度累计负担的合规医疗费用超过当地统计部门公布的上一年度城镇居民、农村居民年人均可支配收入作为主要测算依据。根据城乡居民收入变化情况,建立动态调整机制,研究细化大病的科学界定标准,具体由地方政府根据实际情况确定。合规医疗费用的具体范围由各省(区、市)和新疆生产建设兵团结合实际分别确定。

(二)逐步提高支付比例。2015 年大病保险支付比例应达到 50% 以上,随着大病保险筹资能力、管理水平不断提高,进一步提高支付比例,更有效地减轻个人医疗费用负担。按照医疗费用高低分段制定大病保险支付比例,医疗费用越高支付比例越高。鼓励地方探索向困难群体适当倾斜的具体办法,努力提高大病保险制度托底保障的精准性。

四、加强医疗保障各项制度的衔接

强化基本医保、大病保险、医疗救助、疾病应急救助、商业健康保险及慈善救助等制度间的互补联动,明确分工,细化措施,在政策制定、待遇支付、管理服务等方面做好衔接,努力实现大病患者应保尽保。鼓励有条件的地方探索建立覆盖职工、城镇居民和农村居民的有机衔接、政策统一的大病保险制度。推动实现新型农村合作医疗重大疾病保障向大病保险平稳过渡。

建立大病信息通报制度,支持商业健康保险信息系统与基本医保、医疗机构信息系统进行必要的信息共享。大病保险承办机构要及时掌握大病患者医疗费用和基本医保支付情况,加强与城乡居民基本医保经办服务的衔接,提供"一站式"即时结算服务,确保群众方便、及时享受大病保险待遇。对经大病保险支付后自付费用仍有困难的患者,民政等部门要及时落实相关救助政策。

五、规范大病保险承办服务

(一)支持商业保险机构承办大病保险。地方政府人力资源社会保障、卫生计生、财政、保险监管部门共同制定大病保险的筹资、支付范围、最低支付比例以及就医、结算管理等基本政策,并通过适当方式征求意见。原则上通过政府招标选定商业保险机构承办大病保险业务,在正常招投标不能确定承办机构的情况下,由地方政府明确承办机构的产生办法。对商业保险机构承办大病保险的保费收入,按现行规定免征营业税,免征保险业务监管费;2015 年至 2018 年,试行免征保险保障金。

(二)规范大病保险招标投标与合同管理。坚持公开、公平、公正和诚实信用的原则,建立健全招投标机制,规范招投标程序。招标主要包括具体支付比例、盈亏率、配备的承办和管理力量等内容。符合保险监管部门基本准入条件的商业保险机构自愿参加投标。招标人应当与中标的商业保险机构签署保险合同,明确双方责任、权利和义务,合同期限原则上不低于 3 年。因违反合同约定,或发生其他严重损害参保人权益的情况,可按照约定提前终止或解除合同,并依法追究责任。各地要不断完善合同内容,探索制定全省(区、市)统一的合同范本。

(三)建立大病保险收支结余和政策性亏损的动态调整机制。遵循收支平衡、保本微利的原则,合理控制商业保险机构盈利率。商业保险机构因承办大病保险出现超过合同约定的结余,需向城乡居民基本医保基金返还资金;因城乡居民基本医保政策调整等政策性原因给商业保险机构带来亏损时,由城乡居民基本医保基金和商业保险机构分摊,具体分摊比例应在保险合同中载明。

(四)不断提升大病保险管理服务的能力和水平。规范资金管理,商业保险机构承办大病保险获得的保费实行单独核算,确保资金安全和偿付能力。商业保险机构要建立专业队伍,加强专业能力建设,提高管理服务效率,优化服务流程,为参保人提供更加高效便捷的服务。发挥商业保险机构全国网络优势,简化报销手续,推动异地医保即时结算。鼓励商业保险机构在承办好大病保险业务的基础上,提供多样化的健康保险产品。

六、严格监督管理

(一)加强大病保险运行的监管。相关部门要各负其责,协同配合,强化服务意识,切实保障参保人权益。人力资源社会保障、卫生计生等部门要建立以保障水平和参保人满意度为核心的考核评价指标体系,加强监督检查和考核评估,督促商业保险机构按合同要求提高服务质量和水平。保险监管部门要加强商业保险机构从业资格审查以及偿付能力、服务质量和市场行为监管,依法查处违法违规行为。财政部门要会同相关部门落实利用城乡居民基本医保基金向商业保险机构购买大病保险的财务列支和会计核算办法,强化基金管理。审计部门要按规定进行严格审计。政府相关部门和商业保险机构要切实加强参保人员个人信息安全保障,防止信息外泄和滥用。

(二)规范医疗服务行为。卫生计生部门要加强对医疗机构、医疗服务行为和质量的监管。商业保险机构要与人力资源社会保障、卫生计生部门密切配合,协同推进按病种付费等支付方式改革。抓紧制定相关临床路径,强化诊疗规范,规范医疗行为,控制医疗费用。

(三)主动接受社会监督。商业保险机构要将签订合同情况以及筹资标准、待遇水平、支付流程、结算效率和大病保险年度收支等情况向社会公开。城乡居民基本医保经办机构承办大病保险的,在基金管理、经办服务、信息披露、社会监督等方面执行城乡居民基本医保现行规定。

七、强化组织实施

各省(区、市)人民政府和新疆生产建设兵团、各市(地)人民政府要将全面实施大病保险工作列入重要议事日程,进一步健全政府领导、部门协调、社会参与的工作机制,抓紧制定实施方案,细化工作任务和责任部门,明确时间节点和工作要求,确保 2015 年底前全面推开。

人力资源社会保障、卫生计生部门要加强对各地实施大病保险的指导,密切跟踪工作进展,及时研究解决新情况新问题,总结推广经验做法,不断完善大病保险制度。加强宣传解读,使群众广泛了解大病保险政策、科学理性对待疾病,增强全社会的保险责任意识,为大病保险实施营造良好社会氛围。

企业职工患病或非因工负伤医疗期规定

1. 1994 年 12 月 1 日劳动部发布
2. 劳部发〔1994〕479 号
3. 自 1995 年 1 月 1 日起施行

第一条 为了保障企业职工在患病或非因工负伤期间的合法权益,根据《中华人民共和国劳动法》第二十六、二十九条规定,制定本规定。

第二条 医疗期是指企业职工因患病或非因工负伤停止工作治病休息不得解除劳动合同的时限。

第三条 企业职工因患病或非因工负伤,需要停止工作医疗时,根据本人实际参加工作年限和在本单位工作年限,给予三个月到二十四个月的医疗期:

(一)实际工作年限十年以下的,在本单位工作年限五年以下的为三个月;五年以上的为六个月。

(二)实际工作年限十年以上的,在本单位工作年限五年以下的为六个月;五年以上十年以下的为九个月;十年以上十五年以下的为十二个月;十五年以上二十年以下的为十八个月;二十年以上的为二十四个月。

第四条 医疗期三个月的按六个月内累计病休时间计算;六个月的按十二个月内累计病休时间计算;九个月的按十五个月内累计病休时间计算;十二个月的按十八个月内累计病休时间计算;十八个月的按二十四个月内累计病休时间计算;二十四个月的按三十个月内累计病休时间计算。

第五条 企业职工在医疗期内,其病假工资、疾病救济费和医疗待遇按照有关规定执行。

第六条 企业职工非因工致残和经医生或医疗机构认定患有难以治疗的疾病,在医疗期内医疗终结,不能从事原工作,也不能从事用人单位另行安排的工作的,应当由劳动鉴定委员会参照工伤与职业病致残程度鉴定标准进行劳动能力的鉴定。被鉴定为一至四级的,应当退出劳动岗位,终止劳动关系,办理退休、退职手续,享受退休、退职待遇;被鉴定为五至十级的,医疗期内不得解除劳动合同。

第七条 企业职工非因工致残和经医生或医疗机构认定患有难以治疗的疾病,医疗期满,应当由劳动鉴定委员会参照工伤与职业病致残程度鉴定标准进行劳动能力的鉴定。被鉴定为一至四级的,应当退出劳动岗位,解除劳动关系,并办理退休、退职手续,享受退休、退职待遇。

第八条 医疗期满尚未痊愈者,被解除劳动合同的经济补偿问题按照有关规定执行。

第九条 本规定自 1995 年 1 月 1 日起施行。

城镇职工基本医疗保险业务管理规定

1. 2000年1月5日劳动和社会保障部发布
2. 劳社部函〔2000〕4号

为规范全国基本医疗保险业务管理工作，根据《国务院关于建立城镇职工基本医疗保险制度的决定》（国发〔1998〕44号）和其他有关规定，制定本规定。

一、登记与缴费核定

（一）受理缴费单位（或个人）填报的社会保险登记表及其所提供的证件和资料，并在自受理之日起的10个工作日内审核完毕。对符合规定者予以登记，并发给社会保险登记证。负责办理社会保险登记的变更、注销事宜。

（二）建立和调整统筹地区内缴费单位和个人参加城镇职工基本医疗保险的基础档案资料（缴费单位与缴费个人的基础档案资料主要项目见附件2与附件3）。

（三）根据上年度基本医疗保险缴费情况，以及统筹基金和个人帐户的支出情况，本着收支平衡的原则，制定本年度的基本医疗保险费征集计划。

（四）对缴费单位送达的申报表、代扣代缴明细表及其他有关资料进行审核，认真核定参保人数和缴费单位与个人的缴费工资基数、缴费金额等项目。向用人单位发放缴费核定通知单。

（五）对于按规定应参加而未参加基本医疗保险的单位（或个人），要及时发放《办理社会保险手续通知单》，督促其尽快补办参保手续。

（六）按规定为在统筹地区内流动的参保人员核转基本医疗保险关系。对跨统筹地区流动的，除按规定核转其基本医疗保险关系外，还应通知费用记录处理和待遇支付环节，对个人帐户进行结算，为其转移个人帐户余额，并出具转移情况表。

（七）定期稽核基本医疗保险缴费单位的职工人数、工资基数和财务状况，以确认其是否依法足额缴纳基本医疗保险费。

（八）由税务机关征收基本医疗保险费的地区，社会保险经办机构要逐月向税务机关提供缴费单位（或个人）的基本医疗保险登记情况及缴费核定情况。

二、费用征集

（一）根据基本医疗保险缴费单位和个人的基础档案资料，确认缴费单位（或个人）的开户银行、户名、帐号、基本医疗保险主管负责人及专管员的姓名、联系电话等情况，并与缴费单位建立固定业务联系。

（二）依据核定的基本医疗保险费数额，开具委托收款及其他结算凭证，通过基本医疗保险基金收入户征集基本医疗保险费，或者由社会保险经办机构直接征集。

（三）以支票或现金形式征集基本医疗保险费时，必须开具“社会保险费收款收据”。

（四）及时整理汇总基本医疗保险费收缴情况，对已办理申报手续但未及时、足额缴纳基本医疗保险费的单位（或个人），经办机构要及时向其发出《社会保险费催缴通知书》；对拒不执行者，将有关情况及时上报劳动保障行政部门，由其下达《劳动保障限期改正指令书》；逾期不缴纳者，除责其补缴欠缴数额外，从欠缴之日起，按日加收2‰的滞纳金。

（五）保费征集情况要及时通知待遇审核和费用记录处理环节。对欠缴基本医疗保险费的单位（或个人），从次月起暂停其享受社会统筹基金支付的待遇；欠缴期内暂停记载个人帐户资金，不计算参保人员缴费年限，待补齐欠费和滞纳金后，方可恢复其待遇享受资格，补记个人帐户。

（六）定期汇总、分析、上报基本医疗保险费征缴情况，提出加强基本医疗保险费征集工作的意见和建议。

三、费用记录处理

（一）根据缴费单位和个人的基础档案资料，及时建立基础档案库及个人帐户。

（二）根据费用征集环节提供的数据，对单位和个人的缴费情况进行记录，及时建立并记录个人帐户（个人帐户主要记录项目见附件4）。个人缴纳的保险费计入个人帐户；单位缴纳的保险费按规定分别计入个人帐户和统筹基金。根据待遇支付环节提供的数据，对个人帐户及统筹基金的支出情况进行记录，以反映个人帐户和统筹基金的动态变更情况。

（三）由税务机关征收基本医疗保险费的地区，社会保险经办机构要根据税务机关提供的缴费单位（或个人）的缴费情况对个人帐户进行记录，同时将有关情况汇总，报劳动保障行政部门。

（四）按有关规定计算并登记缴费个人的个人帐户本息和缴费年限。

（五）负责向缴费单位和个人提供缴费情况及个人帐户记录情况的查询服务。对缴费记录中出现的差错，要及时向相关业务管理环节核实后予以纠正。

（六）根据登记与缴费核定环节提供的缴费单位和个人的变动情况，随时向登记与缴费核定环节及待遇支付环节提供变动单位和个人的基础资料及个人帐户的相关情况。

（七）对缴费单位、定点医疗机构、定点零售药店等报送的基本医疗保险统计报表，定期进行统计汇总与分析。按规定及时向上级社会保险经办机构报送。

（八）缴费年度初应向社会公布上一年度参保单位的缴费情况；每年至少向缴费单位或个人发送一次个人帐户通知单，内容包括个人帐户的划入、支出及结存等情况；每半年应向社会公布一次保险费征收情况和统筹基金支出情况，以接受社会监督。

四、待遇审核

（一）按照有关规定确定定点医疗机构和定点零售药店，并与之签订服务协议，发放定点标牌。

（二）向缴费单位和个人发放定点医疗机构选择登记表，并组织、指导其填报。根据参保人员的选择意向、定点医疗机构的服务能力及区域分布，进行统筹规划，为参保人员确定定点医疗机构。

（三）指导缴费单位的基本医疗保险专管员（或缴费个人）填写基本医疗保险待遇审批表，按规定进行审核，并向参保人员发放基本医疗保险证（卡），同时将相关信息及时提供给定点医疗机构和定点零售药店。

(四)及时掌握参保人员的缴费情况及医疗保险费用支出的相关信息。对欠缴基本医疗保险费的单位(或个人),从次月起暂停由社会统筹基金向参保人员支付待遇。

(五)接受定点医疗机构、定点零售药店的费用申报以及参保人员因急诊、经批准的转诊转院等特殊情况而发生的费用申报,按有关规定进行审核。核准后向待遇支付环节传送核准通知,对未被核准者发送拒付通知。

(六)负责建立参保人员的基本医疗保险档案,主要包括就医记录、个人帐户及统筹基金的使用情况等。

(七)按照有关政策规定,负责定期审核、调整参保人员所应享受的保险待遇。

(八)按照有关法规和协议,对定点医疗机构和定点零售药店进行监督检查,对查出的问题及时处理。

五、待遇支付

(一)确认缴费单位或个人享受基本医疗保险待遇的资料,编制人员名册与台帐或数据库。

(二)根据有关规定,研究确定基本医疗保险待遇的支付方式以及与定点医疗机构、定点零售药店的结算方式和结算时间。

(三)根据待遇审核环节提供的核准通知及申报资料,按协议规定的时间与定点医疗机构和定点零售药店进行结算,及时拨付结算款。

根据有关规定,核退个人垫付的应由基本医疗保险统筹基金支付的款项;为跨统筹地区流动的参保人员转移个人帐户余额;向参保人员继承人支付个人帐户结余款。

(四)对个人帐户和统筹基金的支出情况及时进行登记,并将有关支出数据提供给费用记录处理环节。

(五)与银行、缴费单位、定点医疗机构和定点零售药店等建立经常性的业务联系,以便于相互协调配合。

六、基金会计核算与财务管理

(一)根据国家有关规定,在国有商业银行设立基金收入户和支出户。收入户只能向财政专户划转基金,不得发生其他支付业务;支出户只接受财政专户拨付的基金及该帐户的利息收入,不得发生其他收入业务。

(二)根据审核后的原始凭证及时编制基本医疗保险费收入和支出记帐凭证,同时按规定对基本医疗保险费的实际收支进行审核。

(三)根据原始凭证、汇总凭证或记帐凭证,登记基本医疗保险明细分类帐或现金日记帐、收入户存款日记帐、支出户存款日记帐、财政专户存款日记帐。定期汇总记帐凭证,填制记帐凭证科目汇总表,试算平衡后登记总帐,并将明细帐金额分别与总帐进行核对,无误后进行结帐。

(四)每月与开户银行对帐,确保帐帐、帐款相符;编制银行存款余额调节表,及时调整未达帐项;对因银行退票等原因造成的保险费欠收,要及时通知费用征集环节,查明原因、采取措施,确保保险费收缴到位。按照有关规定,与财政部门(税务部门)定期对帐。

(五)按期计算、提取保险费用,并编制凭证。保险基金当年入不敷出时,按《社会保险基金财务制度》有关条款的规定执行。

（六）根据保险基金的实际结存情况，在满足周转需要的前提下，按照有关规定，及时办理基金存储或购买国债的手续；建立银行定期存款和各种有价证券备查帐，掌握银行存款及有价证券的存储时间与金额，按时办理银行存款及有价证券的转存、兑付及保管工作。

（七）指导和监督费用征集、费用记录处理和待遇支付等工作，建立应缴未缴、应付未付保险基金备查簿，以及各种业务台帐，定期进行核对、清理，加强对各种暂付款、借入款、暂收款等的管理。

（八）按要求定期编报会计报表，正确反映基金的收支结存情况，并提供基金筹集、使用、管理等情况的分析报告。

（九）年度终了前，根据本年度基金预算执行情况和下年度基金收支预测，编制次年的基金预算草案。基金预算草案由劳动保障部门审核后报财政部门审核，经同级人民政府批准后执行。在预算执行中，遇有特殊情况需调整预算时，应编制预算调整方案，并按上述报批程序执行。定期向同级劳动保障行政部门和财政部门报告预算执行情况。

（十）年度终了后，编制年度基金财务报告。年度基金财务报告经劳动保障部门核准后报同级财政部门审核，经同级人民政府批准形成基金决算，并逐级上报。

（十一）制定、完善内部的财务管理制度，充分发挥会计的反映、监督职能。

（十二）建立和完善保险基金预警制度，定期组织有关人员对基金收支情况进行分析、预测。计算机管理系统要具备较为完善的基金监控、分析、评价、预测功能。

附件：1. 城镇职工基本医疗保险业务管理图（略）

2. 缴费单位基础档案资料主要项目

3. 缴费个人基础档案资料主要项目

4. 个人帐户主要记录项目

附件 2

缴费单位基础档案资料主要项目

一、单位名称

二、组织机构统一代码

三、单位注册地址

四、单位现所在地地址

五、单位邮政编码

六、单位类型

七、单位隶属关系

八、单位所有制性质

九、单位主管部门或总机构

十、单位所属行业

十一、单位社会保险登记证编号

十二、单位法人代表

十三、单位基本医疗保险主管负责人的姓名及联系电话

十四、单位基本医疗保险专管员的姓名及联系电话

十五、单位的开户银行、户名及帐号

十六、单位实行医疗保险的基本情况(含投保人数、人员分类、工资及退休金总额等项目)

十七、事业单位、民办非企业单位及社会团体的经费来源

十八、其他情况

附件3

缴费个人基础档案资料主要项目

一、姓名

二、性别

三、出生年月日

四、社会保障号

五、所在单位的组织机构统一代码

六、参加工作时间

七、劳动用工形式

八、人员分类(在职/退休)

九、通讯地址、邮政编码及联系电话

十、婚姻状况

十一、女职工生育情况

十二、投保日期

十三、个人缴费基数

十四、跨统筹地区流动情况

十五、其他情况

附件4

个人帐户主要记录项目

一、姓名
二、社会保障号
三、基本医疗保险证(卡)状态(有效/无效)
四、人员分类(在职/退休)
五、上年工资总额
六、个人应缴费金额
七、单位应缴费金额
八、年划拨额度及划拨日期
九、实际划拨额度及托收日期
十、历年结转额
十一、医疗费用支出情况
十二、个人帐户支付额
十三、个人帐户余额

流动就业人员基本医疗保障关系转移接续暂行办法

1. 2009年12月31日人力资源和社会保障部、卫生部、财政部发布
2. 人社部发〔2009〕191号
3. 自2010年7月1日起施行

第一条 为保证城镇职工基本医疗保险、城镇居民基本医疗保险和新型农村合作医疗参保(合)人员流动就业时能够连续参保,基本医疗保障关系能够顺畅接续,保障参保(合)人员的合法权益,根据《中共中央 国务院关于深化医药卫生体制改革的意见》(中发〔2009〕6号)的要求,制定本办法。

第二条 城乡各类流动就业人员按照现行规定相应参加城镇职工基本医疗保险、城镇居民基本医疗保险或新型农村合作医疗,不得同时参加和重复享受待遇。各地不得以户籍等原因设置参加障碍。

第三条 农村户籍人员在城镇单位就业并有稳定劳动关系的,由用人单位按照《社会保险

登记管理暂行办法》的规定办理登记手续，参加就业地城镇职工基本医疗保险。其他流动就业的，可自愿选择参加户籍所在地新型农村合作医疗或就业地城镇基本医疗保险，并按照有关规定到户籍所在地新型农村合作医疗经办机构或就业地社会（医疗）保险经办机构办理登记手续。

第四条 新型农村合作医疗参合人员参加城镇基本医疗保险后，由就业地社会（医疗）保险经办机构通知户籍所在地新型农村合作医疗经办机构办理转移手续，按当地规定退出新型农村合作医疗，不再享受新型农村合作医疗待遇。

第五条 由于劳动关系终止或其他原因中止城镇基本医疗保险关系的农村户籍人员，可凭就业地社会（医疗）保险经办机构出具的参保凭证，向户籍所在地新型农村合作医疗经办机构申请，按当地规定参加新型农村合作医疗。

第六条 城镇基本医疗保险参保人员跨统筹地区流动就业，新就业地有接收单位的，由单位按照《社会保险登记管理暂行办法》的规定办理登记手续，参加新就业地城镇职工基本医疗保险；无接收单位的，个人应在中止原基本医疗保险关系后的 3 个月内到新就业地社会（医疗）保险经办机构办理登记手续，按当地规定参加城镇职工基本医疗保险或城镇居民基本医疗保险。

第七条 城镇基本医疗保险参保人员跨统筹地区流动就业并参加新就业地城镇基本医疗保险的，由新就业地社会（医疗）保险经办机构通知原就业地社会（医疗）保险经办机构办理转移手续，不再享受原就业地城镇基本医疗保险待遇。建立个人账户的，个人账户原则上随其医疗保险关系转移划转，个人账户余额（包括个人缴费部分和单位缴费划入部分）通过社会（医疗）保险经办机构转移。

第八条 参保（合）人员跨制度或跨统筹地区转移基本医疗保障关系的，原户籍所在地或原就业地社会（医疗）保险或新型农村合作医疗经办机构应在其办理中止参保（合）手续时为其出具参保（合）凭证（样式见附件），并保留其参保（合）信息，以备核查。新就业地要做好流入人员的参保（合）信息核查以及登记等工作。

第九条 参保（合）凭证由人力资源社会保障部会同卫生部统一设计，由各地社会（医疗）保险及新型农村合作医疗经办机构统一印制。参保（合）凭证信息原则上通过社会（医疗）保险及新型农村合作医疗经办机构之间传递，因特殊原因无法传递的，由参保（合）人员自行办理有关手续。

第十条 社会（医疗）保险和新型农村合作医疗经办机构要指定窗口或专人，办理流动就业人员的基本医疗保障登记和关系接续等业务。要逐步将身份证号码作为各类人员参加城镇职工基本医疗保险、城镇居民基本医疗保险和新型农村合作医疗的唯一识别码，加强信息系统建设，及时记录更新流动人员参保（合）缴费的信息，保证参保（合）记录的完整性和连续性。

第十一条 社会（医疗）保险和新型农村合作医疗经办机构要加强沟通和协作，共同做好基本医疗保障关系转移接续管理服务工作，简化手续，规范流程，共享数据，方便参保（合）人员接续基本医疗保障关系和享受待遇。

第十二条 各省、自治区、直辖市要按照本办法，并结合当地实际制定流动就业人员基本医疗保障登记管理和转移接续的具体实施办法。

第十三条 本办法自 2010 年 7 月 1 日起实施。

劳动和社会保障部办公厅关于城镇灵活就业人员参加基本医疗保险的指导意见

1．2003 年 5 月 26 日发布

2．劳社厅发〔2003〕10 号

随着我国经济体制改革的进一步深化和产业结构的调整，以非全日制、临时性和弹性工作等灵活形式就业的人员（以下简称灵活就业人员）逐步增加，这部分人的医疗保障问题日益突出。为解决灵活就业人员的医疗保障问题，落实《中共中央国务院关于进一步做好下岗失业人员再就业工作的通知》（中发〔2002〕12 号）关于抓紧制定以灵活形式就业的下岗失业人员社会保障配套办法的要求，现就城镇灵活就业人员参加基本医疗保险的有关问题提出如下指导意见：

一、统一认识，积极将灵活就业人员纳入基本医疗保险制度范围

（一）灵活就业人员参加基本医疗保险是解决他们医疗保障问题的重要措施，也是促进就业和再就业与完善社会保障体系的本质要求。各级劳动保障部门要从全面实践“三个代表”重要思想的高度出发，重视灵活就业人员的医疗保障问题，积极将灵活就业人员纳入基本医疗保险制度范围。

（二）结合经济发展水平和医疗保险管理能力，在区分灵活就业人员的人群类别、充分调查分析其基本医疗需求的基础上，针对不同类别的人群，制定相应政策和管理办法。

（三）灵活就业人员参加基本医疗保险要坚持权利和义务相对应、缴费水平与待遇水平相挂钩的原则。在参保政策和管理办法上既要与城镇职工基本医疗保险制度相衔接，又要适应灵活就业人员的特点。

二、明确政策，规范灵活就业人员参保方式、激励措施和待遇水平

（四）已与用人单位建立明确劳动关系的灵活就业人员，要按照用人单位参加基本医疗保险的方法缴费参保。其他灵活就业人员，要以个人身份缴费参保。

（五）可从建立基本医疗保险统筹基金起步，首先解决灵活就业人员住院和门诊大额医疗费用的保障问题，也可为有条件的部分灵活就业人员同时建立个人账户和实行大额医疗补助。

（六）灵活就业人员参加基本医疗保险的缴费率原则上按照当地的缴费率确定。从统筹基金起步的地区，可参照当地基本医疗保险建立统筹基金的缴费水平确定。缴费基数可参照当地上一年职工年平均工资核定。灵活就业人员缴纳的医疗保险费纳入统筹地区基本医疗保险基金统一管理。

（七）采取措施，促使灵活就业人员连续足额缴费。可根据灵活就业人员的缴费水平和缴费时间，参照当地基本医疗保险的待遇水平，确定相应的医疗保险待遇，并明确医疗保险待遇与缴费年限和连续缴费相挂钩的办法。对首次参加医疗保险的灵活就业人员，可规定其参加基本医疗保险到开始享受相关医疗保险待遇的期限。要考虑灵活就业人员收入不稳定等特点，明确中断缴费的认定和处理办法。

（八）灵活就业人员按照基本医疗保险的规定选择定点医疗机构和定点药店，严格执行基本医疗保险用药、诊疗项目和医疗服务设施标准的有关规定。要指导和协助参保的灵活就业人员选择定点医疗机构和定点药店。

三、加强管理，切实做好灵活就业人员的医疗保险管理服务工作

（九）针对灵活就业人员就业形式多样、工作地点和时间不固定等特点，完善医疗保险的业务管理办法，制定相应的个人申报登记办法、个人缴费办法和资格审核办法。鼓励灵活就业人员通过劳动保障事务代理机构或社区劳动保障服务机构等实现整体参保。

（十）经办机构要开设专门窗口，方便灵活就业人员个人直接缴费参保和医疗费用的结算。要进一步提高社会化管理服务水平，做到社会保险经办机构与定点医疗机构和定点药店的直接结算，减轻参保灵活就业人员的事务性负担。

（十一）做好参保灵活就业人员的医疗保险信息管理工作。进一步完善缴费个人基础档案资料的主要项目，建立完整的个人基础档案资料，做好个人缴费记录。根据灵活就业人员就业形式的变化，及时调整或更改个人信息，做好灵活就业人员的医疗保险关系变更服务。对灵活就业人员的缴费收入、医药费用支出等信息，要单独进行统计分析。

四、精心组织，稳妥推进灵活就业人员参保工作

（十二）各级劳动保障部门要努力争取党委和政府的支持，加大宣传力度，为做好灵活就业人员参加基本医疗保险创造良好的氛围。要主动与工商、税务等相关部门沟通，争取支持。

（十三）各统筹地区劳动保障部门要在认真调查和测算的基础上，制定和完善各类灵活就业人员参加基本医疗保险办法，精心组织实施。要及时分析和研究出现的新问题，不断完善政策和管理措施，确保制度平稳运行。

劳动和社会保障部、国家发展和改革委员会、财政部等关于城镇居民基本医疗保险医疗服务管理的意见

1. 2007年10月10日发布
2. 劳社部发〔2007〕40号

各省、自治区、直辖市劳动和社会保障厅（局）、发展改革委、财政厅（局）、卫生厅（局）、食品药品监督管理局、中医药管理局：

根据《国务院关于开展城镇居民基本医疗保险试点的指导意见》（国发〔2007〕20号）精神，

为做好城镇居民基本医疗保险试点工作，现就城镇居民基本医疗保险医疗服务管理的有关问题提出如下意见：

一、城镇居民基本医疗保险医疗服务管理的基本要求

（一）建立以大病统筹为主的城镇居民基本医疗保险，是落实以人为本的科学发展观和构建社会主义和谐社会的重要举措。加强和完善医疗服务管理，对保障参保居民合理的医疗权益，规范医疗服务行为，控制医疗费用支出，提高医疗保险基金的使用效率，保证制度的平稳运行，具有重要意义。各级各相关部门要密切配合，在城镇居民基本医疗保险试点工作中，强化城镇居民基本医疗保险医疗服务管理，切实保障广大参保居民的基本医疗需求。

（二）城镇居民基本医疗保险医疗服务管理包括医疗服务的范围管理、医疗服务的定点管理和医药费用的结算管理。城镇居民基本医疗保险坚持从低水平起步。要根据城镇居民基本医疗保险筹资水平和基金保障能力，考虑城镇居民的经济承受能力，按照重点保障住院和门诊大病、有条件的地区兼顾一般门诊医疗费用的原则，合理确定城镇居民基本医疗保险基金支付的医疗服务范围、水平，以及医疗费用的结算办法及标准。

（三）参照城镇职工基本医疗保险医疗服务管理的有关规定，结合城镇居民的特点，完善基本医疗保险医疗服务管理的相关政策。城镇居民基本医疗保险与新型农村合作医疗实行一体化管理的，也可以参照新型农村合作医疗有关医疗服务管理的规定执行。各地应按照国家有关规定和本意见精神，因地制宜，积极探索加强城镇居民基本医疗保险医疗服务管理的具体措施。

二、合理确定医疗服务范围

（四）城镇居民基本医疗保险医疗服务范围包括用药、诊疗项目和医疗服务设施范围。城镇居民基本医疗保险医疗服务范围，由相关部门按照有关程序和权限，在城镇职工基本医疗保险医疗服务范围的基础上进行适当调整。具体范围由劳动保障部门会同有关部门按照相关规定，在认真组织专家评审、充分听取有关方面意见的基础上研究确定。

（五）城镇居民基本医疗保险用药范围在国家和省（区、市）《基本医疗保险和工伤保险药品目录》的基础上，进行适当调整、合理确定。要把国家《基本医疗保险和工伤保险药品目录》甲类目录药品全部纳入城镇居民基本医疗保险基金的支付范围。国家根据儿童用药的特点，按照"临床必需、安全有效、价格合理、使用方便、兼顾中西药"的原则，适当增加儿童用药的品种及剂型。

（六）城镇居民基本医疗保险诊疗项目范围、医疗服务设施范围，原则上执行当地城镇职工基本医疗保险的诊疗项目、医疗服务设施范围。各地也可根据本地实际适当增加孕产妇、婴幼儿必需的诊疗项目和医疗服务设施及中医药诊疗项目和医疗服务设施。新增诊疗项目和医疗服务设施暂由各省（区、市）负责制定。

（七）各地要完善基本医疗保险用药、诊疗项目和医疗服务设施管理，加强对高价药品、新增诊疗项目、大型医用设备检查及高值医用耗材的准入和使用管理，控制医疗费用支出，提高城镇居民基本医疗保险基金的使用效率，减轻城镇居民基本医疗保险基金和参保人员的费用负担。

三、加强定点管理

（八）城镇居民基本医疗保险实行定点医疗机构和定点零售药店管理。具体管理办法按照城镇职工基本医疗保险定点医疗机构和定点零售药店管理的有关规定执行。要根据城镇居民的就医特点和需要，进一步细化和完善定点医疗服务协议管理，充分发挥基本医疗保险对医疗服务的约束作用。要根据各项医疗保障制度协调发展的需要，统筹确定各类医疗保障人群医疗服务定点管理的办法和措施。

（九）合理确定定点医疗机构和零售药店的范围和数量，具体由各地劳动保障部门商卫生、中医药行政部门和食品药品监管部门确定。参保居民在定点医疗机构和零售药店就医购药所发生的费用，由医疗保险基金按规定予以支付。各地要根据参保居民的医疗需求，将符合条件的妇产医院、妇幼保健院、儿童医院和社区卫生服务机构等纳入定点范围。

（十）要探索促进参保居民合理利用医疗服务资源的管理机制，引导参保居民充分利用社区卫生服务机构、基层医疗机构提供的医疗服务及中医药服务，探索建立双向转诊机制。对纳入基金支付的门诊大病和实行医疗费用统筹的普通门诊医疗服务项目，要制定有效利用社区和基层医疗服务的就医管理办法和医疗费用结算办法。对参保居民在定点社区卫生服务机构和基层医疗机构就医的费用，可适当提高基金的支付比例。

四、完善费用结算管理

（十一）要根据医疗服务范围和筹资水平，建立和完善基本医疗保险费用结算方式，合理确定医疗费用结算标准，并纳入协议管理。对符合规定的医疗费用，要按协议及时结算并足额支付，不符合规定的医疗费用不予支付。

（十二）积极探索由医疗保险经办机构与定点医疗机构协商确定医疗服务的付费方式及标准。积极探索按病种付费、按总额预付等结算方式，调动定点医疗机构主动参与管理、降低医疗服务成本的积极性。

各级各相关部门要在当地政府的统一领导下，积极配合，共同做好城镇居民基本医疗保险的医疗服务管理工作。要通过实践探索，不断总结管理经验，遇有重大问题及时上报。

人力资源和社会保障部、财政部关于全面开展城镇居民基本医疗保险工作的通知

1．2009 年 4 月 8 日发布
2．人社部发〔2009〕35 号

各省、自治区、直辖市人力资源社会保障（人事、劳动保障）厅（局）、财政厅（局），新疆生产建设兵团劳动保障局、财务局：

城镇居民基本医疗保险试点工作开展以来，各地高度重视，组织有力，工作扎实，稳步推进，试点工作取得明显成效，受到广大城镇居民的欢迎，为完善城镇居民基本医疗保险制度积累了经验。根据《中共中央国务院关于深化医药卫生体制改革的意见》（中发〔2009〕6 号）和《国务院关于印发医药卫生体制改革近期重点实施方案（2009—2011 年）的通知》（国发〔2009〕12 号），经国务院

同意,2009 年在全国范围内全面开展城镇居民基本医疗保险工作。现就有关问题通知如下:

一、明确工作目标和任务。各地要在认真总结试点经验基础上,加大工作力度,完善相关政策,提高居民参保率,全面开展城镇居民基本医疗保险工作。2009 年全国所有城市都要开展城镇居民基本医疗保险工作。2009 年新开展这项工作的城市,方案由省级人民政府负责审批,并报人力资源社会保障部备案,原则上第二季度启动实施,参保率力争达到 50% 以上。2009 年前已开展试点的城市,应结合试点工作中出现的问题进一步完善政策、加强管理,参保率力争达到 80% 以上。东部地区可在规范管理的基础上加快推进扩面速度。在工作推进中,各地区要坚持低水平、广覆盖、保基本、可持续的原则,科学设计和调整实施方案;要坚持公开、公正、公平,规范操作,加强监管;要坚持便民利民,真正方便居民、服务居民、让居民受益。

二、规范和完善财政补助政策。2009 年政府对参保居民的补助标准,按照《关于做好 2008 年城镇居民基本医疗保险试点工作的通知》(人社部发〔2008〕39 号)相关规定执行。省级财政要切实负起责任,加大对困难市县的补助力度。各地要及时上报财政补助申报材料,将本级财政应当安排的补助资金列入预算,及时足额拨付上级和本级补助资金,确保财政补助申请和拨付工作顺利进行。继续完善城乡医疗救助制度,切实做好困难居民的界定工作,进一步加大投入,帮助解决困难城镇居民缴费困难问题。同时,要加强城镇居民基本医疗保险基金管理和使用的专项审计,发现问题,及时纠正。

三、科学合理制定和调整有关政策。各地要在分析总结城镇居民基本医疗保险制度和基金运行情况基础上,认真测算,科学制定和调整有关政策。坚持做到城镇居民基本医疗保险基金收支平衡,略有结余。基金结余较多的城市要根据基金收支情况适当调整基金支付政策,避免结余资金过多。充分利用基层和社区医疗卫生服务,探索建立普通门诊费用统筹,扩大制度受益面。对起付线、封顶线、基金支付比例和补助范围等政策的调整,要通盘考虑城镇居民基本医疗保险基金使用情况、居民潜在医疗需求增长和医药费用上涨等因素,注意保持政策的连续性和稳定性。要探索做好参保人员在不同制度间转移时的医疗保险关系和待遇等的衔接。有条件的地方积极探索推进统筹城乡医疗保险的不同方式和路径。

四、提高统筹层次,积极推进地级统筹。明确地级统筹中市(地、州)和县(市、区)相关机构的职责,建立相应的考核激励办法,充分发挥县(市、区)一级相关机构在医疗保险筹资和管理中的作用。同一统筹地区应统一缴费和待遇政策,基金统筹管理使用,统一设计各项管理流程,统一管理服务网络。条件不具备、难以一步到位实行地级统筹的地区,可在统一缴费和待遇政策、统一管理经办流程、统一管理服务网络的基础上,建立基金调剂机制,明确调剂金的管理使用办法,建立相应的考核激励办法。要探索地级统筹情况下适宜的就医管理办法,处理好扩大就医范围与合理控制医疗费用的关系。

五、切实加强经办管理能力建设。各地要本着精简、效能的原则,切实解决好经办机构人员编制和经费问题。要强化经办机构内部管理,明确岗位职责,优化岗位设置,提高经办机构服务水平和能力。要加强社区服务平台建设,提高社区劳动保障平台的服务管理能力,探索建立社区劳动保障平台与社区卫生服务机构之间的信息共享和协同管理服务机制,形成服务到人的管理服务网络。要建立和完善基本医疗保障信息系统。加强信息系统建设,实现与医疗机构信息系统的对接。要逐步建立药品、诊疗项目以及参保人员实际利用医疗服务信息基础数据库，研究科学合理的药品和诊疗项目评价办法，逐步建立医疗保险技术标准体系，实现医疗保险管理规范化、精细化和标准化。要建立健全科学合理的绩效评价体系，对经办服务机构进行量化评价，促进经办服务机构提高管理服务水平和能力。

六、加强对全面开展城镇居民基本医疗保险工作的组织领导。全面开展城镇居民基本医疗保险工作是深入贯彻落实科学发展观、完善社会保障体系、推进医药卫生体制改革、缓解群众"看病难、看病贵"矛盾、提高全民健康素质的一项重要措施，各地要切实摆上工作日程，提高认识，加强领导，组织好各方面力量，全力推进这项工作。各有关部门要明确责任，加强协调，密切配合。要在统筹考虑城镇职工基本医疗保险、城镇居民基本医疗保险以及新型农村合作医疗三项制度相关统计数据基础上，核准城镇居民应参保人数并制定目标任务，层层分解，加强目标考核和督查调研，制定周密工作计划并抓紧组织实施。加强宣传培训工作，使这项惠及民生的重要改革深入人心，为全面推开试点创造良好舆论环境。要不断总结经验教训，注重研究新问题、新情况，对试点工作中反映出来的重大问题要及时报告。

人力资源和社会保障部、财政部、卫生部关于开展城镇居民基本医疗保险门诊统筹的指导意见

1．2009 年 7 月 24 日发布

2．人社部发〔2009〕66 号

各省、自治区、直辖市人力资源社会保障（劳动保障）厅（局）、财政厅（局）、卫生厅（局），新疆生产建设兵团劳动保障局、财务局、卫生局：

根据《国务院关于印发医药卫生体制改革近期重点实施方案（2009—2011 年）的通知》（国发〔2009〕12 号）和《国务院关于开展城镇居民基本医疗保险试点的指导意见》（国发〔2007〕20 号）的精神，为扩大城镇居民基本医疗保险制度受益面，切实减轻参保居民门诊医疗费用负担，有条件的地区可逐步开展城镇居民基本医疗保险门诊统筹工作，现就有关问题提出如下意见：

一、开展城镇居民基本医疗保险门诊统筹，要在坚持基本医疗保险政策规定的基础上，充分考虑门诊医疗服务特点和城镇居民对门诊医疗基本保障的迫切需要，进一步完善基本医疗保险的保障范围、筹资、支付等政策和就医、费用结算、业务经办等管理措施，通过统筹共济的方式合理分担参保居民门诊医疗费用。

二、开展门诊统筹应坚持以下原则：立足基本保障，从低水平起步，逐步减轻群众门诊医疗费用负担；实行社会共济，通过基金统筹调剂使用，提高基金保障能力；主要依托社区卫生服务

中心(站)等基层医疗卫生机构,方便群众就医,降低医疗成本。

三、根据城镇居民基本医疗保险基金支付能力,在重点保障参保居民住院和门诊大病医疗支出的基础上,逐步将门诊小病医疗费用纳入基金支付范围。城镇居民基本医疗保险基金要坚持收支平衡的原则,门诊统筹所需费用在城镇居民基本医疗保险基金中列支,单独列账。

四、建立门诊统筹可以从慢性病发生较多的老年人起步,也可以从群众反映负担较大的多发病、慢性病做起。门诊统筹可以单独设立起付标准、支付比例和最高支付限额,具体可由各统筹地区根据实际合理确定。门诊统筹支付水平要与当地经济发展和医疗消费水平相适应,与当地城镇居民基本医疗保险筹资水平相适应。

五、开展门诊统筹应充分利用社区卫生服务中心(站)等基层医疗卫生机构和中医药服务。将符合条件的基层医疗卫生机构纳入基本医疗保险定点范围。起步阶段,门诊统筹原则上用于在定点基层医疗卫生机构发生的门诊医疗费用,随着分级诊疗和双向转诊制度的建立完善,逐步将支付范围扩大到符合规定的转诊费用。同时,要通过制定优惠的偿付政策,提供方便快捷的服务,鼓励和引导参保居民充分利用基层医疗卫生服务。各级卫生行政部门要合理设置基层医疗卫生机构,促进基层医疗卫生机构与转诊医疗机构的分工合作,探索建立分级诊疗制度及转诊相关管理办法和标准。统筹地区人力资源社会保障部门要会同卫生行政部门共同探索首诊和转诊的参保人员就医管理办法,促进建立双向转诊制度。

六、探索适合门诊统筹费用控制机制和结算管理的方式。根据门诊就医和医疗费用支出特点,积极探索总额预付或按人头付费等费用结算办法。充分发挥医疗保险集团购买的优势,采取定服务机构、定服务项目、定考核指标、定结算标准、定支付办法等方式,探索就医、支付、结算一体化的门诊统筹综合管理办法,有效控制门诊医疗费用。

七、加强组织领导。各地要高度重视,科学决策,精心组织实施。切实加强经办能力建设,完善医疗保险信息系统,探索适应门诊统筹管理需要的经办方式,提高管理服务水平。要加强社区劳动保障平台与社区卫生服务机构的协作,促进参保人员健康管理。要认真研究工作中出现的新情况、新问题,积极探索解决办法,遇有重要情况要及时报告。

人力资源和社会保障部、财政部关于进一步加强基本医疗保险基金管理的指导意见

1. 2009年7月24日发布
2. 人社部发〔2009〕67号

各省、自治区、直辖市人力资源社会保障(劳动保障)厅(局)、财政厅(局),新疆生产建设兵团劳

动保障局、财务局：

根据《中共中央国务院关于深化医药卫生体制改革的意见》（中发〔2009〕6 号）和《国务院关于印发医药卫生体制改革近期重点实施方案（2009—2011 年）的通知》（国发〔2009〕12 号）的要求，为进一步加强基本医疗保险基金管理，提高基金使用效率，现就有关问题提出如下意见：

一、充分认识加强基本医疗保险基金管理的重要性和紧迫性

（一）加快推进基本医疗保障制度建设，将全体城乡居民纳入基本医疗保障制度，逐步提高基本医疗保障水平，是深化医药卫生体制改革的重要内容。按照以收定支、收支平衡、略有结余的原则，管好、用好基本医疗保险基金，对保障参保人员的基本医疗权益，减轻人民群众医药费用负担有着十分重要的现实意义。各级各有关部门要提高认识，不断完善政策，创新管理机制，强化基金管理，增强基金的共济和保障能力，提高基金使用效率。

二、增强基本医疗保险基金共济和保障能力

（二）加大基本医疗保险扩面和基金征缴力度。各地要按照 3 年内基本医疗保险参保率达到 90% 以上的目标，进一步加大城镇职工基本医疗保险和城镇居民基本医疗保险的扩面力度。要切实按照人力资源社会保障部、财政部等部门《关于妥善解决关闭破产国有企业退休人员等医疗保障有关问题的通知》（人社部发〔2009〕52 号）的要求，通过破产企业财产变现、未列入破产财产的土地出让所得、财政补助、医疗保险统筹基金结余调剂等多渠道筹资，妥善解决关闭破产国有企业退休人员参加城镇职工基本医疗保险问题。同时，各地要统筹解决包括关闭破产集体企业退休人员和困难企业职工等在内的其他各类城镇人员的医疗保障问题。进一步加大基本医疗保险基金的征缴和稽核力度，确保基本医疗保险基金应收尽收。

（三）逐步提高基本医疗保险保障水平，减轻参保人员的个人负担。各地要在精心测算的基础上，适当提高政策内住院医疗费用的报销水平，逐步提高统筹基金最高支付限额，规范门诊大病管理。鼓励各地积极开展城镇居民基本医疗保险门诊医疗费用统筹，扩大城镇居民基本医疗保险受益范围。有条件的统筹地区可以探索调整城镇职工基本医疗保险个人账户使用办法，试行城镇职工基本医疗保险门诊医疗费用统筹，逐步扩大和提高门诊费用的报销范围和比例，提高个人账户基金的使用效率。

（四）提高基本医疗保险统筹层次。各地要根据本地实际情况，加快推进提高基本医疗保险统筹层次工作，到 2011 年基本实现市（地）级统筹。实现市（地）级基金统收统支确有困难的地区，可以先建立市（地）级基金风险调剂制度，再逐步过渡。具备条件的地区，可以探索实行省级统筹。

三、强化基本医疗保险基金管理

（五）进一步加强基本医疗保险基金收支预算管理。统筹地区要认真执行社会保险基金财务制度，按年度编制基本医疗保险基金收支预算。编制基金收入预算应综合考虑当地经济发展水平、职工工资收入水平、医疗保险覆盖面、医疗保险筹资比例等因素；编制基金支出预算应综合考虑当地参保人员年龄结构、疾病谱、医疗费用增长、医疗保险受益面、保障水平和基金结余情况等因素。

（六）做好基本医疗保险基金会计核算和统计分析工作。各地要认真落实社会保险基金会计制度，加强基本医疗保险基金会计核算工作。医疗保险经办机构要单独建立一次性预缴基本医疗保险费统计台账，加强对一次性预缴基本医疗保险费的统计分析和管理。

（七）建立基本医疗保险基金运行情况分析和风险预警制度。各地要利用医疗保险信息系统，构建基本医疗保险基金运行分析和风险预警系统，将统筹基金累计结余作为基本医疗保险基金风险预警监测的关键性指标，加强对基本医疗保险基金运行情况的分析。除一次性预缴基本医疗保险费外，统筹地区城镇职工基本医疗保险统筹基金累计结余原则上应控制在6—9个月平均支付水平。城镇职工基本医疗保险统筹基金累计结余超过15个月平均支付水平的，为结余过多状态，累计结余低于3个月平均支付水平的，为结余不足状态。城镇居民基本医疗保险的基金风险预警指标，各地可根据当地实际具体确定。

（八）妥善解决统筹基金结余过多和当期收不抵支问题。统筹地区因职工工资水平增长等因素，统筹基金收入增幅明显高于支出增幅，连续2年处于结余过多状态的，可阶段性降低基本医疗保险筹资比例或适当提高参保人员医疗保险待遇水平。统筹基金出现当期收不抵支的统筹地区，要认真查找超支原因，通过改进结算方式、加强支出管理等途径，控制费用支出增长。统筹基金累计结余不足、难以保证当期支付的统筹地区，可通过临时借款保证当期支付，并及时研究调整筹资或待遇政策。各统筹地区应根据上述原则制订相应的基金告警预案，并报省级人力资源社会保障（劳动保障）、财政部门备案。统筹地区启动预案响应和费率调整等政策变化，应报省级人民政府批准。重大政策调整省级人民政府应报人力资源社会保障部、财政部备案。

（九）强化基本医疗保险基金监管。完善基本医疗保险基金管理内控制度，形成部门之间、岗位之间和业务之间相互制衡、相互监督的内控机制。加强行政监管，建立基本医疗保险基金欺诈防范机制，杜绝骗保等欺诈行为的发生。建立和完善基本医疗保险基金内部审计制度，及时整改审计发现的问题。定期向社会公布基本医疗保险基金收支情况和参保人员医疗保险待遇的享受情况，接受社会各界的监督。

四、加强基本医疗保险支付管理

（十）加大医疗保险对医疗服务行为的监控力度。各地要把相关部门制定的出入院标准、临床诊疗规范、临床用药指南和处方管理办法等纳入协议管理的范围，建立和完善对定点医疗机构服务质量的考核评价体系。要不断完善医疗保险信息系统，逐步实现对医疗服务行为的全程实时监控，加强对重点医疗服务项目和重点药品使用情况的监测，减少不合理医疗费用的发生，防范医疗欺诈行为。

（十一）改进费用结算方式。积极探索医疗保险经办机构与医疗机构、药品供应商通过协商谈判，合理确定医药服务的付费方式及标准，发挥医疗保障对医疗服务和药品费用的制约作用。鼓励探索实行按病种付费、总额预付、按人头付费等结算方式，充分调动医疗机构和医生控制医疗服务成本的主动性和积极性。

（十二）优化医疗费用结算流程。医疗保险经办机构要进一步优化医疗费用结算程序，逐步实现与定点医疗机构直接结算，缩短医疗费用结算时间，符合规定的医疗费用，要按照协议及时足额支付。医疗费用结算前，医疗保险经办机构可按照协议向医疗机构预拨一定比例的周转金。简化个人医疗费用报销结算程序，提供人性化服务，方便广大参保人员。

人力资源和社会保障部关于普遍开展城镇居民基本医疗保险门诊统筹有关问题的意见

1．2011 年 5 月 24 日发布

2．人社部发〔2011〕59 号

各省、自治区、直辖市人力资源社会保障厅(局)，新疆生产建设兵团劳动保障局：

近年来，部分地区积极开展城镇居民基本医疗保险(以下简称居民医保)门诊统筹工作，减轻了居民门诊医疗费用负担，增强了制度保障能力，受到群众广泛欢迎。按照国务院办公厅医药卫生体制五项重点改革 2011 年主要安排的要求，今年要普遍开展居民医保门诊统筹工作。现就有关问题提出以下意见：

一、充分认识门诊统筹的重要意义

普遍开展居民医保门诊统筹是提高医疗保障水平的重要举措，有利于拓宽保障功能，减轻群众门诊医疗费用负担；是完善医疗保险管理机制的重要内容，有利于整体调控卫生资源，提高保障绩效；是落实“保基本、强基层、建机制”要求的重要抓手，有利于支持基层医疗机构建设，促进基本药物制度实施，推动医药卫生体制各项改革协调发展。

开展门诊统筹要坚持以下原则：坚持基本保障，重点保障群众负担较重的门诊多发病、慢性病，避免变成福利补偿；坚持社会共济，实现基金调剂使用和待遇公平；坚持依托基层医疗卫生资源，严格控制医疗服务成本，提高基金使用效率。

各地要统一思想，落实责任，加强组织实施，确保完成今年普遍开展门诊统筹的工作任务。要按照《关于开展城镇居民基本医疗保险门诊统筹的指导意见》(人社部发〔2009〕66 号)的要求，加强管理，创新机制，努力提高门诊统筹保障绩效。要充分发挥医疗保险在医药卫生体制改革中的重要作用，着眼于调结构、建机制，降低医疗服务成本，优化卫生资源配置。

二、合理确定保障范围和支付政策

门诊统筹所需资金由居民医保基金解决。各地要综合考虑居民医疗需求、费用水平、卫生资源分布等情况，认真测算、合理安排门诊和住院资金。2011 年新增财政补助资金，在保证提高住院医疗待遇的基础上，重点用于开展门诊统筹。

门诊统筹立足保障参保人员基本医疗需求，主要支付在基层医疗卫生机构发生的符合规定的门诊医疗费用，重点保障群众负担较重的多发病、慢性病。困难地区可以从纳入统筹基金支付范围的门诊大病起步逐步拓展门诊保障范围。

合理确定门诊统筹支付比例、起付标准(额)和最高支付限额。对在基层医疗卫生机构发生的符合规定的医疗费用,支付比例原则上不低于50%;累计门诊医疗费较高的部分,可以适当提高支付比例。对于在非基层医疗机构发生的门诊医疗费用,未经基层医疗机构转诊的原则上不支付。根据门诊诊疗和药品使用特点,探索分别制定诊疗项目和药品的支付办法。针对门诊发生频率较高的特点,可以采取每次就诊定额自付的办法确定门诊统筹起付额。要根据基金承受能力,综合考虑当地次均门诊费用、居民就诊次数、住院率等因素,合理确定门诊统筹最高支付限额,并随着基金承受能力的增强逐步提高。要结合完善就医机制,统筹考虑门诊、住院支付政策,做好相互之间的衔接,提高基金使用效率。

对恶性肿瘤门诊放化疗、尿毒症透析、器官移植术后抗排异治疗、糖尿病患者胰岛素治疗、重性精神病人药物维持治疗等特殊治疗,以及在门诊开展比住院更经济方便的部分手术,要采取措施鼓励患者在门诊就医。各地可以针对这些特殊治疗和手术的特点,单独确定定点医疗机构(不限于基层医疗机构),并参照住院制定相应的管理和支付办法,减轻他们的医疗费用负担。

三、完善医疗服务管理措施

根据门诊保障需要,建立健全适合门诊特点的医疗服务管理和考核体系,加强对门诊就诊率、转诊率、次均费用、费用结构等的考核,规范基层定点医疗机构医疗服务行为。做好与基层医疗服务体系建设、基本药物制度、全科医生制度等其他改革的衔接,做到相互促进。

居民医保门诊统筹执行基本医疗保险药品目录,在定点基层医疗机构保证《国家基本医疗保险药品目录》甲类药品(包括基本药物)的使用。对定点基层医疗机构医保甲类药品的配备和使用要提出明确要求,并纳入定点基层医疗机构考核体系。对部分患者门诊基本医疗必需的乙类药品,有条件的地区可以研究探索制订基层医疗机构医生处方外购药品的支付和管理办法。严格执行政府办基层医疗机构基本药物零差率销售政策,降低药品使用成本。

将一般诊疗费全额纳入医疗保险支付范围,按规定比例予以支付。建立健全门诊统筹诊疗服务规范和监管措施,加强对定点基层医疗机构服务行为监管,合理控制诊疗服务数量和费用,避免分解就诊、重复收费等不规范诊疗行为的发生。

四、创新就医管理和付费机制

创新门诊统筹就医管理和付费机制,管理重点逐步由费用控制向成本控制转变,降低服务成本,提高保障绩效。要充分利用基层医疗机构,引导群众基层就医,促进分级医疗体系形成。发挥医疗保险对卫生资源的调控作用,合理使用门诊和住院资源,降低住院率,从总体上控制医疗费用。

积极探索基层首诊和双向转诊就医管理机制。确定首诊基层医疗机构要综合考虑医疗机构服务能力、参保居民意愿、是否与上级医院建立协作关系等因素,一般一年一定,参保人只能选择一家。积极探索双向转诊,明确首诊、转诊医疗机构责任,逐步建立风险控制和费用分担机制。规范基层医疗机构上转病人,促进医院下转病人,推动形成分工合理的就医格局。

充分发挥医疗保险团购优势,通过谈判,控制医疗服务成本,减轻患者费用负担。各统筹地区要研究制定门诊统筹团购办法,明确规则、内容、流程等,在人头服务、慢病管理、常用药品、常规诊疗项目等方面探索团购工作。在实施总额预算管理的基础上,探索实行按人头付费等付费方式,建立风险共担的机制,促进医疗机构和医生主动控制费用。要根据不同付费方式的特点,明确监管重点,提高医疗质量,保障参保居民基本医疗权益。

五、加强经办管理

加强居民医保基金预算管理,统筹安排门诊和住院资金,提高基金使用效率。在统一进行预算管理的基础上,对门诊和住院医疗费用支出单独列账、分开统计。完善门诊和住院费用支出监测指标体系,建立动态分析制度。

完善门诊统筹协议管理。随着门诊统筹付费机制的完善,充实细化协议内容,将门诊统筹政策要求、管理措施、服务质量、考核办法、奖惩机制等落实到定点协议中,通过协议强化医疗服务监管。定期公布定点医疗机构医疗服务费用、质量、群众满意度等情况,充分发挥社会监督作用。加大考核力度,将考核结果与费用结算、奖励处罚挂钩。

加强信息系统建设。各统筹地区要加快发行社会保障卡,尽快将网络延伸到全部定点基层医疗机构和街道(乡镇)、社区(村)服务网点,利用信息化手段强化运行监控,方便即时结算。提高医疗保险信息系统建设部署层级,数据至少集中到地市一级。对定点医疗机构信息系统与医保信息系统的衔接提出明确要求,定点医疗机构向医保机构传输就诊结算信息,逐步由定时回传提高到实时回传,内容应包括个人就诊基本信息和各项医疗服务的汇总及明细信息(含自费项目)。

六、积极稳妥开展门诊统筹工作

各省(区、市)人力资源社会保障厅(局)要高度重视门诊统筹工作,研究制定具体落实措施和工作方案,加强对各统筹地区的工作指导和政策协调。尚未开展居民医保门诊统筹的地区,要抓紧出台相关政策,尽快启动实施;已开展居民医保门诊统筹的地区,要根据本通知要求进一步完善政策、加强管理。门诊统筹重点联系城市要做好重点专题探索工作,破解重点难点问题,实现体制机制创新。有条件的地区可以调整职工医保个人账户使用办法,探索职工门诊保障统筹共济办法。

门诊统筹工作政策性强、涉及面广,各级人力资源社会保障部门要主动加强与发展改革、财政、卫生、民政等部门的沟通协调,促进医改各项工作协同推进。各省(区、市)要充分发挥重点联系城市的作用,及时推广好的经验做法,形成上下互动的合力。

各地在推进居民医保门诊统筹过程中,遇有新情况、新问题请及时向我部报告。

人力资源和社会保障部关于进一步推进医疗保险付费方式改革的意见

1. 2011年5月31日发布
2. 人社部发〔2011〕63号

各省、自治区、直辖市人力资源社会保障厅(局),新疆生产建设兵团劳动保障局:

基本医疗保险制度建立以来,各地积极探索有效的医疗保险付费方式,在保障参保人员权益、规范医疗服务行为、控制医疗费用增长和促进医疗机构发展等方面发挥了重要作用。随着医药卫生体制改革的深化，对完善医疗保险付体系提出了更新更高的要求。按照党中央、国务院关于深化医药卫生体制改革的总体部署，为进一步推进医疗保险付费方式改革，现提出如下意见：

一、推进付费方式改革的任务目标与基本原则

当前推进付费方式改革的任务目标是：结合基金收支预算管理加强总额控制，探索总额预付。在此基础上，结合门诊统筹的开展探索按人头付费，结合住院门诊大病的保障探索按病种付费。建立和完善医疗保险经办机构与医疗机构的谈判协商机制与风险分担机制，逐步形成与基本医疗保险制度发展相适应，激励与约束相并重的支付制度。

推进付费方式改革必须把握以下基本原则：一是保障基本。要根据医疗保险基金规模，以收定支，科学合理确定支付标准，保障参保人员的基本医疗待遇。二是建立机制。要建立医疗保险经办机构和医疗机构之间的谈判协商机制和风险分担机制。三是加强管理。要针对不同付费方式特点，完善监督考核办法，在费用控制的基础上加强对医疗服务的质量控制。四是因地制宜。要从实际出发，积极探索，勇于创新，不断总结经验，完善医疗保险基金支付办法。

二、结合基金预算管理加强付费总额控制

付费方式改革要以建立和完善基金预算管理为基础。各统筹地区要按照《国务院关于试行社会保险基金预算的意见》（国发〔2010〕2 号）文件要求，认真编制基本医疗保险基金收支预算。对基金支出预算要进行细化，将支出预算与支付方式相结合，进行支出预算分解。

要根据基金收支预算实行总额控制，探索总额预付办法。各地要按照基金支出总额，确定对每一种付费方式的总额控制指标，根据不同定点医疗机构级别、类别、特点以及承担的服务量等因素，落实到每一个定点医疗机构，以及每一结算周期，并体现在医保经办机构和定点医疗机构的协议中。医保经办机构要根据协议的规定，按时足额向定点医疗机构支付费用。同时，根据基金能力和结算周期，明确预拨定点医疗机构周转金的条件和金额。

要将定点医疗机构总额控制指标与其定点服务考评结果挂钩，在按周期进行医疗费用结算的基础上，按照“结余奖励、超支分担”的原则实行弹性结算，作为季度或年度最终结算的依据。

三、结合医保制度改革探索相应的付费办法

门诊医疗费用的支付，要结合居民医保门诊统筹的普遍开展，适应基层医疗机构或全科医生首诊制的建立，探索实行以按人头付费为主的付费方式。实行按人头付费必须明确门诊统筹基本医疗服务包，首先保障参保人员基本医疗保险甲类药品、一般诊疗费和其他必需的基层医疗服务费用的支付。要通过签订定点服务协议，将门诊统筹基本医疗服务包列入定点服务协议内容，落实签约定点基层医疗机构或全科医生的保障责任。

住院及门诊大病医疗费用的支付，要结合医疗保险统筹基金支付水平的提高，探索实行以按病种付费为主的付费方式。按病种付费可从单一病种起步，优先选择临床路径明确、并发症与合并症少、诊疗技术成熟、质量可控且费用稳定的常见病、多发病。同时，兼顾儿童白血病、先天性心脏病等当前有重大社会影响的疾病。具体病种由各地根据实际组织专家论证后确定。有条件的地区可逐步探索按病种分组（DRGs）付费的办法。生育保险住院分娩（包括顺产、器械产、剖宫产）医疗费用，原则上要按病种付费的方式，由经办机构与医疗机构直接结算。暂不具备实行按人头或按病种付费的地方，作为过渡方式，可以结合基金预算管理，将现行的按项目付费方式改为总额控制下的按平均定额付费方式。

各地在改革中要按照不增加参保人员个人负担的原则,根据不同的医疗保险付费方式,适当调整政策,合理确定个人费用分担比例。

四、结合谈判机制科学合理确定付费标准

付费标准应在调查测算的基础上确定。可以对改革前3年定点医疗机构的费用数据进行测算,了解掌握不同医疗机构参保人员就医分布以及费用支出水平。在此基础上,根据医保基金总体支付能力和现行医保支付政策,确定医保基础付费标准。要以基础付费标准为参照通过经办机构与定点医疗机构的谈判协商,根据定点医疗机构服务内容、服务能力以及所承担医疗保险服务量,确定不同类型、不同级别医疗机构的具体的付费标准。同时,综合考虑经济社会发展、医疗服务提供能力、适宜技术服务利用、消费价格指数和医药价格变动等因素,建立付费标准动态调整机制。

统筹地区要遵循公开透明的原则,制定医保经办机构与定点医疗机构进行谈判的程序和办法,在实践中对谈判的组织、管理、方式、纠纷处理办法等方面进行积极探索。

五、建立完善医疗保险费用质量监控标准体系

要建立健全医疗保险服务监控标准体系。要在基本医疗保险药品目录、诊疗项目范围、医疗服务设施标准基础上,针对不同付费方式特点分类确定监控指标。应明确要求定点医疗机构执行相应的出入院标准,确定住院率、转诊转院率、次均费用、参保人自费项目费用比例以及医疗服务质量、临床路径管理、合理用药情况等方面的技术控制标准,并将此纳入协议,加强对医疗机构费用的控制和质量的监管,切实保障参保人权益。

要针对不同付费方式明确监管重点环节。采取按人头付费的,重点防范减少服务内容、降低服务标准等行为;采取按病种付费的,重点防范诊断升级、分解住院等行为;采取总额预付的,重点防范服务提供不足、推诿重症患者等行为。

要加强对定点医疗机构的监督检查。通过引入参保人满意度调查、同行评议等评价方式,完善考核评价办法。要充分利用信息管理系统,通过完善数据采集和加强数据分析,查找不同付费方式的风险点并设置阈值,强化对医疗行为和医疗费用的监控,并总结风险规律,建立诚信档案。要将监测、考评和监督检查的结果与医保实际付费挂钩。

六、统筹规划,精心组织,以点带面推动实施

推动医疗保险付费方式改革是一个长期的、不断完善的过程,各地要统一思想,提高认识,加强领导,落实责任,抓好组织工作。在推进医疗保险付费方式改革中,要按照有利于提高医疗保险基金使用效率,有利于调动医疗机构及其医务人员的积极性,有利于提高医保管理服务水平,有利于维护参保人员的基本医疗保障权益的指导思想,主动改革,敢于创新,针对改革中遇到的新情况、新问题,不断调整完善付费政策和办法。

各省级人力资源社会保障部门要按照本意见要求,在认真调研的基础上制定本省(区、市)推进付费方式改革总体规划。要通过建立重点联系城市制度,发现、培育、树立典型,通过搭建交流工作平台,充分发挥典型城市的示范带头作用,以点带面加强对所辖统筹地区的指导。

各统筹地区人力资源社会保障部门要按照省(区、市)的统一部署,制定本地区推动付费方式改革的工作方案，明确改革目标、改革思路以及推进步骤。统筹地区工作方案应报送省级人力资源社会保障部门备案。

付费方式改革涉及各方利益的调整，在改革中要注意维护政策的连续性和稳定性，妥善处理改革与稳定的关系。要加强与其他部门的沟通协调，充分听取社会各方意见建议，形成改革的合力。遇有重大事项要及时报告。

人力资源和社会保障部等关于妥善解决关闭破产国有企业退休人员等医疗保障有关问题的通知

1. 2009年5月27日人力资源和社会保障部、财政部、国务院国有资产监督管理委员会、监察部发布
2. 人社部发〔2009〕52号

各省、自治区、直辖市人力资源社会保障（劳动保障）厅（局）、财政厅（局）、国资委、监察厅（局），新疆生产建设兵团劳动保障局、财务局、国资委、监察局，安徽、福建、贵州省经贸委（经委）：

党中央、国务院高度重视关闭破产企业退休人员医疗保障问题，地方各级党委政府积极采取各种措施，做了大量工作，取得了积极的成效。为贯彻《中共中央、国务院关于深化医药卫生体制改革的意见》（中发〔2009〕6号）精神、落实《国务院关于印发医药卫生体制改革近期重点实施方案（2009—2011年）的通知》（国发〔2009〕12号）要求，在妥善解决地方政策性关闭破产国有企业退休人员参保问题的基础上，彻底解决其他关闭破产企业退休人员参保等问题，经国务院同意，现就有关问题通知如下：

一、各地要认真按照中发〔2009〕6号和国发〔2009〕12号文件要求，采取切实有效措施，于2009年年底前将未参保的关闭破产国有企业退休人员纳入当地城镇职工基本医疗保险。同时，统筹解决包括关闭破产集体企业退休人员和困难企业职工等在内的其他各类城镇人员医疗保障问题，切实保障他们的基本医疗需求。

二、各地要通过多渠道筹资的办法，妥善解决关闭破产国有企业退休人员参加城镇职工基本医疗保险所需资金。在企业实施关闭破产时，要按照《企业破产法》相关规定，通过企业破产财产偿付退休人员参保所需费用。企业破产财产不足偿付的，可以通过未列入破产财产的土地出让所得、财政补助、医疗保险基金结余调剂等多渠道筹资解决。省级政府对困难市、县应给予帮助和支持。地方各级政府安排用于帮助解决关闭破产企业退休人员参保的补助资金，可分年到位。对地方依法破产国有企业退休人员参加城镇职工基本医疗保险，中央财政按照“奖补结合”原则给予一次性补助。今后，各地要严格执行《企业破产法》等法律法规，妥善解决关闭破产

企业退休人员参保所需资金,中央财政不再给予补助。

三、各地要认真落实《国务院办公厅转发国家经贸委等部门关于解决国有困难企业和关闭破产企业职工基本生活问题若干意见的通知》(国办发〔2003〕2 号),将中央和中央下放地方政策性关闭破产国有企业退休人员及其参保所筹集资金纳入属地城镇职工基本医疗保险体系统一管理,不得单独管理、封闭运行。退休人员基本医疗待遇与原所属企业(或企业集团)脱钩,统筹地区应按规定确保退休人员享受当地城镇职工基本医疗保险的相关待遇。中央财政在按国办发〔2003〕2 号文件规定安排补助的基础上,对中央和中央下放地方政策性关闭破产国有企业退休人员参加城镇职工基本医疗保险,给予一次性补助。

四、各地要制定具体的实施办法,切实将目前尚未参保的、关闭破产集体企业等其他各类关闭破产企业退休人员和困难企业职工纳入城镇职工基本医疗保险。中央财政对此项工作做得好的地区,通过以奖代补的方式给予一次性补助。对确有困难、难以参加城镇职工基本医疗保险的,经省级人民政府批准纳入城镇居民基本医疗保险,中央财政按照城镇居民基本医疗保险有关规定给予补助。省级人民政府要明确参加城镇居民基本医疗保险企业的具体标准和审批程序,省级人力资源社会保障等部门要认真按照规定严格组织实施,防止有缴费能力的企业逃避参加城镇职工基本医疗保险的缴费责任,损害退休人员和职工权益。到 2010 年年底前,基本解决所有关闭破产企业退休人员和困难企业职工的参保问题。

五、各地要加快城镇职工基本医疗保险和城镇居民基本医疗保险的扩面进度,确保实现到 2011 年年底城镇职工基本医疗保险、城镇居民基本医疗保险参保率均达到 90% 以上的目标。要继续贯彻落实《国务院关于建立城镇职工基本医疗保险制度的决定》(国发〔1998〕44 号)及其他相关文件精神,大力推进解决城镇非公有制经济组织从业人员、灵活就业人员、就业困难人员参保问题,将本行政区域内各类机关事业单位和企业单位及其职工全部纳入属地城镇职工基本医疗保险。同时,要按照《人力资源社会保障部、财政部关于全面开展城镇居民基本医疗保险工作的通知》(人社部发〔2009〕35 号)要求,全面推开城镇居民基本医疗保险制度,切实将城镇非就业居民纳入城镇居民基本医疗保险。中央财政将根据各地实际参保率,与各类关闭破产企业退休人员和困难企业职工参保情况一并进行考核,通过以奖代补给予补助。

六、各地要认真履行职责,切实抓好贯彻落实。各省、自治区、直辖市人民政府要切实承担责任,进一步明确政策,制定周密详尽、切实可行的工作方案,切实加大对统筹地区的工作指导力度,确保专款专用和工作目标的实现。为强化工作责任,明确工作要求,人力资源社会保障部、财政部、国务院国资委、监察部将与各省、自治区、直辖市人民政府签订工作目标协议书。各统筹地区人民政府要精心组织,制定具体实施计划,确保按期完成工作任务。地方各级政府要积极调整支出结构,努力通过多渠道方式筹措所需资金,确保资金到位。到 2011 年年底,东、中、西部省份解决关闭破产国有企业退休人员参保问题地方政府所需筹集资金到位率要分别达到 50%、40% 和 30%。地方各级政府在分配上级和本级财政补助资金时,要对关闭破产企业退休人员和困难企业职工参保任务重、财力困难的地区给予倾斜。各省、自治区、直辖市人民政府要发挥监督和协调作用,督促落实各项政策。中央有关部门将对各地落实本通知的情况适时进行督查。

人力资源和社会保障部关于领取失业保险金人员参加职工基本医疗保险有关问题的通知

1．2011年7月4日发布
2．人社部发〔2011〕77号

各省、自治区、直辖市人力资源社会保障厅（局）、财政厅（局），新疆生产建设兵团劳动保障局、财政局：

为贯彻落实《中华人民共和国社会保险法》，做好领取失业保险金期间的失业人员（以下简称领取失业保险金人员）参加职工基本医疗保险（以下简称职工医保）工作，接续基本医疗保险关系，保障合理的医疗待遇水平，现就有关问题通知如下：

一、领取失业保险金人员应按规定参加其失业前失业保险参保地的职工医保，由参保地失业保险经办机构统一办理职工医保参保缴费手续。

二、领取失业保险金人员参加职工医保应缴纳的基本医疗保险费从失业保险基金中支付，个人不缴费。

三、领取失业保险金人员参加职工医保的缴费率原则上按照统筹地区的缴费率确定。缴费基数可参照统筹地区上年度职工平均工资的一定比例确定，最低比例不低于60%。

失业保险经办机构为领取失业保险金人员缴纳基本医疗保险费的期限与领取失业保险金期限相一致。

四、领取失业保险金人员出现法律规定的情形或领取期满而停止领取失业保险金的，失业保险经办机构为其办理停止缴纳基本医疗保险费的相关手续。

失业保险经办机构应将缴费金额、缴费时间等有关信息及时告知医疗保险经办机构和领取失业保险金人员本人。

停止领取失业保险金人员按规定相应参加职工医保、城镇居民基本医疗保险或新型农村合作医疗。

五、领取失业保险金人员参加职工医保的缴费年限与其失业前参加职工医保的缴费年限累计计算。

六、领取失业保险金人员参加职工医保当月起按规定享受相应的住院和门诊医疗保险待遇，享受待遇期限与领取失业保险金期限相一致，不再享受原由失业保险基金支付的医疗补助金待遇。

七、领取失业保险金人员失业保险关系跨省、自治区、直辖市转入户籍所在地的，其职工医保关系随同转移，执行转入地职工医保政策。应缴纳的基本医疗保险费按转出地标准一次性划入转入地失业保险基金。转入地失业保险经办机构按照当地有关规定为领取失业保险金人员办理职工医保参保缴费手续。

转出地失业保险基金划转的资金缴纳转入地职工医保费的不足部分，由转入地失业保险基金予以补足，超出部分并入转入地失业保险基金。

八、各地要高度重视领取失业保险金人员参加职工医保工作，切实加强组织领导，统筹规划，认真测算，抓紧研究制定适合本地区的实施办法，自2011年7月1日起开始实施。要通过多种形式加强政策宣传，大力开展业务培训。要进一步规范管理，加强信息系统建设。已经实行失业人员参加职工医保的地区，要按照《中华人民共和国社会保险法》的规定及本通知要求进一步完善政策。

人力资源社会保障部门和财政部门要密切协作，及时沟通，确保领取失业保险金人员参加职工医保工作顺利实施；对工作中出现的新情况和新问题，要认真分析研究，不断完善政策、加强管理、改进服务，并及时向上级部门反映。

人力资源社会保障部、国家发展和改革委员会、财政部、国家卫生和计划生育委员会关于印发《关于做好进城落户农民参加基本医疗保险和关系转移接续工作的办法》的通知

1．2015年8月27日发布
2．人社部发〔2015〕80号
3．自2016年1月1日起施行

健全进城落户农民参加基本医疗保险和关系转移接续政策，是落实中央全面深化改革任务的重要举措，有利于推动和统筹城乡发展，促进社会正义和谐；有利于全面提升城镇化质量，促进城镇化健康发展；有利于深入健全全民医保，促进基本医疗保障公平可及。为进一步做好进城落户农民参加基本医疗保险和流动就业人员等基本医疗保险关系转移接续工作，切实维护各类参保人员合法权益，依据《中华人民共和国社会保险法》和基本医疗保险制度有关规定，制定本办法。

一、做好进城落户农民参保工作

进城落户农民是指按照户籍管理制度规定，已将户口由农村迁入城镇的农业转移人口。各级人力资源社会保障部门要积极配合和支持相关部门，做好农业转移人口落户工作，把进城落户农民纳入城镇基本医疗保险制度体系，在农村参加的基本医疗保险规范接入城镇基本医疗保

险,确保基本医保待遇连续享受。

进城落户农民根据自身实际参加相应的城镇基本医疗保险。在城镇单位就业并有稳定劳动关系的,按规定随所在单位参加职工基本医疗保险(以下简称职工医保);以非全日制、临时性工作等灵活形式就业的,可以灵活就业人员身份按规定参加就业地职工医保,也可以选择参加户籍所在地城镇(城乡)居民基本医疗保险(以下简称居民医保)。其他进城落户农民可按规定在落户地参加居民医保,执行当地统一政策。对参加居民医保的进城落户农民按规定给予参保补助,个人按规定缴费。

已参加新型农村合作医疗(以下简称新农合)或居民医保的进城落户农民,实现就业并参加职工医保的,不再享受原参保地新农合或居民医保待遇。要进一步完善相关政策衔接措施,引导进城落户农民及时参保,同时避免重复参保。

二、规范医保关系转移接续手续

进城落户农民和流动就业人员等参加转入地基本医疗保险后,转入地社会(医疗)保险经办机构应依据参保人申请,通知转出地经办机构办理医保关系转移手续,确保管理服务顺畅衔接,避免待遇重复享受。

转出地社会(医疗)保险或新农合经办机构应在参保人办理中止参保(合)手续时为其开具参保(合)凭证。参保(合)凭证是参保人员的重要权益记录,由参保人妥善保管,用于转入地受理医保关系转移申请时,核实参保人身份和转出地社会(医疗)保险经办机构记录的相关信息。

三、妥善处理医保关系转移接续中的有关权益

进城落户农民和流动就业人员等办理基本医疗保险关系转移接续前后,基本医疗保险参保缴费中断不超过3个月且补缴中断期间医疗保险费的,不受待遇享受等待期限制,按参保地规定继续参保缴费并享受相应的待遇。

进城落户农民在农村参加新农合等基本医疗保险的参保缴费和权益享受信息等连续记入新参保地业务档案,保证参保记录的完整性和连续性。流动就业人员参加职工医保的缴费年限各地互认,参保人在转出地职工医保记录的缴费年限累计计入转入地职工医保缴费年限记录。

参保人转移基本医疗保险关系时,建立个人账户的,个人账户随本人基本医疗保险关系一同转移。个人账户资金原则上通过经办机构进行划转。

四、做好医保关系转移接续管理服务工作

进一步规范医保关系转移接续业务经办程序。逐步统一各类人员参加基本医疗保险的标识。积极探索推行网上经办、自助服务、手机查询等经办服务模式,引导和帮助用人单位和个人依规主动更新参保信息。加强经办服务管理平台建设,完善和推广社会保险(医疗保险)关系转移接续信息系统,推进标准化建设和数据信息跨地区、跨部门共享,确保跨地区、跨制度参保信息互认和顺畅传递。

社会(医疗)保险经办机构和新农合经办机构要加强沟通协作,进一步做好基本医疗保险关系转移接续管理服务工作。

五、落实组织实施工作

各地人力资源社会保障部门要结合本地区实际,以进城落户农民为重点,做好参保和关系转移接续工作，细化完善政策措施，优化管理服务流程。卫生计生部门要做好进城落户农民医保关系转移接续经办服务工作。财政部门要继续做好居民医保和新农合财政补助工作，确保资金及时足额到位。发展改革部门要积极支持配合相关部门，将进城落户农民在农村参加的社会保险规范接入城镇社保体系，支持社保经办平台建设。各相关部门加强统筹协调，做好政策衔接，确保基本医疗保险参保人跨制度、跨地区流动时能够连续参保。

本办法从2016年1月1日起执行。《流动就业人员基本医疗保障关系转移接续暂行办法》（人社部发〔2009〕191号）与本办法不符的，按本办法执行。

附件：基本医疗保障参保（合）凭证样式（略）

4. 工伤保险

工伤保险条例

1. 2003年4月27日国务院令第375号公布
2. 根据2010年12月20日国务院《关于修改〈工伤保险条例〉的决定》修订

第一章 总　　则

第一条 【立法目的】为了保障因工作遭受事故伤害或者患职业病的职工获得医疗救治和经济补偿，促进工伤预防和职业康复，分散用人单位的工伤风险，制定本条例。

第二条 【适用范围】中华人民共和国境内的企业、事业单位、社会团体、民办非企业单位、基金会、律师事务所、会计师事务所等组织和有雇工的个体工商户（以下称用人单位）应当依照本条例规定参加工伤保险，为本单位全部职工或者雇工（以下称职工）缴纳工伤保险费。

中华人民共和国境内的企业、事业单位、社会团体、民办非企业单位、基金会、律师事务所、会计师事务所等组织的职工和个体工商户的雇工，均有依照本条例的规定享受工伤保险待遇的权利。

第三条 【保险费征缴的法律适用】工伤保险费的征缴按照《社会保险费征缴暂行条例》关于基本养老保险费、基本医疗保险费、失业保险费的征缴规定执行。

第四条 【用人单位基本义务】用人单位应当将参加工伤保险的有关情况在本单位内公示。

用人单位和职工应当遵守有关安全生产和职业病防治的法律法规，执行安全卫生规程和标准，预防工伤事故发生，避免和减少职业病危害。

职工发生工伤时，用人单位应当采取措施使工伤职工得到及时救治。

第五条 【工作管理与承办】国务院社会保险行政部门负责全国的工伤保险工作。

县级以上地方各级人民政府社会保险行政部门负责本行政区域内的工伤保险工作。

社会保险行政部门按照国务院有关规定设立的社会保险经办机构(以下称经办机构)具体承办工伤保险事务。

第六条 【意见征求】社会保险行政部门等部门制定工伤保险的政策、标准,应当征求工会组织、用人单位代表的意见。

第二章 工伤保险基金

第七条 【基金构成】工伤保险基金由用人单位缴纳的工伤保险费、工伤保险基金的利息和依法纳入工伤保险基金的其他资金构成。

第八条 【费率的确定】工伤保险费根据以支定收、收支平衡的原则,确定费率。

国家根据不同行业的工伤风险程度确定行业的差别费率,并根据工伤保险费使用、工伤发生率等情况在每个行业内确定若干费率档次。行业差别费率及行业内费率档次由国务院社会保险行政部门制定,报国务院批准后公布施行。

统筹地区经办机构根据用人单位工伤保险费使用、工伤发生率等情况,适用所属行业内相应的费率档次确定单位缴费费率。

第九条 【费率的调整】国务院社会保险行政部门应当定期了解全国各统筹地区工伤保险基金收支情况,及时提出调整行业差别费率及行业内费率档次的方案,报国务院批准后公布施行。

第十条 【保险费的缴纳】用人单位应当按时缴纳工伤保险费。职工个人不缴纳工伤保险费。

用人单位缴纳工伤保险费的数额为本单位职工工资总额乘以单位缴费费率之积。

对难以按照工资总额缴纳工伤保险费的行业,其缴纳工伤保险费的具体方式,由国务院社会保险行政部门规定。

第十一条 【基金的统筹】工伤保险基金逐步实行省级统筹。

跨地区、生产流动性较大的行业,可以采取相对集中的方式异地参加统筹地区的工伤保险。具体办法由国务院社会保险行政部门会同有关行业的主管部门制定。

第十二条 【基金的提取和使用】工伤保险基金存入社会保障基金财政专户,用于本条例规定的工伤保险待遇,劳动能力鉴定,工伤预防的宣传、培训等费用,以及法律、法规规定的用于工伤保险的其他费用的支付。

工伤预防费用的提取比例、使用和管理的具体办法,由国务院社会保险行政部门会同国务院财政、卫生行政、安全生产监督管理等部门规定。

任何单位或者个人不得将工伤保险基金用于投资运营、兴建或者改建办公场所、发放奖金,或者挪作其他用途。

第十三条 【储备金】工伤保险基金应当留有一定比例的储备金,用于统筹地区重大事故的工伤保险待遇支付;储备金不足支付的,由统筹地区的人民政府垫付。储备金占基金总额的具体比例和储备金的使用办法,由省、自治区、直辖市人民政府规定。

第三章 工伤认定

第十四条 【应当认定为工伤的情形】职工有下列情形之一的,应当认定为工伤:

(一)在工作时间和工作场所内,因工作原因受到事故伤害的;

(二)工作时间前后在工作场所内,从事与工作有关的预备性或者收尾性工作受到事故伤害的;

(三)在工作时间和工作场所内,因履行工作职责受到暴力等意外伤害的;

(四)患职业病的;

(五)因工外出期间,由于工作原因受到伤害或者发生事故下落不明的;

(六)在上下班途中,受到非本人主要责任的交通事故或者城市轨道交通、客运轮渡、火车事故伤害的;

(七)法律、行政法规规定应当认定为工伤的其他情形。

第十五条 【视同工伤的情形与待遇】职工有下列情形之一的,视同工伤:

(一)在工作时间和工作岗位,突发疾病死亡或者在48小时之内经抢救无效死亡的;

(二)在抢险救灾等维护国家利益、公共利益活动中受到伤害的;

(三)职工原在军队服役,因战、因公负伤致残,已取得革命伤残军人证,到用人单位后旧伤复发的。

职工有前款第(一)项、第(二)项情形的,按照本条例的有关规定享受工伤保险待遇;职工有前款第(三)项情形的,按照本条例的有关规定享受除一次性伤残补助金以外的工伤保险待遇。

第十六条 【不为工伤的情形】职工符合本条例第十四条、第十五条的规定,但是有下列情形之一的,不得认定为工伤或者视同工伤:

(一)故意犯罪的;

(二)醉酒或者吸毒的;

(三)自残或者自杀的。

第十七条 【工伤认定的申请】职工发生事故伤害或者按照职业病防治法规定被诊断、鉴定为职业病,所在单位应当自事故伤害发生之日或者被诊断、鉴定为职业病之日起30日内,向统筹地区社会保险行政部门提出工伤认定申请。遇有特殊情况,经报社会保险行政部门同意,申请时限可以适当延长。

用人单位未按前款规定提出工伤认定申请的,工伤职工或者其近亲属、工会组织在事故伤害发生之日或者被诊断、鉴定为职业病之日起1年内,可以直接向用人单位所在地统筹地区社会保险行政部门提出工伤认定申请。

按照本条第一款规定应当由省级社会保险行政部门进行工伤认定的事项,根据属地原则由用人单位所在地的设区的市级社会保险行政部门办理。

用人单位未在本条第一款规定的时限内提交工伤认定申请,在此期间发生符合本条例规定的工伤待遇等有关费用由该用人单位负担。

第十八条 【工伤认定申请材料】提出工伤认定申请应当提交下列材料:

(一)工伤认定申请表;

(二)与用人单位存在劳动关系(包括事实劳动关系)的证明材料;

(三)医疗诊断证明或者职业病诊断证明书(或者职业病诊断鉴定书)。

工伤认定申请表应当包括事故发生的时间、地点、原因以及职工伤害程度等基本情况。

工伤认定申请人提供材料不完整的,社会保险行政部门应当一次性书面告知工伤认定申请人需要补正的全部材料。申请人按照书面告知要求补正材料后,社会保险行政部门应当受理。

第十九条 【对工伤事故的调查核实】社会保险行政部门受理工伤认定申请后,根据审核需要可以对事故伤害进行调查核实,用人单位、职工、工会组织、医疗机构以及有关部门应当予以协助。职业病诊断和诊断争议的鉴定,依照职业病防治法的有关规定执行。对依法取得职业病诊断证明书或者职业病诊断鉴定书的,社会保险行政部门不再进行调查核实。

职工或者其近亲属认为是工伤,用人单位不认为是工伤的,由用人单位承担举证责任。

第二十条 【工伤认定决定的作出】社会保险行政部门应当自受理工伤认定申请之日起60日内作出工伤认定的决定,并书面通知申请工伤认定的职工或者其近亲属和该职工所在单位。

社会保险行政部门对受理的事实清楚、权利义务明确的工伤认定申请,应当在15日内作出工伤认定的决定。

作出工伤认定决定需要以司法机关或者有关行政主管部门的结论为依据的,在司法机关或者有关行政主管部门尚未作出结论期间,作出工伤认定决定的时限中止。

社会保险行政部门工作人员与工伤认定申请人有利害关系的,应当回避。

第四章 劳动能力鉴定

第二十一条 【进行鉴定的条件】职工发生工伤,经治疗伤情相对稳定后存在残疾、影响劳动能力的,应当进行劳动能力鉴定。

第二十二条 【鉴定的等级和标准】劳动能力鉴定是指劳动功能障碍程度和生活自理障碍程度的等级鉴定。

劳动功能障碍分为十个伤残等级,最重的为一级,最轻的为十级。

生活自理障碍分为三个等级:生活完全不能自理、生活大部分不能自理和生活部分不能自理。

劳动能力鉴定标准由国务院社会保险行政部门会同国务院卫生行政部门等部门制定。

第二十三条 【鉴定的申请】劳动能力鉴定由用人单位、工伤职工或者其近亲属向设区的市级劳动能力鉴定委员会提出申请,并提供工伤认定决定和职工工伤医疗的有关资料。

第二十四条 【鉴定委员会的组成】省、自治区、直辖市劳动能力鉴定委员会和设区的市级劳动能力鉴定委员会分别由省、自治区、直辖市和设区的市级社会保险行政部门、卫生行政部门、工会组织、经办机构代表以及用人单位代表组成。

劳动能力鉴定委员会建立医疗卫生专家库。列入专家库的医疗卫生专业技术人员应当具备下列条件:

(一)具有医疗卫生高级专业技术职务任职资格;

（二）掌握劳动能力鉴定的相关知识；

（三）具有良好的职业品德。

第二十五条 【鉴定结论的作出】设区的市级劳动能力鉴定委员会收到劳动能力鉴定申请后，应当从其建立的医疗卫生专家库中随机抽取3名或者5名相关专家组成专家组，由专家组提出鉴定意见。设区的市级劳动能力鉴定委员会根据专家组的鉴定意见作出工伤职工劳动能力鉴定结论；必要时，可以委托具备资格的医疗机构协助进行有关的诊断。

设区的市级劳动能力鉴定委员会应当自收到劳动能力鉴定申请之日起60日内作出劳动能力鉴定结论，必要时，作出劳动能力鉴定结论的期限可以延长30日。劳动能力鉴定结论应当及时送达申请鉴定的单位和个人。

第二十六条 【再次鉴定】申请鉴定的单位或者个人对设区的市级劳动能力鉴定委员会作出的鉴定结论不服的，可以在收到该鉴定结论之日起15日内向省、自治区、直辖市劳动能力鉴定委员会提出再次鉴定申请。省、自治区、直辖市劳动能力鉴定委员会作出的劳动能力鉴定结论为最终结论。

第二十七条 【鉴定工作原则】劳动能力鉴定工作应当客观、公正。劳动能力鉴定委员会组成人员或者参加鉴定的专家与当事人有利害关系的，应当回避。

第二十八条 【复查鉴定】自劳动能力鉴定结论作出之日起1年后，工伤职工或者其近亲属、所在单位或者经办机构认为伤残情况发生变化的，可以申请劳动能力复查鉴定。

第二十九条 【再次鉴定与复查鉴定的期限】劳动能力鉴定委员会依照本条例第二十六条和第二十八条的规定进行再次鉴定和复查鉴定的期限，依照本条例第二十五条第二款的规定执行。

第五章 工伤保险待遇

第三十条 【工伤医疗待遇】职工因工作遭受事故伤害或者患职业病进行治疗，享受工伤医疗待遇。

职工治疗工伤应当在签订服务协议的医疗机构就医，情况紧急时可以先到就近的医疗机构急救。

治疗工伤所需费用符合工伤保险诊疗项目目录、工伤保险药品目录、工伤保险住院服务标准的，从工伤保险基金支付。工伤保险诊疗项目目录、工伤保险药品目录、工伤保险住院服务标准，由国务院社会保险行政部门会同国务院卫生行政部门、食品药品监督管理部门等部门规定。

职工住院治疗工伤的伙食补助费，以及经医疗机构出具证明，报经办机构同意，工伤职工到统筹地区以外就医所需的交通、食宿费用从工伤保险基金支付，基金支付的具体标准由统筹地区人民政府规定。

工伤职工治疗非工伤引发的疾病，不享受工伤医疗待遇，按照基本医疗保险办法处理。

工伤职工到签订服务协议的医疗机构进行工伤康复的费用，符合规定的，从工伤保险基金支付。

第三十一条 【复议与诉讼不停止支付医疗费用】社会保险行政部门作出认定为工伤的决

定后发生行政复议、行政诉讼的，行政复议和行政诉讼期间不停止支付工伤职工治疗工伤的医疗费用。

第三十二条　【辅助器具的配置】工伤职工因日常生活或者就业需要，经劳动能力鉴定委员会确认，可以安装假肢、矫形器、假眼、假牙和配置轮椅等辅助器具，所需费用按照国家规定的标准从工伤保险基金支付。

第三十三条　【停工留薪期待遇】职工因工作遭受事故伤害或者患职业病需要暂停工作接受工伤医疗的，在停工留薪期内，原工资福利待遇不变，由所在单位按月支付。

停工留薪期一般不超过12个月。伤情严重或者情况特殊，经设区的市级劳动能力鉴定委员会确认，可以适当延长，但延长不得超过12个月。工伤职工评定伤残等级后，停发原待遇，按照本章的有关规定享受伤残待遇。工伤职工在停工留薪期满后仍需治疗的，继续享受工伤医疗待遇。

生活不能自理的工伤职工在停工留薪期需要护理的，由所在单位负责。

第三十四条　【伤残职工的生活护理费】工伤职工已经评定伤残等级并经劳动能力鉴定委员会确认需要生活护理的，从工伤保险基金按月支付生活护理费。

生活护理费按照生活完全不能自理、生活大部分不能自理或者生活部分不能自理3个不同等级支付，其标准分别为统筹地区上年度职工月平均工资的50%、40%或者30%。

第三十五条　【一至四级伤残待遇】职工因工致残被鉴定为一级至四级伤残的，保留劳动关系，退出工作岗位，享受以下待遇：

（一）从工伤保险基金按伤残等级支付一次性伤残补助金，标准为：一级伤残为27个月的本人工资，二级伤残为25个月的本人工资，三级伤残为23个月的本人工资，四级伤残为21个月的本人工资；

（二）从工伤保险基金按月支付伤残津贴，标准为：一级伤残为本人工资的90%，二级伤残为本人工资的85%，三级伤残为本人工资的80%，四级伤残为本人工资的75%。伤残津贴实际金额低于当地最低工资标准的，由工伤保险基金补足差额；

（三）工伤职工达到退休年龄并办理退休手续后，停发伤残津贴，按照国家有关规定享受基本养老保险待遇。基本养老保险待遇低于伤残津贴的，由工伤保险基金补足差额。

职工因工致残被鉴定为一级至四级伤残的，由用人单位和职工个人以伤残津贴为基数，缴纳基本医疗保险费。

第三十六条　【五至六级伤残待遇】职工因工致残被鉴定为五级、六级伤残的，享受以下待遇：

（一）从工伤保险基金按伤残等级支付一次性伤残补助金，标准为：五级伤残为18个月的本人工资，六级伤残为16个月的本人工资；

（二）保留与用人单位的劳动关系，由用人单位安排适当工作。难以安排工作的，由用人单位按月发给伤残津贴，标准为：五级伤残为本人工资的70%，六级伤残为本人工资的60%，并由用人单位按照规定为其缴纳应缴纳的各项社会保险费。伤残津贴实际金额低于当地最低工资标准的，由用人单位补足差额。

经工伤职工本人提出，该职工可以与用人单位解除或者终止劳动关系，由工伤保险基金支付一次性工伤医疗补助金，由用人单位支付一次性伤残就业补助金。一次性工伤医疗补助金和一次性伤残就业补助金的具体标准由省、自治区、直辖市人民政府规定。

第三十七条　【七至十级伤残待遇】职工因工致残被鉴定为七级至十级伤残的，享受以下待遇：

（一）从工伤保险基金按伤残等级支付一次性伤残补助金，标准为：七级伤残为13个月的本人工资，八级伤残为11个月的本人工资，九级伤残为9个月的本人工资，十级伤残为7个月的本人工资；

（二）劳动、聘用合同期满终止，或者职工本人提出解除劳动、聘用合同的，由工伤保险基金支付一次性工伤医疗补助金，由用人单位支付一次性伤残就业补助金。一次性工伤医疗补助金和一次性伤残就业补助金的具体标准由省、自治区、直辖市人民政府规定。

第三十八条　【工伤复发的待遇】工伤职工工伤复发，确认需要治疗的，享受本条例第三十条、第三十二条和第三十三条规定的工伤待遇。

第三十九条　【因工死亡待遇】职工因工死亡，其近亲属按照下列规定从工伤保险基金领取丧葬补助金、供养亲属抚恤金和一次性工亡补助金：

（一）丧葬补助金为6个月的统筹地区上年度职工月平均工资；

（二）供养亲属抚恤金按照职工本人工资的一定比例发给由因工死亡职工生前提供主要生活来源、无劳动能力的亲属。标准为：配偶每月40%，其他亲属每人每月30%，孤寡老人或者孤儿每人每月在上述标准的基础上增加10%。核定的各供养亲属的抚恤金之和不应高于因工死亡职工生前的工资。供养亲属的具体范围由国务院社会保险行政部门规定；

（三）一次性工亡补助金标准为上一年度全国城镇居民人均可支配收入的20倍。

伤残职工在停工留薪期内因工伤导致死亡的，其近亲属享受本条第一款规定的待遇。

一级至四级伤残职工在停工留薪期满后死亡的，其近亲属可以享受本条第一款第（一）项、第（二）项规定的待遇。

第四十条　【待遇的调整】伤残津贴、供养亲属抚恤金、生活护理费由统筹地区社会保险行政部门根据职工平均工资和生活费用变化等情况适时调整。调整办法由省、自治区、直辖市人民政府规定。

第四十一条　【因工下落不明的待遇】职工因工外出期间发生事故或者在抢险救灾中下落不明的，从事故发生当月起3个月内照发工资，从第4个月起停发工资，由工伤保险基金向其供养亲属按月支付供养亲属抚恤金。生活有困难的，可以预支一次性工亡补助金的50%。职工被人民法院宣告死亡的，按照本条例第三十九条职工因工死亡的规定处理。

第四十二条　【停止享受待遇情形】工伤职工有下列情形之一的，停止享受工伤保险待遇：

（一）丧失享受待遇条件的；

（二）拒不接受劳动能力鉴定的；

（三）拒绝治疗的。

第四十三条　【用人单位变故与职工借调的工伤保险责任】用人单位分立、合并、转让的，承继单位应当承担原用人单位的工伤保险责任；原用人单位已经参加工伤保险的，承继单位应当到当地经办机构办理工伤保险变更登记。

用人单位实行承包经营的，工伤保险责任由职工劳动关系所在单位承担。

职工被借调期间受到工伤事故伤害的，由原用人单位承担工伤保险责任，但原用人单位与借调单位可以约定补偿办法。

企业破产的，在破产清算时依法拨付应当由单位支付的工伤保险待遇费用。

第四十四条 【出境工作的工伤保险处理】职工被派遣出境工作，依据前往国家或者地区的法律应当参加当地工伤保险的，参加当地工伤保险，其国内工伤保险关系中止；不能参加当地工伤保险的，其国内工伤保险关系不中止。

第四十五条 【再次工伤的待遇】职工再次发生工伤，根据规定应当享受伤残津贴的，按照新认定的伤残等级享受伤残津贴待遇。

第六章 监 督 管 理

第四十六条 【经办机构的职责】经办机构具体承办工伤保险事务，履行下列职责：

（一）根据省、自治区、直辖市人民政府规定，征收工伤保险费；

（二）核查用人单位的工资总额和职工人数，办理工伤保险登记，并负责保存用人单位缴费和职工享受工伤保险待遇情况的记录；

（三）进行工伤保险的调查、统计；

（四）按照规定管理工伤保险基金的支出；

（五）按照规定核定工伤保险待遇；

（六）为工伤职工或者其近亲属免费提供咨询服务。

第四十七条 【服务协议】经办机构与医疗机构、辅助器具配置机构在平等协商的基础上签订服务协议，并公布签订服务协议的医疗机构、辅助器具配置机构的名单。具体办法由国务院社会保险行政部门分别会同国务院卫生行政部门、民政部门等部门制定。

第四十八条 【费用核查与结算】经办机构按照协议和国家有关目录、标准对工伤职工医疗费用、康复费用、辅助器具费用的使用情况进行核查，并按时足额结算费用。

第四十九条 【公示与建议】经办机构应当定期公布工伤保险基金的收支情况，及时向社会保险行政部门提出调整费率的建议。

第五十条 【听取意见】社会保险行政部门、经办机构应当定期听取工伤职工、医疗机构、辅助器具配置机构以及社会各界对改进工伤保险工作的意见。

第五十一条 【行政监督】社会保险行政部门依法对工伤保险费的征缴和工伤保险基金的支付情况进行监督检查。

财政部门和审计机关依法对工伤保险基金的收支、管理情况进行监督。

第五十二条 【群众监督】任何组织和个人对有关工伤保险的违法行为，有权举报。社会保险行政部门对举报应当及时调查，按照规定处理，并为举报人保密。

第五十三条 【工会监督】工会组织依法维护工伤职工的合法权益，对用人单位的工伤保险工作实行监督。

第五十四条　【争议处理】职工与用人单位发生工伤待遇方面的争议，按照处理劳动争议的有关规定处理。

第五十五条　【行政复议与行政诉讼】有下列情形之一的，有关单位或者个人可以依法申请行政复议，也可以依法向人民法院提起行政诉讼：

（一）申请工伤认定的职工或者其近亲属、该职工所在单位对工伤认定申请不予受理的决定不服的；

（二）申请工伤认定的职工或者其近亲属、该职工所在单位对工伤认定结论不服的；

（三）用人单位对经办机构确定的单位缴费费率不服的；

（四）签订服务协议的医疗机构、辅助器具配置机构认为经办机构未履行有关协议或者规定的；

（五）工伤职工或者其近亲属对经办机构核定的工伤保险待遇有异议的。

第七章　法 律 责 任

第五十六条　【挪用工伤保险基金的责任】单位或者个人违反本条例第十二条规定挪用工伤保险基金，构成犯罪的，依法追究刑事责任；尚不构成犯罪的，依法给予处分或者纪律处分。被挪用的基金由社会保险行政部门追回，并入工伤保险基金；没收的违法所得依法上缴国库。

第五十七条　【社会保险行政部门工作人员的责任】社会保险行政部门工作人员有下列情形之一的，依法给予处分；情节严重，构成犯罪的，依法追究刑事责任：

（一）无正当理由不受理工伤认定申请，或者弄虚作假将不符合工伤条件的人员认定为工伤职工的；

（二）未妥善保管申请工伤认定的证据材料，致使有关证据灭失的；

（三）收受当事人财物的。

第五十八条　【经办机构的责任】经办机构有下列行为之一的，由社会保险行政部门责令改正，对直接负责的主管人员和其他责任人员依法给予纪律处分；情节严重，构成犯罪的，依法追究刑事责任；造成当事人经济损失的，由经办机构依法承担赔偿责任：

（一）未按规定保存用人单位缴费和职工享受工伤保险待遇情况记录的；

（二）不按规定核定工伤保险待遇的；

（三）收受当事人财物的。

第五十九条　【不正当履行服务协议的责任】医疗机构、辅助器具配置机构不按服务协议提供服务的，经办机构可以解除服务协议。

经办机构不按时足额结算费用的，由社会保险行政部门责令改正；医疗机构、辅助器具配置机构可以解除服务协议。

第六十条　【骗取工伤保险待遇的责任】用人单位、工伤职工或者其近亲属骗取工伤保险待遇，医疗机构、辅助器具配置机构骗取工伤保险基金支出的，由社会保险行政部门责令退还，处骗取金额2倍以上5倍以下的罚款；情节严重，构成犯罪的，依法追究刑事责任。

第六十一条 【劳动能力鉴定违法的责任】从事劳动能力鉴定的组织或者个人有下列情形之一的，由社会保险行政部门责令改正，处2000元以上1万元以下的罚款；情节严重，构成犯罪的，依法追究刑事责任：

（一）提供虚假鉴定意见的；

（二）提供虚假诊断证明的；

（三）收受当事人财物的。

第六十二条 【用人单位应参加而未参加工伤保险的责任】用人单位依照本条例规定应当参加工伤保险而未参加的，由社会保险行政部门责令限期参加，补缴应当缴纳的工伤保险费，并自欠缴之日起，按日加收万分之五的滞纳金；逾期仍不缴纳的，处欠缴数额1倍以上3倍以下的罚款。

依照本条例规定应当参加工伤保险而未参加工伤保险的用人单位职工发生工伤的，由该用人单位按照本条例规定的工伤保险待遇项目和标准支付费用。

用人单位参加工伤保险并补缴应当缴纳的工伤保险费、滞纳金后，由工伤保险基金和用人单位依照本条例的规定支付新发生的费用。

第六十三条 【用人单位不协助事故调查核实的责任】用人单位违反本条例第十九条的规定，拒不协助社会保险行政部门对事故进行调查核实的，由社会保险行政部门责令改正，处2000元以上2万元以下的罚款。

第八章 附 则

第六十四条 【术语解释】本条例所称工资总额，是指用人单位直接支付给本单位全部职工的劳动报酬总额。

本条例所称本人工资，是指工伤职工因工作遭受事故伤害或者患职业病前12个月平均月缴费工资。本人工资高于统筹地区职工平均工资300%的，按照统筹地区职工平均工资的300%计算；本人工资低于统筹地区职工平均工资60%的，按照统筹地区职工平均工资的60%计算。

第六十五条 【公务员和参公事业单位、社会团体的工伤保险】公务员和参照公务员法管理的事业单位、社会团体的工作人员因工作遭受事故伤害或者患职业病的，由所在单位支付费用。具体办法由国务院社会保险行政部门会同国务院财政部门规定。

第六十六条 【非法用工单位的一次性赔偿】无营业执照或者未经依法登记、备案的单位以及被依法吊销营业执照或者撤销登记、备案的单位的职工受到事故伤害或者患职业病的，由该单位向伤残职工或者死亡职工的近亲属给予一次性赔偿，赔偿标准不得低于本条例规定的工伤保险待遇；用人单位不得使用童工，用人单位使用童工造成童工伤残、死亡的，由该单位向童工或者童工的近亲属给予一次性赔偿，赔偿标准不得低于本条例规定的工伤保险待遇。具体办法由国务院社会保险行政部门规定。

前款规定的伤残职工或者死亡职工的近亲属就赔偿数额与单位发生争议的，以及前款规定的童工或者童工的近亲属就赔偿数额与单位发生争议的，按照处理劳动争议的有关规定处理。

第六十七条 【施行时间与溯及力】本条例自2004年1月1日起施行。本条例施行前已受到事故伤害或者患职业病的职工尚未完成工伤认定的，按照本条例的规定执行。

劳动和社会保障部办公厅关于对《工伤保险条例》有关条款释义的函

1．2006 年 9 月 4 日发布
2．劳社厅函〔2006〕497 号

大连市劳动保障局：

你局《关于对〈工伤保险条例〉第十四条第三款释义的请示》（大劳发〔2006〕60 号，以下简称请示）收悉。经研究，现回复如下：

请示中"《工伤保险条例》第十四条第三款"应为"《工伤保险条例》第十四条第（三）项"，其中"因履行工作职责受到暴力等意外伤害"中的因履行工作职责受到暴力伤害是指受到的暴力伤害与履行工作职责有因果关系。

人力资源社会保障部关于执行《工伤保险条例》若干问题的意见

1．2013 年 4 月 25 日发布
2．人社部发〔2013〕34 号

各省、自治区、直辖市及新疆生产建设兵团人力资源社会保障厅（局）：

《国务院关于修改〈工伤保险条例〉的决定》（国务院令第 586 号）已经于 2011 年 1 月 1 日实施。为贯彻执行新修订的《工伤保险条例》，妥善解决实际工作中的问题，更好地保障职工和用人单位的合法权益，现提出如下意见。

一、《工伤保险条例》（以下简称《条例》）第十四条第（五）项规定的"因工外出期间"的认定，应当考虑职工外出是否属于用人单位指派的因工作外出，遭受的事故伤害是否因工作原因所致。

二、《条例》第十四条第（六）项规定的"非本人主要责任"的认定，应当以有关机关出具的法律文书或者人民法院的生效裁决为依据。

三、《条例》第十六条第（一）项"故意犯罪"的认定，应当以司法机关的生效法律文书或者结论性意见为依据。

四、《条例》第十六条第（二）项"醉酒或者吸毒"的认定，应当以有关机关出具的法律文书或者人民法院的生效裁决为依据。无法获得上述证据的，可以结合相关证据认定。

五、社会保险行政部门受理工伤认定申请后，发现劳动关系存在争议且无法确认的，应告知当事人可以向劳动人事争议仲裁委员会申请仲裁。在此期间，作出工伤认定决定的时限中止，并书面通知申请工伤认定的当事人。劳动关系依法确认后，当事人应将有关法律文书送交受理工伤认定申请的社会保险行政部门，该部门自收到生效法律文书之日起恢复工伤认定程序。

六、符合《条例》第十五条第（一）项情形的，职工所在用人单位原则上应自职工死亡之日起5个工作日内向用人单位所在统筹地区社会保险行政部门报告。

七、具备用工主体资格的承包单位违反法律、法规规定，将承包业务转包、分包给不具备用工主体资格的组织或者自然人，该组织或者自然人招用的劳动者从事承包业务时因工伤亡的，由该具备用工主体资格的承包单位承担用人单位依法应承担的工伤保险责任。

八、曾经从事接触职业病危害作业、当时没有发现罹患职业病、离开工作岗位后被诊断或鉴定为职业病的符合下列条件的人员，可以自诊断、鉴定为职业病之日起一年内申请工伤认定，社会保险行政部门应当受理：

（一）办理退休手续后，未再从事接触职业病危害作业的退休人员；

（二）劳动或聘用合同期满后或者本人提出而解除劳动或聘用合同后，未再从事接触职业病危害作业的人员。

经工伤认定和劳动能力鉴定，前款第（一）项人员符合领取一次性伤残补助金条件的，按就高原则以本人退休前12个月平均月缴费工资或者确诊职业病前12个月的月平均养老金为基数计发。前款第（二）项人员被鉴定为一级至十级伤残、按《条例》规定应以本人工资作为基数享受相关待遇的，按本人终止或者解除劳动、聘用合同前12个月平均月缴费工资计发。

九、按照本意见第八条规定被认定为工伤的职业病人员，职业病诊断证明书（或职业病诊断鉴定书）中明确的用人单位，在该职工从业期间依法为其缴纳工伤保险费的，按《条例》的规定，分别由工伤保险基金和用人单位支付工伤保险待遇；未依法为该职工缴纳工伤保险费的，由用人单位按照《条例》规定的相关项目和标准支付待遇。

十、职工在同一用人单位连续工作期间多次发生工伤的，符合《条例》第三十六、第三十七条规定领取相关待遇时，按照其在同一用人单位发生工伤的最高伤残级别，计发一次性伤残就业补助金和一次性工伤医疗补助金。

十一、依据《条例》第四十二条的规定停止支付工伤保险待遇的，在停止支付待遇的情形消失后，自下月起恢复工伤保险待遇，停止支付的工伤保险待遇不予补发。

十二、《条例》第六十二条第三款规定的"新发生的费用"，是指用人单位职工参加工伤保险前发生工伤的，在参加工伤保险后新发生的费用。

十三、由工伤保险基金支付的各项待遇应按《条例》相关规定支付，不得采取将长期待遇改为一次性支付的办法。

十四、核定工伤职工工伤保险待遇时，若上一年度相关数据尚未公布，可暂按前一年度的全国城镇居民人均可支配收入、统筹地区职工月平均工资核定和计发，待相关数据公布后再重新核定，社会保险经办机构或者用人单位予以补发差额部分。

本意见自发文之日起执行，此前有关规定与本意见不一致的，按本意见执行。执行中有重大问题，请及时报告我部。

人力资源社会保障部关于执行《工伤保险条例》若干问题的意见（二）

1．2016 年 3 月 28 日发布
2．人社部发〔2016〕29 号

各省、自治区、直辖市及新疆生产建设兵团人力资源社会保障厅（局）：

为更好地贯彻执行新修订的《工伤保险条例》，提高依法行政能力和水平，妥善解决实际工作中的问题，保障职工和用人单位合法权益，现提出如下意见：

一、一级至四级工伤职工死亡，其近亲属同时符合领取工伤保险丧葬补助金、供养亲属抚恤金待遇和职工基本养老保险丧葬补助金、抚恤金待遇条件的，由其近亲属选择领取工伤保险或职工基本养老保险其中一种。

二、达到或超过法定退休年龄，但未办理退休手续或者未依法享受城镇职工基本养老保险待遇，继续在原用人单位工作期间受到事故伤害或患职业病的，用人单位依法承担工伤保险责任。

用人单位招用已经达到、超过法定退休年龄或已经领取城镇职工基本养老保险待遇的人员，在用工期间因工作原因受到事故伤害或患职业病的，如招用单位已按项目参保等方式为其缴纳工伤保险费的，应适用《工伤保险条例》。

三、《工伤保险条例》第六十二条规定的"新发生的费用"，是指用人单位参加工伤保险前发生工伤的职工，在参加工伤保险后新发生的费用。其中由工伤保险基金支付的费用，按不同情况予以处理：

（一）因工受伤的，支付参保后新发生的工伤医疗费、工伤康复费、住院伙食补助费、统筹地区以外就医交通食宿费、辅助器具配置费、生活护理费、一级至四级伤残职工伤残津贴，以及参保后解除劳动合同时的一次性工伤医疗补助金；

（二）因工死亡的，支付参保后新发生的符合条件的供养亲属抚恤金。

四、职工在参加用人单位组织或者受用人单位指派参加其他单位组织的活动中受到事故伤害的，应当视为工作原因，但参加与工作无关的活动除外。

五、职工因工作原因驻外，有固定的住所、有明确的作息时间，工伤认定时按照在驻在地当地正常工作的情形处理。

六、职工以上下班为目的、在合理时间内往返于工作单位和居住地之间的合理路线，视为上下班途中。

七、用人单位注册地与生产经营地不在同一统筹地区的，原则上应在注册地为职工参加工伤保险；未在注册地参加工伤保险的职工，可由用人单位在生产经营地为其参加工伤保险。

劳务派遣单位跨地区派遣劳动者，应根据《劳务派遣暂行规定》参加工伤保险。建筑施工企业按项目参保的，应在施工项目所在地参加工伤保险。

职工受到事故伤害或者患职业病后，在参保地进行工伤认定、劳动能力鉴定，并按照参保地的规定依法享受工伤保险待遇；未参加工伤保险的职工，应当在生产经营地进行工伤认定、劳动能力鉴定，并按照生产经营地的规定依法由用人单位支付工伤保险待遇。

八、有下列情形之一的，被延误的时间不计算在工伤认定申请时限内。

（一）受不可抗力影响的；

（二）职工由于被国家机关依法采取强制措施等人身自由受到限制不能申请工伤认定的；

（三）申请人正式提交了工伤认定申请，但因社会保险机构未登记或者材料遗失等原因造成申请超时限的；

（四）当事人就确认劳动关系申请劳动仲裁或提起民事诉讼的；

（五）其他符合法律法规规定的情形。

九、《工伤保险条例》第六十七条规定的“尚未完成工伤认定的”，是指在《工伤保险条例》施行前遭受事故伤害或被诊断鉴定为职业病，且在工伤认定申请法定时限内（从《工伤保险条例》施行之日起算）提出工伤认定申请，尚未做出工伤认定的情形。

十、因工伤认定申请人或者用人单位隐瞒有关情况或者提供虚假材料，导致工伤认定决定错误的，社会保险行政部门发现后，应当及时予以更正。

本意见自发文之日起执行，此前有关规定与本意见不一致的，按本意见执行。执行中有重大问题，请及时报告我部。

部分行业企业工伤保险费缴纳办法

1．2010 年 12 月 31 日人力资源和社会保障部令第 10 号公布
2．自 2011 年 1 月 1 日起施行

第一条 根据《工伤保险条例》第十条第三款的授权，制定本办法。

第二条 本办法所称的部分行业企业是指建筑、服务、矿山等行业中难以直接按照工资总额计算缴纳工伤保险费的建筑施工企业、小型服务企业、小型矿山企业等。

前款所称小型服务企业、小型矿山企业的划分标准可以参照《中小企业标准暂行规定》（国经贸中小企〔2003〕143 号）执行。

第三条 建筑施工企业可以实行以建筑施工项目为单位，按照项目工程总造价的一定比例，计算缴纳工伤保险费。

第四条 商贸、餐饮、住宿、美容美发、洗浴以及文体娱乐等小型服务业企业以及有雇工的个体工商户,可以按照营业面积的大小核定应参保人数,按照所在统筹地区上一年度职工月平均工资的一定比例和相应的费率,计算缴纳工伤保险费;也可以按照营业额的一定比例计算缴纳工伤保险费。

第五条 小型矿山企业可以按照总产量、吨矿工资含量和相应的费率计算缴纳工伤保险费。

第六条 本办法中所列部分行业企业工伤保险费缴纳的具体计算办法,由省级社会保险行政部门根据本地区实际情况确定。

第七条 本办法自2011年1月1日起施行。

人力资源社会保障部、财政部关于调整工伤保险费率政策的通知

1．2015年7月22日发布
2．人社部发〔2015〕71号

各省、自治区、直辖市人力资源社会保障厅(局)、财政厅(局),新疆生产建设兵团人力资源社会保障局、财务局:

按照党的十八届三中全会提出的“适时适当降低社会保险费率”的精神,为更好贯彻社会保险法、《工伤保险条例》,使工伤保险费率政策更加科学、合理,适应经济社会发展的需要,经国务院批准,自2015年10月1日起,调整现行工伤保险费率政策。现将有关事项通知如下:

一、关于行业工伤风险类别划分

按照《国民经济行业分类》(GB/T 4754—2011)对行业的划分,根据不同行业的工伤风险程度,由低到高,依次将行业工伤风险类别划分为一类至八类(见附件)。

二、关于行业差别费率及其档次确定

不同工伤风险类别的行业执行不同的工伤保险行业基准费率。各行业工伤风险类别对应的全国工伤保险行业基准费率为,一类至八类分别控制在该行业用人单位职工工资总额的0.2%、0.4%、0.7%、0.9%、1.1%、1.3%、1.6%、1.9%左右。

通过费率浮动的办法确定每个行业内的费率档次。一类行业分为三个档次,即在基准费率的基础上,可向上浮动至120%、150%,二类至八类行业分为五个档次,即在基准费率的基础上,可分别向上浮动至120%、150%或向下浮动至80%、50%。

各统筹地区人力资源社会保障部门要会同财政部门,按照“以支定收、收支平衡”的原则,合理确定本地区工伤保险行业基准费率具体标准,并征求工会组织、用人单位代表的意见,报统筹地区人民政府批准后实施。基准费率的具体标准可根据统筹地区经济产业结构变动、工伤保险

费使用等情况适时调整。

三、关于单位费率的确定与浮动

统筹地区社会保险经办机构根据用人单位工伤保险费使用、工伤发生率、职业病危害程度等因素，确定其工伤保险费率，并可依据上述因素变化情况，每一至三年确定其在所属行业不同费率档次间是否浮动。对符合浮动条件的用人单位，每次可上下浮动一档或两档。统筹地区工伤保险最低费率不低于本地区一类风险行业基准费率。费率浮动的具体办法由统筹地区人力资源社会保障部门商财政部门制定，并征求工会组织、用人单位代表的意见。

四、关于费率报备制度

各统筹地区确定的工伤保险行业基准费率具体标准、费率浮动具体办法，应报省级人力资源社会保障部门和财政部门备案并接受指导。省级人力资源社会保障部门、财政部门应每年将各统筹地区工伤保险行业基准费率标准确定和变化以及浮动费率实施情况汇总报人力资源社会保障部、财政部。

附件

工伤保险行业风险分类表

行业类别	行业名称
一	软件和信息技术服务业，货币金融服务，资本市场服务，保险业，其他金融业，科技推广和应用服务业，社会工作，广播、电视、电影和影视录音制作业，中国共产党机关，国家机构，人民政协、民主党派，社会保障，群众团体、社会团体和其他成员组织，基层群众自治组织，国际组织
二	批发业，零售业，仓储业，邮政业，住宿业，餐饮业，电信、广播电视和卫星传输服务，互联网和相关服务，房地产业，租赁业，商务服务业，研究和试验发展，专业技术服务业，居民服务业，其他服务业，教育，卫生，新闻和出版业，文化艺术业
三	农副食品加工业，食品制造业，酒、饮料和精制茶制造业，烟草制品业，纺织业，木材加工和木、竹、藤、棕、草制品业，文教、工美、体育和娱乐用品制造业，计算机、通信和其他电子设备制造业，仪器仪表制造业，其他制造业，水的生产和供应业，机动车、电子产品和日用产品修理业，水利管理业，生态保护和环境治理业，公共设施管理业，娱乐业
四	农业，畜牧业，农、林、牧、渔服务业，纺织服装、服饰业，皮革、毛皮、羽毛及其制品和制鞋业，印刷和记录媒介复制业，医药制造业，化学纤维制造业，橡胶和塑料制品业，金属制品业，通用设备制造业，专用设备制造业，汽车制造业，铁路、船舶、航空航天和其他运输设备制造业，电气机械和器材制造业，废弃资源综合利用业，金属制品、机械和设备修理业，电力、热力生产和供应业，燃气生产和供应业，铁路运输业，航空运输业，管道运输业，体育

续表

行业类别	行业名称
五	林业，开采辅助活动，家具制造业，造纸和纸制品业，建筑安装业，建筑装饰和其他建筑业，道路运输业，水上运输业，装卸搬运和运输代理业
六	渔业，化学原料和化学制品制造业，非金属矿物制品业，黑色金属冶炼和压延加工业，有色金属冶炼和压延加工业，房屋建筑业，土木工程建筑业
七	石油和天然气开采业，其他采矿业，石油加工、炼焦和核燃料加工业
八	煤炭开采和洗选业，黑色金属矿采选业，有色金属矿采选业，非金属矿采选业

劳动和社会保障部关于农民工参加工伤保险有关问题的通知

1. 2004年6月1日发布
2. 劳社部发〔2004〕18号

各省、自治区、直辖市劳动和社会保障厅（局）：

为了维护农民工的工伤保险权益，改善农民工的就业环境，根据《工伤保险条例》规定，从农民工的实际情况出发，现就农民工参加工伤保险、依法享受工伤保险待遇有关问题通知如下：

一、各级劳动保障部门要统一思想，提高认识，高度重视农民工工伤保险权益维护工作。要从践行“三个代表”重要思想的高度，坚持以人为本，做好农民工参加工伤保险、依法享受工伤保险待遇的有关工作，把这项工作作为全面贯彻落实《工伤保险条例》，为农民工办实事的重要内容。

二、农民工参加工伤保险、依法享受工伤保险待遇是《工伤保险条例》赋予包括农民工在内的各类用人单位职工的基本权益，各类用人单位招用的农民工均有享受工伤保险待遇的权利。各地要将农民工参加工伤保险，作为今年工伤保险扩面的重要工作，明确任务，抓好落实。凡是与用人单位建立劳动关系的农民工，用人单位必须及时为他们办理参加工伤保险的手续。对用人单位为农民工先行办理工伤保险的，各地经办机构应予办理。今年重点推进建筑、矿山等工伤风险较大、职业危害较重行业的农民工参加工伤保险。

三、用人单位注册地与生产经营地不在同一统筹地区的，原则上在注册地参加工伤保险。未在注册地参加工伤保险的，在生产经营地参加工伤保险。农民工受到事故伤害或患职业病后，在参保地进行工伤认定、劳动能力鉴定，并按参保地的规定依法享受工伤保险待遇。用人单位在注册地和生产经营地均未参加工伤保险的，农民工受到事故伤害或者患职业病后，在生产经营地进行工伤认定、劳动能力鉴定，并按生产经营地的规定依法由用人单位支付工伤保险待遇。

四、对跨省流动的农民工，即户籍不在参加工伤保险统筹地区（生产经营地）所在省（自治区、直辖市）的农民工，1至4级伤残长期待遇的支付，可试行一次性支付和长期支付两种方式，供农民工选择。在农民工选择一次性或长期支付方式时，支付其工伤保险待遇的社会保险经办机构应向其说明情况。一次性享受工伤保险长期待遇的，需由农民工本人提出，与用人单位解除或者终止劳动关系，与统筹地区社会保险经办机构签订协议，终止工伤保险关系。1至4级伤残农民工一次性享受工伤保险长期待遇的具体办法和标准由省（自治区、直辖市）劳动保障行政部门制定，报省（自治区、直辖市）人民政府批准。

五、各级劳动保障部门要加大对农民工参加工伤保险的宣传和督促检查力度，积极为农民工提供咨询服务，促进农民工参加工伤保险。同时要认真做好工伤认定、劳动能力鉴定工作，对侵害农民工工伤保险权益的行为要严肃查处，切实保障农民工的合法权益。

人力资源和社会保障部关于推进工伤保险市级统筹有关问题的通知

1. 2010年3月15日发布
2. 人社部发〔2010〕20号

各省、自治区、直辖市人力资源社会保障（劳动保障）厅（局），新疆生产建设兵团劳动保障局：

《工伤保险条例》实施以来，工伤保险覆盖范围不断扩大，参保人数快速增加，政策标准和管理服务逐步完善，工伤保险制度在维护职工权益、分散用人单位风险、促进社会和谐稳定方面日益发挥出重要作用。但由于多种原因，目前仍有相当一部分地区工伤保险实行县级统筹，统筹层次低，基金规模小，化解风险能力差，已成为制约工伤保险事业健康发展的突出问题之一。为落实《工伤保险条例》，加快推进工伤保险市级统筹工作，现就有关问题通知如下：

一、充分认识建立工伤保险市级统筹工作的重要意义

建立工伤保险市级统筹，是进一步贯彻落实《工伤保险条例》，完善工伤保险制度、推进工伤保险事业发展的需要。提高工伤保险统筹层次，扩大基金规模，有利于提高工伤保险基金抵御风险的能力，更安全、更有效地保障工伤职工权益；有利于进一步提高基金使用效率；有利于不断提高工伤保险保障水平，并统筹解决好老工伤等历史遗留问题；有利于加快推进预防、补偿、康复三位一体工伤保险制度体系建设，为工伤职工提供更全面、更周到的服务。各地要从深入贯彻落实科学发展观、保障民生的全局和推进工伤保险事业全面发展的高度，将提高统筹层次作为完善工伤保险制度的一项重要任务，加大工作力度，切实加快推进工伤保险市级统筹工作。

二、进一步明确工伤保险市级统筹工作的重点

建立工伤保险市级统筹，核心是实现工伤保险基金统筹，关键是基金在全市范围统筹调剂使用,基础是统一参保缴费办法、待遇支付等项政策标准和规范工伤认定、劳动能力鉴定、工伤预防、工伤医疗和工伤康复等项管理服务。

目前,尚未实现市级统筹的地区,应结合本地实际,明确工作重点。要统一参保范围和参保对象,按《工伤保险条例》和有关政策规定推进各类用人单位和职工参加工伤保险;统一行业差别费率标准,做好征缴工作;统一基金管理,实行全市基金收支预算管理制度,有条件的地区要实现基金统收统支,其他地区也要统一基金财务管理制度和使用办法,加大基金市级调剂力度,逐步实现全市范围内统一调度和使用基金;统一制定工伤认定和劳动能力鉴定办法,规范认定和鉴定程序;统一工伤保险待遇支付标准;统一经办流程和信息系统。

三、切实抓好工伤保险市级统筹的组织实施工作

实行工伤保险市级统筹是一项系统工程,各地要切实加强领导,密切配合,结合本地实际情况,制定推进工伤保险市级统筹的具体工作方案。要明确市、县(区)两级工伤保险机构职责划分,科学制定实行市级统筹的各项管理办法和工作程序,充分发挥市、县(区)两级工伤保险机构的作用,建立职责清晰、运行顺畅、服务便捷的工作机制,保障工作的顺利开展。要进一步加强基金征缴,规范基金管理,强化监督检查,确保工伤保险待遇及时足额支付,确保工伤保险基金安全。2010年底,在全国范围内基本实现工伤保险市级统筹。在推进市级统筹工作中,有条件的省份要建立省级调剂金制度。在实行市级统筹后,仍存在统筹地区基金平衡问题的省份,可以探索建立工伤保险省级统筹。通过工伤保险统筹层次的提高,使工伤保险制度进一步完善,工伤职工的权益得到更好的保障。

最高人民法院行政审判庭关于离退休人员与现工作单位之间是否构成劳动关系以及工作时间内受伤是否适用《工伤保险条例》问题的答复

1. 2007年7月5日发布
2. 〔2007〕行他字第6号

重庆市高级人民法院:

你院〔2006〕渝高法行示字第14号《关于离退休人员与现在工作单位之间是否构成劳动关系以及工作时间内受伤是否适用〈工伤保险条例〉一案的请示》收悉。经研究,原则同意你院第二种意见,即:根据《工伤保险条例》第二条、第六十一条等有关规定,离退休人员受聘于现工作单位,现工作单位已经为其缴纳了工伤保险费,其在受聘期间因工作受到事故伤害的,应当适用《工伤保险条例》的有关规定处理。

最高人民法院行政审判庭关于超过法定退休年龄的进城务工农民因工伤亡的，应否适用《工伤保险条例》请示的答复

1．2010年3月17日发布
2．〔2010〕行他字第10号

山东省高级人民法院：

你院报送的《关于超过法定退休年龄的进城务工农民因工伤亡的，应否适用〈工伤保险条例〉请示》收悉。经研究，原则同意你院的倾向性意见。即：用人单位聘用的超过法定退休年龄的务工农民，在工作时间内、因工作原因伤亡的，应当适用《工伤保险条例》的有关规定进行工伤认定。

此复

最高人民法院关于超过法定退休年龄的进城务工农民在工作时间内因公伤亡的，能否认定工伤的答复

1．2012年11月25日发布
2．〔2012〕行他字第13号

江苏省高级人民法院：

你院(2012)苏行他字第0902号《关于杨通诉南京市人力资源和社会保障局终止工伤行政确认一案的请示》收悉。经研究，答复如下：

同意你院倾向性意见。相同问题我庭2010年3月17日在给山东省高级人民法院的《关于超过法定退休年龄的进城务工农民因公伤亡的，应否适用〈工伤保险条例〉请示的答复》(〔2010〕行他字第10号)中已经明确。即，用人单位聘用的超过法定退休年龄的务工农民，在工作时间内、因工作原因伤亡的，应当适用《工伤保险条例》的有关规定进行工伤认定。

此复。

工伤认定办法

1．2010 年 12 月 31 日人力资源和社会保障部令第 8 号修订公布

2．自 2011 年 1 月 1 日起施行

第一条 为规范工伤认定程序，依法进行工伤认定，维护当事人的合法权益，根据《工伤保险条例》的有关规定，制定本办法。

第二条 社会保险行政部门进行工伤认定按照本办法执行。

第三条 工伤认定应当客观公正、简捷方便，认定程序应当向社会公开。

第四条 职工发生事故伤害或者按照职业病防治法规定被诊断、鉴定为职业病，所在单位应当自事故伤害发生之日或者被诊断、鉴定为职业病之日起 30 日内，向统筹地区社会保险行政部门提出工伤认定申请。遇有特殊情况，经报社会保险行政部门同意，申请时限可以适当延长。

按照前款规定应当向省级社会保险行政部门提出工伤认定申请的，根据属地原则应当向用人单位所在地设区的市级社会保险行政部门提出。

第五条 用人单位未在规定的时限内提出工伤认定申请的，受伤害职工或者其近亲属、工会组织在事故伤害发生之日或者被诊断、鉴定为职业病之日起 1 年内，可以直接按照本办法第四条规定提出工伤认定申请。

第六条 提出工伤认定申请应当填写《工伤认定申请表》，并提交下列材料：

（一）劳动、聘用合同文本复印件或者与用人单位存在劳动关系（包括事实劳动关系）、人事关系的其他证明材料；

（二）医疗机构出具的受伤后诊断证明书或者职业病诊断证明书（或者职业病诊断鉴定书）。

第七条 工伤认定申请人提交的申请材料符合要求，属于社会保险行政部门管辖范围且在受理时限内的，社会保险行政部门应当受理。

第八条 社会保险行政部门收到工伤认定申请后，应当在 15 日内对申请人提交的材料进行审核，材料完整的，作出受理或者不予受理的决定；材料不完整的，应当以书面形式一次性告知申请人需要补正的全部材料。社会保险行政部门收到申请人提交的全部补正材料后，应当在 15 日内作出受理或者不予受理的决定。

社会保险行政部门决定受理的，应当出具《工伤认定申请受理决定书》；决定不予受理的，应当出具《工伤认定申请不予受理决定书》。

第九条 社会保险行政部门受理工伤认定申请后，可以根据需要对申请人提供的证据进行调查核实。

第十条 社会保险行政部门进行调查核实，应当由两名以上工作人员共同进行，并出示执行公务的证件。

第十一条 社会保险行政部门工作人员在工伤认定中,可以进行以下调查核实工作:

(一)根据工作需要,进入有关单位和事故现场;

(二)依法查阅与工伤认定有关的资料,询问有关人员并作出调查笔录;

(三)记录、录音、录像和复制与工伤认定有关的资料。调查核实工作的证据收集参照行政诉讼证据收集的有关规定执行。

第十二条 社会保险行政部门工作人员进行调查核实时,有关单位和个人应当予以协助。用人单位、工会组织、医疗机构以及有关部门应当负责安排相关人员配合工作,据实提供情况和证明材料。

第十三条 社会保险行政部门在进行工伤认定时,对申请人提供的符合国家有关规定的职业病诊断证明书或者职业病诊断鉴定书,不再进行调查核实。职业病诊断证明书或者职业病诊断鉴定书不符合国家规定的要求和格式的,社会保险行政部门可以要求出具证据部门重新提供。

第十四条 社会保险行政部门受理工伤认定申请后,可以根据工作需要,委托其他统筹地区的社会保险行政部门或者相关部门进行调查核实。

第十五条 社会保险行政部门工作人员进行调查核实时,应当履行下列义务:

(一)保守有关单位商业秘密以及个人隐私;

(二)为提供情况的有关人员保密。

第十六条 社会保险行政部门工作人员与工伤认定申请人有利害关系的,应当回避。

第十七条 职工或者其近亲属认为是工伤,用人单位不认为是工伤的,由该用人单位承担举证责任。用人单位拒不举证的,社会保险行政部门可以根据受伤害职工提供的证据或者调查取得的证据,依法作出工伤认定决定。

第十八条 社会保险行政部门应当自受理工伤认定申请之日起60日内作出工伤认定决定,出具《认定工伤决定书》或者《不予认定工伤决定书》。

第十九条 《认定工伤决定书》应当载明下列事项:

(一)用人单位全称;

(二)职工的姓名、性别、年龄、职业、身份证号码;

(三)受伤害部位、事故时间和诊断时间或职业病名称、受伤害经过和核实情况、医疗救治的基本情况和诊断结论;

(四)认定工伤或者视同工伤的依据;

(五)不服认定决定申请行政复议或者提起行政诉讼的部门和时限;

(六)作出认定工伤或者视同工伤决定的时间。

《不予认定工伤决定书》应当载明下列事项:

(一)用人单位全称;

(二)职工的姓名、性别、年龄、职业、身份证号码;

(三)不予认定工伤或者不视同工伤的依据;

(四)不服认定决定申请行政复议或者提起行政诉讼的部门和时限;

(五)作出不予认定工伤或者不视同工伤决定的时间。

《认定工伤决定书》和《不予认定工伤决定书》应当加盖社会保险行政部门工伤认定专用印章。

第二十条 社会保险行政部门受理工伤认定申请后，作出工伤认定决定需要以司法机关或者有关行政主管部门的结论为依据的，在司法机关或者有关行政主管部门尚未作出结论期间，作出工伤认定决定的时限中止，并书面通知申请人。

第二十一条 社会保险行政部门对于事实清楚、权利义务明确的工伤认定申请，应当自受理工伤认定申请之日起15日内作出工伤认定决定。

第二十二条 社会保险行政部门应当自工伤认定决定作出之日起20日内，将《认定工伤决定书》或者《不予认定工伤决定书》送达受伤害职工（或者其近亲属）和用人单位，并抄送社会保险经办机构。

《认定工伤决定书》和《不予认定工伤决定书》的送达参照民事法律有关送达的规定执行。

第二十三条 职工或者其近亲属、用人单位对不予受理决定不服或者对工伤认定决定不服的，可以依法申请行政复议或者提起行政诉讼。

第二十四条 工伤认定结束后，社会保险行政部门应当将工伤认定的有关资料保存50年。

第二十五条 用人单位拒不协助社会保险行政部门对事故伤害进行调查核实的，由社会保险行政部门责令改正，处2000元以上2万元以下的罚款。

第二十六条 本办法中的《工伤认定申请表》、《工伤认定申请受理决定书》、《工伤认定申请不予受理决定书》、《认定工伤决定书》、《不予认定工伤决定书》的样式由国务院社会保险行政部门统一制定。

第二十七条 本办法自2011年1月1日起施行。劳动和社会保障部2003年9月23日颁布的《工伤认定办法》同时废止。

附件：（略）

最高人民法院行政审判庭关于职工外出学习休息期间受到他人伤害应否认定为工伤问题的答复

1. 2007年9月7日发布
2. 〔2007〕行他字第9号

辽宁省高级人民法院：

你院〔2007〕辽行他字第1号《关于职工外出学习休息期间受到他人伤害应否认定为工伤的请示》收悉。经研究，答复如下：

原则同意你院审判委员会倾向性意见，即职工受单位指派外出学习期间，在学习单位安排的休息场所休息时受到他人伤害的,应当认定为工伤。

此复

最高人民法院行政审判庭关于劳动行政部门在工伤认定程序中是否具有劳动关系确认权请示的答复

1. 2009年7月20日发布
2. 〔2009〕行他字第12号

湖北省高级人民法院:

你院《关于劳动行政部门在工伤认定程序中是否具有劳动关系确认权的请示》收悉。经研究,答复如下:

根据《劳动法》第九条和《工伤保险条例》第五条、第十八条的规定,劳动行政部门在工伤认定程序中,具有认定受到伤害的职工与企业之间是否存在劳动关系的职权。

此复

因工死亡职工供养亲属范围规定

1. 2003年9月23日劳动和社会保障部令第18号公布
2. 自2004年1月1日起施行

第一条 为明确因工死亡职工供养亲属范围,根据《工伤保险条例》第三十七条第一款第二项的授权,制定本规定。

第二条 本规定所称因工死亡职工供养亲属,是指该职工的配偶、子女、父母、祖父母、外祖父母、孙子女、外孙子女、兄弟姐妹。

本规定所称子女,包括婚生子女、非婚生子女、养子女和有抚养关系的继子女,其中,婚生子女、非婚生子女包括遗腹子女;

本规定所称父母,包括生父母、养父母和有抚养关系的继父母;

本规定所称兄弟姐妹,包括同父母的兄弟姐妹、同父异母或者同母异父的兄弟姐妹、养兄弟姐妹、有抚养关系的继兄弟姐妹。

第三条 上条规定的人员,依靠因工死亡职工生前提供主要生活来源,并有下列情形之一

的,可按规定申请供养亲属抚恤金:

(一)完全丧失劳动能力的;

(二)工亡职工配偶男年满60周岁、女年满55周岁的;

(三)工亡职工父母男年满60周岁、女年满55周岁的;

(四)工亡职工子女未满18周岁的;

(五)工亡职工父母均已死亡,其祖父、外祖父年满60周岁,祖母、外祖母年满55周岁的;

(六)工亡职工子女已经死亡或完全丧失劳动能力,其孙子女、外孙子女未满18周岁的;

(七)工亡职工父母均已死亡或完全丧失劳动能力,其兄弟姐妹未满18周岁的。

第四条 领取抚恤金人员有下列情形之一的,停止享受抚恤金待遇:

(一)年满18周岁且未完全丧失劳动能力的;

(二)就业或参军的;

(三)工亡职工配偶再婚的;

(四)被他人或组织收养的;

(五)死亡的。

第五条 领取抚恤金的人员,在被判刑收监执行期间,停止享受抚恤金待遇。刑满释放仍符合领取抚恤金资格的,按规定的标准享受抚恤金。

第六条 因工死亡职工供养亲属享受抚恤金待遇的资格,由统筹地区社会保险经办机构核定。

因工死亡职工供养亲属的劳动能力鉴定,由因工死亡职工生前单位所在地设区的市级劳动能力鉴定委员会负责。

第七条 本办法自2004年1月1日起施行。

非法用工单位伤亡人员一次性赔偿办法

1. 2010年12月31日人力资源和社会保障部令第9号修订公布
2. 自2011年1月1日起施行

第一条 根据《工伤保险条例》第六十六条第一款的授权,制定本办法。

第二条 本办法所称非法用工单位伤亡人员,是指无营业执照或者未经依法登记、备案的单位以及被依法吊销营业执照或者撤销登记、备案的单位受到事故伤害或者患职业病的职工,或者用人单位使用童工造成的伤残、死亡童工。

前款所列单位必须按照本办法的规定向伤残职工或者死亡职工的近亲属、伤残童工或者死亡童工的近亲属给予一次性赔偿。

第三条 一次性赔偿包括受到事故伤害或者患职业病的职工或童工在治疗期间的费用和一次性赔偿金。一次性赔偿金数额应当在受到事故伤害或者患职业病的职工或童工死亡或者经劳动能力鉴定后确定。

劳动能力鉴定按照属地原则由单位所在地设区的市级劳动能力鉴定委员会办理。劳动能力鉴定费用由伤亡职工或童工所在单位支付。

第四条 职工或童工受到事故伤害或者患职业病,在劳动能力鉴定之前进行治疗期间的生活费按照统筹地区上年度职工月平均工资标准确定,医疗费、护理费、住院期间的伙食补助费以及所需的交通费等费用按照《工伤保险条例》规定的标准和范围确定,并全部由伤残职工或童工所在单位支付。

第五条 一次性赔偿金按照以下标准支付:

一级伤残的为赔偿基数的16倍,二级伤残的为赔偿基数的14倍,三级伤残的为赔偿基数的12倍,四级伤残的为赔偿基数的10倍,五级伤残的为赔偿基数的8倍,六级伤残的为赔偿基数的6倍,七级伤残的为赔偿基数的4倍,八级伤残的为赔偿基数的3倍,九级伤残的为赔偿基数的2倍,十级伤残的为赔偿基数的1倍。

前款所称赔偿基数,是指单位所在工伤保险统筹地区上年度职工年平均工资。

第六条 受到事故伤害或者患职业病造成死亡的,按照上一年度全国城镇居民人均可支配收入的20倍支付一次性赔偿金,并按照上一年度全国城镇居民人均可支配收入的10倍一次性支付丧葬补助等其他赔偿金。

第七条 单位拒不支付一次性赔偿的,伤残职工或者死亡职工的近亲属、伤残童工或者死亡童工的近亲属可以向人力资源和社会保障行政部门举报。经查证属实的,人力资源和社会保障行政部门应当责令该单位限期改正。

第八条 伤残职工或者死亡职工的近亲属、伤残童工或者死亡童工的近亲属就赔偿数额与单位发生争议的,按照劳动争议处理的有关规定处理。

第九条 本办法自2011年1月1日起施行。劳动和社会保障部2003年9月23日颁布的《非法用工单位伤亡人员一次性赔偿办法》同时废止。

最高人民法院行政庭关于劳动行政部门是否有权作出强制企业支付工伤职工医疗费用的决定的答复

1. 1998年2月15日发布
2. 〔1997〕法行字第29号

山西省高级人民法院:

你院〔1997〕晋法行字第6号《关于如何理解和执行〈劳动法〉第五十七条的请示》收悉。经研究,原则同意你院的意见,即:根据现行法律规定,劳动行政部门无权作出强制企业支付工伤职工医疗费用的决定。

此复

5. 失业保险

失业保险条例

1999年1月22日国务院令第258号发布

第一章 总 则

第一条 为了保障失业人员失业期间的基本生活,促进其再就业,制定本条例。

第二条 城镇企业事业单位、城镇企业事业单位职工依照本条例的规定,缴纳失业保险费。

城镇企业事业单位失业人员依照本条例的规定,享受失业保险待遇。

本条所称城镇企业,是指国有企业、城镇集体企业、外商投资企业、城镇私营企业以及其他城镇企业。

第三条 国务院劳动保障行政部门主管全国的失业保险工作。县级以上地方各级人民政府劳动保障行政部门主管本行政区域内的失业保险工作。劳动保障行政部门按照国务院规定设立的经办失业保险业务的社会保险经办机构依照本条例的规定,具体承办失业保险工作。

第四条 失业保险费按照国家有关规定征缴。

第二章 失业保险基金

第五条 失业保险基金由下列各项构成:

(一)城镇企业事业单位、城镇企业事业单位职工缴纳的失业保险费;

(二)失业保险基金的利息;

(三)财政补贴;

(四)依法纳入失业保险基金的其他资金。

第六条 城镇企业事业单位按照本单位工资总额的百分之二缴纳失业保险费。城镇企业事业单位职工按照本人工资的百分之一缴纳失业保险费。城镇企业事业单位招用的农民合同制工人本人不缴纳失业保险费。

第七条 失业保险基金在直辖市和设区的市实行全市统筹;其他地区的统筹层次由省、自治区人民政府规定。

第八条 省、自治区可以建立失业保险调剂金。

失业保险调剂金以统筹地区依法应当征收的失业保险费为基数,按照省、自治区人民政府规定的比例筹集。

统筹地区的失业保险基金不敷使用时,由失业保险调剂金调剂、地方财政补贴。

失业保险调剂金的筹集、调剂使用以及地方财政补贴的具体办法,由省、自治区人民政府规定。

第九条 省、自治区、直辖市人民政府根据本行政区域失业人员数量和失业保险基金数额,报经国务院批准,可以适当调整本行政区域失业保险费的费率。

第十条 失业保险基金用于下列支出:

(一)失业保险金;

(二)领取失业保险金期间的医疗补助金;

(三)领取失业保险金期间死亡的失业人员的丧葬补助金和其供养的配偶、直系亲属的抚恤金;

(四)领取失业保险金期间接受职业培训、职业介绍的补贴,补贴的办法和标准由省、自治区、直辖市人民政府规定;

(五)国务院规定或者批准的与失业保险有关的其他费用。

第十一条 失业保险基金必须存入财政部门在国有商业银行开设的社会保障基金财政专户,实行收支两条线管理,由财政部门依法进行监督。

存入银行和按照国家规定购买国债的失业保险基金,分别按照城乡居民同期存款利率和国债利息计息。失业保险基金的利息并入失业保险基金。

失业保险基金专款专用,不得挪作他用,不得用于平衡财政收支。

第十二条 失业保险基金收支的预算、决算,由统筹地区社会保险经办机构编制,经同级劳动保障行政部门复核、同级财政部门审核,报同级人民政府审批。

第十三条 失业保险基金的财务制度和会计制度按照国家有关规定执行。

第三章 失业保险待遇

第十四条 具备下列条件的失业人员,可以领取失业保险金:

(一)按照规定参加失业保险,所在单位和本人已按照规定履行缴费义务满1年的;

(二)非因本人意愿中断就业的;

(三)已办理失业登记,并有求职要求的。

失业人员在领取失业保险金期间,按照规定同时享受其他失业保险待遇。

第十五条 失业人员在领取失业保险金期间有下列情形之一的,停止领取失业保险金,并同时停止享受其他失业保险待遇:

(一)重新就业的;

(二)应征服兵役的;

(三)移居境外的;

（四）享受基本养老保险待遇的；

（五）被判刑收监执行或者被劳动教养的；

（六）无正当理由，拒不接受当地人民政府指定的部门或者机构介绍的工作的；

（七）有法律、行政法规规定的其他情形的。

第十六条 城镇企业事业单位应当及时为失业人员出具终止或者解除劳动关系的证明，告知其按照规定享受失业保险待遇的权利，并将失业人员的名单自终止或者解除劳动关系之日起7日内报社会保险经办机构备案。

城镇企业事业单位职工失业后，应当持本单位为其出具的终止或者解除劳动关系的证明，及时到指定的社会保险经办机构办理失业登记。失业保险金自办理失业登记之日起计算。

失业保险金由社会保险经办机构按月发放。社会保险经办机构为失业人员开具领取失业保险金的单证，失业人员凭单证到指定银行领取失业保险金。

第十七条 失业人员失业前所在单位和本人按照规定累计缴费时间满1年不足5年的，领取失业保险金的期限最长为12个月；累计缴费时间满5年不足10年的，领取失业保险金的期限最长为18个月；累计缴费时间10年以上的，领取失业保险金的期限最长为24个月。重新就业后，再次失业的，缴费时间重新计算，领取失业保险金的期限可以与前次失业应领取而尚未领取的失业保险金的期限合并计算，但是最长不得超过24个月。

第十八条 失业保险金的标准，按照低于当地最低工资标准、高于城市居民最低生活保障标准的水平，由省、自治区、直辖市人民政府确定。

第十九条 失业人员在领取失业保险金期间患病就医的，可以按照规定向社会保险经办机构申请领取医疗补助金。医疗补助金的标准由省、自治区、直辖市人民政府规定。

第二十条 失业人员在领取失业保险金期间死亡的，参照当地对在职职工的规定，对其家属一次性发给丧葬补助金和抚恤金。

第二十一条 单位招用的农民合同制工人连续工作满1年，本单位并已缴纳失业保险费，劳动合同期满未续订或者提前解除劳动合同的，由社会保险经办机构根据其工作时间长短，对其支付一次性生活补助。补助的办法和标准由省、自治区、直辖市人民政府规定。

第二十二条 城镇企业事业单位成建制跨统筹地区转移，失业人员跨统筹地区流动的，失业保险关系随之转迁。

第二十三条 失业人员符合城市居民最低生活保障条件的，按照规定享受城市居民最低生活保障待遇。

第四章 管理和监督

第二十四条 劳动保障行政部门管理失业保险工作，履行下列职责：

（一）贯彻实施失业保险法律、法规；

（二）指导社会保险经办机构的工作；

（三）对失业保险费的征收和失业保险待遇的支付进行监督检查。

第二十五条 社会保险经办机构具体承办失业保险工作，履行下列职责：

（一）负责失业人员的登记、调查、统计；

（二）按照规定负责失业保险基金的管理；

（三）按照规定核定失业保险待遇，开具失业人员在指定银行领取失业保险金和其他补助金的单证；

（四）拨付失业人员职业培训、职业介绍补贴费用；

（五）为失业人员提供免费咨询服务；

（六）国家规定由其履行的其他职责。

第二十六条 财政部门和审计部门依法对失业保险基金的收支、管理情况进行监督。

第二十七条 社会保险经办机构所需经费列入预算，由财政拨付。

第五章 罚 则

第二十八条 不符合享受失业保险待遇条件，骗取失业保险金和其他失业保险待遇的，由社会保险经办机构责令退还；情节严重的，由劳动保障行政部门处骗取金额1倍以上3倍以下的罚款。

第二十九条 社会保险经办机构工作人员违反规定向失业人员开具领取失业保险金或者享受其他失业保险待遇单证，致使失业保险基金损失的，由劳动保障行政部门责令追回；情节严重的，依法给予行政处分。

第三十条 劳动保障行政部门和社会保险经办机构的工作人员滥用职权、徇私舞弊、玩忽职守，造成失业保险基金损失的，由劳动保障行政部门追回损失的失业保险基金；构成犯罪的，依法追究刑事责任；尚不构成犯罪的，依法给予行政处分。

第三十一条 任何单位、个人挪用失业保险基金的，追回挪用的失业保险基金；有违法所得的，没收违法所得，并入失业保险基金；构成犯罪的，依法追究刑事责任；尚不构成犯罪的，对直接负责的主管人员和其他直接责任人员依法给予行政处分。

第六章 附 则

第三十二条 省、自治区、直辖市人民政府根据当地实际情况，可以决定本条例适用于本行政区域内的社会团体及其专职人员、民办非企业单位及其职工、有雇工的城镇个体工商户及其雇工。

第三十三条 本条例自发布之日起施行。1993年4月12日国务院发布的《国有企业职工待业保险规定》同时废止。

失业保险金申领发放办法

1．2000 年 10 月 26 日劳动和社会保障部令第 8 号公布

2．根据 2018 年 12 月 14 日《人力资源社会保障部关于修改部分规章的决定》修订

第一章 总 则

第一条 为保证失业人员及时获得失业保险金及其他失业保险待遇，根据《失业保险条例》(以下简称《条例》)，制定本办法。

第二条 参加失业保险的城镇企业事业单位职工以及按照省级人民政府规定参加失业保险的其他单位人员失业后(以下统称失业人员)，申请领取失业保险金、享受其他失业保险待遇适用本办法；按照规定应参加而尚未参加失业保险的不适用本办法。

第三条 劳动保障行政部门设立的经办失业保险业务的社会保险经办机构(以下简称经办机构)按照本办法规定受理失业人员领取失业保险金的申请，审核确认领取资格，核定领取失业保险金、享受其他失业保险待遇的期限及标准，负责发放失业保险金并提供其他失业保险待遇。

第二章 失业保险金申领

第四条 失业人员符合《条例》第十四条规定条件的，可以申请领取失业保险金，享受其他失业保险待遇。其中，非因本人意愿中断就业的是指下列人员：

(一)终止劳动合同的；

(二)被用人单位解除劳动合同的；

(三)被用人单位开除、除名和辞退的；

(四)根据《中华人民共和国劳动法》第三十二条第二、三项与用人单位解除劳动合同的；

(五)法律、行政法规另有规定的。

第五条 失业人员失业前所在单位，应将失业人员的名单自终止或者解除劳动合同之日起 7 日内报受理其失业保险业务的经办机构备案，并按要求提供终止或解除劳动合同证明、参加失业保险及缴费情况证明等有关材料。

第六条 失业人员应在终止或者解除劳动合同之日起 60 日内到受理其单位失业保险业务的经办机构申领失业保险金。

第七条 失业人员申领失业保险金应填写《失业保险金申领表》，并出示下列证明材料：

(一)本人身份证明；

(二)所在单位出具的终止或者解除劳动合同的证明；

(三)失业登记；

(四)省级劳动保障行政部门规定的其他材料。

第八条 失业人员领取失业保险金,应由本人按月到经办机构领取,同时应向经办机构如实说明求职和接受职业指导、职业培训情况。

第九条 失业人员在领取失业保险金期间患病就医的,可以按照规定向经办机构申请领取医疗补助金。

第十条 失业人员在领取失业保险金期间死亡的,其家属可持失业人员死亡证明、领取人身份证明、与失业人员的关系证明,按规定向经办机构领取一次性丧葬补助金和其供养配偶、直系亲属的抚恤金。失业人员当月尚未领取的失业保险金可由其家属一并领取。

第十一条 失业人员在领取失业保险金期间,应积极求职,接受职业指导和职业培训。失业人员在领取失业保险金期间求职时,可以按规定享受就业服务减免费用等优惠政策。

第十二条 失业人员在领取失业保险金期间或期满后,符合享受当地城市居民最低生活保障条件的,可以按照规定申请享受城市居民最低生活保障待遇。

第十三条 失业人员在领取失业保险金期间,发生《条例》第十五条规定情形之一的,不得继续领取失业保险金和享受其他失业保险待遇。

第三章 失业保险金发放

第十四条 经办机构自受理失业人员领取失业保险金申请之日起 10 日内,对申领者的资格进行审核认定,并将结果及有关事项告知本人。经审核合格者,从其办理失业登记之日起计发失业保险金。

第十五条 经办机构根据失业人员累计缴费时间核定其领取失业保险金的期限。失业人员累计缴费时间按照下列原则确定:

(一)实行个人缴纳失业保险费前,按国家规定计算的工龄视同缴费时间,与《条例》发布后缴纳失业保险费的时间合并计算。

(二)失业人员在领取失业保险金期间重新就业后再次失业的,缴费时间重新计算,其领取失业保险金的期限可以与前次失业应领取而尚未领取的失业保险金的期限合并计算,但是最长不得超过 24 个月。失业人员在领取失业保险金期间重新就业后不满一年再次失业的,可以继续申领其前次失业应领取而尚未领取的失业保险金。

第十六条 失业保险金以及医疗补助金、丧葬补助金、抚恤金、职业培训和职业介绍补贴等失业保险待遇的标准按照各省、自治区、直辖市人民政府的有关规定执行。

第十七条 失业保险金应按月发放,由经办机构开具单证,失业人员凭单证到指定银行领取。

第十八条 对领取失业保险金期限即将届满的失业人员,经办机构应提前一个月告知本人。

失业人员在领取失业保险金期间,发生《条例》第十五条规定情形之一的,经办机构有权即行停止其失业保险金发放,并同时停止其享受其他失业保险待遇。

第十九条 经办机构应当通过准备书面资料、开设服务窗口、设立咨询电话等方式,为失业人员、用人单位和社会公众提供咨询服务。

第二十条 经办机构应按规定负责失业保险金申领、发放的统计工作。

第四章 失业保险关系转迁

第二十一条 对失业人员失业前所在单位与本人户籍不在同一统筹地区的，其失业保险金的发放和其他失业保险待遇的提供由两地劳动保障行政部门进行协商，明确具体办法。协商未能取得一致的，由上一级劳动保障行政部门确定。

第二十二条 失业人员失业保险关系跨省、自治区、直辖市转迁的，失业保险费用应随失业保险关系相应划转。需划转的失业保险费用包括失业保险金、医疗补助金和职业培训、职业介绍补贴。其中，医疗补助金和职业培训、职业介绍补贴按失业人员应享受的失业保险金总额的一半计算。

第二十三条 失业人员失业保险关系在省、自治区范围内跨统筹地区转迁，失业保险费用的处理由省级劳动保障行政部门规定。

第二十四条 失业人员跨统筹地区转移的，凭失业保险关系迁出地经办机构出具的证明材料到迁入地经办机构领取失业保险金。

第五章 附 则

第二十五条 经办机构发现不符合条件，或以涂改、伪造有关材料等非法手段骗取失业保险金和其他失业保险待遇的，应责令其退还；对情节严重的，经办机构可以提请劳动保障行政部门对其进行处罚。

第二十六条 经办机构工作人员违反本办法规定的，由经办机构或主管该经办机构的劳动保障行政部门责令其改正；情节严重的，依法给予行政处分；给失业人员造成损失的，依法赔偿。

第二十七条 失业人员因享受失业保险待遇与经办机构发生争议的，可以向主管该经办机构的劳动保障行政部门申请行政复议。

第二十八条 符合《条例》规定的劳动合同期满未续订或者提前解除劳动合同的农民合同制工人申领一次性生活补助，按各省、自治区、直辖市办法执行。

第二十九条 《失业保险金申领表》的样式，由劳动和社会保障部统一制定。

第三十条 本办法自二〇〇一年一月一日起施行。

附件1 失业保险金申领登记表(略)

附件2

《中华人民共和国劳动法》

第三十二条 有下列情形之一的，劳动者可以随时通知用人单位解除劳动合同：

(一)在试用期内的；

(二)用人单位以暴力、威胁或者非法限制人身自由的手段强迫劳动的；

(三)用人单位未按照劳动合同约定支付劳动报酬或者提供劳动条件的。

《失业保险条例》

第十四条 具备下列条件的失业人员,可以领取失业保险金:

(一)按照规定参加失业保险,所在单位和本人已按照规定履行缴费义务满1年的;

(二)非因本人意愿中断就业的;

(三)已办理失业登记,并有求职要求的。

失业人员在领取失业保险金期间,按照规定同时享受其他失业保险待遇。

第十五条 失业人员在领取失业保险金期间有下列情形之一的,停止领取失业保险金,并同时停止享受其他失业保险待遇:

(一)重新就业的;

(二)应征服兵役的;

(三)移居境外的;

(四)享受基本养老保险待遇的;

(五)被判刑收监执行或者被劳动教养的;

(六)无正当理由,拒不接受当地人民政府指定的部门或者机构介绍的工作的;

(七)有法律、行政法规规定的其他情形的。

人力资源社会保障部、财政部
关于调整失业保险费率有关问题的通知

1. 2015年2月27日发布
2. 人社部发〔2015〕24号

各省、自治区、直辖市及新疆生产建设兵团人力资源社会保障厅(局)、财政厅(局):

为了完善失业保险制度,建立健全失业保险费率动态调整机制,进一步减轻企业负担,促进就业稳定,经国务院同意,现就适当降低失业保险费率有关问题通知如下:

一、从2015年3月1日起,失业保险费率暂由现行条例规定的3%降至2%,单位和个人缴费的具体比例由各省、自治区、直辖市人民政府确定。在省、自治区、直辖市行政区域内,单位及职工的费率应当统一。

二、各地降低失业保险费率要坚持"以支定收、收支基本平衡"的原则。要充分考虑提高失业保险待遇标准、促进失业人员再就业、落实失业保险稳岗补贴政策等因素对基金支付能力的影响,结合实际,认真测算,研究制定降低失业保险费率的具体方案,经省级人民政府批准后执行,并报人力资源社会保障部和财政部备案。

三、各地要按照本通知的要求,抓紧研究制定本行政区降低失业保险费率的方案,尽早组织实施。执行中遇到的问题,要及时向人力资源社会保障部和财政部报告。

6. 生育保险

企业职工生育保险试行办法

1. 1994年12月14日劳动部发布
2. 劳部发〔1994〕504号
3. 自1995年1月1日起施行

第一条 为了维护企业女职工的合法权益，保障她们在生育期间得到必要的经济补偿和医疗保健，均衡企业间生育保险费用的负担，根据有关法律、法规的规定，制定本办法。

第二条 本办法适用于城镇企业及其职工。

第三条 生育保险按属地原则组织。生育保险费用实行社会统筹。

第四条 生育保险根据“以支定收，收支基本平衡”的原则筹集资金，由企业按照其工资总额的一定比例向社会保险经办机构缴纳生育保险费，建立生育保险基金。生育保险费的提取比例由当地人民政府根据计划内生育人数和生育津贴、生育医疗费等项费用确定，并可根据费用支出情况适时调整，但最高不得超过工资总额的百分之一。企业缴纳的生育保险费作为期间费用处理，列入企业管理费用。

职工个人不缴纳生育保险费。

第五条 女职工生育按照法律、法规的规定享受产假。产假期间的生育津贴按照本企业上年度职工月平均工资计发，由生育保险基金支付。

第六条 女职工生育的检查费、接生费、手术费、住院费和药费由生育保险基金支付。超出规定的医疗服务费和药费(含自费药品和营养药品的药费)由职工个人负担。

女职工生育出院后，因生育引起疾病的医疗费，由生育保险基金支付；其他疾病的医疗费，按照医疗保险待遇的规定办理。女职工产假期满后，因病需要休息治疗的，按照有关病假待遇和医疗保险待遇规定办理。

第七条 女职工生育或流产后，由本人或所在企业持当地计划生育部门签发的计划生育证明，婴儿出生、死亡或流产证明，到当地社会保险经办机构办理手续，领取生育津贴和报销生育医疗费。

第八条 生育保险基金由劳动部门所属的社会保险经办机构负责收缴、支付和管理。

生育保险基金应存入社会保险经办机构在银行开设的生育保险基金专户。银行应按照城乡居民个人储蓄同期存款利率计息，所得利息转入生育保险基金。

第九条 社会保险经办机构可从生育保险基金中提取管理费，用于本机构经办生育保险工作所需的人员经费、办公费及其他业务经费。管理费标准，各地根据社会保险经办机构人员设置情况，由劳动部门提出，经财政部门核定后，报当地人民政府批准。管理费提取比例最高不得超过生育保险基金的百分之二。

生育保险基金及管理费不征税、费。

第十条 生育保险基金的筹集和使用,实行财务预、决算制度,由社会保险经办机构作出年度报告,并接受同级财政、审计监督。

第十一条 市(县)社会保险监督机构定期监督生育保险基金管理工作。

第十二条 企业必须按期缴纳生育保险费。对逾期不缴纳的,按日加收千分之二的滞纳金。滞纳金转入生育保险基金。滞纳金计入营业外支出,纳税时进行调整。

第十三条 企业虚报、冒领生育津贴或生育医疗费的,社会保险经办机构应追回全部虚报、冒领金额,并由劳动行政部门给予处罚。

企业欠付或拒付职工生育津贴、生育医疗费的,由劳动行政部门责令企业限期支付;对职工造成损害的,企业应承担赔偿责任。

第十四条 劳动行政部门或社会保险经办机构的工作人员滥用职权、玩忽职守、徇私舞弊,贪污、挪用生育保险基金,构成犯罪的,依法追究刑事责任;不构成犯罪的,给予行政处分。

第十五条 省、自治区、直辖市人民政府劳动行政部门可以按照本办法的规定,结合本地区实际情况制定实施办法。

第十六条 本办法自1995年1月1日起试行。

人力资源和社会保障部办公厅
关于妥善解决城镇居民生育医疗费用的通知

1. 2009年7月31日发布
2. 人社厅发〔2009〕97号

各省、自治区、直辖市人力资源社会保障厅(局),新疆生产建设兵团人力资源社会保障局:

为提高城镇居民医疗保障水平,保障妇女生育基本医疗需求,现就城镇居民生育医疗费用有关问题通知如下:

一、各地要将城镇居民基本医疗保险参保人员住院分娩发生的符合规定的医疗费用纳入城镇居民基本医疗保险基金支付范围。开展门诊统筹的地区,可将参保居民符合规定的产前检查费用纳入基金支付范围。

二、城镇居民生育医疗服务管理,原则上参照城镇居民基本医疗保险有关规定执行。要综合考虑城镇居民生育的基本医疗需求和基金承受能力,合理确定医疗服务范围和标准。要完善医疗费结算办法,探索适合生育保障特点的结算方式,为参保人员提供方便快捷的服务,控制医疗费用不合理支出。

三、各地要从实际出发,统筹考虑城镇居民基本医疗保险和城镇职工生育保险制度的衔接,积极探索保障城镇居民生育相关费用的具体措施，妥善解决城镇居民生育医疗费用问题。

人力资源社会保障部、财政部关于适当降低生育保险费率的通知

1．2015年7月27日发布
2．人社部发〔2015〕70号

各省、自治区、直辖市人力资源社会保障厅（局）、财政厅（局），新疆生产建设兵团人力资源社会保障局、财务局：

按照党的十八届三中全会提出的“适时适当降低社会保险费率”的精神，根据生育保险基金实际情况，经国务院同意，自2015年10月1日起，在生育保险基金结余超过合理结存的地区降低生育保险费率。现就有关问题通知如下：

一、统一思想，提高认识，确保政策落到实处

各地生育保险制度建立以来，在促进女性平等就业，均衡用人单位负担，维护女职工权益等方面发挥了重要作用。但也存在着地区间发展不平衡，基金结余偏多，待遇支付不规范等方面的问题。对基金结余多的地区降低生育保险费率，是完善生育保险政策，提高基金使用效率的一个重大举措，也是进一步减轻用人单位负担，促进就业稳定，实施积极财政政策的具体体现。各地要统一思想，充分认识降低生育保险费率的重要意义，确保政策按时落实到位，取得实效。

二、认真测算，降低费率，控制基金结余

生育保险基金合理结存量为相当于6至9个月待遇支付额。各地要根据上一年基金收支和结余情况，以及国家规定的待遇项目和标准进行测算，在确保生育保险待遇落实到位的前提下，通过调整费率，将统筹地区生育保险基金累计结余控制在合理水平。生育保险基金累计结余超过9个月的统筹地区，应将生育保险基金费率调整到用人单位职工工资总额的0.5%以内，具体费率应按照“以支定收、收支平衡”的原则，根据近年来生育保险基金的收支和结余情况确定。

各地要加强对生育保险基金的监测和管理。降低生育保险费率的统筹地区要按程序调整生育保险基金预算，按月进行基金监测。基金累计结余低于3个月支付额度的，要制定预警方案，并向统筹地区政府和省级人力资源社会保障、财政部门报告。要通过提高统筹层次，加强基金和医疗服务管理，规范生育保险待遇，力求基金平衡。在生育保险基金累计结余不足支付时，统筹地区要采取加强支出管理、临时补贴、调整费率等方式确保基金收支平衡，确保参保职工按规定享受生育保险待遇。

三、加强组织领导，全面推进实施

各省（区、市）人力资源社会保障、财政部门要加强配合，共同研究落实国务院降低生育保险费率措施。实行省级统筹且基金结余超过9个月的省（区、市），应于9月底前提出降低生育保

险费率的办法,报省级人民政府批准后实施。未实行省级统筹的省(区、市),应于8月底前制订本省(区、市)降低生育保险费率的办法,指导各统筹地区制订实施方案,符合降费率规定的统筹地区应于9月底以前发布降低费率的实施方案,以确保10月1日前完成降低生育保险费率的工作。各省(区、市)应于9月底将上述情况报告人力资源社会保障部、财政部。

要加强降低生育保险费率的宣传工作,向工作人员、参保单位和广大职工讲清降低生育保险费率的重大意义,在减轻用人单位负担的同时,调动用人单位参保积极性,切实维护女职工合法权益。要加强与有关部门协调配合,做好人口出生形势的分析和预判。各地在政策调整过程中出现的新情况、新问题,要及时与人力资源社会保障部、财政部进行沟通,采取有效措施,确保工作落实到位。

图书在版编目(CIP)数据

最新中华人民共和国社会保险法配套解读与实例 / 李志明编著. --2版. --北京 : 法律出版社, 2019
ISBN 978-7-5197-3856-3

Ⅰ. ①最… Ⅱ. ①李… Ⅲ. ①社会保险-保险法-法律解释-中国 Ⅳ. ①D922.555

中国版本图书馆CIP数据核字(2019)第203509号

最新中华人民共和国社会保险法配套解读与实例
ZUIXIN ZHONGHUA RENMIN GONGHEGUO SHEHUI BAOXIANFA PEITAO JIEDU YU SHILI

李志明 编著

责任编辑 张发靖 陈 熙
装帧设计 李 瞻

出版 法律出版社
总发行 中国法律图书有限公司
经销 新华书店
印刷 天津嘉恒印务有限公司
责任印制 吕亚莉

编辑统筹 法规出版分社
开本 710毫米×1000毫米 1/16
印张 20.5
字数 392千
版本 2019年9月第2版
印次 2019年9月第1次印刷

法律出版社/北京市丰台区莲花池西里7号(100073)
网址/www.lawpress.com.cn
投稿邮箱/info@lawpress.com.cn
举报维权邮箱/jbwq@lawpress.com.cn
销售热线/400-660-8393
咨询电话/010-63939796

中国法律图书有限公司/北京市丰台区莲花池西里7号(100073)
全国各地中法图分、子公司销售电话:
统一销售客服/400-660-8393/6393
第一法律书店/010-83938432/8433　西安分公司/029-85330678　重庆分公司/023-67453036
上海分公司/021-62071010/1636　深圳分公司/0755-83072995

书号:ISBN 978-7-5197-3856-3　**定价**:49.00元
(如有缺页或倒装,中国法律图书有限公司负责退换)